Die Strafbarkeit von Urheberrechtsverletzungen in der Schule

Von

Huy Do Chi

Duncker & Humblot · Berlin

Die Juristische Fakultät der Humboldt-Universität zu Berlin
hat diese Arbeit im Jahre 2015 als Dissertation angenommen.

Bibliografische Information der Deutschen Nationalbibliothek

Die Deutsche Nationalbibliothek verzeichnet diese Publikation in der Deutschen Nationalbibliografie; detaillierte bibliografische Daten sind im Internet über http://dnb.d-nb.de abrufbar.

Satz: L101 Mediengestaltung, Fürstenwalde
Druck: buchbücher.de gmbh, Birkach
Printed in Germany
ISSN 0558-9126
ISBN 978-3-428-15021-2 (Print)
ISBN 978-3-428-55021-0 (E-Book)
ISBN 978-3-428-85021-1 (Print & E-Book)

Gedruckt auf alterungsbeständigem (säurefreiem) Papier
entsprechend ISO 9706 ♾

Internet: http://www.duncker-humblot.de

HUY DO CHI

Die Strafbarkeit von Urheberrechtsverletzungen in der Schule

Lieber Sebastian,

mit bestem Dank für das Korrekturlesen und für die Gespräche über das Urheberstrafrecht.

Mit den besten Grüßen

Huy

Berlin, im August 2016

Schriften zum Strafrecht

Band 296

Meinen Eltern und meiner Frau

Vorwort

Die vorliegende Arbeit wurde im April 2015 von der Juristischen Fakultät der Humboldt-Universität zu Berlin als Dissertation angenommen. Die Disputation fand am 23. Mai 2016 statt. Literatur und Rechtsprechung konnten bis Ende April 2016 berücksichtigt werden.

Mein besonderer Dank gilt meinem Doktorvater, Herrn Prof. Dr. Bernd Heinrich, an dessen Lehrstuhl ich während der Erstellung meiner Dissertation tätig war. Er stand mir von Anfang bis Ende der Promotion stets mit Rat und Tat zur Seite. Insbesondere nahm er sich immer Zeit, um einzelne Abschnitte der Arbeit kritisch zu würdigen und zu besprechen. Außerdem gab er mir auch im Rahmen meiner Tätigkeit als wissenschaftlicher Mitarbeiter an seinem Lehrstuhl ausreichend Freiraum, um meine Dissertation fertigzustellen. Eine bessere Betreuung hätte ich mir nicht wünschen können.

Für die Durchführung der Zweitkorrektur danke ich herzlich Frau Prof. Dr. Katharina de la Durantaye, LL.M. (Yale), die sich auch während ihrer Elternzeit bereit erklärte, die Zweitkorrektur meiner Arbeit zu übernehmen. Des Weiteren danke ich Herrn Prof. Dr. Martin Heger für die Übernahme des Vorsitzes der Prüfungskommission der Disputation.

Der FAZIT-STIFTUNG Gemeinnützige Verlagsgesellschaft mbH danke ich für die Gewährung des großzügigen Druckkostenzuschusses.

Stellvertretend für alle Freunde und Kollegen, die mir während meiner Promotionszeit geholfen haben, danke ich Herrn Dr. Sebastian J. Golla für die Durchsicht des Manuskriptes sowie für die fruchtbaren Gespräche.

Mein größter Dank gilt schließlich meinen Eltern, die meinen Ausbildungsweg stets mit allen ihnen zur Verfügung stehenden Mitteln unterstützt haben sowie meiner Frau Linh für ihre grenzenlose Unterstützung und ihre entgegengebrachte Nachsicht während der gesamten Zeit meiner Promotion.

Berlin, im Juli 2016 *Huy Do Chi*

Inhaltsverzeichnis

Abkürzungsverzeichnis

a.A.	andere Ansicht
ABl.	Amtsblatt
ABlEG.	Amtsblatt der Europäischen Gemeinschaft
Abs.	Absatz
a.E.	am Ende
a.F.	alte Fassung
AG	Arbeitsgemeinschaft
Alt.	Alternative
AmtlBegr.	Amtliche Begründung
ARD	Arbeitsgemeinschaft der öffentlich-rechtlichen Rundfunkanstalten der Bundesrepublik Deutschland
Art.	Artikel
AT	Allgemeiner Teil
Aufl.	Auflage
Bd.	Band
BGB	Bürgerliches Gesetzbuch
BGBl.	Bundesgesetzblatt
BGH	Bundesgerichtshof
BGHSt	Entscheidungen des Bundesgerichtshofs in Strafsachen, zitiert nach Band
BGHZ	Entscheidungen des Bundesgerichtshofs in Zivilsachen, zitiert nach Band
BR	Bayrischer Rundfunk
BT	Besonderer Teil
BT-Drucks.	Bundestagsdrucksache
BVerfG	Bundesverfassungsgericht
BVerfGE	Entscheidungen des Bundesverfassungsgerichts, zitiert nach Band
bzw.	beziehungsweise
CD	Compact Disc
CD-ROM	Compact Disc Read Only Memory
CDU	Christlich Demokratische Union Deutschlands
CR	Computer und Recht, Zeitschrift, zitiert nach Jahrgang
CSU	Christlich-Soziale Union in Bayern

ders.	derselbe
d. h.	das heißt
DIN	Deutsches Institut für Normung
DVD	Digital Versatile Disc
EG	Europäische Gemeinschaft
EGStGB	Einführungsgesetz zum Strafgesetzbuch
Einl.	Einleitung
E-Mail	Elektronische Mail (Post)
EuGH	Europäischer Gerichtshof
e. V.	eingetragener Verein
EWG	Europäische Wirtschaftsgemeinschaft
f.	folgend
ff.	folgende
Fn.	Fußnote
FS	Festschrift
GEMA	Die Gesellschaft für musikalische Aufführungs- und mechanische Vervielfältigungsrechte
GG	Grundgesetz
GRUR	Gewerblicher Rechtsschutz und Urheberrecht, Zeitschrift, zitiert nach Jahrgang
GRUR Int.	Gewerblicher Rechtsschutz und Urheberrecht Internationaler Teil, Zeitschrift, zitiert nach Jahrgang
GRUR-Prax	Gewerblicher Rechtsschutz und Urheberrecht Praxis im Immaterialgüter- und Wettbewerbsrecht, Zeitschrift, zitiert nach Jahrgang
GRUR-RR	Gewerblicher Rechtsschutz und Urheberrecht Rechtsprechungs-Report, Zeitschrift, zitiert nach Jahrgang
GS	Gedächtnisschrift
GVL	Gesellschaft zur Verwertung von Leistungsschutzrechten
h. M.	herrschende Meinung
HR	Hessischer Rundfunk
HTML	Hypertext Markup Language
http	Hypertext Transfer Protocol
Info-Richtlinie	Richtlinie 2001/29/EG zur Harmonisierung bestimmter Aspekte des Urheberrechts und der verwandten Schutzrechte in der Informationsgesellschaft
IP	Internet Protokoll
i. S. d.	im Sinne des
i. S. v.	im Sinne von
i. V. m.	in Verbindung mit

JA	Juristische Arbeitsblätter, Zeitschrift, zitiert nach Jahrgang
JGG	Jugendgerichtsgesetz
JURA	Juristische Ausbildung, Zeitschrift, zitiert nach Jahrgang
JZ	Juristenzeitung, zitiert nach Jahrgang
K & R	Kommunikation & Recht, Zeitschrift, zitiert nach Jahrgang
Kap.	Kapitel
KG	Kammergericht
KUG	Gesetz betreffend das Urheberrecht an Werken der bildenden Künste und der Photographie
LG	Landgericht
LK	Leipziger Kommentar
LUG	Gesetz betreffend das Urheberrecht an Werken der Literatur und der Tonkunst
MMR	Multimedia und Recht, Zeitschrift, zitiert nach Jahrgang
MüKo	Münchener Kommentar
m. w. N.	mit weiteren Nachweisen
NJW	Neue Juristische Wochenschrift, zitiert nach Jahrgang
NJW-RR	Neue Juristische Wochenschrift Rechtsprechungsreport, zitiert nach Jahrgang
NK	Nomos Kommentar
Nr.	Nummer
NStZ	Neue Zeitschrift für Strafrecht, zitiert nach Jahrgang
NZWiSt	Neue Zeitschrift für Wirtschafts-, Steuer- und Unternehmensstrafrecht, zitiert nach Jahrgang
OLG	Oberlandesgericht
PC	Personal Computer
RBB	Rundfunk Berlin-Brandenburg
RBÜ	Revidierte Berner Übereinkunft
RdJB	Recht der Jugend und des Bildungswesens, Zeitschrift, zitiert nach Jahrgang
RegE	Regierungsentwurf
RGZ	Entscheidungen des Reichgerichts in Zivilsachen, zitiert nach Band
RiStBV	Richtlinien für das Strafverfahren und das Bußgeldverfahren
RL	Richtlinie
Rn.	Randnummer
RTL2	Radio Télévision Luxembourg 2 (Fernsehsender)
S.	Seite
SchulG	Schulgesetz
sog.	sogenannte/r

SPD	Sozialdemokratische Partei Deutschlands
StGB	Strafgesetzbuch
StPO	Strafprozessordnung
SWR	Südwestrundfunk
TKG	Telekommunikationsgesetz
TRIPS	Trade-Related Aspects of Intellectual Property Rights
u. a.	unter anderem
UFITA	Die Zeitschrift Archiv für Urheber- und Medienrecht, Zeitschrift, zitiert nach Band und Jahrgang, ab 2000 nach Jahrgang
UrhG	Urheberrechtsgesetz
USB	Universal Serial Bus
u. U.	unter Umständen
UWG	Gesetz gegen den unlauteren Wettbewerb
v.	von
VerwG	Verwaltungsgericht
VG	Verwertungsgesellschaft
vgl.	vergleiche
VG WORT	Verwertungsgesellschaft WORT
WCT	WIPO Copyright Treaty
WDR	Westdeutscher Rundfunk
WIPO	World Intellectual Property Organisation
WPPT	WIPO Phonograms and Performance Treaty
WRP	Wettbewerb in Recht und Praxis, Zeitschrift, zitiert nach Jahrgang
WWW	World Wide Web
z. B.	zum Beispiel
ZDF	Zweites Deutsches Fernsehen
ZEG	Zeitschrift für Geistiges Eigentum, zitiert nach Jahrgang
ZIS	Zeitschrift für Internationale Strafrechtsdogmatik, zitiert nach Jahrgang
ZJS	Zeitschrift für das Juristische Studium, zitiert nach Jahrgang
ZRP	Zeitschrift für Rechtspolitik, zitiert nach Jahrgang
ZUM	Zeitschrift für Urheber- und Medienrecht, zitiert nach Jahrgang
ZUM-RD	Zeitschrift für Urheber- und Medienrecht – Rechtsprechungsdienst, zitiert nach Jahrgang

A. Einleitung

An deutschen allgemein- und berufsbildenden Schulen werden täglich unzählige urheberrechtlich relevante Handlungen vorgenommen. Für den Unterricht sowie für sonstige Schulveranstaltungen werden urheberrechtlich geschützte Werke wie z. B. Texte, Musikstücke, Bilder oder Filme kopiert, auf CD/DVD gebrannt, aus dem Internet heruntergeladen, verteilt, in Arbeitsblätter eingefügt, vorgelesen, abgespielt, eingescannt oder digital abgespeichert. Solche Werknutzungen werden von Lehrern[1] und Schulleitern regelmäßig als selbstverständlich angesehen, da sie für die alltägliche pädagogische Arbeit an Schulen unerlässlich sind. Dabei wird allerdings häufig ausgeblendet, dass bestimmte schultypische Werknutzungen urheberrechtlich nicht erlaubt sind und sowohl Schadensersatzansprüche gemäß § 97 Abs. 2 UrhG als auch strafrechtliche Sanktionen nach sich ziehen können. Denn das UrhG enthält in den §§ 106 ff. auch eigenständige Strafvorschriften. Für den Schulbereich relevant sind dabei die §§ 106 und 108 UrhG. Nach § 106 UrhG wird die unerlaubte Verwertung urheberrechtlich geschützter Werke mit Freiheitsstrafe bis zu drei Jahren oder mit Geldstrafe bestraft. Die gleiche Strafe droht bei einem unerlaubten Eingriff in verwandte Schutzrechte (§ 108 UrhG). Schließlich wird auch der Versuch jeweils in §§ 106 Abs. 2 und 108 Abs. 2 UrhG mit Strafe bedroht. Darüber hinaus kommen für den verbeamteten Lehrer auch disziplinarrechtliche Konsequenzen in Betracht, wenn er sich rechtswidrig verhält.

Möglicherweise erscheint es auf den ersten Blick kleinlich, dass sich Lehrer oder Schulleiter rechtlich verantworten müssen, wenn sie z. B. für die Schüler einer Klasse jeweils 10 Seiten mehr als erlaubt aus einem Lehrbuch kopieren. Betrachtet man jedoch das „große Ganze", so können Urheberrechtsverletzungen im Schulbereich in der Summe immense wirtschaftliche Schäden für die Urheber anrichten. Nach Hochrechnungen der Verwertungsgesellschaft VG WORT werden jährlich an deutschen Schulen 290 Millionen Kopien angefertigt.[2] Hinzu kommt der zunehmende Einsatz

---

1 Alle Personenbezeichnungen im folgenden Text sind geschlechtsneutral zu verstehen.

2 Vgl. den Artikel von *Lüke* auf der Internetseite: „http://www.bildung-plus.de/medien/sites/Kopieren_fr_den_Unterricht_Was_darf_was_muss.html" (zuletzt abgerufen am 26.04.2016).

neuer digitaler Medien.[3] Wie viele von diesen Werknutzungen urheberrechtlich unzulässig sind, kann letztlich nicht genau festgestellt werden. Nach allgemeinen Beobachtungen ist jedoch von einem nicht nur geringen Anteil auszugehen. Denn im Hinblick auf das Urheberrecht herrscht im Schulbereich nicht selten das Motto: „was geht, ist auch erlaubt".

Rechtspolitisch besteht dabei ein Spannungsverhältnis zwischen den Interessen der Allgemeinheit an der Ausbildung von Kindern und Jugendlichen und den Interessen der Urheber der Werke. Auf der einen Seite sollen Lehrkräfte so viel Bildung und Kultur wie möglich an die Schüler weitergeben. Dazu benötigen sie vielfach urheberrechtlich geschützte Werke. Aus Sicht der Schulen soll die Inanspruchnahme der Werke dabei möglichst uneingeschränkt, spontan, ohne bürokratischen Aufwand und aufgrund knapper Haushalte der Länder möglichst vergütungsfrei sein.[4] Andererseits möchten die Urheber sowie Leistungsschutzberechtigten frei über ihre Schöpfungen entscheiden. Ob und wann ihre Werke genutzt werden, sollen nicht andere entscheiden, sondern ausschließlich sie selbst. Insbesondere würden sie gerne für jede einzelne Verwertung eine Vergütung erhalten.[5] Das Urheberrecht hat daher den Auftrag, zwischen diesen gegensätzlichen Interessen zu vermitteln.

Dieser Interessenkonflikt ist dem Gesetzgeber seit je her bekannt. Bereits im „Gesetz betreffend das Urheberrecht an Werken der Literatur und der Tonkunst" (LUG) von 1901 sowie im „Gesetz betreffend das Urheberrecht an Werken der bildenden Künste und der Photographie" (KUG) von 1907 waren schulspezifische Privilegierungen normiert. In der ersten Fassung des Urheberrechtsgesetzes vom 09.09.1965[6] hat der Gesetzgeber im 6. Abschnitt des 1. Teils Schrankenregelungen geschaffen, die bestimmte Werknutzungen zum Zwecke des Schulunterrichts privilegieren. Dadurch wird gesetzlich ermöglicht, dass urheberrechtlich geschützte Werke unter bestimmten Voraussetzungen zustimmungsfrei und/oder vergütungsfrei für den Schulgebrauch genutzt werden können. Die Zahl der schulspezifischen Privilegierungen im Urheberrechtsgesetz ist seitdem nach und nach gestiegen. Neuere schulspezifische Schranken sind im Rahmen der Umsetzung von europäischen Richtlinien entstanden. Derzeit enthält das UrhG folgende schulspezifische Schranken: § 46 UrhG, § 47 UrhG, § 52a Abs. 1 Nr. 1 UrhG, § 53 Abs. 3 UrhG. Außerdem gibt es einige Schrankenregelungen, die zwar nicht ausdrücklich die Werknutzung im Schulbereich privilegieren, jedoch für den schultypi-

---

[3] Zum zunehmenden Einsatz neuer digitaler Medien in der Schule siehe ausführlich *de la Durantaye*, S. 32 ff.

[4] *Neumann*, S. 23 f.

[5] *Neumann*, S. 23.

[6] Vgl. BGBl. I, S. 1273.

schen Werkgebrauch nützlich sind. Auch diese gesetzlichen Privilegierungen sind für die tägliche Arbeit der Lehrer und Schulleiter regelmäßig von enormer Bedeutung. Um einer möglichen Strafbarkeit wegen Urheberrechtsverletzung aus dem Weg zu gehen, sollten Lehrer und Schulleiter zumindest den groben Regelungsinhalt sowie einige Privilegierungsvoraussetzungen der schulrelevanten Schrankenregelungen kennen.

Für die Beurteilung der Vereinbarkeit von schultypischen Werknutzungen mit dem Urheberrecht sind also die (schulspezifischen) Schrankenbestimmungen von zentraler Bedeutung. Häufig entscheiden sie über die Zulässigkeit bzw. Strafbarkeit der jeweiligen Werknutzung. Bevor man sich jedoch auf die teilweise schwierige Suche nach geeigneten und einschlägigen Schrankenregelungen macht, ist allerdings vorher zu prüfen, ob überhaupt eine urheberrechtlich relevante Werkverwertung gegeben ist. Denn das Urheberrecht ist nur dann anwendbar, wenn die Voraussetzungen für ein urheberrechtlich geschütztes Werk oder ein verwandtes Schutzrecht vorliegen. Zudem muss eine Nutzung eines Werkes oder eines verwandten Schutzrechts vorliegen, welches ein ausschließliches Verwertungsrecht des Urhebers oder des Leistungsschutzrechtberechtigten betrifft. Ferner ist auch unabhängig von den gesetzlich privilegierenden Schrankenbestimmungen stets zu prüfen, ob der Urheber oder die Rechteinhaber für die jeweilige Nutzung eine Nutzungslizenz erteilt hat. Insofern ist die Beurteilung, ob eine unzulässige bzw. strafbare Urheberrechtsverletzung im Schulbereich vorliegt, stets mit einer urheberrechtlich umfangreichen Prüfung verbunden.

In dieser Arbeit wird im Rahmen des Straftatbestands des § 106 UrhG untersucht, welche schulspezifischen Werkverwertungen urheberrechtlich zulässig und welche unzulässig sind und durch welche Handlungen man sich strafbar machen kann. Der Schwerpunkt der Untersuchung liegt dabei auf der Auslegung der schulspezifischen Schrankenbestimmungen, insbesondere unter Berücksichtigung der geltenden Lizenzverträge sowie der aktuellen Rechtsprechung. Außerdem beschäftigt sich diese Arbeit mit den klassischen Strafrechtsproblemen des allgemeinen Teils in Bezug auf die Strafbarkeit von Urheberrechtsverletzungen im Schulbereich. Es werden Besonderheiten und Probleme des Irrtums, der Rechtswidrigkeit und Schuld, des Versuchs, des Unterlassens sowie der Täterschaft und Teilnahme bei strafbaren schulspezifischen Werknutzungen erörtert.

Im Folgenden werden die einzelnen Voraussetzungen des Straftatbestands des § 106 UrhG unter Berücksichtigung der schulspezifischen Relevanz erläutert. Zunächst werden die Tatobjekte *Werk, Bearbeitung oder Umgestaltung eines solchen* dargestellt.[7] Es folgen dann Ausführungen zu den

---

[7] Siehe sogleich B. I. 1.

Verwertungshandlungen der *Vervielfältigung*[8], *Verbreitung*[9] *und öffentlichen Wiedergabe*[10] als taugliche Tathandlungen. Danach werden die schulspezifischen Schranken sowie die sonstigen schulrelevanten Schranken als gesetzlich zugelassene Fälle des § 106 UrhG untersucht.[11] Im Anschluss daran schließen die Ausführungen zu den Strafrechtsproblemen des allgemeinen Teils den Tatbestand des § 106 UrhG ab.[12] Ferner wird auf die schulspezifische Strafbarkeit nach § 108 UrhG[13] sowie auf den Qualifikationstatbestand des § 108a UrhG[14] eingegangen. Anschließend folgt ein kurzer Überblick über das Urheberstrafverfahrensrecht und die Praxis der Strafverfolgung von schulspezifischen Urheberstraftaten.[15] Zum Schluss der Arbeit werden die wesentlichen Ergebnisse noch einmal zusammengefasst und eine rechtspolitische Würdigung der Rechtslage vorgenommen.[16]

---

8 Unten B. I. 2.

9 Unten B. I. 3.

10 Unten B. I. 4.

11 Unten B. I. 5.

12 Unten B. II. bis VI.

13 Unten C.

14 Unten D.

15 Unten E.

16 Unten F.

B. Die Strafbarkeit von schulspezifischen Verwertungen urheberrechtlich geschützter Werke nach § 106 UrhG

Als Zentralnorm des Urheberstrafrechts sanktioniert § 106 Abs. 1 UrhG die Vervielfältigung, Verbreitung und öffentliche Wiedergabe eines Werkes oder einer Bearbeitung oder Umgestaltung eines solchen ohne Einwilligung des Berechtigten, außer in den gesetzlich zugelassenen Fällen. Eine Strafbarkeit i. S. d. § 106 Abs. 1 UrhG kommt somit nur dann in Betracht, wenn geschützte Werke oder Bearbeitungen und Umgestaltungen eines Werkes verwertet werden. Unter welchen Voraussetzungen ein Werk geschützt ist oder welche Verwertungsform eines Werkes vorliegt, sind dabei zentrale Fragen dieses Straftatbestands. Dabei richtet sich der Inhalt des nebenstrafrechtlichen Urheberrechtsschutzes des § 106 UrhG maßgeblich nach den zivilrechtlichen Urheberrechtsbestimmungen.[1] Dieses Abhängigkeitsverhältnis zwischen dem Urheberstrafrecht und den zivilrechtlichen Urheberrechtsvorschriften wird als Urheberrechts- bzw. Zivilrechtsakzessorietät des Urheberstrafrechts bezeichnet.[2] Grundsätzlich sind also die Voraussetzungen der Strafbarkeit nach § 106 UrhG entsprechend den urheberzivilrechtlichen Wertungen zu beurteilen.

Hinsichtlich der geschützten Rechtsgüter bestehen allgemein keinerlei Unterschiede zwischen Urheberstrafrecht und Urheberzivilrecht.[3] Der Tatbestand des § 106 UrhG schützt nämlich auch das „geistige Eigentum im Allgemeinen".[4] Konkret geschützt sind die Verwertungsrechte des Urhebers oder seiner Rechtsnachfolger sowie die vom Berechtigten eingeräumten ausschließlichen Nutzungsrechte.[5] Hingegen ist das Urheberpersönlich-

---

1 Fromm/Nordemann/*Ruttke/Scharringhausen*, Vor § 106 Rn. 1; *Heinrich*, Standardsoftware, S. 176; *Hildebrandt*, S. 31; Loewenheim/*Flechsig*, § 90 Rn. 11; *Weber*, FS-Stree/Wessels, 1993, S. 615 f., 623.

2 Dreier/Schulze/*Dreier*, § 106 Rn. 4; *Hildebrandt*, S. 31; MüKo-StGB/*Heinrich*, § 106 UrhG Rn. 2; *Weber*, FS-Stree/Wessels, 1993, S. 615 f. u. S. 623. Teilweise werden die urheberstrafrechtlichen Normen auch als sog. „Auffüllungstatbestände" bezeichnet, vgl. Loewenheim/*Flechsig*, § 90 Rn. 11.

3 *Hildebrandt*, S. 32; *Weber*, FS-Stree/Wessels, 1993, S. 615.

4 BVerfGE 31, 229; 31, 248, 251; *Heinrich*, JZ 1994, 938, 941; *Hildebrandt*, S. 32; *Weber*, S. 424.

5 BT-Drucks. IV/270, S. 108; Erbs/Kohlhaas/*Kaiser*, § 106 UrhG Rn. 5; *Hildebrandt*, S. 32.

keitsrecht nicht Schutzgegenstand des § 106 UrhG.[6] Vielmehr wird dieses Recht teilweise durch § 107 UrhG geschützt. Teilweise wird jedoch von einem mittelbaren bzw. „reflexartigen" Schutz des Urheberpersönlichkeitsrechts in § 106 UrhG ausgegangen.[7]

I. Der objektive Tatbestand

1. Tatobjekt

Tatobjekt[8] des § 106 Abs. 1 UrhG ist zum einen das Werk. Zum anderen erfasst der Tatbestand auch die unzulässige Vervielfältigung, Verbreitung und öffentliche Wiedergabe von Bearbeitungen und Umgestaltungen eines Werkes[9]. Weiterhin kommen als Tatobjekte auch Werkteile sowie Sonderformen von Werken in Betracht.[10]

a) Das Werk als Tatobjekt

Als Tatobjekt nennt der Tatbestand des § 106 UrhG als erstes das Werk. Für die Beurteilung der Strafbarkeit von schulspezifischen Verwertungen urheberrechtlich geschützter Werke gemäß § 106 UrhG ist daher als allererstes zu klären, ob schultypische „Werke" die Schutzvoraussetzungen eines Werkes im urheber(straf)rechtlichen Sinne erfüllen und damit überhaupt Tatobjekte des § 106 Abs. 1 UrhG sein können. Denn nur solche schultypischen „Werke", die Tatobjekte des § 106 Abs. 1 UrhG sind, können bei der Beurteilung der Strafbarkeit von schulspezifischen Verwertungen nach § 106 UrhG berücksichtigt werden.

In den §§ 106ff. UrhG existieren keine gesonderten Regelungen zum Werkbegriff. Bestimmungen über das Werk befinden sich im zweiten Abschnitt des ersten Teils des UrhG. In den §§ 2ff. UrhG wird der Werkbegriff genauer charakterisiert. Mangels spezieller Regelungen und aufgrund der

---

[6] *Heinrich*, Standardsoftware, S. 175; Loewenheim/*Flechsig*, § 90 Rn. 5; Wandtke/Bullinger/*Hildebrandt/Reinbacher*, § 106 Rn. 6.

[7] Dreier/Schulze/*Dreier*, § 106 Rn. 1; Erbs/Kohlhaas/*Kaiser*, § 106 UrhG Rn. 5; *Weber*, S. 264.

[8] Überwiegend wird der Begriff des „Tatobjekts" verwendet, vgl. Fromm/Nordemann/*Ruttke/Scharringhausen*, § 106 Rn. 3; *Hildebrandt*, S. 33; *Reinbacher*, Privatgebrauch, S. 27; Schricker/Loewenheim/*Haß*, § 106 Rn. 2; Wandtke/Bullinger/*Hildebrandt/Reinbacher*, § 106 Rn. 7. Zum Teil findet sich aber auch die Bezeichnung des „Schutzobjekts", vgl. *Heinrich*, Standardsoftware, S. 177.

[9] Vgl. unten B. I. 1. d).

[10] Vgl. unten B. I. 1. e).

bereits angesprochenen Zivilrechtsakzessorietät ist es allgemein anerkannt, dass der zivilrechtliche Werkbegriff gemäß den §§ 2 ff. UrhG dem urheberstrafrechtlichen Werkbegriff der §§ 106 ff. UrhG entspricht.[11] Für den Begriff des Werkes in § 106 Abs. 1 UrhG gelten daher die Bestimmung der §§ 2 ff. UrhG entsprechend. Da jedoch auch im Nebenstrafrecht die verfassungsrechtlichen Grundsätze beachtet werden müssen, sind bei der Auslegung des strafrechtlichen Werkbegriffs durchaus Einschränkungen im Vergleich zum zivilrechtlichen Werkbegriff in Betracht zu ziehen.[12]

b) Der Werkbegriff gemäß § 2 ff. UrhG

Das urheberrechtliche Werk ist in § 2 UrhG geregelt. Gemäß § 1 UrhG genießen Urheber von Werken der Literatur, Wissenschaft und Kunst für ihre Werke Schutz nach Maßgabe dieses Gesetzes. Damit ist das Vorliegen eines Werkes die grundlegende Voraussetzung für die generelle Anwendbarkeit des Urheberrechtsgesetzes.[13] Auf Grund der zentralen Bedeutung des Werkbegriffs im UrhG wird § 2 UrhG teilweise auch als „Eingangstor zum Urheberrecht" bezeichnet.[14]

Vor der Auseinandersetzung mit den Einzelheiten des Werkbegriffs ist es notwendig vorab zu klären, was das Wesen eines Werkes darstellt. Denn zum Verständnis des Werkbegriffs muss grundsätzlich zwischen einem Werkexemplar und dem Werk als „geistigem Gegenstand" unterschieden werden.[15] Der Begriff des Werkes im Urheberrecht meint nämlich nicht einen körperlichen Gegenstand bzw. ein *körperliches Werkstück* i. S. v. Sacheigentum des bürgerlichen Rechts, sondern ein *geistiges Werk* als unkörperliche Sache.[16] Diese Unterscheidung wird besonders bei der Übertragung des Eigentums nach §§ 929 ff. BGB deutlich. Übereignet ein Veräußerer ein Werkexemplar an einen Erwerber, so erlangt der Erwerber Eigentum an

---

11 Vgl. BT-Drucks. IV/270, S. 108; BeckOK-UrhG/*Sternberg-Lieben*, § 106 Rn. 21; Erbs/Kohlhaas/*Kaiser*, § 106 UrhG Rn. 7; Fromm/Nordemann/*Ruttke/Scharringhausen*, § 106 Rn. 3; *Heinrich*, Standardsoftware, S. 177; *Hildebrandt*, S. 33; Loewenheim/*Flechsig*, § 90 Rn. 11; MüKo-StGB/*Heinrich*, § 106 UrhG Rn. 2; *Reinbacher*, Privatgebrauch, S. 28; Schricker/Loewenheim/*Haß*, § 106 Rn. 2; Wandtke/Bullinger/*Hildebrandt*/*Reinbacher*, § 106 Rn. 7; *Weber*, S. 173.

12 *Hildebrandt*, S. 34; *Reinbacher*, Privatgebrauch, S. 59 ff.; *Weber*, S. 173 f.; vgl. hierzu unten B. I. 1. c) hh), B. I. 1. d), B. I. 1. e).

13 Wandtke/Bullinger/*Bullinger*, § 2 Rn. 1.

14 Fromm/Nordemann/*A. Nordemann*, § 2 Rn. 1; Wandtke/Bullinger/*Bullinger*, § 2 Rn. 1.

15 *Rehbinder/Peukert*, Rn. 5.

16 Loewenheim/*Loewenheim*, § 6 Rn. 6; *Rehbinder/Peukert*, Rn. 5; Wandtke-UrhR/*Wandtke*, 1. Kap. Rn. 54, 55.

diesem körperlichen Gegenstand. Hingegen bleibt das Urheberrecht am geistigen Werk, welches in dem körperlichen Gegenstand zur objektiven Wahrnehmbarkeit verkörpert ist, nach wie vor beim Urheber des geistigen Werkes. Gemäß § 903 BGB kann der neue Eigentümer frei über die körperliche Sache verfügen. Dabei muss dieser jedoch die Urheberrechte des Urhebers beachten. Beispielsweise ist das Recht zur Verbreitung des Originals oder eines Vervielfältigungsstückes gemäß § 17 UrhG ein ausschließliches Verwertungsrecht des Urhebers, das dem Eigentümer nicht zusteht. Das bedeutet, dass Urheberrecht und Sacheigentum am Werkoriginal bzw. Vervielfältigungsstück voneinander unabhängig sind und selbstständig nebeneinander bestehen können.[17] Das UrhG schützt demzufolge nicht das einzelne Werkstück, sondern das in dem Werkexemplar verkörperte geistige Eigentum.

§ 2 UrhG enthält zunächst in Abs. 1 eine Auflistung von verschiedenen Werkarten, wie z. B. Sprachwerke, Schriftwerke, Computerprogramme, Werke der Musik, Lichtbild- und Filmwerke sowie Darstellungen wissenschaftlicher oder technischer Art. Dabei ist es anhand des Wortlauts des § 2 Abs. 1 UrhG erkennbar, dass nur Werke der Literatur, Wissenschaft und Kunst urheberrechtlich geschützt sein können.[18] Diese Voraussetzung, die an das Werk zu stellen sind, dient vor allem zur Abgrenzung zu den technischen Schutzrechten, wie z. B. dem Patent- und Gebrauchsmusterrecht.[19] Kann eine geistige Leistung einer Werkart in § 2 Abs. 1 Nr. 1 bis Nr. 7 UrhG zugeordnet werden, ist es jedoch für den urheberrechtlichen Schutz weiterhin noch erforderlich, dass diese eine *„persönliche geistige Schöpfung“* i. S. d. § 2 Abs. 2 UrhG darstellt.[20] Deshalb müssen die Voraussetzungen von § 2 Abs. 1 und Abs. 2 UrhG *kumulativ* vorliegen, damit eine geistige Leistung urheberrechtlichen Schutz genießen kann.[21] Weiterhin ergibt sich aus dem Wort „insbesondere“, dass die Aufzählung in § 2 Abs. 1 Nr. 1 bis Nr. 7 UrhG nicht abschließend die Werkgattungen nennt, sondern nur beispielhaft ist.[22] Daher können auch neue Werkarten oder Kunstformen vom Urheberrecht erfasst sein.[23] Es ist somit möglich, dass auch eine geistige Leistung, die keiner Werkart des § 2 Abs. 1 UrhG zugeordnet werden kann, urheberrechtlich geschützt wird. Voraussetzung da-

---

[17] BGHZ 126, 331, 333 – Schulerweiterung; Wandtke/Bullinger/*Wandtke/Grunert*, Vor §§ 31 ff. Rn. 54.

[18] Fromm/Nordemann/*A. Nordemann*, § 2 Rn. 2; Loewenheim/*Loewenheim*, § 5 Rn. 1.

[19] *Schricker*, GRUR 1996, 815, 816.

[20] Wandtke/Bullinger/*Bullinger*, § 2 Rn. 2; *Schulze*, GRUR 1987, 769, 772.

[21] BeckOK-UrhG/*Ahlberg*, § 2 Rn. 1.

[22] Loewenheim/*Loewenheim*, § 6 Rn. 6; Wandtke/Bullinger/*Bullinger*, § 2 Rn. 2, 4.

[23] BT-Drucks. IV/270, S. 37; Dreier/Schulze/*Schulze*, § 2 Rn. 3.

für ist ebenfalls, dass diese geistige Leistung das Merkmal einer „persönlichen geistigen Schöpfung" gemäß § 2 Abs. 2 UrhG erfüllt. Sind die Voraussetzungen einer „persönlichen geistigen Schöpfung" nicht gegeben, so ist immerhin noch ein Leistungsschutz gemäß den §§ 70 ff. UrhG als *verwandtes Schutzrecht* in Betracht zu ziehen. Die strafrechtliche Beurteilung der Verletzungen dieser verwandten Schutzrechte ist allerdings ausschließlich Gegenstand des § 108 UrhG.[24]

Aufgrund der obigen Ausführungen kann davon ausgegangen werden, dass das Merkmal der „persönlichen geistigen Schöpfung" nach § 2 Abs. 2 UrhG die entscheidende und grundlegende Anforderung für den urheberrechtlichen Schutz eines Werkes ist. In der Gesetzesbegründung werden Werke persönlicher geistiger Schöpfung als „Erzeugnisse, die durch ihren Inhalt oder durch ihre Form oder durch ihre Verbindung von Form und Inhalt etwas Neues und Eigentümliches darstellen" definiert.[25] Diese ungenaue und wenig aussagekräftige Formulierung ließ viele Interpretationsmöglichkeiten zu und konnte daher als Begriffsbestimmung kaum für Rechtssicherheit sorgen.[26] Zur Bestimmung des Merkmals der persönlichen geistigen Schöpfung und damit auch zur Konkretisierung des Werkbegriffs haben sich daher in der Lehre und Rechtsprechung verschiedene Kriterien gebildet. Nach der herrschenden Auffassung muss eine „persönliche geistige Schöpfung" bzw. ein Werk gewisse Schutzvoraussetzungen (persönliche Schöpfung, geistiger Inhalt, wahrnehmbare konkrete Form, Individualität und Gestaltungshöhe) erfüllen.[27] Im Folgenden werden diese Schutzvoraussetzungen näher dargestellt.

aa) Persönliche Schöpfung

Das Kriterium der persönlichen Schöpfung erfordert von einem Werk, dass es durch ein gestalterisches Tätigwerden von Menschen geschaffen wurde und aufgrund eines Einfalls des Urhebers hervorgegangen ist.[28] Zum einen können dadurch Maschinen und Apparate nicht Urheber von Werken

---

[24] Vgl. dazu unten C.

[25] BT-Drucks. IV/270, S. 38.

[26] Schricker/Loewenheim/*Loewenheim*, § 2 Rn. 8.

[27] Vgl. Fromm/Nordemann/*A. Nordemann*, § 2 Rn. 20; *Rehbinder/Peukert*, Rn. 210 ff.; Schricker/Loewenheim/*Loewenheim*, § 2 Rn. 9; Wandtke/Bullinger/*Bullinger*, § 2 Rn. 15 ff.; Wandtke-UrhR/*Wöhrn*, 2. Kap. Rn. 1. Innerhalb dieser herrschenden Auffassung werden teilweise nur 4 Elemente verlangt oder andere Bezeichnungen verwendet, jedoch ohne von der gleichen Grundüberlegung oder vom selben Ergebnis abzuweichen.

[28] Fromm/Nordemann/*A. Nordemann*, § 2 Rn. 21, 26; Schricker/Loewenheim/*Loewenheim*, § 2 Rn. 11; Wandtke-UrhR/*Wöhrn*, 2. Kap. Rn. 2.

sein.[29] Es liegt somit keine persönliche Schöpfung vor, wenn das geschaffene Erzeugnis selbstständig maschinell produziert wurde und der Mensch die Maschine nicht als bloßes technisches Hilfsmittel verwendet hatte.[30] Werden Übersetzungen urheberrechtlich geschützter Werke durch einen Übersetzungscomputer angefertigt, liegt keine persönliche Schöpfung vor.[31] Entsteht die Übersetzung jedoch durch eine prägende menschliche Gestaltungskomponente und benutzt der Mensch dabei den Übersetzungscomputer lediglich als Hilfsmittel, kann eine persönliche Schöpfung gegeben sein, da in diesem Fall der Mensch einen ausreichenden Schöpfungsspielraum inne hat.[32] Zum anderen können vorgefundene Gegenstände (sog. *objet trouvé*) sowie alltägliche Gegenstände (sog. *ready-mades*), selbst wenn sie in einem künstlerischen Zusammenhang dargestellt werden, keine persönlichen Schöpfungen sein.[33]

bb) Geistiger Inhalt

Eine „persönliche geistige Schöpfung" nach § 2 Abs. 2 UrhG verlangt weiterhin, dass das Werk einen geistigen Inhalt hat. Dieser liegt vor, wenn ein menschlicher Geist durch das Werk selbst zum Ausdruck kommt und das Werk somit einen kommunikativen Gehalt besitzt.[34] Das Werk soll also einen Gedanken- oder Gefühlsinhalt mitteilen.[35] Durch rein mechanische Tätigkeiten oder gedankenlose Spielereien können daher nur Zufallswerke entstehen, die gerade keinen geistigen Gehalt inne haben.[36]

cc) Wahrnehmbare konkrete Form

Persönliche geistige Schöpfungen können nur dann als Werk geschützt sein, wenn sie eine Form angenommen haben, in der sie für andere Menschen wahrnehmbar sind.[37] Dazu ist allerdings eine körperliche Festlegung

---

29 BeckOK-UrhG/*Ahlberg*, § 2 Rn. 55; *Rehbinder/Peukert*, Rn. 211.

30 Wandtke/Bullinger/*Bullinger*, § 2 Rn. 16; Wandtke-UrhR/*Wöhrn*, 2. Kap. Rn. 2.

31 Schricker/Loewenheim/*Loewenheim*, § 2 Rn. 12.

32 Schricker/Loewenheim/*Loewenheim*, § 2 Rn. 12; Wandtke-UrhR/*Wöhrn*, 2. Kap. Rn. 2.

33 Wandtke-UrhR/*Wöhrn*, 2. Kap. Rn. 2.

34 *Schricker*, GRUR Int. 2008, 200, 202; Wandtke-UrhR/*Wöhrn*, 2. Kap. Rn. 3.

35 BGH, GRUR 1999, 923, 924 – Tele-Info-CD; Schricker/Loewenheim/*Loewenheim*, § 2 Rn. 18.

36 Fromm/Nordemann/*A. Nordemann*, § 2 Rn. 25, mit einigen Beispielen.

37 BGH, GRUR 1985, 1041, 1046 – Inkasso-Programm; Fromm/Nordemann/*A. Nordemann*, § 2 Rn. 23; Loewenheim/*Loewenheim*, § 6 Rn. 11.

oder sogar eine dauerhafte körperliche Festlegung des Werkes nicht notwendig.[38] Bereits geschützt sind somit beispielsweise eine schriftlich noch nicht fixierte Rede oder ein improvisiertes Musikstück.[39] Entscheidend ist also, dass eine schöpferische Leistung schriftlich, mündlich, bildlich oder pantomimisch entäußert wird, so dass sie von Dritten konkret wahrgenommen werden kann.[40] Dabei ist es unerheblich, ob das Werk direkt oder nur mittelbar unter Zuhilfenahme technischer Hilfsmittel wahrgenommen werden kann.[41] Außerdem können auch Vor- und Zwischenstufen eines Werks wie Skizzen oder Entwürfe geschützt sein, wenn bereits eine Formgebung vorliegt.[42] Nicht geschützt sind jedoch noch nicht geäußerte Gedanken oder bloße Ideen, da es hier an eine konkrete Formgebung mangelt.[43]

dd) Individualität

Eine geistige Schöpfung kann nur dann zu einer persönlichen geistigen Schöpfung i. S. d. § 2 Abs. 2 UrhG werden, wenn der Urheber dieser geistigen Schöpfung seinem Werk eine gewisse Individualität verleiht. Über das Erfordernis des Merkmals der Individualität herrscht zwischen der Rechtsprechung und der Lehre Einigkeit.[44] Nur verwendet der BGH teilweise andere Begrifflichkeiten, wie „schöpferische Eigenart“[45] oder „schöpferische Eigentümlichkeit“[46] oder „eigenschöpferische Prägung“[47], jedoch ohne inhaltliche Unterschiede. Für das Merkmal der Individualität ist es erforderlich, dass ein Werk vom individuellen Geist sowie von der Persönlichkeit des Urhebers geprägt ist.[48] Die Schöpfung muss ein Ergebnis individuellen

---

[38] BGHZ 37, 1, 7 – AKI; Schricker/Loewenheim/*Loewenheim*, § 2 Rn. 20.

[39] BGH, GRUR 1985, 529 – Happening; LG München, GRUR Int. 1993, 82, 83 – Duo Gismonti-Vasconcelos; Schricker/Loewenheim/*Loewenheim*, § 2 Rn. 20.

[40] Wandtke-UrhR/*Wöhrn*, 2. Kap. Rn. 4.

[41] BGHZ 94, 276, 281 – Inkasso-Programm; Loewenheim/*Loewenheim*, § 6 Rn. 11.

[42] BGHZ 9, 237, 241 – Gaunerroman; Schricker/Loewenheim/*Loewenheim*, § 2 Rn. 22.

[43] BGH, GRUR 1987, 704, 706 – Warenzeichenlexika; Loewenheim/*Loewenheim*, § 6 Rn. 11.

[44] Vgl. Schricker/Loewenheim/*Loewenheim*, § 2 Rn. 23.

[45] BGH, GRUR 1992, 382, 385 – Leitzsätze; GRUR 1981, 352, 353 – Staatsexamensarbeit.

[46] BGH, GRUR 2005, 854, 856 – Karten-Grundsubstanz; GRUR 2004, 855, 857 – Hundefigur.

[47] BGH, GRUR 2002, 958, 960 – Technische Lieferbedingungen; GRUR 1985, 1041, 1047 – Inkasso-Programm.

[48] *W. Nordemann*, ZUM 1985, 10, 14; Schricker/Loewenheim/*Loewenheim*, § 2 Rn. 23.

geistigen Schaffens sein und darf keine reine handwerkliche oder routinemäßige Leistung darstellen.[49] Im Werk sollte deshalb die „Handschrift" des Werkschaffenden erkennbar sein, wobei es nicht auf die Erkennbarkeit der Person des Schöpfers selbst, sondern auf den individuellen Geist des Urhebers ankommt.[50] Für die Beurteilung des Individualitätskriteriums bleiben jedoch die Eigenart, die objektive Neuheit und die Originalität der Schöpfung außer Betracht.[51] Bereits beim Werkschaffen muss aber ein gewisser Spielraum für die Entfaltung der Kreativität und der Schöpfungsgabe bestehen, so dass verschiedene Schöpfer, trotz gleicher Vorgaben, potenziell verschiedene Schöpfungen kreieren können.[52] Darum können alltägliche Gestaltungen sowie Anwendungen von Naturgesetzen oder Gesetzen der Logik nicht individuell sein.[53]

Im Hinblick auf Werke im Schulgebrauch ist daher festzustellen, dass wissenschaftliche Entdeckungen und Erkenntnisse sowie Lehren und Lehrmethoden nicht dem Urheberrechtsschutz zugänglich sein können.[54] Denn bei einer reinen Entdeckung von Vorhandenen liegt kein erforderlicher Schaffensakt vor. Ebenso stellt die bloße Anwendung von bereits Bekanntem keine Leistung im urheberrechtlichen Sinne dar.[55] Demgemäß kann die Verwendung bekannter geometrischer Formen, wissenschaftlicher Zeichen, mathematischer Formeln sowie Lehren und Darstellungen nicht geschützt sein.[56] Anhand des Merkmals der Individualität kann man insofern „die literarische Darstellung vom alltäglichen Brief, den Vortrag vom belanglosen Gesprächsbeitrag, den künstlerisch gestalteten Gebrauchsgegenstand von der Dutzendware" abgrenzen.[57]

ee) Gestaltungshöhe

Weist eine persönliche geistige Schöpfung einen individuellen Geist auf, entsteht der urheberrechtliche Schutz dadurch nicht ohne weiteres. Denn die Individualität des Schöpfers kann in der Schöpfung unterschiedlich stark

---

[49] BGHZ 9, 262, 268 – Lied der Wildbahn I; BGH, GRUR 1986, 739, 741 – Anwaltschriftsatz.

[50] BeckOK-UrhG/*Ahlberg*, § 2 Rn. 57.

[51] Vgl. Wandtke-UrhR/*Wöhrn*, 2. Kap. Rn. 5.

[52] Vgl. BGH, GRUR 1999, 923, 925 – Tele-Info-CD.

[53] Schricker/Loewenheim/*Loewenheim*, § 2 Rn. 29.

[54] BGHZ 39, 306, 311 – Rechenschieber; BGH, GRUR 1981, 352, 353 – Staatsexamensarbeit; *W. Nordemann* NJW 1970, 881, 882.

[55] *W. Nordemann*, NJW 1970, 881, 882.

[56] *W. Nordemann*, NJW 1970, 881, 882.

[57] Vgl. Loewenheim/*Loewenheim*, § 6 Rn. 15.

ausgeprägt sein. Dieses unterschiedliche Niveau der Individualität wird als *Gestaltungshöhe* bezeichnet.[58] Die Rechtsprechung spricht auch teilweise von „Schöpfungshöhe“ oder „Leistungshöhe“.[59] Die Gestaltungshöhe stellt den quantitativen Gesichtspunkt der Individualität dar und beschreibt somit das Maß der Ausprägung des individuellen Geistes in einem Werk.[60]

Nach der überwiegenden Auffassung sind nur solche Schöpfungen urheberrechtlich geschützt, die einen Mindestgrad an Individualität innehaben.[61] Danach ist das Vorliegen einer bestimmten Gestaltungshöhe stets eine erforderliche Voraussetzung für den Urheberrechtsschutz. Eine andere Ansicht[62] geht hingegen davon aus, dass das Kriterium der Gestaltungshöhe nicht notwendigerweise als zusätzliches Element neben dem Vorliegen der Individualität hinzutreten muss. Begründet wird dies mit der europäischen Urheberrechtsentwicklung, bei der jede eigene geistige Schöpfung im Bereich der Lichtbildwerke, Computerprogramme und Datenbankwerke urheberrechtlich geschützt wird.[63]

Diese Ausweitung des Werkbegriffs geht jedoch zu weit. Aus der Tendenz des europäischen Urheberrechtsschutzes bezüglich der Lichtbildwerke, Computerprogramme und Datenbankwerke lässt sich nicht ableiten, dass eine individuelle Schöpfung urheberrechtlich geschützt wird, auch wenn sie nicht eine bestimmte Gestaltungshöhe erfüllt. Für die meisten Werkarten ist es nach wie vor notwendig, dass ein bestimmtes Niveau an Individualität erreicht wird, damit eine Abgrenzung zu den sehr schlichten Schöpfungen vorgenommen werden kann.[64] Durch den gänzlichen Wegfall des Kriteriums der Gestaltungshöhe könnte die Privilegierung des Schöpfers in Form des urheberrechtlichen Schutzes gegenüber der Allgemeinheit jedoch kaum noch gerechtfertigt werden. Insbesondere wäre der urheberrechtliche Werkbegriff dadurch so überdehnt, dass die Türen des urheberrechtlichen Werkschutzes für durchschnittliche und alltägliche Schöpfungen weit geöffnet wären. Es würde folglich zu einer unüberschaubaren Mehrung von urheberrechtlich

---

58 BVerfG, GRUR 2005, 410 – Laufendes Auge; BGH, GRUR 1983, 377, 378 – Brombeer-Muster.

59 BGH, GRUR 2008, 984, 985 f. – St. Gottfried; BGH, GRUR 2000, 144, 145 – Comic-Übersetzung II.

60 Fromm/Nordemann/*A. Nordemann*, § 2 Rn. 30; Wandtke/Bullinger/*Bullinger*, § 2 Rn. 23.

61 BGH, GRUR 1983, 377, 378 – Brombeer-Muster; BeckOK-UrhG/*Ahlberg*, § 2 Rn. 66 ff.; Dreier/Schulze/*Schulze*, § 2 Rn. 20; Fromm/Nordemann/*A. Nordemann*, § 2 Rn. 30; Wandtke/Bullinger/*Bullinger*, § 2 Rn. 23.

62 Loewenheim/*Loewenheim*, § 6 Rn. 16; *Schricker*, FS-Kreile, 1994, S. 715; *Schricker*, GRUR 1996, 815, 817 f.; Schricker/Loewenheim/*Loewenheim*, § 2 Rn. 25.

63 Loewenheim/*Loewenheim*, § 6 Rn. 16.

64 Siehe auch MüKo-StGB/*Heinrich*, § 106 UrhG Rn. 19.

geschützten Werken kommen, die eine Entwertung des Urheberrechts bedeuten würde.[65] Im Ergebnis überzeugt deshalb die herrschende Auffassung, sodass für einen urheberrechtlichen Werkschutz grundsätzlich ein bestimmtes Maß an Individualität, d.h. eine gewisse Gestaltungshöhe vorliegen muss.

Damit schließt sich die Frage an, welche Anforderungen an die Gestaltungshöhe zu stellen sind. Einerseits dürfen die Anforderungen an die Gestaltungshöhe nicht zu gering sein, da der Urheber umfassende Schutzrechte bezüglich seines Werkes besitzt und die Schutzdauer eines Werkes gemäß § 64 UrhG immerhin 70 Jahre post mortem auctoris beträgt.[66] Andererseits kann das Merkmal der Gestaltungshöhe nicht dazu führen, dass nur noch einzigartige Schöpfungen und außergewöhnliche Leistungen urheberrechtlichen Schutz genießen. Ausgehend von den sog. „*Werken der kleinen Münze*“[67], d.h. „Werken von geringem schöpferischem Wert“[68], ist es strittig, ob die „kleine Münze“ des Urheberrechts die Untergrenze der Schutzfähigkeit bildet.

Sowohl die herrschende Lehre als auch die Rechtsprechung erkennen grundsätzlich die „kleine Münze“, die ein Minimum an Gestaltungshöhe aufweist, als Untergrenze der urheberrechtlichen Schutzfähigkeit an.[69] Danach fallen auch einfache Schöpfungen, die nur ein bescheidenes Maß an geistig-schöpferischer Tätigkeit mit sich bringen, gerade so noch unter dem Schutz des Urheberrechts.[70] Solche Werke der kleinen Münze sind beispielsweise Kataloge, Rechentabellen, Preislisten, Fernsprechbücher, Sammlungen von Kochrezepten, banale Computerprogramme und Datenbanken.[71]

Hingegen sehen einige Autoren[72] Werke der kleinen Münze nicht als urheberrechtlich geschützte Werke an, sondern nur als geringfügige schöpfe-

---

[65] Vgl. auch Wandtke/Bullinger/*Bullinger*, § 2 Rn. 24.

[66] Wandtke-UrhR/*Wöhrn*, 2. Kap. Rn. 8.

[67] Diese Terminologie stammte von *Elster*, Gewerblicher Rechtsschutz, 1921, S. 40. Vgl. weiterhin zum Begriff: *Loewenheim*, GRUR 1987, 761; *Schulze*, GRUR 1987, 769 ff.

[68] Vgl. Regierungsbegründung in BT-Drucks. IV/270, S. 38.

[69] BGH, GRUR 2005, 860, 862 – Fash 2000; BGH, GRUR 2000, 144, 145 – Comic-Übersetzung II; BGH, GRUR 1995, 581, 582 – Silberdistel; BGH, GRUR 1981, 267, 268 – Dirlada; Fromm/Nordemann/*A. Nordemann*, § 2 Rn. 30; Loewenheim/*Loewenheim*, § 6 Rn. 17; Schricker/Loewenheim/*Loewenheim*, § 2 Rn. 39; Wandtke-UrhR/*Wöhrn*, 2. Kap. Rn. 9.

[70] Schricker/Loewenheim/*Loewenheim*, § 2 Rn. 39.

[71] Vgl. Loewenheim/*Loewenheim*, § 6 Rn. 17.

[72] *Köhn*, ZUM 1994, 278, 288; *Rehbinder/Peukert*, Rn. 223 ff.; *Schack*, UrhR, Rn. 297 f.; *ders.*, ZUM 1990, 59, 61 f.; *Schulze*, GRUR 1987, 769, 778; *Thoms*, S. 271.

rische Leistungen, die ihren Schutz durch das UWG bzw. durch ein eigenes Leistungsschutzrecht erhalten sollen. Durch das Urheberrecht seien gewöhnliche oder zu erwartende geistige Leistungen, die einen gewerblichen Charakter besitzen und vorrangig durch ihren Gebrauchszwecken gekennzeichnet sind, nicht zu schützen, sondern nur Schöpfungen der Literatur, Wissenschaft und Kunst i. S. d. § 2 UrhG, die eine gewisse gestalterische Qualität sowie eine individuelle und phantasievolle Besonderheit mit sich bringen.[73]

Eine solche Ausklammerung der „kleinen Münze" aus dem Urheberrecht erscheint letztlich jedoch nicht sinnvoll. Denn die Abgrenzung zwischen schutzfähigen und nicht schutzfähigen Schöpfungen, die ohnehin schwammig erscheint, würde durch den Ausschluss der „kleinen Münze" aus dem Urheberrecht zusätzlich erschwert werden. Dadurch wären einfache Schöpfungen, die allerdings noch ein gewisses Maß an Individualität aufweisen, gänzlich ungeschützt. Dieses Ergebnis ist jedoch nicht mit dem gesetzgeberischen Willen bei der Schaffung des UrhG im Jahre 1965 vereinbar. Dieser hatte nämlich vorgesehen, dass „Werke von geringem schöpferischem Wert" auch vom Urheberrechtsschutz erfasst sein sollen.[74] Hinzu kommt, dass europäische Richtlinien den urheberrechtlichen Schutz der „kleinen Münze" für den Bereich der Computerprogramme, Datenbankwerke und Lichtbildwerke vorsehen.[75] Die Nichtanerkennung des Schutzes der „kleinen Münze" in den genannten Bereichen würde also einen Verstoß gegen das Europarecht bedeuten. Diese europäische Tendenz des Schutzes der „kleinen Münze" muss auch im nationalen Recht Beachtung finden, so dass der Urheberrechtsschutz der „kleinen Münze" nicht per se ausgeschlossen sein kann.

In der Vergangenheit hatte der BGH – in Abgrenzung zum Geschmacksmusterrecht – für den Schutz von Werken der angewandten Kunst stets ein „deutliches Überragen der Durchschnittgestaltung" gefordert und dementsprechend den Urheberrechtsschutz der „kleinen Münze" jedenfalls bezüglich dieser Werkart verneint.[76] Inzwischen hält er daran aber nicht mehr fest.[77] An den Urheberrechtsschutz von Werken der angewandten Kunst i. S. v. § 2 Abs. 1 Nr. 4, Abs. 2 UrhG seien nun grundsätzlich keine anderen Anforderungen zu stellen als an den Urheberrechtsschutz von Werken der zweckfreien bildenden Kunst oder des literarischen und musikalischen

---

73 *Rehbinder/Peukert*, Rn. 223; *Schack*, UrhR, Rn. 297 f.; *Schulze*, GRUR 1987, 769, 777 ff.

74 Vgl. Regierungsbegründung in BT-Drucks. IV/270, S. 38.

75 Vgl. Richtlinie 91/250/EWG für Computerprogramme; Art. 3 Abs. 1 S. 2 der Richtlinie 96/9/EG für Datenbanken; Art. 6 der Schutzdauer-Richtlinie 93/98/EWG.

76 Vgl. u. a. BGHZ 138, 143, 147 – Les-Paul-Gitarren; BGH, GRUR 1995, 581, 582 – Silberdistel; GRUR 2004, 941, 942 – Metallbett.

77 Siehe BGH, MMR 2014, 333, 335 – Geburtstagszug; hierzu vgl. *Obergfell*, GRUR 2014, 621 ff.

Schaffens.[78] Im Sinne der Transparenz und Rechtsklarheit ist diese Rechtsprechungsänderung zu begrüßen. Durch die Festlegung einer einheitlichen werkartunabhängigen Schutzuntergrenze, in Gestalt der „kleinen Münze", wird zudem die Rechtssicherheit gefördert.

Zusammenfassend kann eine Schöpfung somit nur dann als urheberrechtliches Werk geschützt sein, wenn sie die aufgezeigten Kriterien der persönlichen geistigen Schöpfung i. S. d. § 2 Abs. 2 UrhG erfüllt. Sie muss also eine persönliche Schöpfung sein, einen geistigen Inhalt aufweisen, in eine Formgebung ihren Ausdruck gefunden haben und eine Individualität mit sich bringen, die eine gewisse Gestaltungshöhe erreicht. Diese Voraussetzungen, insbesondere die Mindestgestaltungshöhe als Schutzuntergrenze, in Form der „kleinen Münze", gelten dabei für alle Werkarten einheitlich.

c) Schultypische Werke

Nachdem die grundlegenden Schutzvoraussetzungen eines Werkes geklärt sind, werden nun schultypische Werke dargestellt und bestimmten Werkarten zugeordnet. Zu beachten ist dabei, dass ein Werk auch mehreren Werkarten zugeordnet werden kann. Ist eine eindeutige Zuordnung eines Werkes in eine Werkart nicht möglich, so ist der urheberrechtliche Schutz nicht ausgeschlossen, da es dafür entscheidend auf das Vorliegen der Schutzvoraussetzungen des § 2 Abs. 2 UrhG ankommt und das Urheberrechtsgesetz auch für neue Werkarten offen ist.

Im Schulalltag lassen sich unzählige urheberrechtlich geschützte Werke finden. Zur besseren Übersicht über die schultypischen Werke erscheint es sinnvoll, zwischen den selbst geschaffenen Werken und den Werken Dritter zu differenzieren. Ein selbst geschaffenes Werk bedeutet in diesem Zusammenhang, dass es von schulinternen Personen, d. h. Lehrern oder Schülern, geschaffen oder hergestellt wurde. Denn genauso wie alle anderen natürlichen Personen können auch Lehrer und Schüler im Schulalltag urheberrechtlich geschützte Werke schaffen. Es kommt jedoch auch hier entscheidend darauf an, ob die geschaffenen Schöpfungen den Anforderungen des § 2 Abs. 2 UrhG genügen. Haben Lehrer oder Schüler schutzfähige Werke geschaffen, so sind auch diese im Schulalltag urheberrechtlich geschützt.

Von weitaus größerer Relevanz sind jedoch die Fälle, in denen schulinterne Personen im Rahmen des Schulalltags, sich Schöpfungen Dritter, d. h. nicht schulinterner Personen, bedienen. Innerhalb der Werke Dritter kann eine Unterscheidung zwischen Lehr- und Lernmaterialien bzw. Bildungsmedien und den sonstigen Werken Dritter vorgenommen werden. Unter den

[78] BGH, MMR 2014, 333, 335 – Geburtstagszug.

Lehr- und Lernmaterialien fallen hauptsächlich Schulbücher und sonstige Unterrichtsmaterialien.[79] Schulbücher sind solche Bücher, die zur Durchführung des Unterrichts auf der Grundlage der jeweils geltenden Rahmenlehrpläne verwendet werden.[80] Die Schulbücher beinhalten regelmäßig verschiedene urheberrechtlich relevante Beiträge, wie Aufsätze, Gedichte, Lückentexte, Übungs- oder Prüfungsaufgaben, Kurzgeschichten, Tabellen, Grafiken, Darstellungen, Bilder und vieles andere. Unter den sonstigen Unterrichtsmaterialien fallen insbesondere Druckwerke wie Wörterbücher, Lexika, Tafelwerke, Lektüren, Arbeitshefte, Arbeitsblätter und Aufgabensammlungen.[81] Lehr- und Lernmaterialien zeichnen sich insbesondere dadurch aus, dass sie speziell für den Schulgebrauch geschaffen worden sind. Als Bildungsmedien sind sie heute eine der wichtigsten Grundlagen des Bildungssystems.[82] Da sich die Verlage bei der Erstellung dieser Lehr- und Lernmaterialien an die jeweiligen Rahmenlehrpläne der verschiedenen Bundesländer orientieren[83], werden diese Bildungsmedien regelmäßig von den Lehrkräften als Unterrichtsgrundlage genommen und kommen demzufolge im Schulunterricht regelmäßig zum Einsatz.

Mit dem Fortschreiten des Medien- und Internetzeitalters greifen Lehrkräfte aber auch vermehrt auf sonstige Schöpfungen Dritter zurück, die nicht speziell für den Unterrichtsgebrauch geschaffen worden sind. Gemeint sind beispielsweise Zeitschriften- und Zeitungsartikel, Grafiken, Abbildungen, Gedichte, Aufsätze, Filme, Hörspiele, Hörfunk- und Fernsehsendungen, Karikaturen, Bilder und verschiedene Multimediawerke[84]. Auch wenn davon auszugehen ist, dass sonstige Schöpfungen Dritter häufig die Anforderungen eines Werkes nach § 2 Abs. 2 UrhG erfüllen, muss jedoch immer im Einzelfall beurteilt werden, ob ein Werk urheberrechtlich geschützt ist. So sind beispielsweise Liedtexte in aller Regel urheberrechtlich geschützt. Ausnahmsweise kann jedoch ein kurzer und einfacher Liedtext, bestehend aus nur wenigen Wörtern, nicht als urheberrechtliches Werk geschützt sein, wenn er nicht die nötige Individualität aufweist.[85]

Nachfolgend werden schultypische Werke beispielhaft im Rahmen der Ausführungen zu den verschiedenen Werkarten dargestellt.

---

79 Vgl. beispielsweise § 1 Abs. 1 der Verordnung über die Zulassung von Lernmitteln und über die Lernmittelfreiheit des Landes Brandenburg.

80 Vgl. § 1 Abs. 1 Nr. 1 der Verordnung über die Zulassung von Lernmitteln und über die Lernmittelfreiheit des Landes Brandenburg.

81 Vgl. § 1 Abs. 1 Nr. 2 der Verordnung über die Zulassung von Lernmitteln und über die Lernmittelfreiheit des Landes Brandenburg.

82 *von Bernuth*, GRUR 2005, 196.

83 *von Bernuth*, GRUR 2005, 196, 197.

84 Zu diesem Begriff vgl. unten B. I. 1. c) hh).

85 Vgl. dazu OLG Hamburg, ZUM 1998, 1041, 1041 f. – Samba de Janeiro.

aa) Sprachwerke

Sprachwerke sind gemäß § 2 Abs. 2 Nr. 1 UrhG urheberrechtlich geschützt. Der Begriff des Sprachwerks ist weit zu fassen, so dass alle persönlichen geistigen Schöpfungen, bei denen der Werkinhalt durch das Ausdruckmittel der Sprache mitgeteilt wird, als Sprachwerk erfasst sind.[86] Dabei kann die Mitteilung in mündlicher, schriftlicher oder aber auch in digitaler Form erfolgen.[87] In § 2 Abs. 1 Nr. 1 UrhG werden Schriftwerke, Reden und Computerprogramme als Sprachwerkgruppen beispielhaft aufgelistet.

Schriftwerke nach § 2 Abs. 1 Nr. 1 UrhG sind Sprachwerke, deren Inhalt durch Schriftzeichen mitgeteilt wird.[88] Im Schulgebrauch sind Schriftwerke nach wie vor ein wesentlicher Bestandteil der Unterrichtsmaterialien. Typische Schriftwerke im Schulgebrauch sind u. a.: Zeitschriftenartikel, Zeitungsbeiträge, journalistische Kommentare und Interviews, Liedtexte, Erzählungen, Kurzgeschichten, Gedichte, Novellen, Aufsätze, Romane, Dramen, Comics.

Wörter, einzelne Sätze und Satzfragmente sind normalerweise nicht urheberrechtlich schutzfähig, da sie zu kurz sind, um genügend Originalität und Kreativität zu erreichen.[89] So sind zum Beispiel einzelne Begrifflichkeiten oder Wortgestaltungen aus einem berühmten Roman, wie „Gleis neundreiviertel" und „Beinklammer-Fluch", nicht als urheberrechtliches Werk geschützt.[90] Denn allein aus diesen Begrifflichkeiten ist der rote Faden des Romans nicht zu erkennen und außerdem sind sie allein betrachtet zu banal, so dass sie die erforderliche Gestaltungshöhe nicht erreichen.[91] Da solche Wortgestaltungen nicht selbstständig als Werk geschützt sind, kann ein Lehrer diese in seinen Arbeitsblättern verwenden ohne dass es einer gesetzlichen Zulassung oder vertraglichen Einwilligung bedarf.[92]

Grundlegend können Listen, Tabellen sowie Buchstaben- und Zahlenanordnungen als Schriftwerke geschützt sein, wenn sie einen gedanklichen Inhalt mitteilen.[93] Daten, Fakten und Informationen als solche sind aber

---

[86] BGH, GRUR 1963, 633, 634 – Rechenschieber; Wandtke/Bullinger/*Bullinger*, § 2 Rn. 45; Wandtke-UrhR/*Wöhrn*, 2. Kap. Rn. 23.

[87] Fromm/Nordemann/*A. Nordemann*, § 2 Rn. 45.

[88] BGH, GRUR 1961, 85, 87 – Pfiffikusdose; Wandtke/Bullinger/*Bullinger*, § 2 Rn. 45.

[89] OLG Hamburg, GRUR-RR 2004, 285, 287 – Markentechnik; *Schricker*, GRUR 1996, 815, 820.

[90] LG Hamburg, GRUR-RR 2004, 65, 68 – Literaturwerkstatt Grundschule.

[91] LG Hamburg, GRUR-RR 2004, 65, 68 – Literaturwerkstatt Grundschule.

[92] LG Hamburg, GRUR-RR 2004, 65, 68 – Literaturwerkstatt Grundschule.

[93] Schricker/Loewenheim/*Loewenheim*, § 2 Rn. 82.

prinzipiell freizuhalten und damit nicht urheberrechtlich geschützt.[94] Werden Daten und Fakten ohne besondere individuelle Auswahl und Anordnung in Tabellen und Listen aneinandergereiht, so können sie nicht als Schriftwerke schutzfähig sein.[95] Der Urheberrechtsschutz kommt aber dann in Betracht, wenn eine schöpferisch individuelle Auswahl, Einteilung und Anordnung der an sich nicht schutzfähigen Daten und Fakten erfolgt.[96] In diesem Zusammenhang wurden die Auswahl einer Fragensammlung[97], die nach verschiedenen Gesichtspunkten systematisch geordnete Sammlung von historischen Texten[98] und die Zusammenstellung eines Lehrplans für sozialtherapeutische Fortbildungskurse für Erzieher[99] für schutzwürdig angesehen. Ferner können reine mathematische Formeln mangels gedanklichen Inhalts nicht als Sprachwerke geschützt sein.[100]

Obwohl Zeitungs- und Zeitschriftenartikel sowie andere journalistische Arbeiten wie Kritiken, Kommentare, Berichte und Interviews grundlegend nur eine Wiedergabe von Tatsachen und Fakten zum Gegenstand haben, können sie dennoch vom Urheberrecht geschützt sein, da die Individualität des Schöpfers in journalistischen Arbeiten aufgrund der zahlreichen Darstellungs- und Ausdrucksmöglichkeiten stets erkennbar sein wird.[101] Handelt es sich jedoch ausnahmsweise um einen kurzen Artikel, der lediglich Tatsachen oder Tagesneuigkeiten mitteilt, so kann dieser nicht als urheberrechtliches Schriftwerk geschützt sein.[102] In diesem Sinne sind reine Nachrichten und Tatsachenmitteilungen, die keine eigene Stellungnahme beinhalten, nicht urheberrechtlich geschützt, da sie die Mindestanforderungen einer persönlichen geistigen Schöpfung gemäß § 2 Abs. 2 UrhG nicht erfüllen.[103]

Schulbücher enthalten in erster Linie wissenschaftliche Erkenntnisse sowie Lehren und Lehrmethoden. Diese sollen grundsätzlich für jedermann zugänglich bleiben und werden an sich urheberrechtlich nicht geschützt.[104] Allerdings können Schulbuchtexte bzw. Sachtexte, die den Lehrstoff erklärend

94 Dreier/Schulze/*Schulze*, § 2 Rn. 100; Fromm/Nordemann/*A. Nordemann*, § 2 Rn. 76.

95 Dreier/Schulze/*Schulze*, § 2 Rn. 100.

96 Siehe dazu unten B. I. 1. e) „Sammelwerk“.

97 BGH, GRUR 1981, 520, 522 – Fragensammlung.

98 BGH, GRUR 1980, 227, 231 – Monumenta Germaniae Historica.

99 BGH, GRUR 1991, 130, 132 f. – Themenkatalog.

100 Vgl. BGH, GRUR 1991, 449, 453 – Betriebssystem.

101 KG, GRUR-RR 2004, 228, 230 – Ausschnittsdienst.

102 BGH, GRUR 1997, 459, 460 f. – CB-Infobank I; KG, GRUR-RR 2004, 228, 230 – Ausschnittsdienst.

103 LG Düsseldorf, ZUM-RD 2007, 367, 368; Loewenheim/*Götting*, § 31 Rn. 137; *Neumann*, S. 86.

104 Vgl. bereits oben B. I. 1. b) dd); vgl. auch Dreier/Schulze/*Schulze*, § 2 Rn. 93.

darstellen, als Schriftwerke geschützt sein. Der Urheberrechtsschutz von Schulbuchtexten nach § 2 Abs. 1 Nr. 1 UrhG ist immer dann in Betracht zu ziehen, wenn der Verfasser über die bloße Wiedergabe des Lehrstoffes hinaus seinen schöpferischen Entfaltungsspielraum bei der äußeren oder inhaltlichen Darstellung und Gestaltung des Lehrstoffes ausnutzt und die individuelle Eigenart des Autors dadurch in dem Schulbuchtext zum Ausdruck kommt.[105] Urheberrechtlich schützenswert ist dabei die Art der Formulierung, da der persönliche Stil des Autors in der Formulierung der Texte am freiesten zur Entfaltung kommen kann.[106] Auch in der Art und Weise der Gliederung und in der Anordnung des Stoffes kann die individuelle Eigenart des Autors zum Ausdruck kommen, die ebenso dem Urheberrechtsschutz unterliegt.[107] Insbesondere sind Schulbuch- oder Sachtexte dann urheberrechtlich geschützt, wenn sie den Lehrstoff in einer besonders verständlichen Art und Weise erklären und selbst kreierte Beispiele beinhalten, die den Lehrstoff anschaulich machen.[108] Wird der Lehrstoff in Schulbüchern durch erfundene Geschichten oder Anekdoten aufgelockert oder mit weiteren selbsterdachten Versuchen oder Abwandlungen ausgeschmückt, ist diese individuelle Leistung genauso urheberrechtlich zu schützen.[109] Aufgrund des großen schöpferischen Spielraums bei der Formulierung und Zusammenstellung sind erklärende Lehr- und Sachtexte in Schulbüchern in aller Regel als Schriftwerke geschützt. Das Gleiche gilt auch für Lehr- und Sachtexte in den zusätzlichen Lehr- und Lernmaterialien wie Arbeitsheften, Arbeitsblättern und Aufgabensammlungen. Schulbücher und zusätzliche Lehr- und Lernmaterialien als Ganzes sind regelmäßig als Sammelwerke geschützt.[110]

Sowohl Schulbücher als auch zusätzliche Lehr- und Lernmaterialien enthalten häufig Übungs- und Prüfungsaufgaben. In der Unterrichts- und Prüfungspraxis ist es für Lehrkräfte nicht unüblich, solche Übungs- und Prüfungsaufgaben für die eigenen Aufgaben- oder Prüfungsblätter zu übernehmen. Anknüpfend stellt sich also die Frage, ob Klausur-Aufgabenstellungen im einzelnen urheberrechtlichen Schutz genießen. Dagegen spricht zunächst, dass diese Aufgabenstellungen vorrangig für die Wissensüberprüfung von wissenschaftlichen Tatsachen und Fakten konzipiert sind und dem Verfasser deshalb kaum Spielraum für individuelle Formulierungen und Gestaltungen lassen.[111] Im

---

[105] Vgl. Dreier/Schulze/*Schulze*, § 2 Rn. 93; *W. Nordemann* NJW 1970, 881, 882.

[106] *W. Nordemann* NJW 1970, 881, 882.

[107] BGH, GRUR 1991, 130 – Themenkatalog; Dreier/Schulze/*Schulze*, § 2 Rn. 95; *W. Nordemann* NJW 1970, 881, 882.

[108] Vgl. BGH, GRUR 1987, 166, 167 – AOK-Merkblatt; Dreier/Schulze/*Schulze*, § 2 Rn. 93.

[109] *W. Nordemann*, NJW 1970, 881, 882 f.

[110] Vgl. dazu unten B. I. 1. e).

[111] Vgl. dazu auch *Oechsler*, GRUR 2006, 205, 206.

Vordergrund soll der Prüfungszweck stehen, so dass eindeutige und genaue Fragestellungen unter Berücksichtigung von fachspezifischen Standardformulierungen unumgänglich sind.[112] Bei genauer Betrachtung ähneln sich jedoch Aufgabenstellungen und Lehrbuchtexte, da sie jeweils einen bestimmten Lehrinhalt so aufbereiten, dass sie für die jeweiligen didaktischen Zwecke, nämlich Wissensüberprüfung bzw. Wissensvermittlung, eingesetzt werden können.[113] Es erfordert daher eine nicht unerhebliche schöpferische und gestalterische Leistung, die Klausuraufgaben so zu stellen, dass sie den behandelten Stoff genau abdecken. Praktisch sind Klausurensteller stets bemüht, neue Aufgabenstellungen zu kreieren, die jedoch lediglich den bekannten Lernstoff von bisherigen Aufgabenstellungen abfragen sollen. Dabei besteht die schöpferische Leistung und der damit verbundene Gestaltungsspielraum gerade darin, trotz der gezielten Stoffabfrage, die Aufgabenstellung so zu variieren, dass sie zwar von den bisherigen Aufgabenstellungen abweicht, der Lernstoff aber weiterhin vollumfänglich abgefragt wird. Daher sind Klausur-Aufgabenstellungen regelmäßig geschützt, wenn sie nicht bloß banal sind, sondern eine ausreichende individuelle Eigenart besitzen.[114]

In diesem Zusammenhang ist weiterhin zu fragen, ob der weit verbreitete Aufgabentyp der Multiple-Choice-Aufgaben ebenfalls vom Urheberrechtsschutz erfasst wird. Generell müssen Multiple-Choice-Fragen so präzise formuliert werden, dass der Prüfling in der Lage ist, die richtige Antwortmöglichkeit herausfiltern zu können. Damit scheint der Aufgabensteller einen sehr engen Gestaltungsspielraum zu haben, wodurch er seine schöpferische Individualität nicht entfalten kann. Genauer betrachtet sind jedoch Multiple-Choice-Aufgaben nicht anders als sonstige Prüfungsaufgaben zu behandeln. Denn bei diesem Aufgabentypus besteht die individuell gestalterische Eigenleistung speziell in der Erarbeitung der falschen Alternativantworten zur richtigen Lösung.[115] Die Prüflinge sollen nicht nur durch Teilwissen zu der richtigen Antwort gelangen, sondern erst durch Ausschluss der falschen und Kenntnis der richtigen Antwort ihr erlangtes Wissen unter Beweis stellen.[116] Die schöpferische Leistung ist hierbei auch insbesondere in der detaillierten Anpassung der Fragen und der Alternativantworten zu sehen.

Literarische Werke wie Gedichte, Kurzgeschichten, Liedtexte, Erzählungen usw. sind in aller Regel als Schriftwerke urheberrechtlich schutzfähig,

---

112 Vgl. dazu auch *Oechsler*, GRUR 2006, 205, 206.

113 *Oechsler*, GRUR 2006, 205, 207.

114 Fromm/Nordemann/*A. Nordemann*, § 2 Rn. 78; vgl. dazu auch LG Köln, GRUR 1993, 901, 902 – BGB-Hausarbeit.

115 LG Köln, ZUM 2000, 597, 598 – Multiple-Choice-Klausuren.

116 LG Köln, ZUM 2000, 597, 598 – Multiple-Choice-Klausuren.

da der Autor bei der Schaffung dieser Werke einen ungemein großen inhaltlichen sowie formalen Gestaltungsspielraum genießt.[117] Dieser zeichnet sich schon dadurch aus, dass der Verfasser durch zahlreiche Möglichkeiten bei der Wortwahl dem Werk seinen individuellen Stempel auftragen kann.[118] In diesem Zusammenhang ist jedoch die zeitliche Schutzfrist von siebzig Jahren nach dem Tode des Urhebers gemäß § 64 UrhG zu beachten, so dass die Werke nach dem Erlöschen der Schutzfrist gemeinfrei werden.[119] So sind z.B. Gedichte oder Romane von Goethe nicht mehr als Schriftwerke geschützt und können daher frei genutzt werden. Aufgrund des großen Gestaltungsspielraumes bei der Schaffung von literarischen Werken ist es keine Seltenheit, dass auch schulinterne Personen kleine literarische Werke im Schulalltag herstellen. Entscheidend ist es aber auch hierbei, dass die Schöpfung das Mindestmaß an Gestaltungshöhe erreicht. Z.B. ist es vorstellbar, dass kurze und banale Texte von Schülern aus der Unterstufe nicht den urheberrechtlichen Schutzanforderungen genügen. Jedoch ist es davon auszugehen, dass kleine literarische Schülerarbeiten, vor allem in der Oberstufe, regelmäßig die Anforderungen des urheberrechtlichen Schutzes erfüllen. So darf ein Lehrer regelmäßig die Deutschaufsätze seiner Schüler nicht ohne Weiteres veröffentlichen oder verwerten.

Ein enorm großer Gestaltungsspielraum besteht auch beim Verfassen von Sachtexten. Dementsprechend sind Aufsätze, sowohl von schulinternen Personen als auch von Dritten, grundsätzlich urheberrechtlich schutzfähig. Bedenken bezüglich der Individualität können aber dann gegeben sein, wenn Schüler einen Aufsatz unter strengen Vorgaben des Lehrers verfassen und dabei hauptsächlich vorgeschriebene Formulierungen verwenden müssen. In solchen Fällen ist es durchaus denkbar, dass der Gestaltungsspielraum des Verfassers auf ein extremes Minimum reduziert wird, so dass die Arbeit nicht einmal auf der Grundlage der „kleinen Münze“ geschützt sein kann.

Ferner sind auch *Reden* als Sprachwerke geschützt. Anders als Schriftwerke wird der Gedankeninhalt nicht durch Zeichen vermittelt, sondern durch mündliche Äußerung zum Ausdruck gebracht.[120] Eine Rede kann gleichzeitig als Schriftwerk geschützt sein, wenn der Redner einen bereits schriftlich verfassten Text vorträgt.[121] Urheberrechtlich geschützt sind somit Reden wie politische Reden[122], Begrüßungsansprachen, Tischreden, Versammlungsvor-

---

[117] Vgl. Dreier/Schulze/*Schulze*, § 2 Rn. 86.

[118] Dreier/Schulze/*Schulze*, § 2 Rn. 86.

[119] Hierzu vgl. unten B. I. 5. d).

[120] Wandtke/Bullinger/*Bullinger*, § 2 Rn. 45; Wandtke-UrhR/*Wöhrn*, 2. Kap. Rn. 35.

[121] Wandtke/Bullinger/*Bullinger*, § 2 Rn. 45.

[122] Hierzu vgl. allerdings auch unten B. I. 1. e) a.E.

träge, Reportagen, Vorträge, Predigten, Vorlesungen usw., wenn sie eine schöpferische Leistung beinhalten und nicht nur geistiges Gemeingut ohne besondere Ausarbeitung und Formgebung enthalten.[123] Demzufolge dürften Schülervorträge und Referate im Unterricht regelmäßig als Reden geschützt sein. Obwohl der Inhalt des Schülervortrages häufig aus dem vorgegebenen Lernstoff besteht, liegt die schöpferische Leistung des Schülers beim Vortrag oder Referat insbesondere in der Ausarbeitung der inhaltlich Gliederung sowie in der individuellen sprachlichen Formulierung. Dasselbe gilt entsprechend auch für mündliche Lernstoffdarbietung des Lehrers im Unterricht. Zwar erklärt der Lehrer grundsätzlich nur den vorgegebenen Lernstoff, jedoch hat er dabei auch einen großen Gestaltungsspielraum. Er kann zum Beispiel prägende Formulierungen wählen oder den Inhalt mit weiteren Beispielen füllen oder eine unterschiedliche Reihenfolge der Darstellung aussuchen. Für die Lehrkraft sind daher einige Möglichkeiten gegeben, den vorher ausgearbeiteten Lernstoff individuell und gestalterisch vorzutragen. Nimmt ein Schüler in der Unterrichtsstunde den Lehrervortrag mit seinem Handy auf, so kann dies als Vervielfältigung einer Rede nach § 106 Abs. 1 UrhG strafbar sein, wenn die Aufnahme ohne Einwilligung des Lehrers erstellt wird oder nicht zu den gesetzlich zugelassenen Fällen gehört.

Zu den Sprachwerken zählen auch *Computerprogramme*, die der Gesetzgeber ausdrücklich als beispielhafte Sprachwerkgruppe in § 2 Abs. 1 Nr. 1 UrhG nennt. Auf eine gesetzliche Definition des Computerprogramms hatte sowohl der europäische als auch der deutsche Gesetzgeber bewusst verzichtet, um auf technische Fortschritte besser reagieren zu können.[124] Nach der WIPO-Definition ist ein Computerprogramm „eine Folge von Befehlen, die nach Aufnahme in einen maschinenlesbaren Träger fähig sind zu bewirken, dass eine Maschine mit informationsverarbeitenden Tätigkeiten eine bestimmte Funktion oder Aufgabe oder ein bestimmtes Ergebnis anzeigt, ausführt oder erzielt".[125] Ob ein Computerprogramm im Einzelfall urheberrechtlich geschützt ist, muss nach den umfangreichen Sondervorschriften der §§ 69 a ff. UrhG beurteilt werden.[126] Im Kern richtet sich die Schutzfähigkeit nach den allgemeinen Grundvoraussetzungen einer persönlichen geistigen Schöpfung gemäß § 2 Abs. 2 i. V. m. § 69a Abs. 3 und 4 UrhG.[127] Im Computerbereich sind jedoch Besonderheiten zu beachten.[128] In den

123 *Rehbinder/Peukert*, Rn. 255.

124 Vgl. BT-Drucks. 12/4022, S. 9; vgl. Loewenheim/*Lehmann*, § 9 Rn. 49.

125 Vgl. BGHZ 94, 283 – Inkasso-Programm.

126 Vgl. ausführlich zum urheberrechtlichen Schutz von Softwareprodukten *Heinrich*, Standardsoftware, S. 89 ff.

127 *Heinrich*, Standardsoftware, S. 110; Loewenheim/*Lehmann*, § 9 Rn. 50.

128 Siehe dazu ausführlich *Heinrich*, Standardsoftware, S. 110 ff.

meisten Fällen ist jedoch im Ergebnis von der urheberrechtlichen Schutzfähigkeit von Computerprogrammen auszugehen.

In der Schule sind Computerprogramme vor allem im Informatikunterricht relevant. Bereits Schüler in der Sekundarstufe I erlernen den Umgang mit geläufiger Standard- und Anwendersoftware.[129] So muss die Schule für diesen Unterricht geschützte Software zur Verfügung stellen. Außerdem erwerben Schüler im Rahmen des Informatikkurses in der Oberstufe Kenntnisse bezüglich des methodischen Vorgehens zur Entwicklung von Softwaresystemen.[130] Daher können sie selbstständig urheberrechtlich schutzfähige Computerprogramme erarbeiten. Diese kann ein Lehrer nicht ohne weiteres in den Projekttagen vorführen.

bb) Werke der Musik

Werke der Musik nach § 2 Abs. 1 Nr. 2 UrhG sind Töne jeglicher Art, die durch eine menschlich veranlasste Tonabfolge zum Ausdruck gebracht werden.[131] Schutzgegenstand ist demnach nur die musikalische Komposition und nicht die Liedtexte, die als Sprachwerk nach § 2 Abs. 1 Nr. 1 UrhG geschützt werden können. Der Schutz von Musikwerken erfasst vor allem die Melodie, wohingegen einzelne Töne und musikalische Klangelemente sowie der Sound von einzelnen Musikinstrumenten nicht geschützt sein können, da sie nicht individuell genug sind und weiterhin auch für die Allgemeinheit frei bleiben müssen.[132] Dabei ist es irrelevant, ob die Töne mit der menschlichen Stimme oder mit Instrumenten oder mit anderen Geräten erzeugt werden.[133] Für den urheberrechtlichen Schutz von Musikwerken ist es außerdem unerheblich, ob der Schöpfer bei der Schaffung anerkannte Musiktheorien oder Lehren angewendet hat.[134] Ebenfalls ohne Bedeutung für die Schutzfähigkeit ist, ob das Werk in Musiknoten oder auf einem Tonträger festgehalten ist, so dass auch nicht körperlich fixierte und lediglich dargebotene Improvisationen geschützt werden können.[135] Beispiele für Musikwerke sind Opern, Operetten, Sinfonien, Klavierkonzerte, Kammer-

---

[129] Vgl. Rahmenlehrplan für Sekundarstufe I, Land Brandenburg, Fach: Informatik 2008, S. 20.

[130] Vgl. Vorläufiger Rahmenlehrplan für den Unterricht in der gymnasialen Oberstufe im Land Brandenburg, Fach: Informatik 2011, S. 19.

[131] Dreier/Schulze/*Schulze*, § 2 Rn. 134; Fromm/Nordemann/*A. Nordemann*, § 2 Rn. 122.

[132] BGH, GRUR 1981, 267, 268 – Dirlada; Dreier/Schulze/*Schulze*, § 2 Rn. 136.

[133] Schricker/Loewenheim/*Loewenheim*, § 2 Rn. 118.

[134] Wandtke/Bullinger/*Bullinger*, § 2 Rn. 69.

[135] Wandtke/Bullinger/*Bullinger*, § 2 Rn. 69.

musik, Lieder, Chansons, Jazzsongs, Popsongs, Rocksongs, Schlager, Filmmusiken oder freie Improvisationen.[136]

Die Musik ist ein fester Bestandteil im Schulalltag. Sie ist regelmäßig im Musikunterricht, im Tanzkurs als Teil des Sportunterrichts[137] sowie auf bestimmten Schulveranstaltungen wieder zu finden. Da im Musikunterricht nur bestimmte ausgewählte musikalische Kulturgüter behandelt werden, erfüllt die dort verwendete Musik in aller Regel die Anforderungen einer persönlichen geistigen Schöpfung. Auch bei der Musik auf Schulveranstaltungen, wie dem Schulkarneval, dem Schulweihnachtskonzert oder der Abitur-Abschlussfeier, dürfte es sich um Kompositionen handeln, die die Voraussetzungen einer persönlichen geistigen Schöpfung nach § 2 Abs. 2 UrhG erreichen, da zu banale Kompositionen den Unterhaltungszweck der Veranstaltungen regelmäßig nicht erfüllen. Im Musikunterricht werden oftmals Musikwerke aus den vergangenen Jahrhunderten vorgespielt. Dabei ist aber die Schutzfrist des § 64 UrhG für die Komposition zu beachten. Spielt daher ein Lehrer eine CD, auf der ausschließlich Kompositionen von Mozart oder Beethoven enthalten sind, im Unterricht oder auf Schulveranstaltungen vor, ist eine Urheberrechtsverletzung an den Musikkompositionen nicht möglich, da die Schutzfrist dieser Kompositionen bereits abgelaufen ist. In Betracht kommen jedoch Verletzungen der verwandten Schutzrechte, wie die Rechte des ausübenden Künstlers sowie die Rechte des Tonträgerherstellers.[138]

Da Musikwerke nicht körperlich fixiert sein müssen, ist es auch in Betracht zu ziehen, dass Schüler und Lehrer im Musikunterricht schutzfähige musikalische Kompositionen schaffen. Insbesondere innerhalb von Improvisations- und Kompositionsaufgaben[139] sind Schüler gefordert ihre musikalische Kreativität zu entfalten. Somit ist es denkbar, dass Schüler Melodien kreieren, die die Anforderungen der kleinen Münze erfüllen können. Bei der Beurteilung der Individualität eines Musikwerkes ist vor allem die Melodie, aber auch der Rhythmus, das Arrangement und die Instrumentierung zu berücksichtigen.[140]

---

136 Fromm/Nordemann/*A. Nordemann*, § 2 Rn. 122.

137 Vgl. Vorläufiger Rahmenlehrplan für den Unterricht in der gymnasialen Oberstufe im Land Brandenburg, Fach: Sport 2012, S. 20.

138 Vgl. dazu unten C. I. 5.

139 Vgl. Vorläufiger Rahmenlehrplan für den Unterricht in der gymnasialen Oberstufe im Land Brandenburg, Fach: Musik 2011, S. 10, 11.

140 BGH, GRUR 1981, 267, 268 – Dirlada; Fromm/Nordemann/*A. Nordemann*, § 2 Rn. 128.

cc) Pantomimische Werke

Gemäß § 2 Abs. 1 Nr. 3 UrhG werden pantomimische Werke einschließlich der Werke der Tanzkunst urheberrechtlich geschützt. Damit erfasst der Gesetzestext choreographische Werke, wie Ballet- und andere Tanzvorführungen als Unterfall von pantomimischen Werken.[141] Bei pantomimischen Werken wird der geistige Gehalt durch die Körpersprache des Menschen zum Ausdruck gebracht, d. h. durch Bewegungen, Gebärden und Mimik.[142] Choreographische Werke sind tänzerische Kompositionen, die als Raum- und Bewegungschoreographien rhythmisch, metrisch und tempogebend gestaltet und für das Auge objektiv wahrnehmbar sind.[143] Eine Tanzkomposition kann, unabhängig von der künstlerischen Qualität und vom Genre, Stil oder Umfang, dann als choreographisches Werk geschützt sein, wenn sie eine eigenständige künstlerische Prägung vorweist und dadurch eine gestalterische Originalität hervorruft.[144] Nicht geschützt sind dagegen Volks- und Gesellschaftstänze sowie akrobatische Leistungen, bei denen der sportliche Aspekt im Vordergrund steht.[145]

Die Relevanz der pantomimischen Werke für den Schulbereich dürfte sich regelmäßig auf die choreographischen Werke beschränken. Vor allem im tänzerischen Teil des Sportunterrichts in der Oberstufe[146] und bei Tanzaufführungen auf Schulveranstaltungen spielen Choreographien eine Rolle. Dabei übernehmen Schüler in der Regel urheberrechtlich geschützte choreographische Werke Dritter. Das Aufführen einer solchen Choreographie bei einer Schulveranstaltung kann als öffentliche Wiedergabe eines Werkes gemäß § 106 Abs. 1 UrhG strafbar sein. Da jedoch auch Kreativität und Improvisation zum Tanzunterricht gehören und auf Schulveranstaltungen auch selbst geschaffene Tänze aufgeführt werden, sind Schüler stets bemüht, neue Tanzbewegungen künstlerisch-individuell zu entwickeln oder bekannte Tanzschritte schöpferisch zu kombinieren. Es ist somit durchaus möglich, dass auch im Schulbereich choreographische Werke geformt werden, die nach § 2 Abs. 1 Nr. 3 UrhG i. V. m. § 2 Abs. 2 UrhG schutzfähig sein können. Wird eine schutzfähige Schülerchoreographie bei einer Schulveranstaltung mit der Videokamera aufgenommen, so kann eine Strafbarkeit wegen

141 Wandtke-UrhR/*Wöhrn*, 2. Kap. Rn. 41.

142 Fromm/Nordemann/*A. Nordemann*, § 2 Rn. 132; Wandtke/Bullinger/*Bullinger*, § 2 Rn. 74.

143 Wandtke/Bullinger/*Bullinger*, § 2 Rn. 74.

144 Wandtke/Bullinger/*Bullinger*, § 2 Rn. 74.

145 Fromm/Nordemann/*A. Nordemann*, § 2 Rn. 136; Wandtke/Bullinger/*Bullinger*, § 2 Rn. 79.

146 Vgl. Vorläufiger Rahmenlehrplan für den Unterricht in der gymnasialen Oberstufe im Land Brandenburg, Fach: Sport 2012, S. 20, 21.

Vervielfältigung eines pantomimischen Werkes gemäß § 106 Abs. 1 UrhG in Betracht kommen.

dd) Werke der bildenden Künste

§ 2 Abs. 1 Nr. 4 UrhG schützt Werke der bildenden Künste. Von diesem Sammelbegriff erfasst ist die bildende Kunst im engeren Sinne, d.h. die „reine Kunst", außerdem die angewandte Kunst und auch die Baukunst.[147] Auch Entwürfe von Werken der bildenden Künste sind in ihren Entwicklungsstadien geschützt, sobald sie die Mindestanforderungen der persönlichen geistigen Schöpfung nach § 2 Abs. 2 UrhG erfüllen.[148]

Als Werke der Baukunst sind Bauten jeglicher Art, d.h. neben Gebäuden auch Brücken und Türme, geschützt, soweit es sich dabei um persönliche geistige Schöpfungen nach § 2 Abs. 2 UrhG handeln.[149] Vom Schutz mit erfasst ist auch die Innenarchitektur.[150] Bauwerke können im Kunstunterricht oder in Kunstprojekten künstlerisch, z.B. durch Abmalen, vervielfältigt werden. Außerdem können Vervielfältigungen von Bauwerken in der Schule verbreitet werden. Zu beachten ist, dass Verwertungen von (Bau-)Werken an öffentlichen Plätzen durch § 59 Abs. 1 UrhG privilegiert sind. Die Relevanz der Bauwerke im Schulbereich ist allerdings gering.

Ebenfalls kaum von Bedeutung für den Schulbereich sind Werke der angewandten Kunst. Bei diesen handelt es sich um Bedarfs- und Gebrauchsgegenstände, die äußerlich künstlerisch gestaltet werden.[151] Darunter fallen Möbel, Lampen, Bestecke, Textilien und andere formschöne Gebrauchsgegenstände, die meist industriell und serienmäßig hergestellt werden.[152] Auch bei Werken der angewandten Kunst ist die schulspezifische Relevanz hauptsächlich in der künstlerischen Vervielfältigung sowie in der Verbreitung im Schulgebäude zu sehen.

Von größerer Bedeutung für den Schulbereich sind hingegen Werke der reinen bildenden Künste. Das sind Werke, die mit den klassischen Medien wie Zeichnung, Malerei, Bildhauerei oder Druckgrafik geschaffen wurden und, im Gegensatz zu den Werken der angewandten Kunst, keinem funktio-

---

147 Vgl. Schricker/Loewenheim/*Loewenheim*, § 2 Rn. 113.

148 Schricker/Loewenheim/*Loewenheim*, § 2 Rn. 113.

149 BGH, GRUR 2009, 1046, 1050 – Kranhäuser; Dreier/Schulze/*Schulze*, § 2 Rn. 181.

150 BGH, GRUR 1982, 107, 109 – Kirchen-Innenraumgestaltung.

151 Vgl. Schricker/Loewenheim/*Loewenheim*, § 2 Rn. 158; Wandtke-UrhR/*Wöhrn*, 2. Kap. Rn. 50.

152 BGH, GRUR 1995, 581, 582 – Silberdistel; Dreier/Schulze/*Schulze*, § 2 Rn. 158.

nellen Gebrauchszweck dienen.[153] Als Werke der reinen bildenden Künste erfasst, sind beispielsweise Statuen, Plastiken, Gemälde, Fresken, Aquarelle, Collagen, Zeichnungen, Holzschnitte, Lithographien, Radierungen, Stiche usw.[154] Da die ästhetische Gestaltung des Werkes aufgrund der Zweckfreiheit im Vordergrund steht, genießt der Werkschöpfer bei der Werkerstellung einen weit reichenden Gestaltungsspielraum, so dass er der Schöpfung seinen persönlich-individuellen Stempel aufdrücken kann.[155] Demzufolge ist es bei Werken der reinen bildenden Kunst von sowohl professionellen Künstlern als auch von Laienkünstlern anzunehmen, dass sie den Voraussetzungen einer persönlichen geistigen Schöpfung nach § 2 Abs. 2 UrhG, jedenfalls auch in Form der „kleinen Münze", genügen.[156] Bei der Beurteilung, ob ein Werk der reinen bildenden Kunst vorliegt, ist auf die mit Kunst einigermaßen vertrauten Kreise, d. h. auf den Durchschnittsbetrachter, abzustellen.[157]

Werke der reinen bildenden Kunst sind regelmäßig nicht nur Gegenstand des Kunstunterrichts, sondern auch fächerübergreifend in verschiedenen Lern- und Lehrmaterialien wieder zu finden. Schultypische urheberrechtlich geschützte Werke Dritter im Bereich der reinen bildenden Kunst sind u. a. Zeichnungen, Collagen, Karikaturen, Grafiken, Illustrationen. Z. B. können Comic-Figuren, die als Werke der bildenden Kunst geschützt sind[158], als Zeichnungsvorlage im Kunstunterricht dienen. Auch Computergrafiken oder Layouts von Zeitschriften, Zeitungen, Büchern oder Prospekten, die gestalterisch aus dem üblichen Durchschnitt herausragen[159], können beispielsweise für die Abitur-Zeitschrift oder sonstige Schuldruckerzeugnisse übernommen werden. Regelmäßig stellen aber auch schulinterne Personen Werke der bildenden Kunst her. Durch den weiten Gestaltungsspielraum bei dieser Werkart können Schülerarbeiten im Kunstunterricht oder in Projektgruppen urheberrechtlich geschützt sein. Schutzfähig ist z. B. eine zweidimensionale zeichnerische Darstellung eines in der Natur vorgefundenen Tieres.[160] Daher stellt sich schon die Frage, ob ein Kunstlehrer beim Schulfest die besten Zeichnungen seiner Schüler ohne deren Einwilligung öffentlich aushängen darf.

---

[153] Wandtke/Bullinger/*Bullinger*, § 2 Rn. 86, 87.

[154] Vgl. Schricker/Loewenheim/*Loewenheim*, § 2 Rn. 146.

[155] Wandtke/Bullinger/*Bullinger*, § 2 Rn. 86, 87.

[156] Vgl. auch Wandtke/Bullinger/*Bullinger*, § 2 Rn. 86, 87.

[157] BGH, GRUR 1979, 332, 336 – Brombeerleuchte; Wandtke-UrhR/*Wöhrn*, 2. Kap. Rn. 45.

[158] Vgl. BGH, GRUR 1994, 191 ff. – Asterix-Persiflagen.

[159] Vgl. KG, ZUM-RD 1997, 466 – Zeitschriften-Layout.

[160] KG, GRUR-RR 2001, 292, 293 – Bachforelle; Fromm/Nordemann/*A. Nordemann*, § 2 Rn. 190.

ee) Lichtbildwerke

§ 2 Abs. 1 Nr. 5 UrhG schützt Lichtbildwerke einschließlich der Werke, die ähnlich wie Lichtbildwerke geschaffen werden. Bei Lichtbildwerken handelt es sich um Fotografien, die eine ausreichende künstlerische Individualität besitzen und sich somit von alltäglichen Fotografien abheben.[161] Damit müssen Lichtbildwerke im Gegensatz zu Lichtbildern, die nach § 72 UrhG geschützt werden, alle Voraussetzungen einer persönlichen geistigen Schöpfung nach § 2 Abs. 2 UrhG erfüllen. Die schöpferische Leistung kann u. a. dadurch zum Ausdruck gebracht werden, dass der Schöpfer den Bildausschnitt, die Beleuchtungssituation, die Lichtschattenmodulation oder die Kontraste bestimmt.[162] Da der Begriff des Lichtbildwerkes weit zu fassen ist, sind auch Werke geschützt, die ähnlich einem fotografischen Verfahren geschaffen werden, z. B. die Bildererzeugung durch Benutzung strahlender Energie.[163] Darunter fallen beispielsweise Fernsehbilder und Videobilder, wobei es auf eine körperliche Festlegung nicht ankommt, so dass auch Live-Sendungen erfasst sein können.[164] Damit können auch Film- und Fernseheinzelbilder, sog. Screenshots, im Rahmen von § 2 Abs. 1 Nr. 5 UrhG geschützt sein.[165]

In der Schule können Lichtbildwerke vielfältig auftreten. Bücher, Zeitschriften, Zeitungen oder Prospekte können Lichtbildwerke enthalten, die im Unterricht benutzt oder für den Unterrichtsgebrauch kopiert werden. Im Kunstunterricht sind Lichtbildwerke häufig geeignet, um als Vorlage für zeichnerische Übungen zu dienen. Außerdem ist es nicht unüblich, dass Lichtbildwerke, z. B. aus dem Internet oder aus Zeitschriften, zur Erstellung von Powerpoint-Präsentationen, Arbeitsblättern oder Plakaten für den Unterricht verwendet werden. Andererseits können auch schulinterne Personen Lichtbildwerke schaffen. Dies z. B. kann bei individuellen Nachbearbeitungen von Lichtbildern für Schuldruckerzeugnisse in Betracht kommen. Denn ein Lichtbildwerk kann auch erst durch das nachträgliche Bearbeiten eines zunächst nicht geschützten Lichtbildes entstehen.[166]

---

161 Wandtke/Bullinger/*Bullinger*, § 2 Rn. 112; Wandtke-UrhR/*Wöhrn*, 2. Kap. Rn. 58.

162 BGH, GRUR 2000, 317, 318 – Werbefotos; Wandtke/Bullinger/*Bullinger*, § 2 Rn. 113.

163 Vgl. BGH, GRUR 1962, 470, 472 – AKI; Wandtke-UrhR/*Wöhrn*, 2. Kap. Rn. 63.

164 Vgl. BGH, GRUR 1962, 470, 473 – AKI; MüKo-StGB/*Heinrich*, § 106 UrhG Rn. 31.

165 Dreier/Schulze/*Schulze*, § 2 Rn. 197; Wandtke-UrhR/*Wöhrn*, 2. Kap. Rn. 62.

166 Wandtke/Bullinger/*Bullinger*, § 2 Rn. 119.

ff) Filmwerke

Egal ob im Schulunterricht, in Projektgruppen oder bei größeren Schulveranstaltungen – in der heutigen Zeit sind Filmmaterialien ein fester Bestandteil des Schulalltags. Das Urheberrecht schützt in § 2 Abs. 1 Nr. 6 UrhG Filmwerke einschließlich der Werke, die ähnlich wie Filmwerke geschaffen werden. Dabei sind Filmwerke bewegte Bild- oder Bildtonfolgen, die durch mehrere vorbestehende Werke den Eindruck eines einheitlichen Geschehensablaufes durch Aneinanderreihung fotografischer oder fotografieähnlicher Einzelbilder entstehen lassen.[167] Es handelt sich hierbei um ein Werk eigener Art, welches aus vorbestehenden Werken, z. B. Drehbuch, Exposé, Musikwerke, zu einem Werk zusammengestellt wird, wobei regelmäßig mehrere Urheber, wie Regisseur, Drehbuchautor, Cutter, Kameraleute, ihren schöpferischen Teil dazu beitragen.[168] Die persönliche Schöpfung bei Filmwerken definiert sich insbesondere durch die Regie, den Schnitt, bestimmte Kameraperspektiven, die dramaturgische Handlung, szenische Bildgestaltung, Auswahl der Kostüme usw.[169] Die Individualität bei Filmwerken kann sich aber auch aus der Anordnung, Sammlung und Auswahl des Stoffes sowie der Art der Zusammenstellung der einzelnen Bildfolgen ergeben.[170] Filme, die die erforderliche Schöpfungshöhe i. S. v. § 2 Abs. 2 UrhG nicht erreichen, können dennoch als Laufbilder nach §§ 95, 94 UrhG im Rahmen der verwandten Schutzrechte geschützt sein.

Für den Schulbereich kommen u. a. Unterhaltungsfilme, Naturfilme, Kultur- und Dokumentarfilme, wissenschaftliche Filme, Fernsehberichte, Reportagen und Amateurfilme in Betracht. Unterhaltungsfilme im Fernseh- und Kinobereich sind unproblematisch urheberrechtlich als Filmwerke geschützt. Bedenken könnte es hingegen bei Naturfilmen und wissenschaftliche Filmen geben, da diese in der Regel nur naturwissenschaftliche oder technische Vorgänge abfilmen. Jedoch sind auch diese Filme regelmäßig als Filmwerke geschützt. Denn die individuelle Leistung bei dieser Art von Filmen besteht insbesondere in der Auswahl des Drehstoffes und Hintergrundes, in der Bestimmung des gesamten Bildrahmens und in der zeitlichen Folge der einzelnen Bildmotive.[171] Ferner können auch Kultur- und Dokumentarfilme vom

---

[167] Vgl. Fromm/Nordemann/*A. Nordemann*, § 2 Rn. 203; Schricker/Loewenheim/*Loewenheim*, § 2 Rn. 186; Wandtke-UrhR/*Wöhrn*, 2. Kap. Rn. 66.

[168] Fromm/Nordemann/*A. Nordemann*, § 2 Rn. 201; Wandtke/Bullinger/*Bullinger*, § 2 Rn. 121.

[169] BGH, GRUR 1984, 730, 733 – Filmregisseur; Dreier/Schulze/*Schulze*, § 2 Rn. 208.

[170] BGH, GRUR 1984, 730, 732 – Filmregisseur; Wandtke-UrhR/*Wöhrn*, 2. Kap. Rn. 67.

[171] Vgl. BGHZ 9, 262, 268 – Lied der Wildbahn I.

Urheberrechtsschutz nach Nr. 6 erfasst sein. Zwar steht bei dieser Art von Filmen lediglich die Wiedergabe von Informationen und von tatsächlichen Geschehensabläufen im Vordergrund. Allerdings können solche Filme auch das Mindestmaß an Individualität erreichen, wenn die dokumentarischen und informativen Teile des Films in eine dramaturgisch durchgearbeitete Handlung eingebaut werden.[172] Bei Dokumentationen kann die schöpferische Leistung u. a. durch eingeblendete Erläuterungen und Interviews sowie Einblendungen gezielt ausgesuchter Begleitumstände zum Ausdruck kommen.[173] Für Fernsehberichte und Fernsehreportagen ist dies ebenso zu beurteilen. Denn auch diese Sendungen enthalten regelmäßig schöpferische Gestaltungen wie Interviews und Kommentare sowie umfassende Erläuterungen zum informativen Teil. Außerdem sind auch bei Fernsehsendungen typischerweise gestalterische Elemente – wie Regie, Bildgestaltung und Schnitt – vorhanden, so dass die Schutzfähigkeit als Filmwerk angenommen werden kann. Ähnliches gilt auch für Nachrichtensendungen. Beinhalten Tages- oder Wochenschauen Berichte oder Reportagen – wenn auch nur in kleinen Ausschnitten – muss konsequenterweise die komplette Nachrichtensendung als Filmwerk geschützt sein. Jedoch auch Nachrichtensendungen ohne Berichte und Kommentare können u. U. als Filmwerke geschützt sein, da einzelne vorgestellte Aspekte und Ausschnitte nach eigenen Vorstellungen des Urhebers ausgewählt und zusammengestellt werden.[174] Werden die genannten Filme oder Sendungen in der Schule gezeigt, kann eine strafrechtlich relevante öffentliche Wiedergabe in Form der Vorführung eines Filmwerkes vorliegen. Nicht von ausreichender Individualität und damit nicht als Filmwerk geschützt sind hingegen Aufnahmen oder Mitschnitte von z. B. Bühnenaufführungen, Konzerten, Naturereignissen und anderen tatsächlichen Vorgängen, die lediglich mit einer Kamera aufgenommen worden sind. Bei diesen Aufnahmen findet keine Änderung der Perspektive statt, so dass auch jeder andere zwangsläufig dieselben Bilder gemacht hätte.[175]

In der Schule häufig wiederzufinden sind ferner Diavorführungen oder Bildpräsentationen, etwa mit Microsoft Powerpoint. Hierbei handelt es sich zwar um Aneinanderreihungen von Einzelbildern, die jedoch keinen Eindruck von bewegten Bildern entstehen lassen.[176]

---

[172] Vgl. BGH, GRUR 1984, 730, 733 – Filmregisseur.

[173] Vgl. BGH, GRUR 1984, 730, 732 – Filmregisseur.

[174] LG München I, ZUM-RD 1998, 89, 93; Dreier/Schulze/*Schulze* § 2 Rn. 209; Wandtke/Bullinger/*Bullinger*, § 2 Rn. 123; a. A. LG Berlin, GRUR 1962, 207, 208 – Maifeiern; Schricker/Loewenheim/*Loewenheim*, § 2 Rn. 192.

[175] Vgl. Fromm/Nordemann/*A. Nordemann*, § 2 Rn. 207; Wandtke-UrhR/*Wöhrn*, 2. Kap. Rn. 69.

[176] Schricker/Loewenheim/*Loewenheim*, § 2 Rn. 186. Zum urheberrechtlichen Schutz von Dia-Präsentationen vgl. unten B. I. 1. b) hh).

Indessen können Amateurfilme grundsätzlich vom Schutz als Filmwerk erfasst sein. Voraussetzung ist allerdings auch hier, dass ein erforderliches Mindestmaß an filmspezifischer Individualität vorliegt. So können auch Schülerfilme, die in Schulprojekten entstanden sind, schutzfähig sein, wenn beispielsweise Bildgestaltung oder Schnitt vorhanden sind oder eine intensive Auswahl des Drehstoffes stattgefunden hatte. Hingegen können anspruchslose Amateurfilme nicht als Filmwerke geschützt werden.[177] Solche können z. B. Schüleraufnahmen von Schülerrollenspielen oder Schulveranstaltungen sein, die keine dramaturgische Handlung beinhalten oder nur aus einer einfachen Kameraperspektive aufgezeichnet wurden. Diese Aufnahmen enthalten in der Regel auch keine gestalterischen Filmelemente wie Bildgestaltung oder Schnitt.

gg) Darstellungen wissenschaftlicher oder technischer Art

Von besonders großer Relevanz für den Schulbereich sind naturgemäß Lehr- und Anschauungsmaterialien. Diese sind im Urheberrechtsgesetz als eigene Werkart geschützt. § 2 Abs. 1 Nr. 7 UrhG schützt nämlich Darstellungen wissenschaftlicher oder technischer Art, wie Zeichnungen, Pläne, Karten, Skizzen, Tabellen und plastische Darstellungen. Der Schutz umfasst dabei sowohl zweidimensionale als auch dreidimensionale Darstellungen.[178] Wissenschaftliche oder technische Darstellungen müssen objektiv geeignet sein, im Sinne einer Belehrung oder Unterrichtung Informationen durch das Ausdrucksmittel der graphischen oder räumlichen Darstellung zu vermitteln.[179] Insbesondere dadurch unterscheiden sie sich von Sprachwerken, die sich der Sprache als Ausdrucksmittel bedienen.[180] Indes kann es aber auch zu Überschneidungen mit dem Schutzbereich anderer Werkarten kommen. So können Listen und Tabellen sowohl als wissenschaftliche oder technische Darstellung als auch als Sprachwerk geschützt sein.[181] Die schöpferische Leistung bei wissenschaftlichen oder technischen Darstellungen ist nicht der Inhalt der Darstellung, sondern die Art und Weise der Darstellung sowie die Formgestaltung.[182] Bei der Beurteilung der Schöpfungshöhe kommt es daher nicht

---

177 Vgl. Schricker/Loewenheim/*Loewenheim*, § 2 Rn. 192.

178 Dreier/Schulze/*Schulze*, § 2 Rn. 222; Loewenheim/*Loewenheim*, § 9 Rn. 193.

179 BGH, GRUR 1993, 34, 35 – Bedienungsanweisung; KG, GRUR-RR 2003, 91, 92 – Memokartei; Schricker/Loewenheim/*Loewenheim*, § 2 Rn. 197.

180 Schricker/Loewenheim/*Loewenheim*, § 2 Rn. 197.

181 Vgl. Schricker/Loewenheim/*Loewenheim*, § 2 Rn. 209; zum Schutz von Tabellen als Sprachwerke siehe bereits oben B. I. 1. c) aa).

182 BGH, GRUR 1979, 464, 465 – Flughafenpläne; BGH, GRUR 1993, 34, 35 – Bedienungsanweisung; Dreier/Schulze/*Schulze*, § 2 Rn. 223.

auf den Inhalt der Darstellung an.[183] Die Darstellung des nicht geschützten Lehrstoffes muss deshalb, im Vergleich zu den üblichen Darstellungen, individuell gestaltet sein und die notwendige Gestaltungshöhe erreichen.[184]

Allerdings kann der Spielraum für gestalterisches Schaffen bei wissenschaftlichen oder technischen Werken stark eingeschränkt sein, da sich bestimmte Arten der Darstellung bereits aus der Natur der Sache ergeben und deshalb unentbehrlich oder üblich sind.[185] Eine schöpferische Leistung liegt jedenfalls dann nicht vor, wenn sich die Art und Weise der Darstellung als lediglich routinemäßig oder handwerklich erweist.[186] In diesem Sinne ist bei sog. Merkmalklötzen, die aus Kreisen, Dreiecken, Quadraten und Rechtecken in verschiedenen Farben, Größen und Stärken bestehen und den Schülern der Grundschule als Anschauungsmaterial und Hilfsmittel zur Einführung in das mathematisch-abstrakte Denken dienen sollen, nicht von schutzfähigen wissenschaftlichen Darstellungen auszugehen.[187] Denn die Formgestaltung der Klötze liegt hier lediglich in der Darstellung der geometrischen Grundformen, die den Anforderungen einer geistig-individuellen Schöpfung nicht gerecht werden.[188] Auch die aus den Klötzen hervorgehende Lehrmethodik zur Verbesserung des mathematischen Denkens ist für die Beurteilung des Urheberrechtsschutzes irrelevant, da es nur auf die Art und Weise der Darstellung ankommt.[189] Andererseits können auch nicht geschützte Inhalte auf eine schöpferisch-individuelle Art und Weise dargestellt werden, so dass die gesamte Darstellung schutzfähig wird. Deshalb ist beispielsweise eine Illustration von Eiweißkörpern, Cholesterinen und Triglyceriden als wissenschaftliche Darstellung schutzfähig, obwohl der illustrierte wissenschaftliche Lehrstoff an sich nicht schutzfähig ist.[190] Da sich die skizzierte Darstellung aber in ihrer Formgestaltung von den Leistungen eines Durchschnittsbearbeiters abhebt, handelt es sich um eine eigenschöpferische Leistung i. S. d. § 2 Abs. 2 UrhG, die vom Urheberrechtsschutz nach § 2 Abs. 1 Nr. 7 UrhG erfasst wird.[191]

---

183 BGH, GRUR 2002, 958, 959 – Technische Lieferbedingungen; Fromm/Nordemann/*A. Nordemann*, § 2 Rn. 212.

184 Vgl. BGH, GRUR 1981, 352, 355 – Staatsexamensarbeit; BGH, GRUR 1984, 659, 661 – Ausschreibungsunterlagen; Dreier/Schulze/*Schulze*, § 2 Rn. 93.

185 Schricker/Loewenheim/*Loewenheim*, § 2 Rn. 201.

186 BGH, GRUR 1998, 916, 918 – Stadtplanwerk.

187 BGH, GRUR 1976, 434, 435 – Merkmalklötze; Schricker/Loewenheim/*Loewenheim*, § 2 Rn. 213.

188 BGH, GRUR 1976, 434, 435 – Merkmalklötze; Schricker/Loewenheim/*Loewenheim*, § 2 Rn. 213.

189 BGH, GRUR 1976, 434, 435 – Merkmalklötze; Schricker/Loewenheim/*Loewenheim*, § 2 Rn. 213.

190 OLG Frankfurt, GRUR 1989, 589 – Eiweißkörper.

191 OLG Frankfurt, GRUR 1989, 589, 590 – Eiweißkörper.

Ferner ist zu beachten, dass die Formulierung der „wissenschaftlichen oder technischen Art“ in Nr. 7 weit auszulegen ist, so dass auch einfachste wissenschaftliche oder technische Erkenntnisse Inhalt einer geschützten Darstellung sein können.[192] Dementsprechend können Grafiken und Skizzen für den Schulgebrauch, z. B. eine schlichte Anschauung eines Insektes, schutzfähig sein, auch wenn das wissenschaftliche Niveau dabei als sehr gering anzusehen ist.[193] Für den Schulgebrauch bedeutet es somit, dass veranschaulichende, belehrende oder unterrichtende Skizzen und Grafiken sowie sonstige Darstellungen in Büchern, Zeitschriften, Zeitungen, Arbeitsheften, Arbeitsblättern oder anderen schultypischen Lehrmaterialien regelmäßig nach § 2 Abs. 1 Nr. 7 UrhG geschützt sind, soweit sie sich in ihrer Formgestaltung von den Leistungen eines Durchschnittsbearbeiters abheben. Lehrmittel wie politische, wirtschaftliche, historische oder kulturelle Schaubilder sowie medizinische, biologische oder mathematische Modelle sind regelmäßig schutzfähig, da sie – im Gegensatz zu technischen Zeichnungen oder Bauplänen – weniger an allgemein übliche Darstellungsmethoden gebunden sind und dadurch vielseitig gestaltend dargestellt werden können.[194] Da eine dauerhafte körperliche Festlegung bei urheberrechtlich geschützten Werken nicht erforderlich ist, können auch Darstellungen geschützt sein, die nur vorübergehend festgehalten worden sind.[195] Demnach können im Unterricht erstellte Schaubilder und Übersichten an der Tafel oder auf Folien eines Overheadprojektors schutzfähig sein, auch wenn sie danach schnell wieder gelöscht werden.

hh) Weitere Werkarten

Da die Aufzählung der Werkarten in § 2 Abs. 1 UrhG nicht abschließend ist, können auch neue Werkarten vom Schutz des Urheberrechts erfasst sein. In diesem Zusammenhang sind sog. Multimediawerke zu nennen. Weitestgehend werden diese als eine eigenständige Werkart angesehen.[196] Multime-

---

[192] KG, GRUR-RR 2003, 91, 92 – Memokartei; Fromm/Nordemann/*A. Nordemann*, § 2 Rn. 210; Schricker/Loewenheim/*Loewenheim*, § 2 Rn. 197; Wandtke/Bullinger/*Bullinger*, § 2 Rn. 132.

[193] Wandtke/Bullinger/*Bullinger*, § 2 Rn. 132.

[194] Vgl. Dreier/Schulze/*Schulze*, § 2 Rn. 237, m. w. N.; Fromm/Nordemann/*A. Nordemann*, § 2 Rn. 224, 225; Schricker/Loewenheim/*Loewenheim*, § 2 Rn. 213; *W. Nordemann* NJW 1970, 881, 882.

[195] Vgl. bereits oben B. I. 1. b) cc).

[196] Fromm/Nordemann/*A. Nordemann*, § 2 Rn. 231; *Reinbacher*, Privatgebrauch, S. 53 ff.; *Schricker*, GRUR 1996, 815, 823; Wandtke/Bullinger/*Bullinger*, § 2 Rn. 152 f.; Wandtke-UrhR/*Wöhrn*, 2. Kap. Rn. 79; a. A. Loewenheim/*Hoeren*, § 9 Rn. 260; differenzierend Dreier/Schulze/*Schulze*, § 2 Rn. 243.

diawerke zeichnen sich dadurch aus, dass sie auf elektronischen Medien basieren und Ausdrucksmittel wie Sprache, Musik, Foto, Film, Grafik und Bild zu einem Gesamtwerk kombinieren.[197] Einzelne Elemente von Multimediawerken können dessen ungeachtet nach wie vor selbstständig als Werkart geschützt sein. Für den Schulbereich relevante Multimedia-Produkte sind z. B. CD-ROM-Produkte wie z. B. CD-ROM-Lexika. Ferner kommen im Unterricht an Schulen vermehrt Powerpoint-Präsentationen oder andere Diavorführungen zum Einsatz. Diese bestehen in der Regel aus einzelnen Folien mit u. a. Anmerkungen, Erläuterungen, Auflistungen, Übersichten, Zeichnungen, Grafiken, Videos und Bildern. Jede Folie für sich kann bereits aufgrund der individuellen Textformulierung, der prägenden grafischen Darstellung oder der künstlerischen Grafik als Sprachwerk, als Werk der (bildenden) Künste oder als Darstellung wissenschaftlicher oder technischer Art urheberrechtlich geschützt werden. Unabhängig davon wird aber auch die gesamte Powerpoint-Präsentation regelmäßig als Multimediawerk schutzfähig sein. Von Lehrern oder Schülern erstellte Diavorführungen können demzufolge nicht von Dritten willkürlich gespeichert, kopiert oder verwendet werden.

Bei der Erfassung von neuen unbenannten Werkarten im Rahmen des § 106 UrhG müssen jedoch auch verfassungsrechtliche Aspekte berücksichtigt werden. Denn auch im Nebenstrafrecht gelten die in Art. 103 Abs. 2 GG i. V. m. § 1 StGB niedergelegten Prinzipien. Vorliegend kommen Verstöße gegen das Analogieverbot sowie das Bestimmtheitsgebot in Betracht.[198] Voraussetzung für eine Analogie ist jedoch, dass ein Tatbestand vom Gesetzeswortlaut nicht mehr erfasst wird und dem Gesetzgeber dadurch eine planwidrige Gesetzeslücke zu unterstellen ist.[199] Hier ist allerdings der Katalog der Werkarten im § 2 Abs. 1 UrhG i. V. m. § 106 Abs. 1 UrhG gerade nicht abschließend formuliert, so dass auch neue Werkarten darunter fallen sollen. Damit ist eine Anwendung der Analogie gar nicht erst erforderlich.[200] Weiterhin liegt auch kein Verstoß gegen das Bestimmtheitsgebot vor. Denn auch die Schutzanforderungen an neue Werke ergeben sich aus den §§ 1, 2 Abs. 1 und 2 UrhG i. V. m. 106 Abs. 1 UrhG, so dass die neuen Werkarten, unter Berücksichtigung der zulässigen Verwendung von normativen Tatbestandsmerkmalen und mit dem Verständnismaßstab der Parallelwertung in der Laiensphäre, verfassungsmäßig ausreichend bestimmt sind.[201]

---

197 Wandtke/Bullinger/*Bullinger*, § 2 Rn. 151.

198 Vgl. hierzu ausführlich *Reinbacher*, Privatgebrauch, S. 53 ff.

199 Schönke/Schröder/*Eser*/*Hecker*, § 1 Rn. 25, 35.

200 *Heinrich*, Standardsoftware, S. 247; *Reinbacher*, Privatgebrauch, S. 63; *Weber*, S. 175 f.

201 Vgl. *Reinbacher*, Privatgebrauch, S. 63 f.; *Weber*, S. 178.

d) Tatobjekte der Bearbeitung und Umgestaltung eines Werkes

§ 106 Abs. 1 UrhG nennt neben dem Werk ausdrücklich auch die Tatobjekte der Bearbeitung und Umgestaltung eines Werkes. Für die Bestimmung der Begriffe der Bearbeitung und Umgestaltung werden hier ebenfalls, wie bereits beim Werkbegriff, die zivilrechtlichen Regelungen im UrhG herangezogen.[202]

aa) Die Begriffe der Bearbeitung und Umgestaltung

§ 3 UrhG regelt die *Bearbeitung* eines Werkes. Danach genießen Bearbeitungen wie Übersetzungen, unbeschadet der Urheberrechte am Originalwerk, urheberrechtlichen Schutz, sofern die Bearbeitung eine persönliche geistige Schöpfung darstellt. Bearbeitungen sind Änderungen, Erweiterungen und Fortentwicklungen eines vorhandenen Werkes, wobei wesentliche Züge des Originalwerkes übernommen werden.[203] Damit lässt die Bearbeitung zwar die individuellen Prägungen des Originalwerkes erkennen, gleichzeitig muss sie aber eine eigenschöpferische Individualität zum Ausdruck bringen.[204] Demzufolge ist es für den urheberrechtlichen Schutz einer Bearbeitung nach § 3 UrhG entscheidend, dass die Leistung des Bearbeiters den Anforderungen einer persönlichen geistigen Schöpfung i. S. d. § 2 Abs. 2 UrhG genügt.[205] Da es sich jedoch bei Bearbeitungen um ein abhängiges schöpferisches Schaffen handelt, ist zu beachten, dass die Anforderungen an die Gestaltungshöhe bei der Bearbeitung vom Charakter und von der schöpferischen Eigenart des Originalwerkes abhängig sind.[206] Dabei kann der Bearbeitung auch eine vorherige Bearbeitung zu Grunde liegen, da mehrstufige Bearbeitungen ebenfalls von § 3 UrhG erfasst werden.[207] Ferner ist die

---

[202] *Heinrich*, Standardsoftware, S. 178; *Hildebrandt*, S. 53; *Weber*, S. 185, 285.

[203] OLG Dresden, ZUM 2000, 955, 957; Dreier/Schulze/*Schulze*, § 23 Rn. 5 f.; Schricker/Loewenheim/*Loewenheim*, § 3 Rn. 5; Wandtke/Bullinger/*Bullinger*, § 3 Rn. 8.

[204] BGH, GRUR 1972, 143, 144 – Biografie: Ein Spiel; Schricker/Loewenheim/*Loewenheim*, § 3 Rn. 14.

[205] Dreier/Schulze/*Schulze*, § 3 Rn. 11; Fromm/Nordemann/*A. Nordemann*, § 3 Rn. 18; Loewenheim/*Hoeren*, § 9 Rn. 215; *Rehbinder/Peukert*, Rn. 321; Schricker/Loewenheim/*Loewenheim*, § 3 Rn. 14; Wandtke/Bullinger/*Bullinger*, § 3 Rn. 16.

[206] BGH, GRUR 1972, 143, 144 – Biografie: Ein Spiel; BGH, GRUR 1959, 379, 381 – Gasparone; Dreier/Schulze/*Schulze*, § 3 Rn. 11; Schricker/Loewenheim/*Loewenheim*, § 3 Rn. 15; a. A. jedoch Fromm/Nordemann/*A. Nordemann*, § 3 Rn. 19; Wandtke/Bullinger/*Bullinger*, § 3 Rn. 17, 18.

[207] Dreier/Schulze/*Schulze*, § 3 Rn. 9; Schricker/Loewenheim/*Loewenheim*, § 3 Rn. 13.

Bearbeitung von der bloßen Vervielfältigung abzugrenzen.[208] Die Veröffentlichung oder Verwertung einer Bearbeitung ist zivilrechtlich gemäß § 23 Satz 1 UrhG von der Einwilligung des Urhebers oder Nutzungsberechtigten des Ausgangswerkes abhängig, es sei denn, dass das Ausgangswerk nicht mehr geschützt ist.

Umgestaltungen sind ebenfalls Änderungen eines anderen Werkes. Da der Wortlaut des § 23 Satz 1 UrhG von „Bearbeitungen oder anderen Umgestaltungen des Werkes" spricht, wird die Umgestaltung als Oberbegriff für alle abhängigen Nachschöpfungen eines Werkes verstanden.[209] Bearbeitungen unterscheiden sich von Umgestaltungen dadurch, dass sie weitere Verwertungsmöglichkeiten des Werkes schaffen und damit dem Originalwerk dienen sollen, wohingegen Umgestaltungen alle anderen Änderungen erfassen, die gerade nicht den Zweck haben, dem Originalwerk zu dienen.[210] Somit sind Umgestaltungen alle sonstigen Handlungen, die nicht eine Bearbeitung darstellen, bei denen das Werk aber in abgeänderter Form genutzt wird.[211] Klassische Umgestaltungen sind Plagiate sowie gescheiterte freie Benutzungen.[212] Weitere Umgestaltungen sind die unbewusste Entlehnung, die Fortsetzung von Werken, Karikatur, Satire und Parodie, soweit diese keinen ausreichenden Abstand zum ursprünglichen Werk halten und somit nicht als freie Benutzung i. S. v. § 24 UrhG gelten.[213] Die Zustimmungspflichtigkeit des § 23 Satz 1 UrhG gilt auch für Umgestaltungen.

Von Bearbeitungen und Umgestaltungen abzugrenzen sind *freie Benutzungen* i. S. v. § 24 UrhG. Nach § 24 Abs. 1 UrhG kann der Urheber des neuen selbstständigen Werkes sein Werk auch ohne die Zustimmung des Urhebers des Originalwerkes verwerten. Voraussetzung ist jedoch, dass das Originalwerk lediglich als Anregung für das eigene Werkschaffen dient und das

---

208 Hierzu vgl. noch unten B. I. 2. a).

209 Vgl. Schricker/Loewenheim/*Loewenheim*, § 23 Rn. 3.

210 So OLG Düsseldorf, GRUR 1990, 263, 266 – Automaten-Spielplan; KG, GRUR-RR 2004, 129, 131 – Modernisierung einer Liedaufnahme; BeckOK-UrhG/*Ahlberg*, § 23 Rn. 6; Dreier/Schulze/*Schulze*, § 23 Rn. 5; MüKo-StGB/*Heinrich*, § 106 UrhG Rn. 41; Schricker/Loewenheim/*Loewenheim*, § 23 Rn. 4. A.A. jedoch BGH, GRUR 1981, 520, 521; LG Köln, GRUR 1973, 88 – Kinder in Not; Loewenheim/*Hoeren*, § 9 Rn. 209; *Rehbinder/Peukert*, Rn. 316; Wandtke/Bullinger/*Bullinger*, § 23 Rn. 4, die bei der Unterscheidung von Bearbeitungen und Umgestaltungen davon ausgehen, dass es sich bei Bearbeitungen um schutzfähige persönliche geistige Schöpfungen handelt, wohingegen Umgestaltungen mangels geistiger persönlicher Schöpfung nicht vom urheberrechtlichen Schutz erfasst werden.

211 Vgl. BGH, GRUR 1990, 669, 673 – Bibelreproduktion; BGH, GRUR 2002, 532, 534 – Unikatrahmen; Dreier/Schulze/*Schulze*, § 23 Rn. 7.

212 BT-Drucks. IV/270, S. 51; Dreier/Schulze/*Schulze*, § 23 Rn. 7. Vgl. zum Begriff des Plagiats Schricker/Loewenheim/*Loewenheim*, § 23 Rn. 28 f.

213 Schricker/Loewenheim/*Loewenheim*, § 23 Rn. 14.

neue Werk einen großen inneren Abstand zum Originalwerk hält, so dass die individuellen Züge des Originalwerkes gegenüber der Eigenart des neuen Werkes verblassen.[214]

Die differenzierten Verständnismöglichkeiten der Begriffe in den §§ 3 und 23 UrhG haben auch Auswirkungen aus Schutzumfang der Tatobjekte der Bearbeitung und Umgestaltung in § 106 Abs. 1 UrhG. Allgemein besteht Einigkeit, dass im Rahmen des § 106 Abs. 1 UrhG nur persönliche geistige Schöpfungen i. S. d. § 2 Abs. 2 UrhG geschützt werden.[215] Jedoch erscheint es problematisch, dass eine Ansicht[216] Umgestaltungen, welche sie grundsätzlich als urheberrechtlich nicht schutzfähig einstufen, im Rahmen von § 106 Abs. 1 UrhG als Tatobjekt erfassen wollen, da jedenfalls das Urheberrecht am Originalwerk durch die Verwertung der Umgestaltung mit verletzt sei. Nach dieser Ansicht würde § 106 Abs. 1 UrhG somit auch zivilrechtlich nicht geschützte Umgestaltungen erfassen, um indirekt[217] die Verwertungen des Originalwerkes zu schützen. Dabei liegt jedoch auch ein direkter Schutz von nicht schutzfähigen Umgestaltungen vor, die keine persönlichen geistigen Schöpfungen sind. Dies würde allerdings der Tatsache, dass § 106 Abs. 1 UrhG nur persönliche geistige Schöpfungen schützt, widersprechen. Das Originalwerk wird im Fall der Verwertung der Umgestaltung bereits durch das Tatobjekt des Werkes erfasst, so dass der indirekte Schutz über die zivilrechtlich nicht schutzfähige Umgestaltung nicht erforderlich ist. Zudem ist es nicht nachvollziehbar, warum der strafrechtliche Schutz unter den genannten Umständen weiter als der zivilrechtliche gehen soll.[218] Für die Bearbeitung und Umgestaltung im Rahmen des § 106 Abs. 1 UrhG bedeutet es damit, dass diese nur dann taugliche Tatobjekte sein können, wenn sie die Anforderungen einer persönlichen geistigen Schöpfung erfüllen.[219]

---

214 BGH, GRUR 2008, 693, 695 – TV-Total; BGH, GRUR 1999, 984, 987 – Laras Tochter; Loewenheim/*Loewenheim*, § 8 Rn. 11, 12.

215 Vgl. dazu *Hildebrandt*, S. 55, 56.

216 Erbs/Kohlhaas/*Kaiser*, § 106 UrhG Rn. 10; Fromm/Nordemann/*Ruttke/Scharringhausen*, § 106 Rn. 3; *Hildebrandt*, S. 56, 57; Wandtke/Bullinger/*Hildebrandt*, 3. Aufl., § 106 Rn. 10.

217 Es wird von einer „mittelbaren Verwertung durch Unbefugte" gesprochen, vgl. *Hildebrandt*, S. 56.

218 Vgl. auch MüKo-StGB/*Heinrich*, § 106 UrhG Rn. 43; *Reinbacher*, Privatgebrauch, S. 58.

219 Loewenheim/*Flechsig*, § 90 Rn. 11; MüKo-StGB/*Heinrich*, § 106 UrhG Rn. 43; *Reinbacher*, Privatgebrauch, S. 58; Schricker/Loewenheim/*Haß*, § 106 Rn. 3; *Weber*, S. 77 f., 185.

bb) Beispiele für Bearbeitungen und Umgestaltungen im Schulbereich

Im Schulbereich stellen Veränderungen, Erweiterungen und Fortentwicklungen von Werken keine Ausnahmefälle dar, so dass Bearbeitungen i. S. v. § 3 UrhG häufig in Betracht zu ziehen sind. So handelt es sich bei Übersetzungen, wie schon dem Gesetzeswortlaut des § 3 Satz 1 UrhG zu entnehmen ist, regelmäßig um Bearbeitungen. Insbesondere bei literarischen Werken sowie bei sprachlich oder argumentatorisch ausgefeilten Texten muss der Übersetzer ein sprachliches Einfühlungsvermögen und stilistische Fähigkeiten mitbringen, die seine schöpferisch-individuelle Leistung ausmachen.[220] Für die Schutzfähigkeit kommt es aber nicht auf die Qualität der Übersetzung an, so dass auch mangelhafte Übersetzungen geschützt sein können.[221] Entscheidend ist lediglich, dass sie einen eigenschöpferischen Gehalt aufweisen müssen. Übersetzen Schüler Teile von literarischen Texten oder Teile von anderen sprachlich anspruchsvollen Texten, so liegt eine schutzfähige Bearbeitung gemäß § 3 UrhG vor. Demzufolge genießen u. a. Latein-Klassenarbeiten, die Übersetzungen solcher Texte beinhalten, urheberrechtlichen Schutz. Hingegen sind rein routinemäßige Übersetzungen einfacher Texte nicht geschützt.[222] Ebenfalls keine Bearbeitungen sind Korrekturen fremder Übersetzungen.[223] Damit stellen Lehrerkorrekturen von Schülerübersetzungen keine schutzfähigen Bearbeitungen dar.

Weiterhin können auch Reduktionen von Texten Bearbeitungen nach § 3 UrhG sein. Entscheidend ist es hierbei, ob der vorhandene Text lediglich verringert oder ob sein Inhalt mit eigenen Worten zusammengefasst wird.[224] Von Lehrern vorgenommene Textkürzungen für den Unterricht sind in der Regel keine Bearbeitungen, da sie häufig eine quantitative Verringerung des Textumfangs darstellen, um Schülern eine schnelle Lektüre zu ermöglichen.[225] Anderseits können aber Kürzungen von Theaterstücken für eine Schultheateraufführung erfasst sein. Auch Textzusammenfassungen, die mit eigenen Worten verfasst werden, sind regelmäßig als Bearbeitungen einzustufen. Denn durch die verschiedenen Formulierungsmöglichkeiten besitzt der Verfasser einen größeren Gestaltungsspielraum, um seine schöpferische Individualität entfalten zu können.[226] Von Schülern erstellte Summaries oder

---

220 OLG München, ZUM 2004, 845, 847; Dreier/Schulze/*Schulze*, § 3 Rn. 12.

221 BGH, GRUR 1968, 152, 153 – Angélique; OLG München, ZUM 2001, 427, 431 – Seide.

222 OLG München, ZUM 2004, 845, 847 – Vor meiner Zeit.

223 OLG Hamburg, ZUM-RD 2004, 75, 79 – Opus Die.

224 Dreier/Schulze/*Schulze*, § 3 Rn. 17.

225 Vgl. auch Schricker/Loewenheim/*Loewenheim*, § 3 Rn. 17.

226 Dreier/Schulze/*Schulze*, § 3 Rn. 17.

sonstige Textzusammenfassungen können daher regelmäßig als Bearbeitungen geschützt werden. Ferner liegt eine Bearbeitung regelmäßig vor, wenn ein bestehender Text oder Roman vervollständigt oder fortgeschrieben wird. Hierbei besteht für den Bearbeiter nämlich ein großer Gestaltungsspielraum.[227]

Weitere Beispiele schultypischer Bearbeitungen finden sich u.a. im Kunstunterricht. Erstellen Schüler z.B. in Kunstprojekten Zeichnungen auf Grundlage von Skulpturen, so können diese in der Regel als Bearbeitungen geschützt werden.[228] Auch die grafische oder dreidimensionale Umsetzung einer literarischen Figur kann eine Bearbeitung darstellen, wenn die Figur schon in dem literarischen Werk bereits hinreichend bildlich individualisierbar beschrieben wird.[229] Stellen Schüler daher zeichnerisch eine detailliert beschriebene Romanfigur dar, so kann diese Zeichnung als eine Bearbeitung geschützt sein, soweit es sich dabei um eine persönliche geistige Schöpfung handelt.

Im Schulbereich sind ferner auch Umgestaltungen vorhanden. Der klassische Fall einer Umgestaltung ist auch im Schulbereich das Plagiat. Eine solche bewusste Anmaßung einer fremden Urheberschaft liegt dann z.B. vor, wenn ein Schüler einen Aufsatz oder eine Textzusammenfassung aus einer Zeitschrift oder aus dem Internet weitestgehend übernimmt und diese dem Lehrer als sein eigene Arbeit vorlegt. Diese Art der Umgestaltung stellt jedoch keine persönliche geistige Schöpfung dar, sodass ein urheberstrafrechtlicher Schutz als Tatobjekt nicht in Betracht kommt.

Eine schulspezifische Umgestaltung kommt außerdem bei der Fortsetzung von Werken in Betracht. Diese kann z.B. vorliegen, wenn Schüler eine Kurzgeschichte fortführen oder zu Ende schreiben. Benutzen sie dabei die wesentlichen Züge, d.h. den Handlungsablauf der Geschichte oder die Charaktereigenschaften der handelnden Personen des Originalwerkes, so übernehmen sie die individuellen Prägungen des Autors der ursprünglichen Geschichte. Durch das Durchschimmern des Originalwerkes handelt es sich bei der Fortsetzung der Geschichte um eine unfreie Benutzung, die die Verwertungsmöglichkeiten des Ausgangswerkes nicht erweitert. Somit ist das Fortführen einer Kurzgeschichte eine Umgestaltung eines Werkes. In aller Regel handelt es sich bei der Fortsetzung des Werkes um eine persönliche geistige Schöpfung. Folglich ist sie ein taugliches Tatobjekt des § 106 UrhG.

---

[227] Vgl. auch Dreier/Schulze/*Schulze*, § 3 Rn. 17.

[228] Dreier/Schulze/*Schulze*, § 3 Rn. 32; Wandtke/Bullinger/*Bullinger*, § 3 Rn. 27.

[229] LG Köln, ZUM 2002, 312, 314 – Harry-Potter-Bettwäsche; Dreier/Schulze/*Schulze*, § 3 Rn. 34; allgemein zur Verwertung des Romans „Harry Potter“ für Unterrichtszwecke vgl. *Erdmann*, WRP 2002, 1329 ff.

Ähnlich gelagert sind die Fälle, in denen Lehrer Novellen oder Kurzgeschichten für ihren Unterricht umschreiben, um diese an die heutige Zeit anzupassen. Nimmt der Lehrer dabei keine wesentlichen Änderungen bezüglich der Handlung oder der handelnden Charaktere vor, kann auch hier nur eine unfreie Benutzung vorliegen.[230] Eine bloße Abänderung der Namen der handelnden Personen reicht keineswegs für die Verblassung des Originalwerkes aus. Trotz der Anlehnung an das Originalwerk ist auch das Umschreiben regelmäßig eine persönliche geistige Schöpfung i. S. d. § 2 Abs. 2 UrhG. Dementsprechend ist auch diese Umgestaltung ein taugliches Tatobjekt des § 106 UrhG.

e) Werkteile und Sonderformen von Werken als Tatobjekte

Urheberrechtlichen Schutz erlangen die dargestellten Werke nicht nur als Ganzes, sondern auch ihre einzelnen Teile, vorausgesetzt, dass diese *Werkteile* für sich genommen die Anforderungen des § 2 Abs. 2 UrhG erfüllen.[231] So wurden beispielsweise einzelne Dialogszenen aus einem Film als Werkteile geschützt.[232] Demgemäß sind Dialogszenen aus Romanen oder anderen literarischen Werken, die z. B. von Schülern in einem Rollenspiel im Unterricht oder auf Schulveranstaltungen vorgeführt werden, ebenfalls als Werkteile zu schützen. Weitere schulrelevante Werkteile sind längere Textpassagen oder Teile von Gedichten. Für den Schutz als Werkteil können auch schon zwei Verse eines Gedichtes genügen.[233] Der Schutz von Werkteilen endet jedoch bei sehr kleinen Teilen wie einzelnen Wörtern, Sätzen oder Satzteilen sowie einzelnen Tönen, da diese nicht genügend Freiraum zur Entfaltung der Individualität zulassen und daher auch nicht schutzfähig sein können.[234]

Auch wenn Werkteile nicht in § 106 Abs. 1 UrhG ausdrücklich aufgelistet werden, ist es allgemein anerkannt, dass diejenigen Werkteile, die den Mindestgrad einer persönlichen geistigen Schöpfung erreichen, als Tatobjekt des Urheberstrafrechts erfasst werden.[235] Sie sind ebenfalls als „Werke" i. S. v.

230 Hierzu siehe auch *von Bernuth*, Urheber- und Medienrecht in der Schule, S. 81 f.

231 Dreier/Schulze/*Schulze*, § 2 Rn. 76; Wandtke/Bullinger/*Bullinger*, § 2 Rn. 42.

232 OLG München, ZUM 2008, 520, 522; Dreier/Schulze/*Schulze*, § 2 Rn. 77.

233 *Götting*, Gewerblicher Rechtsschutz und Urheberrecht, S. 163, Frage: 263.

234 Dreier/Schulze/*Schulze*, § 2 Rn. 76; Loewenheim/*Loewenheim*, § 7 Rn. 14.

235 BT-Drucks. IV/207, S. 108; Dreier/Schulze/*Dreier*, § 106 Rn. 4; Erbs/Kohlhaas/*Kaiser*, § 106 UrhG Rn. 9; Fromm/Nordemann/*Ruttke/Scharringhausen*, § 106 Rn. 3; *Heinrich*, Standardsoftware, S. 177; *Hildebrandt*, S. 38; Loewenheim/*Flechsig*, § 90 Rn. 13; *Reinbacher*, Privatgebrauch, S. 66, 67.

§ 106 Abs. 1 UrhG geschützt. Dem steht auch der Bestimmtheitsgrundsatz nach Art. 103 Abs. 2 GG nicht entgegen, da die Verweisung auf den zivilrechtlichen Werkbegriff alle Schöpfungen erfasst, die die Voraussetzungen des § 2 Abs. 2 UrhG erfüllen und somit auch Werkteile mit einbezogen sind.[236]

Ergänzend zu den Werken in § 2 UrhG werden in § 4 UrhG Sammel- und Datenbankwerke aufgeführt. Dabei handelt es sich bei dem Datenbankwerk i. S. d. § 4 Abs. 2 UrhG um einen Sonderfall des Sammelwerks nach § 4 Abs. 1 UrhG.[237]

Sammelwerke gemäß § 4 Abs. 1 UrhG sind Sammlungen von Werken, Daten oder anderen unabhängigen Elementen, die aufgrund der Auswahl oder Anordnung der Elemente eine persönliche geistige Schöpfung darstellen. Diese werden unbeschadet eines gegebenenfalls an den einzelnen Elementen bestehenden Urheberrechts oder verwandten Schutzrechts, wie selbstständige Werke geschützt. Entscheidend für den Schutz als Sammelwerk ist somit, dass die Auswahl und Anordnung der einzelnen Elemente eine persönliche geistige Schöpfung darstellt.[238] Zwar können die in § 2 Abs. 1 UrhG aufgelisteten Werkarten, insbesondere die Darstellungen wissenschaftlicher oder technischer Art, ebenfalls durch ihre Form und Art der Sammlung sowie ihre Einteilung und Anordnung des dargebotenen Stoffes die Anforderungen einer persönliche geistige Schöpfung erfüllen, jedoch unterscheiden sich diese Werkarten von Sammelwerken dahingehend, dass sie einheitliche Werke darstellen, wohingegen sich Sammelwerke aus der Sammlung einzelner, unabhängiger Elemente zusammensetzen, die nicht notwendig im Hinblick auf das gesamte Sammelwerk hin geschaffen worden sind.[239] Schultypische Sammelwerke sind z. B. Schulbücher, Arbeitshefte, Aufgabensammlungen, Tafelwerke oder andere Formel- oder Datensammlungen, Lexika, Enzyklopädien, Gedichtsammlungen, Liederbücher, Jahrbücher, Zeitungen, Zeitschriften, Wörterbücher sowie Ansammlungen von Prüfungsaufgaben.[240] Lexika und Wörterbücher können aber auch als Sprachwerke geschützt sein.[241]

Nach § 4 Abs. 2 UrhG ist ein *Datenbankwerk* ein Sammelwerk, dessen Elemente systematisch oder methodisch angeordnet und einzeln mit Hilfe

---

236 *Reinbacher*, Privatgebrauch, S. 66, 67; Wandtke/Bullinger/*Hildebrandt*/*Reinbacher*, § 106 Rn. 7.

237 *Rehbinder*/*Peukert*, Rn. 333; Wandtke/Bullinger/*Marquardt*, § 4 Rn. 8.

238 Dreier/Schulze/*Dreier*, § 4 Rn. 8, 11; Wandtke/Bullinger/*Marquardt*, § 4 Rn. 5.

239 Dreier/Schulze/*Dreier*, § 4 Rn. 1.

240 Vgl. Wandtke/Bullinger/*Marquardt*, § 4 Rn. 7.

241 Fromm/Nordemann/*A. Nordemann*, § 2 Rn. 120; Wandtke/Bullinger/*Bullinger*, § 2 Rn. 64.

elektronischer Mittel oder auf andere Weise zugänglich sind. Erfüllt die systematische oder methodische Anordnung der Elemente nicht die Anforderungen einer persönlichen geistigen Schöpfung i.S.d. § 2 Abs. 2 UrhG, kommt ein Leistungsschutz als Datenbank nach § 87a Abs. 1 Satz 1 UrhG in Betracht.[242] Unter den schulrelevanten Datenbankwerken fallen beispielsweise digitale Lexika und Enzyklopädien, Wörterbücher auf CD-ROM oder im Internet sowie digitale Zeitungsarchive und Linksammlungen.[243] Ein von schulinternen Personen erstelltes Datenbankwerk kann z.B. vorliegen, wenn eine durch Auswahl und Anordnung zusammengestellte digitale Sammlung von prüfungsrelevanten Aufgaben auf dem schulinternen Computernetzwerk zum Abruf bereitgestellt wird.

Im Gegensatz zu Bearbeitungen und Umgestaltungen werden Sammel- und Datenbankwerke im § 106 Abs. 1 UrhG nicht ausdrücklich genannt. Es stellt sich demzufolge die Frage, ob Sammel- und Datenbankwerke von § 106 Abs. 1 UrhG erfasst werden. Hierbei handelt es sich nicht um ein Problem des Analogieverbots nach Art. 103 Abs. 2 GG, sondern lediglich um ein Auslegungsproblem, da diese Sonderformen des Werkes grundsätzlich noch über den Wortlaut als „Werk" subsumierbar sind.[244] Zunächst könnte man davon ausgehen, dass der Gesetzgeber bewusst Sammel- und Datenbankwerke nicht genannt hatte, da diese auch nicht geschützt werden sollen.[245] Andererseits ist je zu beachten, dass die Strafvorschriften §§ 38 LUG und 32 KUG auch nur das „Werk" aufgelistet hatten, aber das Sammelwerk als gewöhnliches Werk der §§ 4 LUG und 6 KUG anerkanntermaßen von den Strafvorschriften erfasst wurde.[246] Ferner sind Sammelwerke in § 4 Abs. 1 UrhG „wie selbstständige Werke" zu schützen, so dass sich der Schutz von Sammelwerken in § 106 Abs. 1 UrhG bereits daraus ergibt, dass eine persönliche geistige Schöpfung i.S.d. § 2 Abs. 2 UrhG vorliegt.[247] Demzufolge ist davon auszugehen, dass der Gesetzgeber es nicht für nötig hielt, Sammelwerke in § 106 UrhG ausdrücklich zu nennen, da diese ohnehin als Werke gemäß §§ 4 und 2 UrhG zu schützen sind.[248] Dasselbe muss konsequenterweise auch für Datenbankwerke gelten, weil sie als Unterfall von Sammelwerken ebenfalls persönliche geistige Schöpfungen darstellen können.[249]

---

242 Zu Datenbanken vgl. unten C. I. 8.

243 Dreier/Schulze/*Dreier*, § 4 Rn. 20; Wandtke/Bullinger/*Marquardt*, § 4 Rn. 12.

244 *Reinbacher*, Privatgebrauch, S. 66; Wandtke/Bullinger/*Hildebrandt*/*Reinbacher*, § 106 Rn. 7, m.w.N.

245 *Lampe*, UFITA 83 (1978), 15, 28; *Weber*, S. 185.

246 *Reinbacher*, Privatgebrauch, S. 66.

247 So *Hildebrandt*, S. 41.

248 Schricker/Loewenheim/*Haß*, § 106 Rn. 2; *Weber*, S. 186f.

249 *Reinbacher*, Privatgebrauch, S. 66; anders allerdings *Hildebrandt*, S. 48.

Schließlich ist noch anzumerken, dass *amtliche Werke* gemäß § 5 UrhG keinen urheberrechtlichen Schutz genießen. Es handelt sich dabei vor allem um Gesetze, Verordnungen, amtliche Erlasse und Bekanntmachungen sowie Entscheidungen. Diese sind gemeinfrei und können von jedermann, d. h. auch im Schulbereich, unproblematisch verwertet werden, auch wenn sie im Einzelnen die Schutzvoraussetzungen des § 2 UrhG erfüllen sollten. Allerdings ist bei Gesetzestextsammlungen oder Entscheidungssammlungen zu beachten, dass diese u. U. als Sammelwerk gemäß § 4 UrhG geschützt sind.[250]

2. Die Tathandlung der Vervielfältigung

Da über § 106 Abs. 1 UrhG die Verwertungsrechte des Urhebers auch strafrechtlich geschützt sind, umfassen die Tathandlungen der Vorschrift alle Verwertungshandlungen nach den §§ 15 ff. UrhG. Allerdings schützt § 106 UrhG nicht das Ausstellungsrecht gemäß § 18 UrhG, da dieses vorrangig einen urheberpersönlichkeitsrechtlichen Charakter hat und daher in § 106 UrhG nicht erwähnt wird.[251] Die Tathandlung der Vervielfältigung wird in § 106 Abs. 1 UrhG als erste Tathandlungsalternative genannt. Nachfolgend wird zunächst der Vervielfältigungsbegriff dargestellt, anschließend werden typische Vervielfältigungshandlungen im Schulbereich erörtert.

a) Der Vervielfältigungsbegriff

Wie bereits beim Werkbegriff ist auch bei der Bestimmung des urheberstrafrechtlichen Vervielfältigungsbegriffs die Urheberrechts- bzw. Zivilrechtsakzessorietät des Urheberstrafrechts zu berücksichtigen. Daher entspricht der Begriff der Vervielfältigung in § 106 Abs. 1 UrhG dem des Zivilrechts gemäß den §§ 15 Abs. 1 Nr. 1, 16 UrhG.[252] Zu beachten ist dabei, dass es sich bei der Vervielfältigung um eine körperliche Verwertung eines Werkes handelt, wohingegen die öffentliche Wiedergabe nach § 15 Abs. 2 UrhG eine unkörperliche Verwertung des Werkes ist. Voraussetzung für eine körperliche Verwertung ist, dass das Werk in einem körperlichen Gegenstand, wie z. B. in einem Buch, auf einem Tonträger oder in einem elektronischen Speicher, festgehalten sein muss.[253]

---

250 Wandtke/Bullinger/*Marquardt*, § 5 Rn. 10.

251 BT-Drucks. IV/270, S. 108; *Hildebrandt*, S. 60; MüKo-StGB/*Heinrich*, § 106 UrhG Rn. 45.

252 Vgl. u. a. Erbs/Kohlhaas/*Kaiser*, § 106 UrhG Rn. 11; *Heinrich*, Standardsoftware, S. 184; *Hildebrandt*, S. 60; MüKo-StGB/*Heinrich*, § 106 UrhG Rn. 46; *Reinbacher*, Privatgebrauch, S. 81; *Weber*, S. 194.

253 Dreier/Schulze/*Schulze*, § 15 Rn. 25; Wandtke-UrhR/*Wöhrn*, 3. Kap. Rn. 78.

Insofern ist eine Vervielfältigung jede körperliche Festlegung des Werkes, die geeignet ist, das Werk den menschlichen Sinnen auf irgendeine Weise mittelbar oder unmittelbar wahrnehmbar zu machen.[254] Dabei ist es gemäß § 16 Abs. 1 UrhG irrelevant, ob ein Werk vorübergehend oder dauerhaft vervielfältigt wird.[255] Ebenso kommt es nicht auf das Verfahren oder die Anzahl der Vervielfältigung an.[256] So kann bereits die erste, vorübergehende, manuelle Reproduktion eines Werkes eine Vervielfältigung sein. Eine solche liegt z.B. vor, wenn ein Lehrer eine urheberrechtlich geschützte wissenschaftliche Darstellung aus einer Zeitschrift in der Unterrichtsstunde an die Tafel zeichnet und nur einige Minuten danach wieder entfernt. Weiterhin kommt es nicht auf die maßgetreue Übernahme des Originalwerkes an, denn entscheidend für das Vorliegen einer Vervielfältigung ist, dass schöpferische und prägende Elemente des Ausgangswerkes im Wesentlichen übernommen werden.[257] Auch kann die Vervielfältigung eines Werkteils unter § 16 UrhG fallen, soweit das Werkteil urheberechtlich schutzfähig ist.[258] Folglich kann auch das Fotokopieren einer einzigen Seite aus einem Schulbuch eine Vervielfältigung eines Werkes darstellen. Problematisch ist dies z.B. bei einer einzelnen Seite einer Formelsammlung. Das Vorliegen eines schutzfähigen Werkteils ist hier fraglich, da Formeln grundsätzlich Allgemeingüter sind, die nur durch eine individuelle Auswahl und Anordnung urheberrechtlich schutzfähig sein können. Kommt diese schöpferische Auswahl und Anordnung in der vervielfältigten Seite nicht zum Ausdruck, so ist keine Vervielfältigung eines Werkteils gegeben, sodass der Lehrer diese bestimmte Seite aus der Formelsammlung auch ohne die Einwilligung des Urhebers der Formelsammlung an die Tafel schreiben darf. Ferner regelt § 16 Abs. 2 UrhG, dass auch die Übertragung auf einen Bild- oder Tonträger vom Vervielfältigungsbegriff umfasst wird. Brennt ein Lehrer beispielsweise ein Musikstück von seinem Laptop auf eine CD, um es dann im Unterricht vorzuspielen, so ist eine Vervielfältigung durch die Übertragung eines Werkes auf einen Tonträger gegeben.

---

[254] BT-Drucks. IV/270, S. 47; BGHZ 17, 266, 269f. – Grundig-Reporter; BGHZ 112, 264, 278 – Betriebssystem; BGH, GRUR 1982, 102, 103 – Masterbänder; KG, GRUR-RR 2004, 228, 231 – Ausschnittdienst; vgl. bereits RGZ 107, 277, 279 – Gottfried Keller; *Dreier*, ZUM 2002, 28, 29; Dreier/Schulze/*Schulze*, § 16 Rn. 6; Fromm/Nordemann/*Dustmann*, § 16 Rn. 9; *Rehbinder/Peukert*, Rn. 446; Schricker/Loewenheim/*Loewenheim*, § 16 Rn. 5; Wandtke/Bullinger/*Heerma*, § 16 Rn. 4.

[255] Schricker/Loewenheim/*Loewenheim*, § 16 Rn. 6.

[256] Dreier/Schulze/*Schulze*, § 16 Rn. 7, 8; Schricker/Loewenheim/*Loewenheim*, § 16 Rn. 9, 11.

[257] *Rupp*, GRUR 1986, 147; Wandtke-UrhR/*Wöhrn*, 3. Kap. Rn. 81.

[258] BGH, GRUR 1988, 533, 535 – Vorentwurf II; OLG Köln, GRUR 2001, 97, 98 – Suchdienst für Zeitungsartikel; Dreier/Schulze/*Schulze*, § 16 Rn. 9; Schricker/Loewenheim/*Loewenheim*, § 16 Rn. 14.

Des Weiteren könnten Überschneidungspunkte zwischen einer Vervielfältigung und einer Bearbeitung oder sonstigen Umgestaltung i. S. v. §§ 3, 23 UrhG vorliegen. Eine solche Überschneidung ist durchaus möglich, da es zum einen für eine Vervielfältigung ausreicht, dass die prägenden Merkmale des Originalwerkes übernommen werden.[259] Zum anderen sind Bearbeitungen und Umgestaltungen derart an das Ausgangswerk angelehnt, dass dessen individuelle Züge noch durchschimmern.[260] Dementsprechend stellt sich die Frage, ob mit der Bearbeitung oder Umgestaltung eines Werkes auch eine Vervielfältigung des Originalwerkes vorliegt. Bedeutung für das Urheberstrafrecht hat dies insofern, als dass § 106 Abs. 1 UrhG die Tathandlung der Vervielfältigung unter Strafe stellt, wohingegen die Bearbeitung oder Umgestaltung nicht als Tathandlungsalternativen erfasst werden. Geht man davon aus, dass Bearbeitungen und Umgestaltungen mit Vervielfältigungen einhergehen, wäre die Tathandlung der Vervielfältigung quasi um die Variante des Herstellens einer Bearbeitung und die Variante des Herstellens einer Umgestaltung erweitert.

Bei dieser Fragestellung dürfen auch die zivilrechtlichen Aspekte von Bearbeitungen und Umgestaltungen nicht außer Acht gelassen werden. Nach § 23 Satz 1 UrhG dürfen Bearbeitungen oder andere Umgestaltungen des Werkes nur mit Einwilligung des Urhebers des bearbeiteten oder umgestalteten Werkes veröffentlicht oder verwertet werden. Damit ist das Herstellen von Bearbeitungen und Umgestaltungen, abgesehen von den Ausnahmen in § 23 Satz 2 UrhG, grundsätzlich zivilrechtlich zulässig. Diese Vorschrift wäre aber überflüssig, wenn Bearbeitungen und Umgestaltungen auch Vervielfältigungen des Originalwerkes darstellen würden, da der Urheber des Originalwerkes aufgrund seines ausschließlichen Vervielfältigungsrechts bereits die von § 23 Satz 1 UrhG vorgesehene Herstellung untersagen könnte.[261] Deshalb sind Bearbeitungen und Umgestaltungen nicht als Vervielfältigung anzusehen.[262] Das Herstellen von Bearbeitungen und Umgestaltungen ist somit auch strafrechtlich nicht erfasst. Ferner ist die Herstellung der nach § 23 Satz 2 UrhG ausgenommenen Bearbeitungen und Umgestaltun-

---

259 BGH, GRUR 1988, 533, 535 – Vorentwurf II.

260 Wandtke-UrhR/*Wöhrn*, 3. Kap. Rn. 87.

261 BeckOK-UrhG/*Kroitzsch*/*Götting*, § 16 Rn. 10; Fromm/Nordemann/*Dustmann*, § 16 Rn. 11.

262 So auch BGHZ 8, 88, 91; BeckOK-UrhG/*Kroitzsch*/*Götting*, § 16 Rn. 10; Dreyer/Kotthoff/Meckel/*Dreyer*, § 16 Rn. 9; Fromm/Nordemann/*Dustmann*, § 16 Rn. 11; *König*, CR 1991, 584, 589; MüKo-StGB/*Heinrich*, § 106 UrhG Rn. 49; *Weber*, S. 190; anders allerdings Dreier/Schulze/*Schulze*, § 16 Rn. 5; *Reinbacher*, Privatgebrauch, S. 88; Schricker/Loewenheim/*Loewenheim*, § 16 Rn. 8, die in Bearbeitungen und Umgestaltungen auch immer (zumindest) eine Teilvervielfältigung des Originalwerkes erkennen wollen; differenzierend Wandtke/Bullinger/*Heerma*, § 16 Rn. 10, der § 23 UrhG als lex specialis zu § 16 UrhG sieht.

gen nur zivilrechtlich relevant, da auch diese Bearbeitungen und Umgestaltungen konsequenterweise keine Vervielfältigungshandlung darstellen.[263] Urheberstrafrechtlich von Bedeutung ist allerdings die Vervielfältigung der hergestellten Bearbeitung oder Umgestaltung. Denn eine solche Vervielfältigung der Bearbeitung oder Umgestaltung wird von § 23 Satz 1 UrhG gerade nicht privilegiert, denn dieser betrifft nur das Herstellen von Bearbeitungen und Umgestaltungen.[264] Diese Unterscheidung wird im nachfolgenden Beispiel verdeutlicht: Übersetzt ein Lehrer einen geschützten englischen Text in die deutsche Sprache, so stellt die Handlung des Übersetzens keine Vervielfältigungshandlung i. S. d. § 106 Abs. 1 UrhG, sondern nur eine Bearbeitung dar. Macht er jedoch Fotokopien von seiner Übersetzung, so ist dieses Fotokopieren eine strafrechtlich relevante Vervielfältigungshandlung des Originalwerkes nach § 106 Abs. 1 UrhG. Wird diese Übersetzung darüber hinaus noch von einem Schüler oder einem anderen Lehrer kopiert, stellt dieses Fotokopieren eine strafrechtlich relevante Vervielfältigung bezüglich der selbstständig schutzfähigen Übersetzung des Lehrers, aber auch bezüglich des englischen Originaltextes dar.

Das Vervielfältigungsrecht des Urhebers kann im Einzelfall gesetzlich eingeschränkt werden. Als schulspezifische Privilegierungen sind insbesondere die §§ 46, 47 und 53 Abs. 3 UrhG zu nennen. Weitere für den Schulgebrauch relevante Schranken sind §§ 44a, 48 Abs. 1 Nr. 2, 49 Abs. 2, 51 UrhG.[265]

b) Vervielfältigungshandlungen im Schulbereich

Im Folgenden werden einige schultypische Vervielfältigungshandlungen dargestellt. Da die Benutzung des Computers auch für den heutigen Schulalltag nahezu unerlässlich geworden ist, wird vorliegend zur besseren Übersicht zwischen schultypischen Vervielfältigungen, die unter Zuhilfenahme des Computers entstanden sind, und sonstigen schultypischen Vervielfältigungshandlungen differenziert.

aa) Vervielfältigungen unter Zuhilfenahme des Computers

Sowohl Lehrer als auch Schüler nehmen vermehrt die Hilfe des Computers zur Erstellung von Unterrichtsmaterialien in Anspruch. Dabei kann der Computer auf verschiedene Art und Weise hilfreich sein. Eine mögliche Nutzung ist das unveränderte Integrieren oder Einfügen von fremden Tex-

263 MüKo-StGB/*Heinrich*, § 106 UrhG Rn. 49; *Weber*, S. 204.

264 Vgl. MüKo-StGB/*Heinrich*, § 106 UrhG Rn. 49.

265 Zu den schulspezifischen Schranken vgl. unten B. I. 5. b).

ten, Grafiken oder Übersichten in eigene Arbeitsblätter. Die Anfertigung dieser Arbeitsblätter erfolgt häufig mithilfe von Textverarbeitungsprogrammen, Präsentationsprogrammen oder auch Bildbearbeitungsprogrammen. Im Detail werden dabei fremde Werke in solche Programme eingetippt, eingezeichnet, nachkonstruiert oder eingefügt und danach auf der Festplatte des Computers gespeichert. Diese Handlungen haben jeweils dauerhafte Vervielfältigungen zur Folge. Weitere Vervielfältigungen in diesem Zusammenhang sind z.B. das Einscannen eines fremden Werkes, das Downloaden von Werken aus dem Internet oder des Überspielen von Werken von einem USB-Stick auf die Festplatte des eigenen Rechners. Beim „Downloaden" bzw. Herunterladen eines Werkes aus dem Internet handelt es sich ebenfalls um eine Vervielfältigung, da das Werk auf der Festplatte des Computers gespeichert wird und bei einer anschließenden Wiedergabe durch Computer und Monitor vom menschlichen Auge wahrgenommen werden kann.[266] Lädt ein Lehrer also ein urheberrechtlich geschütztes Gedicht aus dem Internet auf eine Computerfestplatte oder einen sonstigen Datenträger, so vervielfältigt er dieses Gedicht. Eine erneute Festlegung ist ebenso gegeben, wenn der Lehrer Übersichten oder Texte von einer CD oder von einem USB-Stick eines Kollegen auf die Festplatte seines eigenen Laptops kopiert.

Bei diesen computertechnischen Vorgängen der Erstellung von Unterrichtsmaterialien ist weiterhin zu berücksichtigen, dass eine Vervielfältigungshandlung des Erstellers häufig nicht erst durch die dauerhafte Speicherung der Werke auf der Festplatte vorliegt, sondern schon dann gegeben ist, wenn eine für den Benutzer nicht sichtbare vorübergehende Speicherung der Werke stattfindet. Denn nach der heute ganz herrschenden Meinung reicht die vorübergehende Festlegung der digitalen Fassung eines Werkes im Arbeitsspeicher des Computers für eine Vervielfältigung aus[267], sodass das Integrieren oder Einfügen von Werken auch ohne die anschließende dauerhafte Speicherung auf der Festplatte bereits als Vervielfältigung zu qualifizieren ist. Somit ist eine Vervielfältigungshandlung schon abgeschlossen, nachdem ein Werk, am Bildschirm sichtbar, eingetippt oder eingefügt worden ist. Denn in diesem Moment ist eine Zwischenspeicherung des Werkes oder zumindest der schutzfähige Teil des Werkes im Arbeitsspeicher des Computers schon vorhanden. Dasselbe gilt für den Vorgang des Scannens. Denn schon nach Abschluss des Scannprozesses wird das eingescann-

---

[266] Schricker/Loewenheim/*Loewenheim*, § 16 Rn. 20; Wandtke/Bullinger/*Heerma*, § 16 Rn. 19.

[267] OLG Jena, MMR 2008, 408, 411; KG, GRUR-RR 2004, 228, 231; OLG Hamburg, GRUR 2001, 831 – Roche Lexikon Medizin; OLG Köln, GRUR-RR 2001, 97, 99 – Suchdienst für Zeitungsartikel; BeckOK-UrhG/*Kroitzsch*/*Götting*, § 16 Rn. 18; Dreier/Schulze/*Schulze*, § 16 Rn. 13; Fromm/Nordemann/*Dustmann*, § 16 Rn. 13; Wandtke/Bullinger/*Heerma*, § 16 Rn. 18.

te Werk vorübergehend im Arbeitsspeicher des Computers zwischengespeichert, sodass dieses Werk mit Hilfe des Bildschirms vom menschlichen Auge wahrgenommen werden kann.[268] Des Weiteren ist auch das Betrachten eines Textes im Internet eine vorübergehende Vervielfältigung, da dieser Text bereits durch das Aufrufen der jeweiligen Internetseite im Arbeitsspeicher und im Cache zwischengespeichert wird.[269] Hingegen ist die bloße Wiedergabe eines Werkes auf einem Bildschirm keine Vervielfältigung, da eine erneute körperliche Festlegung dabei nicht stattfindet.[270] Spielt also ein Lehrer eine Musik-CD oder eine Film-DVD mit einem CD- oder DVD-Player ab, liegt keine Vervielfältigung vor, sondern eine Wiedergabe. Bei vorübergehenden Vervielfältigungen durch Zwischenspeicherung im Arbeitsspeicher ist allerdings zu beachten, dass sie regelmäßig von der gesetzlichen Schranke des § 44a UrhG erfasst werden.[271]

Nachdem der Lehrer das Arbeitsblatt erstellt hat, wird er es häufig für seine Klasse ausdrucken wollen. Bei einem Ausdruck wird das Werk auf einem Blatt Papier körperlich festgelegt, welches geeignet ist, vom menschlichen Auge wahrgenommen zu werden. Daher ist das Ausdrucken von Werken eine Vervielfältigung.[272] Druckt der Lehrer also sein Arbeitsblatt aus, liegt darin eine Vervielfältigung der eingefügten fremden Werke. Neben dem Ausdruck könnte der Lehrer das Arbeitsblatt auch digital speichern. Brennt der Lehrer die Arbeitsblattdatei auf eine CD oder kopiert er sie auf einen USB-Stick, liegt ebenfalls eine Vervielfältigung vor.[273] In Betracht kommt auch, dass der Lehrer sein Arbeitsblatt auf den Schulserver hochlädt, damit seine Schüler zur Vorbereitung der nächsten Unterrichtsstunde das Arbeitsblatt ausdrucken und durcharbeiten können. Hierbei handelt es sich um einen Upload von Dateien vom eigenen Rechner auf einen Serverrechner, was ebenfalls eine Vervielfältigung der Datei darstellt.[274] Denn das Werk wird dauerhaft auf dem Server gespeichert und dadurch kann es den menschlichen Sinnen mittelbar

---

268 BGH, GRUR 2002, 246, 247 – Scanner; BGH, GRUR 2008, 245 – Drucker und Plotter; Fromm/Nordemann/*Dustmann*, § 16 Rn. 26; Schricker/Loewenheim/*Loewenheim*, § 16 Rn. 17.

269 Vgl. *Spindler*, GRUR 2002, 105, 107; Wandtke/Bullinger/*Heerma*, § 16 Rn. 20 m.w.N.

270 BGH, GRUR 1991, 449, 453 – Betriebssytem; Schricker/Loewenheim/*Loewenheim*, § 16 Rn. 19.

271 Hierzu siehe unten B. I. 5. c) bb).

272 BGH, GRUR 2008, 245 – Drucker und Plotter; BGH, GRUR 1991, 449, 453 – Betriebssystem.

273 Vgl. dazu auch BGH, ZUM 2008, 778 – Kopierstationen; Schricker/Loewenheim/*Loewenheim*, § 16 Rn. 17 m.w.N.

274 OLG München, GRUR 2001, 499, 503 – MIDI-Files; Schricker/Loewenheim/*Loewenheim*, § 16 Rn. 23; Wandtke/Bullinger/*Heerma*, § 16 Rn. 19.

wahrnehmbar gemacht werden.[275] Das Hochladen der Datei mit dem Arbeitsblatt auf dem Schulserver ist daher auch eine Vervielfältigung der in dem Arbeitsblatt eingefügten Werke. Nichts anderes gilt, wenn der Lehrer sein Arbeitsblatt auf der Homepage der Schule zur Verfügung stellt. Auch hier wird die Datei auf einem Server hochgeladen.

Denkbar ist es außerdem, dass der Lehrer sein Arbeitsblatt im Anhang einer E-Mail an seine Kollegen oder Schüler schickt. Das Versenden einer solchen E-Mail könnte insofern eine Vervielfältigung sein. Bei der Kommunikation per E-Mail laufen im Detail verschiedene Prozesse ab. Zunächst wird durch das Absenden der E-Mail ein Datensatz auf der Festplatte des E-Mail-Serverbetreibers gespeichert und danach erfolgt der Abruf der E-Mail durch die Speicherung der E-Mail auf der Computerfestplatte des Empfängers.[276] Insofern stellt das Absenden der E-Mail eine Vervielfältigungshandlung des Absenders dar, weil dieser durch das Absenden eine Speicherung auf dem Server des Betreibers in Gang gesetzt hat.[277] Hingegen ist das Abrufen der E-Mail eine Vervielfältigungshandlung seitens des Empfängers, da er die Speicherung der E-Mail auf der Festplatte seines Computers durch seinen Abruf veranlasst hat.[278] Somit vervielfältigt der Lehrer die im Arbeitsblatt enthaltenen fremden Werke durch das Absenden der E-Mail und seine Empfänger durch das Abrufen der E-Mail. U. U. kann der Vorsatz der Vervielfältigung eines Werkes beim Empfänger entfallen, wenn dieser die Existenz von Werken in der abgerufenen E-Mail nicht für möglich gehalten hatte.[279]

bb) Sonstige Vervielfältigungshandlungen

Trotz der im Schulbereich vermehrten Zuhilfenahme des Computers spielen andere Formen der Vervielfältigung immer noch eine große Rolle. Die häufigste Form der Vervielfältigung im Schulbereich dürfte nach wie vor das Fotokopieren sein.[280] Der Nachdruck oder das Fotokopieren sind zwei-

---

[275] *Reinbacher*, Privatgebrauch, S. 113.

[276] Wandtke/Bullinger/*Heerma*, § 16 Rn. 27.

[277] Vgl. *Reinbacher*, Privatgebrauch, S. 119 f.; Wandtke/Bullinger/*Heerma*, § 16 Rn. 27.

[278] So KG, GRUR-RR 2004, 228, 230 f. – Versendung von Pressespiegeln per E-Mail; vgl. auch *Haupt*, ZUM 2002, 797, 798 f.; *Reinbacher*, Privatgebrauch, S. 120; anders jedoch Wandtke/Bullinger/*Heerma*, § 16 Rn. 27, für den nicht der Empfänger vervielfältigt, sondern der Absender, da der Empfänger nicht wüsste, welche E-Mails und damit welche Werke er durch die Veranlassung des Abholvorgangs vom Server herunter lädt.

[279] Zum Tatbestandsvorsatz vgl. unten B. II. 2.

[280] Allein im Jahr 1989 wurden in den Schulen der alten Bundesländer 1,68 Milliarden Kopien hergestellt, wovon ca. 530 Millionen Fotokopien von urheberrechtlich relevanten Vorlagen erstellt wurden, vgl. hierzu *Neumann*, S. 64.

felsfrei Vervielfältigungen, da das Werk dabei erneut körperlich auf einem Blatt festgelegt wird und somit geeignet ist, vom Auge wahrgenommen zu werden.[281] Andere Vervielfältigungshandlungen sind das Abschreiben, Abzeichnen, Abmalen oder sonstige handschriftliche Übernahmen.[282] Schreibt der Lehrer ein Gedicht an die Tafel oder auf die Folie eines Overheadprojektors oder integriert er es handschriftlich in seine Arbeitsblätter, so handelt es sich ebenfalls um Vervielfältigungen. Auch das Nachbauen oder die Größenänderung oder Formatänderung eines Werkes ist als Vervielfältigung anzusehen.[283] Wird im Kunstunterricht ein Bild abgemalt oder im Werkunterricht eine Steinfigur als Holzfigur verkleinert nachgestellt, so handelt es sich ebenfalls um Vervielfältigungen. Keine Vervielfältigung ist – mangels körperlicher Festlegung – hingegen das Lesen oder Vorlesen des Gedichts.[284] Ebenfalls liegt keine Vervielfältigung vor, wenn Schüler bei der Anfertigung ihrer Plakate Bilder, Grafiken, Übersichten und sonstige Darstellungen aus Zeitungen, Zeitschriften, Büchern ausschneiden und auf das Plakat kleben oder anheften. Denn durch das Kleben oder Anheften findet keine erneute körperliche Festlegung statt, da die Werke noch auf demselben Papier abgedruckt sind und lediglich ausgeschnitten und neu positioniert werden.

Weiterhin ist es im Schulbereich nicht unüblich, dass Ton- und Videoaufnahmen angefertigt werden. Diese entstehen häufig, damit Lehrer- oder Schülervorträge, Rollenspiele oder musikalische Darstellungen festgehalten werden. Anschließend werden diese Aufnahmen oftmals auch für Lehrerkollegen oder Mitschüler kopiert. Dabei sind Aufnahmen oder Überspielungen von Werken auf Tonband, CD, Videoband, DVD oder ähnliche Speichermedien immer Vervielfältigungen der vorgetragenen oder dargestellten Werke nach § 16 Abs. 2 UrhG.[285] Unerheblich ist, ob es sich um die erste Aufnahme des Werkes oder eine Kopie der Aufnahme oder auch eine Kopie von einer Kopie handelt.[286] Wird also ein Schüler bei seinem Gedichtvortrag mit der Handykamera gefilmt, so liegt in dieser Videoaufnahme eine Vervielfältigung des Gedichts. Wird diese Aufnahme auf eine CD überspielt, so liegt eine weitere Vervielfältigung des Gedichts vor. Dagegen ist der Gedichtvortrag selbst, genauso wie das Vorlesen von Texten oder Aufführen von musikalischen Stücken, keine Vervielfältigung des vorgetragenen Werkes, da

---

281 Wandtke/Bullinger/*Heerma*, § 16 Rn. 15.

282 Vgl. beispielsweise LG Hamburg, ZUM-RD 2008, 202.

283 BGHZ 44, 288, 293 – Apfelmadonna; BGH, GRUR 1990, 669, 673 – Bibelreproduktion; BGH, GRUR 2002, 532, 534 – Unikatrahmen; Schricker/Loewenheim/*Loewenheim*, § 16 Rn. 9.

284 So auch Wandtke/Bullinger/*Heerma*, § 16 Rn. 15.

285 Wandtke/Bullinger/*Heerma*, § 16 Rn. 8.

286 Wandtke/Bullinger/*Heerma*, § 16 Rn. 8.

das Werk hierbei nicht körperlich festgelegt wird. Dasselbe gilt für das Abspielen bzw. die Wiedergabe von Werken auf CD-, Video- oder DVD-Player.

Beliebt bei Lehrern sind ferner Aufzeichnungen oder Mitschnitte von Fernsehsendungen oder Hörfunksendungen. Hierbei werden Werke auf Speichermedien wie Videokassetten, DVDs oder CDs festgelegt. Es handelt sich also um Vervielfältigungen der urheberrechtlich geschützten Fernseh- bzw. Hörfunksendungen, die in der Regel jeweils verschiedene Werkarten enthalten.[287] Zeichnet z. B. ein Lehrer zu Hause eine Fernsehsendung auf Video auf, um sie seiner Klasse in der nächsten Unterrichtsstunde zu zeigen, so liegt eine Vervielfältigung dieser Sendung als Filmwerk vor. Da ein solches Filmwerk auch z. B. Sprachwerke oder Musikwerke enthält, umfasst die Vervielfältigung des Filmwerkes auch diese Werke.

3. Die Tathandlung der Verbreitung

§ 106 Abs. 1 UrhG erfasst als zweite Tathandlungsalternative die Verbreitung urheberrechtlich geschützter Werke. Auch für den Verbreitungsbegriff gelten die zivilrechtlichen Vorschriften der §§ 15 Abs. 1 Nr. 2, 17 UrhG entsprechend.[288] Bei der Verbreitung handelt es sich um ein Verwertungsrecht des Urhebers, welches die körperliche Verbreitung eines Originalwerkes oder eines Vervielfältigungsstückes schützt.[289] Anders als beim unkörperlichen Vortragen, Aufführen, Vorführen und Senden kommt es hier auf eine Verbreitung körperlicher Werkstücke an.[290]

Nach § 17 Abs. 1 UrhG ist das Verbreitungsrecht das Recht, das Original oder Vervielfältigungsstücke des Werkes der Öffentlichkeit anzubieten oder in Verkehr zu bringen. Folglich geht es bei der Verbreitung hauptsächlich um die Zufuhr des Originalwerkes oder der Vervielfältigungsstücke in den freien Handelsverkehr.[291] Zu beachten ist aber, dass das Verbreitungsrecht durch den in § 17 Abs. 2 UrhG geregelten Erschöpfungsgrundsatz eingeschränkt wird.[292] Nach dieser Vorschrift sind weitere Verbreitungen bezüglich eines Werkstückes mit Ausnahme der Vermietung zulässig, wenn dieses

---

[287] Vgl. auch Wandtke/Bullinger/*Heerma*, § 16 Rn. 8.

[288] Erbs/Kohlhaas/*Kaiser*, § 106 UrhG Rn. 15; Fromm/Nordemann/*Ruttke/Scharringhausen*, § 106 Rn. 12; *Heinrich*, Standardsoftware, S. 218; MüKo-StGB/*Heinrich*, § 106 UrhG Rn. 51; Schricker/Loewenheim/*Haß*, § 106 Rn. 14; anders *Hildebrandt*, S. 98 ff.

[289] Wandtke-UrhR/*Wöhrn*, 3. Kap. Rn. 78, 88.

[290] Schricker/Loewenheim/*Loewenheim*, § 17 Rn. 5.

[291] BGH, GRUR 1982, 102, 103 – Masterbänder.

[292] Hierzu vgl. sogleich B. I. 3. b).

Werkstück mit Zustimmung des zur Verbreitung Berechtigten im Wege der Veräußerung innerhalb der Europäischen Union oder im EWR in den Verkehr gebracht worden ist. Des Weiteren regelt § 17 Abs. 3 UrhG Näheres zur Vermietung.

Die Verwertungshandlung der Verbreitung ist auch für den Schulbereich von Bedeutung. Im Schulalltag sind Konstellationen vorzufinden, bei denen die Tathandlung der Verbreitung in Betracht zu ziehen ist. Eine solche Konstellation liegt z.B. vor, wenn Lehrer Werke Dritter kopieren, um sie dann an Schüler zu verteilen oder auszuleihen. Eine Verbreitung kommt weiterhin in Betracht, wenn Lehrer oder Schüler selbst bearbeitete oder umgestaltete Werke in der Schule verkaufen, zum Verkauf anbieten oder verschenken. Gesetzliche Privilegierungen des Verbreitungsrechts, die für Verbreitungshandlungen in der Schule nützlich sein können, sind insbesondere die §§ 46, 48 Abs. 1 Nr. 2, 49 Abs. 2 und 51 UrhG.

a) Die Europarechtskonformität des deutschen Verbreitungsrechts

Das Verbreitungsrecht ist europäisch geprägt. Art. 4 der Richtlinie 2001/100/EG zur Harmonisierung bestimmter Aspekte des Urheberrechts und der verwandten Schutzrechte in der Informationsgesellschaft (Info-RL)[293] regelt die europäische Harmonisierung des Verbreitungsrechts. Er sieht vor, dass den Urhebern in Bezug auf das Original ihrer Werke oder auf Vervielfältigungsstücke davon das ausschließliche Recht zusteht, die Verbreitung an die Öffentlichkeit in beliebiger Form durch Verkauf oder auf sonstige Weise zu erlauben oder zu verbieten. Seit der EuGH-Entscheidung vom 17.4.2008[294] besteht jedoch eine Unsicherheit bezüglich der Auslegung des Verbreitungsbegriffes in § 17 UrhG.[295] Denn in dieser Entscheidung ging der EuGH davon aus, dass auch bei einer Verbreitung „auf sonstige Weise" i.S.d. Art. 4 Abs. 1 der Richtlinie 2001/100/EG stets das Eigentum an dem konkreten Gegenstand übertragen werden muss. Als Konsequenz dieser Entscheidung dürften somit bloße Besitzüberlassungen wie die Vermietung oder die Leihe sowie Formen des öffentlichen Zeigens von Werkstücken nicht unter den Verbreitungsbegriff fallen. Davon ausgehend stellt sich für das deutsche Urheberrecht die Frage, ob der Verbreitungsbegriff des § 17 UrhG, der sowohl das öffentliche Anbieten als auch bloße Besitzüberlassungen wie

[293] ABl. EG v. 22.6.2001 Nr. L 167 S. 10.

[294] EuGH, GRUR 2008, 604, 605 – Peek & Cloppenburg KG/Cassina SpA, Le Corbusier-Möbel.

[295] Vgl. hierzu auch *Czychowski/J. B. Nordemann*, NJW 2010, 735, 737; *Dietrich*, UFITA 2011, 478ff.; *Schulze*, GRUR 2009, 812ff.; Wandtke/Bullinger/*Hildebrandt/Reinbacher*, § 106 Rn. 16b ff.

die Vermietung oder die Leihe erfasst, nicht europarechtskonform ist und daher eingeschränkt werden muss. Wäre dies der Fall, würde das öffentliche Anbieten sowie das Überlassen von Besitz nicht mehr unter die Tathandlungsalternative des Verbreitens i. S. v. § 106 Abs. 1 UrhG i. V. m. § 17 UrhG fallen.

Nach einer Ansicht sind bloße Gebrauchsüberlassungen sowie das öffentliche Anbieten seit der genannten EuGH-Entscheidung nicht mehr Teil einer Verbreitung nach § 17 UrhG, da der EuGH in seiner Entscheidung ausschließlich auf die Übertragung des Eigentums abstellt.[296] Diese Handlungen seien somit unter Berücksichtigung des strafrechtlichen Analogieverbots nicht mehr als Verbreitung[297] i. S. d. § 106 Abs. 1 UrhG anzusehen.

Eine andere Ansicht geht davon aus, dass es nach der besagten EuGH-Entscheidung zwar überholt sei, bloße Besitzüberlassungen wie die Vermietung und die Leihe sowie das öffentliche Anbieten von Werken als Verbreitungshandlung einzustufen.[298] Weiterhin von der Verbreitung nach § 17 UrhG erfasst sei jedoch das öffentliche Angebot zum Eigentumserwerb des Werkstücks.[299]

Nach einer weiteren Ansicht handelt es sich bei der europäischen Auslegung des Verbreitungsbegriffes nicht um eine abschließende Begriffsbestimmung, sondern lediglich um eine Festlegung des Mindestschutzes.[300] Es sei daher für den deutschen Gesetzgeber möglich, darüber hinaus zu gehen und das öffentliche Anbieten sowie bloße Besitzüberlassungen als Verbreitungshandlungen zu erfassen.[301] In seinem Urteil nach der Entscheidung des EuGH korrigierte der BGH allerdings diese Ansicht und geht davon aus, dass Art. 4 der Info-RL einen verbindlichen Charakter besitzt und daher als Maximalschutz des Verbreitungsrechts zu verstehen ist.[302]

Eine weitere Ansicht sieht den bestehenden deutschen Verbreitungsbegriff ebenfalls als europarechtskonform an.[303] Es bestünden nur begriffliche Differenzen. Denn das europäische Recht erfasse neben der Verbreitung auch das Vermieten und das Verleihen als ausschließliche Verwertungsrechte des

---

296 Wandtke/Bullinger/*Hildebrandt*, 3. Aufl., § 106 Rn. 16.

297 Wandtke/Bullinger/*Hildebrandt*, 3. Aufl., § 106 Rn. 16.

298 Loewenheim/*Loewenheim*, § 20 Rn. 23, 25; Schricker/Loewenheim/*Loewenheim*, § 17 Rn. 8, 14.

299 Loewenheim/*Loewenheim*, § 20 Rn. 23; Schricker/Loewenheim/*Loewenheim*, § 17 Rn. 8.

300 Dreier/Schulze/*Schulze*, § 17 Rn. 4a; wohl auch Wandtke/Bullinger/*Heerma*, § 17 Rn. 6 ff.

301 Dreier/Schulze/*Schulze*, § 17 Rn. 4a.

302 Vgl. BGH, GRUR 2009, 840, 841 – Le Corbusier-Möbel II.

303 MüKo-StGB/*Heinrich*, § 106 UrhG Rn. 51.

Urhebers. Insofern gehe das europäische Recht von einer Verbreitung im engeren Sinne aus. Der deutsche Gesetzgeber habe sich hingegen in § 17 UrhG für den Begriff der Verbreitung im weiteren Sinne entschieden. Dieser umfasse das Vermieten und Verleihen sowie das öffentliche Anbieten. Da der deutsche Verbreitungsbegriff nicht über das Schutzniveau des europäischen Verbreitungsbegriffs hinausgehe, sei die Auslegung des Verbreitungsbegriffes in § 17 UrhG nicht europarechtswidrig.

Der letzteren Ansicht ist zuzustimmen, soweit es das Vermieten und Verleihen betrifft. Denn Art. 1 Abs. 1 der EG-Richtlinie 2006/115/EG[304] sieht vor, dass der Urheber ein ausschließliches Recht hat, die Vermietung und das Verleihen von Originalen und Vervielfältigungsstücken urheberrechtlich geschützter Werke zu erlauben oder zu verbieten. Insofern besteht eine Parallele zum Verbreitungsrecht in Art. 4 Abs. 1 der Richtlinie 2001/100/EG. Damit begreift auch das europäische Recht die Vermietung und den Verleih als ausschließliche Verwertungsrechte des Urhebers. Bezüglich der Vermietung und des Verleihs besteht daher ein vergleichbares Schutzniveau zwischen dem deutschen und dem europäischen Recht. Da es eine inhaltliche Übereinstimmung gibt, sind die begrifflichen Unterschiede unschädlich, sodass die Erfassung des Vermietens und des Verleihens durch § 17 UrhG auch nach der oben genannten EuGH-Entscheidung europarechtskonform ist. Aufgrund der vorliegenden Europarechtskonformität erfasst die Tathandlung des Verbreitens nach § 106 Abs. 1 UrhG folglich auch das Vermieten und Verleihen.

Hinsichtlich der Handlungsvariante des öffentlichen Anbietens ist es jedoch fraglich, ob eine Vergleichbarkeit des Schutzniveaus vorliegt. Das öffentliche Anbieten ist im deutschen Recht eine Vorbereitungshandlung bezüglich des Inverkehrbringens und stellt eine eigenständige Verbreitungshandlung im Rahmen des § 17 Abs. 1 UrhG dar.[305] Allerdings werden das Anbieten oder ähnliche Vorbereitungshandlungen in Art. 4 der Info-RL, der das europäische Verbreitungsrecht regelt, nicht ausdrücklich erwähnt.[306] Der BGH sah jedoch bisher die Berechtigung für die Erfassung der Vorbereitungshandlung des Anbietens in dem rigorosen und wirksamen Schutz der Verwertungsinteressen des Urhebers i. V. m. den Erwägungsgründen 4, 9 und 11 der Info-RL.[307] Bei der Beurteilung des europäischen Schutzniveaus sollte allerdings die Auslegung des EuGH vorrangig berücksichtigt werden. In seiner Entscheidung zum europäischen Verbreitungsbegriff musste der EuGH zwar keine konkreten Ausführungen zu der Vorbereitungshandlung

304 ABl. EG v. 27.12.2006 Nr. L 376, S. 28.

305 BGH, GRUR 2007, 871, 873 – Wagenfeld-Leuchte.

306 Vgl. auch BGH, GRUR 2007, 871, 874 – Wagenfeld-Leuchte.

307 BGH, GRUR 2007, 871, 874 – Wagenfeld-Leuchte.

des Anbietens zum Verkauf machen, jedoch erinnerte er an die Grundsätze der Auslegung des Gemeinschaftsrechts.[308] So seien „Bestimmungen des Gemeinschaftsrechts nach Möglichkeit im Licht des Völkerrechts auszulegen, insbesondere wenn mit ihnen ein von der Gemeinschaft geschlossener völkerrechtlicher Vertrag durchgeführt werden soll". Konkret für den Verbreitungsbegriff nennt der EuGH den Erwägungsgrund 15, der auf die Verpflichtungen der Gemeinschaft aus dem WCT-Vertrag und dem WPPT-Vertrag aufmerksam macht.[309] Bezüglich der Auslegung des Verbreitungsbegriffs zieht der EuGH dabei den Art. 6 Abs. 1 des WIPO-Urheberrechtsvertrags[310] (WCT-Vertrag) heran. Danach ist die Verbreitung das ausschließliche Recht zu erlauben, dass das Original und Vervielfältigungsstücke von Werken durch Verkauf oder sonstige Eigentumsübertragung der Öffentlichkeit zugänglich gemacht werden. Bei dieser Definition liegt der Schwerpunkt der Verbreitungshandlung also ebenfalls auf dem Verkauf bzw. in der Eigentumsübertragung. Somit sind keine Hinweise ersichtlich, dass Vorbereitungshandlungen oder das Anbieten zur Eigentumsübertragung auch erfasst werden. Da sowohl die Info-RL, inklusive der Erwägungsgründe, als auch der durch den EuGH zur Auslegung herangezogene WTC-Vertrag keine konkreten Hinweise auf einen Schutz gegen Vorbereitungshandlungen wie das Anbieten erhält, ist davon auszugehen, dass das europäische Schutzniveau keine Vorbereitungshandlungen erfasst. Die deutsche Variante der Verbreitung durch öffentliches Anbieten entspricht daher nicht dem europäischen Schutzniveau. Diese Erweiterung des deutschen Schutzniveaus widerspricht jedoch dem angestrebten Gedanken der europäischen Harmonisierung des Verbreitungsrechts. Vor allem ist dabei auch zu berücksichtigen, dass der BGH in seiner Entscheidung[311] zwar über das Problem des öffentlichen Anbietens entscheiden musste, jedoch ausdrücklich davon ausging, dass das europäische Schutzniveau für das deutsche Recht als Maximalschutz verbindlich ist. Folglich ist die Handlungsvariante des öffentlichen Anbietens als europarechtswidrig anzusehen.[312] Unter Berücksichtigung dieser Europarechtswidrigkeit kann das öffentliche Anbieten nicht mehr als Tathandlung des Verbreitens qualifiziert werden, da sonst ein Verstoß gegen das strafrechtliche Analogieverbot vorliegen würde. Insoweit kann auch der erstgenannten Ansicht teilweise zugestimmt werden. Somit stellt die Vorbe-

---

[308] EuGH, GRUR 2008, 604, 605 – Peek & Cloppenburg KG/Cassina SpA, Le Corbusier-Möbel.

[309] EuGH, GRUR 2008, 604, 605 – Peek & Cloppenburg KG/Cassina SpA, Le Corbusier-Möbel.

[310] BGBl. 2011 II, S. 856.

[311] BGH, GRUR 2009, 840, 841 – Le Corbusier-Möbel II.

[312] So auch BeckOK-UrhG/*Sternberg-Lieben*, § 106 Rn. 27; Wandtke/Bullinger/*Hildebrandt/Reinbacher*, § 106 Rn. 18.

reitungshandlung des Anbietens, also jede Aufforderung zum Eigentums- oder Besitzerwerb an zumindest eine einzelne Person[313], keine strafrechtliche Verbreitungshandlung i. S. v. § 106 Abs. 1 UrhG dar.

Im Schulbereich stellt somit das Anbieten von umgestalteten Werken oder von selbst hergestellten Sammelwerken keine Verbreitungshandlung dar. Hat also ein Lehrer Abituraufgaben anderer Bundesländer aus den letzten Jahren inhaltlich angepasst oder erweitert und bietet dann Kopien davon mündlich oder im schulinternen Netz oder auf der Homepage der Schule als Übungsaufgaben für alle Abiturienten der Schule gegen eine kleine Schutzgebühr an, so ist dieses Anbieten noch keine Verbreitung der urheberrechtlich geschützten ursprünglichen Abituraufgaben, die trotz der Bearbeitung oder Umgestaltung des Lehrers noch in jeder einzelnen angefertigten Kopie der Bearbeitung oder Umgestaltung enthalten sind. Ähnliches gilt, wenn ein Lehrer für seine Literaturprojektgruppe verschiedene urheberrechtlich geschützte Gedichte in einem Hefter zusammenstellt und den Projektteilnehmern anbietet, ihnen bei Vertiefungsbedarf den Hefter zu kopieren und schenkweise zu überlassen. Auch dieses Angebot der Schenkung der Gedichte, die in jeder einzelnen Kopie des Hefters abgedruckt sind, ist nach dem Gesagten keine Verbreitungshandlung.

Unabhängig vom Verständnis des Verbreitungsbegriffs liegt bereits kein Anbieten vor, wenn ein Lehrer zum Anfang oder während des Schuljahres seinen Schülern den Erwerb von bestimmten Lehrbüchern oder sonstiger Literatur vorschlägt, die für eine erfolgreiche Teilnahme am Unterricht notwendig sind. Beim Vorschlag des Lehrers handelt es sich nämlich nicht um eine Aufforderung, Werkstücke von ihm zu erwerben. Vielmehr spricht er gegenüber seinen Schülern lediglich eine allgemeine Empfehlung aus, sich bestimmte Werke bei Dritten zu beschaffen. Insofern ist dieses Empfehlen kein Anbieten, da der Lehrer im Grunde weder Werkstücke zur Verfügung hat noch Werkstücke zur Verfügung haben wird, die er den Schülern anbieten kann.

b) Das Inverkehrbringen

Neben dem öffentlichen Anbieten nennt § 17 Abs. 1 UrhG die Verbreitungshandlung des Inverkehrbringens. Es handelt sich dabei um Handlungen, durch die Werkstücke aus der internen Betriebssphäre der Öffentlichkeit zugeführt werden.[314] Erfasst sind vor allem Eigentumsübertragungen wie

313 OLG Düsseldorf, GRUR 1983, 760, 761 – Standeinrichtung oder Ausstellung.

314 BGH, GRUR 2007, 691, 692 – Staatsgeschenk; BGH, GRUR 2007, 50 – Le Corbusier-Möbel; Schricker/Loewenheim/*Loewenheim*, § 17 Rn. 14 m. w. N.

Veräußern, Schenken, Tauschen und Verteilen.[315] Für ein Inverkehrbringen genügt es, dass ein einzelnes Exemplar der Öffentlichkeit zugeführt wird.[316] Ebenso ausreichend ist es, dass die Weitergabe des Werkstücks an nur eine einzelne Person erfolgt.[317] Im Schulalltag liegt eine Eigentumsübertragung beispielsweise vor, wenn ein Lehrer Werke Dritter bearbeitet oder als Sammelwerk zusammenstellt und anschließend Vervielfältigungsstücke davon an Schüler gegen ein kleines Entgelt veräußert oder unentgeltlich weitergibt. Ferner ist ein Inverkehrbringen durch Übertragen des Eigentums insbesondere dann gegeben, wenn ein Lehrer Werke Dritter vielfach kopiert und diese Vervielfältigungsstücke dann schenkweise an Schüler verteilt. Dies gilt allerdings nur für Lehrer und Schüler, die nicht durch persönliche Beziehung i. S. v. § 15 Abs. 3 Satz 2 UrhG verbunden sind, da sonst kein „öffentliches" Inverkehrbringen vorliegt.[318]

Zu beachten ist jedoch, dass das Inverkehrbringen zulässig ist, wenn das Verbreitungsrecht des Urhebers nach § 17 Abs. 2 UrhG erschöpft ist. Kauft ein Lehrer z. B. Bücher in einer Buchhandlung und verkauft diese an Schüler, so ist diese Weiterveräußerung zulässig, da das Verbreitungsrecht des Urhebers durch den Kauf des Lehrers bereits erschöpft ist.[319] Die Erschöpfung nach § 17 Abs. 2 UrhG greift aber dann nicht, wenn der Lehrer das gekaufte Buch kopiert und diese Kopien des Buches verkauft oder verschenkt. Denn hierbei handelt es sich um Vervielfältigungsstücke des Buches, die ohne Zustimmung des Urhebers in Verkehr gebracht werden.

Aufgrund der obigen Ausführungen zur Europarechtskonformität des deutschen Verbreitungsbegriffs erfasst das Inverkehrbringen ebenso bloße Besitzüberlassungen. Damit fallen auch lediglich vorübergehende Besitzüberlassungen wie die Vermietung oder die Leihe unter § 17 Abs. 1 UrhG.[320] Im Schulbereich kommen diese Formen der Überlassung des Besitzes insbesondere dann in Betracht, wenn die Schule den Schülern Lernmittel, wie z. B. Schulbücher zur Verfügung stellt. Dabei können diese Besitzüberlassungen durch die Schule unentgeltlich, aber auch entgeltlich erfolgen. In

---

[315] Vgl. auch Dreier/Schulze/*Schulze*, § 17 Rn. 15; Fromm/Nordemann/*Dustmann*, § 16 Rn. 18.

[316] BGH, GRUR 2004, 421, 424 – Tonträgerpiraterie durch CD-Export; BGH, GRUR 1991, 316, 317 – Einzelangebot; BGH, GRUR 1980, 227, 230 – Monumenta Germaniae Historica; Fromm/Nordemann/*Dustmann*, § 16 Rn. 18; MüKo-StGB/*Heinrich*, § 106 UrhG Rn. 66.

[317] Wandtke/Bullinger/*Heerma*, § 17 Rn. 19.

[318] Vgl. unten B. I. 3. c).

[319] Bei § 17 Abs. 2 UrhG handelt es sich dogmatisch allerdings um einen gesetzlich zugelassenen Fall des § 106 Abs. 1 UrhG, vgl. unten B. I. 5.

[320] So auch Dreier/Schulze/*Schulze*, § 17 Rn. 15; MüKo-StGB/*Heinrich*, § 106 UrhG Rn. 64.

jedem Falle bleiben diese Lernmittel aber Eigentum der Schule und müssen daher von den Schülern wieder zurückgegeben werden.[321] Werden Lernmittel unentgeltlich überlassen, so liegt urheberrechtlich keine Vermietung, sondern ein Verleih vor. Bei der entgeltlichen Überlassung muss indessen genauer differenziert werden. Grundsätzlich stellt das entgeltliche Überlassen eine Vermietung i. S. v. § 17 Abs. 3 UrhG dar. Dies ist jedoch nicht zwingend, da der Begriff der Vermietung nach § 17 Abs. 3 Satz 1 UrhG einen zumindest mittelbaren Erwerbszweck voraussetzt. Demzufolge kann auch ein Verleih entgeltlich sein, solange das Entgelt nur die aufgewendeten Kosten decken soll und nicht der Gewinnerzielung dient. Eine entgeltliche Überlassung kann daher sowohl eine Vermietung als auch ein Verleih sein. Dabei kommt es darauf an, dass die Vermietung einem unmittelbaren oder mittelbaren Erwerbszweck dienen muss, wohingegen ein solcher Erwerbszweck beim Verleih gerade nicht gegeben sein darf. Relevanz hat diese Unterscheidung insofern, dass gemäß § 17 Abs. 2 UrhG die Vermietung i. S. v. § 17 Abs. 3 UrhG nicht vom Erschöpfungsgrundsatz gedeckt ist, wohingegen der Verleih gemäß § 27 Abs. 2 Satz 1 UrhG unter dem Erschöpfungsgrundsatz fällt.

Bei der vorliegenden entgeltlichen Lernmittelüberlassung handelt es sich um eine zeitlich begrenzte Besitzüberlassung, da die Schüler die überlassenen Werke wieder zurückgeben müssen.[322] Entscheidend für die Abgrenzung zwischen Vermietung und Verleih ist daher der Erwerbszweck der Lernmittelüberlassung.[323] Dabei kommt es darauf an, ob die Lernmittelverordnung des jeweiligen Bundeslands eine Lernmittelfreiheit vorsieht oder nicht.[324] Lernmittelfreiheit bedeutet hier, dass der Landesgesetzgeber in dem jeweiligen Bundesland von einer Unentgeltlichkeit der Überlassung von Lernmitteln ausgeht. Wird in diesen Bundesländern trotzdem ein Entgelt für die Überlassung der Lernmittel erhoben, so erspart sich das Land öffentliche Ausgaben.[325] In diesen Fällen dient die Erhebung des Entgelts gegen Lernmittelüberlassung mittelbar dem Erwerbszweck und begründet somit eine urheberrechtliche Vermietung.[326] Hingegen handelt es sich um eine Leihe, wenn in dem jeweiligen Bundesland keine Lernmittelfreiheit gilt und durch die Erhebung des Überlassungsentgelts weder ein Gewinn erwirtschaftet

---

321 Vgl. beispielsweise § 4 der LernmittelVO des Landes Berlin.

322 Vgl. auch *Ermer*, ZUM 2005, 356, 357.

323 Siehe *Berger*, ZUM 2005, 19, 21 f.; *Ermer*, ZUM 2005, 356, 357 f.

324 Zur Lernmittelfreiheit in den einzelnen Bundesländern vgl. die Darstellung unter „https://www.gew.de/privatisierung-lobbyismus/lernmittelfreiheit/situation-in-den-bundeslaendern/" (zuletzt abgerufen am 26.04.2016); vgl. auch *Berger*, ZUM 2005, 19 Fn. 1.

325 Wandtke/Bullinger/*Heerma*, § 17 Rn. 42.

326 *Berger*, ZUM 2005, 19, 21; Wandtke/Bullinger/*Heerma*, § 17 Rn. 42.

wird, noch die ansonsten anfallenden Kosten für die Beschaffung von Lernmitteln erspart werden sollen.[327]

Ferner ist eine vorübergehende Besitzüberlassung in Betracht zu ziehen, wenn ein Lehrer z. B. eine nahezu originalgetreue Farbkopie eines Lichtbildwerkes in seiner Kunstprojektgruppe zur Veranschaulichung zirkulieren lässt. Zweifelhaft ist es in diesen Fällen, ob es sich überhaupt um eine Besitzüberlassung des Vervielfältigungsstückes an jeden einzelnen Projektteilnehmer handelt. Denn von einer Besitzüberlassung kann nur dann gesprochen werden, wenn die tatsächliche Verfügungsgewalt über das Werkstück übergeht.[328] Das Werkstück muss also derart aus dem Gewahrsam des Besitzinhabers entlassen werden, dass der Besitzerwerbende die völlige Herrschaft über die Sache inne hat und mit ihr beliebig verfahren kann.[329] Eine Überlassung liegt jedoch nicht vor, wenn der bisherige Besitzinhaber die Kontrolle über den Verbleib des Werkstücks erkennbar nicht aus der Hand geben möchte.[330] Bei Anwendung dieser Grundsätze ist im vorliegenden Fall nicht von einer Besitzüberlassung auszugehen. Denn zum einen hat der einzelne Schüler aufgrund der kurzen Zeit während der Zirkulation wohl kaum die ausreichende Verfügungsgewalt über die Kopie des Lichtbildwerkes, um mit ihr nach Belieben verfahren zu können. In der Regel hat der Einzelne nur die Möglichkeit, das Vervielfältigungsstück kurz in den Händen zu halten, um sich einen ersten Eindruck zu verschaffen. Das ausführliche Beobachten oder Analysieren der Werkkopie, also das eigentliche „Arbeiten" mit dem Vervielfältigungsstück, bleibt den Schülern hierbei jedoch verwehrt. Zum anderen möchte der Lehrer auch während der Zirkulation die Kontrolle über den Verbleib der Kopie des Werkes behalten, da er die Kopie nach der Zirkulation auch wieder einsammeln will.

c) Das Merkmal der Öffentlichkeit in § 17 Abs. 1 UrhG

Gemäß § 17 Abs. 1 UrhG ist das Verbreitungsrecht das Recht, ein Werkstück „der Öffentlichkeit" anzubieten oder in Verkehr zu bringen. Hieraus ergibt sich bereits unmittelbar, dass die Handlungsalternative des Anbietens öffentlich erfolgen muss. Nach allgemeiner Ansicht ist es aber auch für die Handlungsalternative des Inverkehrbringens erforderlich, dass eine Weitergabe von Werkstücken nicht bloß im privaten Bekanntenkreis, sondern ge-

---

[327] *Ermer*, ZUM 2005, 356, 358; Wandtke/Bullinger/*Heerma*, § 17 Rn. 42.

[328] Fromm/Nordemann/*Dustmann*, § 16 Rn. 19.

[329] MüKo-StGB/*Heinrich*, § 106 UrhG Rn. 64; Schricker/Loewenheim/*Haß*, § 106 Rn. 18; *Weber*, S. 211.

[330] OLG Karlsruhe, GRUR 1979, 771, 772 – Remission; Dreier/Schulze/*Schulze*, § 17 Rn. 15.

genüber der Öffentlichkeit erfolgt.[331] Denn zum einen liegt der Zweck des Merkmals der Öffentlichkeit in § 17 Abs. 1 UrhG darin, die Verbreitung von lediglich privaten Weitergaben abzugrenzen.[332] Zum anderen muss auch das spätere Inverkehrbringen öffentlich erfolgen, wenn bereits die bloße Vorbereitungshandlung des Anbietens öffentlich erfolgen muss.[333] Außerdem ist es nicht notwendig, auch die Weitergabe von Werkstücken innerhalb der Privatsphäre unter die Ausschließlichkeitsrechte des Urhebers zu fassen, da erst konkrete Weitergaben aus der Privatsphäre heraus die Interessen des Urhebers oder Nutzungsberechtigten ernsthaft berühren.[334] In diesem Zusammenhang bedeutet öffentlich, dass die Verbreitung entsprechend § 15 Abs. 3 Satz 2 UrhG nicht gegenüber einer Person vorgenommen wird, mit der der Verwerter durch eine persönliche Beziehung verbunden ist.[335] Insofern kann an dieser Stelle auf die Ausführungen zum qualitativen Element des Merkmals der Öffentlichkeit bei der Wiedergabe gemäß § 15 Abs. 3 Satz 2 UrhG verwiesen werden.[336]

4. Die Tathandlung der öffentlichen Wiedergabe

Neben der Vervielfältigung und der Verbreitung nennt § 106 Abs. 1 UrhG als dritte Tathandlungsalternative die öffentliche Wiedergabe. Nach allgemeiner Ansicht gelten auch für diese Tathandlung die zivilrechtlichen Begrifflichkeiten gemäß § 15 Abs. 2 und 3 UrhG.[337] Wie die beiden anderen Verwertungsformen ist auch die öffentliche Wiedergabe ein ausschließliches Recht des Urhebers im Rahmen von § 15 UrhG. Im Gegensatz zu der Verbreitung und der Vervielfältigung handelt es sich hierbei jedoch um ein unkörperliches Verwertungsrecht des Urhebers. Diese Art der Verwertung wird dadurch gekennzeichnet, dass das Werk anderen Menschen wahrnehmbar gemacht oder zur Verfügung gestellt wird, ohne dass es auf eine kör-

---

[331] BGHZ 113, 159, 161 – Einzelangebot; BGH, GRUR 2007, 691, 692 – Staatsgeschenk; BGH, GRUR 1985, 129, 130 – Elektrodenfabrik; Dreier/Schulze/*Schulze*, § 17 Rn. 15; Fromm/Nordemann/*Dustmann*, § 16 Rn. 18; MüKo-StGB/*Heinrich*, § 106 UrhG Rn. 65; Schricker/Loewenheim/*Loewenheim*, § 17 Rn. 16; Wandtke/Bullinger/*Heerma*, § 17 Rn. 19.

[332] BGHZ 113, 159, 161 – Einzelangebot.

[333] MüKo-StGB/*Heinrich*, § 106 UrhG Rn. 65.

[334] MüKo-StGB/*Heinrich*, § 106 UrhG Rn. 65.

[335] BGH, GRUR 2007, 691, 692 – Staatsgeschenk; Schricker/Loewenheim/*Loewenheim*, § 17 Rn. 16, 12.

[336] Vgl. unten B. I. 4. a) bb).

[337] Erbs/Kohlhaas/*Kaiser*, § 106 UrhG Rn. 19; Loewenheim/*Flechsig*, § 90 Rn. 23; MüKo-StGB/*Heinrich*, § 106 UrhG Rn. 69, 71; Schricker/Loewenheim/*Haß*, § 106 Rn. 21; Wandtke/Bullinger/*Hildebrandt*/*Reinbacher*, § 106 Rn. 20; *Weber*, S. 217, 285.

perliche Festlegung des Werks ankommt.[338] Da die Wiedergabe die Öffentlichkeit nicht tatsächlich erreichen muss, ist die Tathandlung der öffentlichen Wiedergabe strafrechtlich ein Tätigkeitsdelikt, wohingegen die Vervielfältigung oder Verbreitung Erfolgsdelikte darstellen.[339] Als Unterformen der öffentlichen Wiedergabe nennt § 15 Abs. 2 UrhG ausdrücklich das Vortrags-, Aufführungs- und Vorführungsrecht gemäß § 19 UrhG, das Recht der öffentlichen Zugänglichmachung gemäß § 19a UrhG, das Senderecht gemäß § 20 UrhG, das Recht der Wiedergabe durch Ton- und Bildträger gemäß § 21 UrhG und das Recht der Wiedergabe von Funksendungen gemäß § 22 UrhG. Aus dem Wort „insbesondere" in Satz 2 geht hervor, dass diese Auflistung keinen abschließenden Charakter besitzt. Somit erfasst das Recht der öffentlichen Wiedergabe grundsätzlich auch neue Nutzungsarten. Ein Verstoß gegen das strafrechtliche Analogieverbot nach § 1 StGB i.V.m. Art. 103 Abs. 2 GG liegt jedoch dadurch nicht vor, da der Gesetzestext in § 15 Abs. 2 Satz 2 UrhG gerade offen formuliert ist.[340] Auch ein Verstoß gegen das verfassungsrechtliche Bestimmtheitsgebot nach § 1 StGB i.V.m. Art. 103 Abs. 2 GG ist nicht gegeben, da der Gesetzestext des § 106 Abs. 1 UrhG i.V.m. § 15 Abs. 2 UrhG noch so deutlich formuliert ist, dass eigenmächtige Entscheidungen ausgeschlossen sind.[341] Eine gesetzliche Bestimmung, wann eine Wiedergabe öffentlich ist, befindet sich in § 15 Abs. 3 UrhG.

Bevor die einzelnen Verwertungsrechte der öffentlichen Wiedergabe nach §§ 19 ff. UrhG dargestellt werden, ist nachfolgend zuerst das grundlegende Merkmal der Öffentlichkeit einer Wiedergabe, das bei allen Tathandlungsformen der öffentlichen Wiedergabe vorliegen muss, zu beleuchten. Schwerpunkt der Darstellung ist hierbei die Abgrenzung zwischen öffentlichen und nichtöffentlichen Wiedergaben in schultypischen Fallkonstellationen.

---

338 Schricker/Loewenheim/*v. Ungern-Sternberg*, § 15 Rn. 46; Wandtke/Bullinger/*Heerma*, § 15 Rn. 13.

339 Dreier/Schulze/*Dreier*, § 106 Rn. 5; Wandtke/Bullinger/*Hildebrandt*/*Reinbacher*, § 106 Rn. 20.

340 *Abdallah*/*Gercke*, ZUM 2005, 368, 369; *Dietrich*, NJW 2006, 809, 810; *Heinrich*, Standardsoftware, S. 247; MüKo-StGB/*Heinrich*, § 106 UrhG Rn. 70; Schmid/Wirth/Seifert/*Schmid*/*Wirth*, § 106 Rn. 3; Schricker/Loewenheim/*Haß*, § 106 Rn. 21; Wandtke/Bullinger/*Hildebrandt*/*Reinbacher*, § 106 Rn. 20; a.A. *Heghmanns*, MMR 2004, 14, 15. Hierzu siehe auch oben B. I. 1. c) hh).

341 *Hildebrandt*, S. 122; Schricker/Loewenheim/*Haß*, § 106 Rn. 21; so auch im Ergebnis *Heinrich*, Standardsoftware, S. 247; *Weber*, S. 194, 224 f.

a) Das Merkmal der Öffentlichkeit bei der Wiedergabe gemäß § 15 Abs. 3 UrhG

Alle Formen der Wiedergabe des Werkes gemäß §§ 15 Abs. 2, 19 ff. UrhG stellen nur dann ausschließliche Verwertungsrechte des Urhebers dar, soweit sie gegenüber der Öffentlichkeit erfolgen. Demzufolge ist es von großer Bedeutung, ob eine Wiedergabe öffentlich oder nichtöffentlich ist, da nichtöffentliche Wiedergaben von Werken insoweit frei vorgenommen werden können. Bei dieser Abgrenzung ist § 15 Abs. 3 UrhG heranzuziehen. In § 15 Abs. 3 Satz 1 UrhG wird das Merkmal „öffentlich" legal definiert. Danach ist die Wiedergabe öffentlich, wenn sie für eine Mehrzahl von Mitgliedern der Öffentlichkeit bestimmt ist. Was unter Öffentlichkeit zu verstehen ist, wird dann in § 15 Abs. 3 Satz 2 UrhG näher bestimmt. Folglich setzt die öffentliche Wiedergabe sowohl ein quantitatives als auch ein qualitatives Element voraus,[342] d. h. die öffentliche Wiedergabe muss zum einen gemäß § 15 Abs. 3 Satz 1 UrhG für eine Mehrzahl von Personen bestimmt sein und zum anderen müssen diese Personen der Öffentlichkeit i. S. v. § 15 Abs. 3 Satz 2 UrhG angehören.

Die heutige Fassung des § 15 Abs. 3 UrhG wurde erst durch das Gesetz zur Regelung des Urheberrechts in der Informationsgesellschaft vom 10.9.2003[343] im Rahmen der Umsetzung der Richtlinie 2001/29/EG zur Informationsgesellschaft in das Urheberrechtsgesetz aufgenommen. Nach der alten Fassung des § 15 Abs. 3 UrhG war „die Wiedergabe eines Werkes öffentlich, wenn sie für eine Mehrzahl von Personen bestimmt ist, es sei denn, dass der Kreis dieser Personen bestimmt abgegrenzt ist und sie durch gegenseitige Beziehungen oder durch Beziehung zum Veranstalter persönlich untereinander verbunden sind". Im Vergleich zu der alten enthält die neue Fassung somit nur geringfügige Abänderungen. Mit diesen kleinen Erneuerungen wollte der Gesetzgeber lediglich den Wortlaut präzisieren, wobei der Inhalt der Vorschrift unverändert bleiben sollte.[344] Somit kann die Rechtsprechung zu § 15 Abs. 3 UrhG a. F. auch zur Auslegung des geltenden § 15 Abs. 3 UrhG herangezogen werden.[345]

aa) Das quantitative Element

Zunächst ist es erforderlich, dass die Wiedergabe für eine Mehrzahl von Personen bestimmt ist. Für die „Mehrzahl" ist es bereits ausreichend, wenn

342 Vgl. Dreier/Schulze/*Dreier*, § 15 Rn. 39; *Sattler*, S. 85.

343 BGBl. I, S. 1774.

344 BT-Drucks. 15/38, S. 17.

345 Vgl. Dreier/Schulze/*Dreier*, § 15 Rn. 37.

nur wenige Personen Adressaten der Wiedergabe sind.[346] Ausgehend vom Wortlaut, der keine bestimmte Mehrzahl von Personen fordert, ist davon auszugehen, dass es für eine „Mehrzahl von Personen" genügt, wenn sich die Wiedergabe lediglich an 2 Personen richtet.[347]

Weiterhin ist es entscheidend, dass die Wiedergabe für eine Mehrzahl von Personen „bestimmt" ist. Mit dem Merkmal des „Bestimmtseins" stellt das Gesetz klar, dass es nicht darauf ankommt, welche Personen tatsächlich durch die Wiedergabe in den Werkgenuss kommen, sondern es ist auf den Adressatenkreis abzustellen, den der Verwerter mit seiner Wiedergabe bedienen wollte.[348] Veranstaltet daher ein Klassenlehrer ein Klassenfest für seine Klasse, so umfasst der Adressatenkreis dieser Veranstaltung alle Schüler der Klasse, auch wenn vereinzelte Schüler aus den Parallelklassen unbemerkt an dem Fest teilnehmen. Bei der Beurteilung, welche Personen der Verwerter erreichen wollte, sind objektive Kriterien anzulegen.[349] Der Wille des Verwerters wird also verobjektiviert ermittelt, sodass nachträgliche subjektive Behauptungen des Verwerters nur eine untergeordnete Rolle spielen. So kann sich ein Lehrer, der einen urheberrechtlich geschützten Aufsatz eines Dritten für jeden Schüler der Schule zugänglich auf dem schulinternen Datenserver bereitstellt, nicht darauf berufen, dass er den Aufsatz nur für die Schüler seines Deutschkurses zur Verfügung stellen möchte. Ist der Zugriff auf den Aufsatz allerdings durch den Lehrer passwortgeschützt und gibt er dieses Passwort nur an die Schüler seines Deutschkurses weiter, so ist es auch bei verobjektiviert Betrachtung davon auszugehen, dass der Lehrer lediglich den Schülern seines Deutschkurses den Zugang zum Aufsatz verschaffen möchte.

Ferner wurde vor der Einführung des § 19 a UrhG im Jahre 2003 diskutiert, ob die Werkwiedergabe auch die Mehrzahl von Personen gleichzeitig erreichen muss.[350] Nach der Aufnahme des § 19a UrhG als Unterfall einer öffentlichen Wiedergabe in § 15 Abs. 2 Nr. 2 UrhG hat sich dieser Streit erledigt. Denn das Wesen der öffentlichen Zugänglichmachung liegt gerade

---

[346] BGH, GRUR 2009, 845, 848 – Internet-Videorecorder; Schricker/Loewenheim/*v. Ungern-Sternberg*, § 15 Rn. 67.

[347] Vgl. Dreier/Schulze/*Dreier*, § 15 Rn. 40; Loewenheim/*Hoeren*, § 21 Rn. 10; *Sattler*, S. 85; *Suttorp*, S. 68; Wandtke/Bullinger/*Heerma*, § 15 Rn. 20; offen gelassen jedoch in BGH, GRUR 1996, 875, 876 – Zweibettzimmer im Krankenhaus.

[348] So Amtsgericht Konstanz, GRUR-RR 2007, 384 f.; Fromm/Nordemann/*Dustmann*, § 15 Rn. 32; Loewenheim/*Hoeren*, § 21 Rn. 11; Schricker/Loewenheim/*v. Ungern-Sternberg*, § 15 Rn. 68; *Sattler*, S. 87; *Suttorp*, S. 68 f.

[349] LG Frankfurt/Main, GRUR-RR 2005, 180; Dreier/Schulze/*Dreier*, § 15 Rn. 46; *Sattler*, S. 87; Wandtke/Bullinger/*Heerma*, § 15 Rn. 20.

[350] Dies bejahend BGHZ 113, 159, 161 – Einzelangebot; OLG München, ZUM 1998, 413, 415; *Hoeren*, CR 1996, 517, 518.

darin, dass Mitglieder der Öffentlichkeit unabhängig von dem Ort und von der Zeit auf das Werk zugreifen können. Bei einer solchen zeitversetzten Wahrnehmung von öffentlich zugänglich gemachten Werken durch die Adressaten handelt es sich gerade nicht um ein gleichzeitiges Wahrnehmen des Werkes. Mit der Einordnung der öffentlichen Zugänglichmachung als Recht der öffentlichen Wiedergabe geht der Gesetzgeber somit grundsätzlich davon aus, dass öffentliche Werkwiedergaben nicht gleichzeitig von den Adressaten wahrgenommen werden müssen. Daher ist es für öffentliche Wiedergaben nicht erforderlich, dass das Werk von den Adressaten gleichzeitig wahrgenommen wird.[351] Abhängig von der Art der Wiedergabe kann das Werk daher sowohl gleichzeitig als auch sukzessive wahrgenommen werden.[352] Ähnlich verhält es sich auch bei der Frage, ob die Adressaten der Wiedergabe sich an einem räumlich abgegrenzten Ort versammeln müssen. Hier spricht ebenfalls die Existenz des neu eingefügten § 19a UrhG gegen eine solche Annahme, da das Recht der öffentlichen Zugänglichmachung gerade nicht von einer gleichzeitigen Anwesenheit der Werkadressaten bei der Wahrnehmung des Werkes ausgeht. Eine gemeinsame Anwesenheit der Adressaten der Wiedergabe in einem Raum ist demzufolge bei der öffentlichen Werkwiedergabe grundsätzlich nicht erforderlich.[353] Die Adressaten können also je nach Art der Wiedergabe das Werk ortsgebunden oder auch an verschiedenen Orten wahrnehmen. Insofern kann eine öffentliche Wiedergabe in der Schule vorliegen, wenn Lehrer auf einer Schulveranstaltung Musikwerke von einer CD vorspielen, sodass diese Musikwerke von den anwesenden Schülern gleichzeitig wahrgenommen werden können. Eine öffentliche Wiedergabe in der Schule ist jedoch genauso in Betracht zu ziehen, wenn ein Lehrer berühmte urheberrechtlich geschützte Musikkompositionen für den Jahrgang der 12. Klasse auf das Intranet der Schule ablegt, damit die Schüler die Möglichkeit haben, sich diese Kompositionen unabhängig von Zeit und Ort anzuhören.

---

351 Siehe auch Dreier/Schulze/*Dreier*, § 15 Rn. 42; MüKo-StGB/*Heinrich*, § 106 UrhG Rn. 72; *Sattler*, S. 86; Schricker/Loewenheim/*v. Ungern-Sternberg*, § 15 Rn. 71; Wandtke/Bullinger/*Heerma*, § 15 Rn. 21.

352 BT-Drucks. 15/38, S. 17. So ist es bei den Wiedergabearten der §§ 19, 21, 22 UrhG naturgemäß notwendig, dass die Wiedergabe des Werkes von den Adressaten gleichzeitig wahrgenommen wird. Hingegen kann das Werk bei der Wiedergabe nach §§ 19a, 20 UrhG auch sukzessive wahrgenommen werden. Vgl. auch *Sattler*, S. 86 f.

353 Vgl. auch Dreier/Schulze/*Dreier*, § 15 Rn. 41; *Sattler*, S. 86 f.; Schricker/Loewenheim/*v. Ungern-Sternberg*, § 15 Rn. 70; Wandtke/Bullinger/*Heerma*, § 15 Rn. 22.

bb) Das qualitative Element

Das Vorliegen einer öffentlichen Wiedergabe setzt weiterhin voraus, dass die Mehrzahl von Personen, an die sich die Wiedergabe richtet, zur Öffentlichkeit gehört. Es ist dabei auf § 15 Abs. 3 Satz 2 UrhG abzustellen. Danach gehört „jeder zur Öffentlichkeit, der nicht mit demjenigen, der das Werk verwertet, oder mit den anderen Personen, denen das Werk in unkörperlicher Form wahrnehmbar oder zugänglich gemacht wird, durch persönliche Beziehungen verbunden ist“. In dieser Vorschrift ist eine negative Bestimmung des Öffentlichkeitsbegriffs, also eine Definition des Begriffs der Nichtöffentlichkeit zu sehen. Der Wortlaut geht von zwei eigenständigen Varianten aus, die das Vorliegen der Nichtöffentlichkeit begründen. Bei der ersten Variante ist eine Wiedergabe dann nichtöffentlich, wenn die Personen, die zum Adressatenkreis der Wiedergabe gehören, mit dem Verwerter des Werkes durch persönliche Beziehung verbunden sind. Nach der zweiten Variante ist eine Wiedergabe dann nichtöffentlich, wenn die Personen, die zum Adressatenkreis der Wiedergabe gehören, mit den anderen Personen, denen das Werk ebenfalls wahrnehmbar oder zugänglich gemacht wird, durch persönliche Beziehung verbunden sind. Im Rahmen des § 15 Abs. 3 Satz 2 UrhG kommt es also entscheidend auf das Merkmal der Verbundenheit durch persönliche Beziehungen an.

Dabei ist dieses entscheidende Merkmal keineswegs hinreichend definiert. Der Gesetzgeber ging in der Gesetzesbegründung zum neuen § 15 Abs. 3 Satz 2 UrhG davon aus, dass „das Merkmal der Verbundenheit durch persönliche Beziehungen der Rechtsanwendung genügend Flexibilität bietet, um angesichts des einerseits gebotenen Urheberrechtsschutzes und angesichts der andererseits berechtigten Interessen in der Informationsgesellschaft zu sachgerechten Ergebnissen zu gelangen“.[354] Des Weiteren sieht auch die traditionelle Rechtsprechung dieses Merkmal im Wesentlichen als Tatfrage.[355] Ob eine Verbundenheit durch persönliche Beziehung gegeben ist, kann deshalb regelmäßig nur bezogen auf den konkreten Einzelfall beurteilt werden.[356] Abgestellt wird dabei sowohl auf die Anzahl der Personen als auch auf die jeweiligen konkreten Umstände und Hintergründe, die eine persönliche Beziehung zwischen den Werkadressaten untereinander oder zwischen den Werkadressaten und dem Verwerter begründen können.[357]

---

[354] BT-Drucks. 15/38, S. 17.

[355] Vgl. nur BGHZ 17, 376, 380 – Betriebsfeier; BGH, GRUR 1961, 97, 99 – Sportheim; BGH, GRUR 1975, 33, 34 – Alterswohnheim; BGH, GRUR 1983, 562, 563 – Zoll- und Finanzschulen.

[356] Loewenheim/*Hoeren*, § 21 Rn. 24.

[357] Vgl. BGH, GRUR 1996, 875, 876 – Zweibettzimmer im Krankenhaus; Dreier/Schulze/*Dreier*, § 15 Rn. 43; Loewenheim/*Hoeren*, § 21 Rn. 24, 25; Schricker/

Hierbei gibt es jedoch keine exakte zahlenmäßige Begrenzung für die Größe des Adressatenkreises, sondern die Anzahl der Personen kann nur als Indiz bei der Gesamtbetrachtung herangezogen werden.[358] Zur Orientierung gilt deshalb, je mehr Personen beteiligt sind, desto eher ist keine persönliche Verbundenheit gegeben und je weniger Personen teilnehmen, sind diese desto eher miteinander persönlich verbunden.[359]

Die Rechtsprechung nimmt persönliche Beziehungen immer dann an, wenn unter den Beteiligten ein enger gegenseitiger Kontakt besteht, der „bei allen das Bewusstsein hervorruft, persönlich verbunden zu sein".[360] Ein solcher engerer persönlicher Kontakt setze voraus, dass es sich um einen überschaubaren Personenkreis handelt, dessen Mitglieder sich persönlich kennen.[361] Nicht erforderlich seien jedoch familiäre oder freundschaftliche Beziehungen unter den Beteiligten.[362] Da auch Werkwiedergaben außerhalb des privaten Kreises nichtöffentlich sein können, sei ein vertrauter persönlicher Kontakt oder ein inneres persönliches Band nicht erforderlich.[363] Nicht ausreichend sei allerdings das bloße Bewusstsein, in einer Gemeinschaft zu leben.[364] Ebenfalls genüge es nicht für eine persönliche Beziehung, wenn eine Personengruppe lediglich weitgehend gleichgerichtete Interessen hat.[365]

Für die Variante der Nichtöffentlichkeit durch persönliche Verbundenheit zu „den anderen Personen" ist es erforderlich, dass alle Personen der Gruppe, für die die Wiedergabe des Werkes bestimmt ist, mit „allen" bzw. „sämtlichen" Personen, denen das Werk in unkörperlicher Form wahrnehmbar oder zugänglich gemacht wird, durch persönliche Beziehung verbunden

---

Loewenheim/v. *Ungern-Sternberg*, § 15 Rn. 75; Wandtke/Bullinger/*Heerma*, § 15 Rn. 25.

358 Dreier/Schulze/*Dreier*, § 15 Rn. 43; Loewenheim/*Hoeren*, § 21 Rn. 24; Schricker/Loewenheim/v. *Ungern-Sternberg*, § 15 Rn. 75.

359 OLG München, ZUM 1986, 482, 483; Dreier/Schulze/*Dreier*, § 15 Rn. 43; Wandtke/Bullinger/*Heerma*, § 15 Rn. 27.

360 BGH, GRUR 1984, 734, 735 – Vollzugsanstalten; BGH, GRUR 1996, 875, 876 – Zweibettzimmer im Krankenhaus; LG Oldenburg, GRUR-RR 2006, 177 – Beachparty im Bullenstall; Amtsgericht Bochum, GRUR-RR 2009, 166, 167 – Türkische Hochzeit.

361 BGH, GRUR 1975, 33, 34 – Alterswohnheim.

362 BGH, GRUR 1996, 875, 876 – Zweibettzimmer im Krankenhaus; BGH, GRUR 1975 33, 34 – Alterswohnheim; OLG München, ZUM 1986, 482, 483; LG Oldenburg, GRUR-RR 2006, 177 – Beachparty im Bullenstall; Amtsgericht Bochum, GRUR-RR 2009, 166, 167 – Türkische Hochzeit.

363 Schricker/Loewenheim/v. *Ungern-Sternberg*, § 15 Rn. 74, 75.

364 BGH, GRUR 1975, 33, 34 – Alterswohnheim; BGH, GRUR 1984, 734, 735 – Vollzugsanstalten.

365 BGH, GRUR 1961, 97, 99 – Sportheim; Schricker/Loewenheim/v. *Ungern-Sternberg*, § 15 Rn. 75.

ist.[366] In der Rechtsprechung wurde ein engerer gegenseitiger Kontakt beispielsweise zwischen allen Bewohnern eines Alterswohnheims[367], zwischen allen 40–50 Teilnehmern von Lehrgängen zur beruflichen Fortbildung[368], zwischen sämtlichen Insassen einer Vollzugsanstalt[369], zwischen sämtlichen Beteiligten einer Privatfeier mit 83 Gästen[370] und zwischen sämtlichen Studenten in einer Hochschulvorlesung[371] verneint. Es ist weiterhin zu beachten, dass bei einigen Veranstaltungen regelmäßig auch Personen anwesend sind, die nicht direkt zu Kreis der eingeladenen Adressaten der Werkwiedergabe gehören. Solche Außenstehende wie Freunde oder Verwandte eines Werkadressaten müssen nicht unmittelbar mit allen Werkadressaten durch persönliche Beziehungen verbunden sein.[372] Deshalb wird eine Veranstaltung nicht nur dadurch öffentlich, dass die Werkadressaten vereinzelt Gäste mitbringen.[373] Allerdings darf sich dadurch nicht der gesamte Charakter der Veranstaltung verändern. Eine größere Veranstaltung bei der die meisten Teilnehmer Außenstehende sind, die den Großteil der anwesenden Personen nicht kennen, wird daher wohl kaum mehr nichtöffentlich sein. Ist jedoch vom Verwerter vorgesehen, dass ein großer Teil der Veranstaltung aus Familie und Freunden besteht, so handelt es sich bei diesen nicht mehr um Außenstehende, sondern die Wiedergabe des Werkes ist gerade auch an diese Personengruppe gerichtet.[374] In diesem Fall richtet sich die Öffentlichkeit des gesamten Teilnehmerkreises nach § 15 Abs. 3 Satz 2 UrhG.

Bei der Variante der Nichtöffentlichkeit durch persönliche Verbundenheit zwischen den Personen, die zum Adressatenkreis der Wiedergabe gehören, und dem Verwerter des Werkes kommt es darauf an, dass die persönliche Verbundenheit zwischen den einzelnen Werkadressaten und dem Werkverwerter stark genug ist, um dadurch eine persönliche Beziehung unter allen anwesenden Personen hervorzurufen.[375] So ist auch eine Hochzeitsfeier mit

---

[366] Vgl. BGH, GRUR 1984, 734, 735 – Vollzugsanstalten; BGH, GRUR 1983, 562, 563 – Zoll- und Finanzschulen; BGH, GRUR 1975, 33 f. – Alterswohnheim; BGH, UFITA 73 (1975), 286, 289 – Postjugend-Wohnheim; *Neumann*, S. 94; so wohl auch *Sattler*, S. 93.

[367] BGH, GRUR 1975, 33, 34 – Alterswohnheim.

[368] BGH, GRUR 1983, 562, 563 – Zoll- und Finanzschulen.

[369] BGH, GRUR 1984, 734, 735 – Vollzugsanstalten.

[370] LG Oldenburg, GRUR-RR 2006, 177 – Beachparty im Bullenstall.

[371] OLG Koblenz, NJW-RR 1987, 699, 700.

[372] *Sattler*, S. 93; Schricker/Loewenheim/*v. Ungern-Sternberg*, § 15 Rn. 76; Wandtke/Bullinger/*Heerma*, § 15 Rn. 26.

[373] *Sattler*, S. 93; Wandtke/Bullinger/*Heerma*, § 15 Rn. 26.

[374] So auch Wandtke/Bullinger/*Heerma*, § 15 Rn. 26.

[375] Vgl. BGH, GRUR 1960, 338, 339 – Tanzstundenabschlussbälle; Loewenheim/*Hoeren*, § 21 Rn. 23; *Suttorp*, S. 71.

ca. 600 Gästen nichtöffentlich, wenn die eingeladenen Gäste „durch ihre jeweilige Beziehung zum Veranstalter bzw. zum Brautpaar persönlich untereinander verbunden sind und durch diese Verbundenheit und die Eigenart der Veranstaltung unter sämtlichen Besuchern das Gefühl erzeugt wird, an diesem Abend einer in sich geschlossenen Gesellschaft anzugehören".[376]

cc) Das Merkmal der Öffentlichkeit im Schulbereich

Ausgehend von den vorangegangenen allgemeinen Ausführungen zum Öffentlichkeitsbegriff wird im Folgenden das Merkmal der Öffentlichkeit speziell für die Schule durchleuchtet. Es ist zu untersuchen, bei welchen einzelnen schultypischen Veranstaltungen, in denen regelmäßig urheberrechtlich geschützte Werke wiedergegeben werden, die Öffentlichkeit gemäß § 15 Abs. 3 Satz 2 UrhG bejaht oder verneint werden kann. Sind Schulveranstaltungen nichtöffentlich, so ist Wiedergabe im Rahmen dieser Veranstaltungen urheberrechtlich zulässig und somit auch urheberstrafrechtlich nicht von Bedeutung. Wie bereits erwähnt, ist hierbei zu beachten, dass die Beurteilung über die Öffentlichkeit oder die Nichtöffentlichkeit in der Regel nur anhand der konkreten Umstände des Einzelfalls erfolgen kann. Dies gilt insgesamt auch für Veranstaltungen im Schulbereich. Deshalb wird bei der nachfolgenden Untersuchung grundsätzlich von schultypischen Situationen nach allgemeiner Lebenserfahrung ausgegangen. Für eine bessere Übersicht wird nachfolgend zwischen schulspezifischen Lehr- und Lernveranstaltungen und sonstigen Schulveranstaltungen differenziert.

(1) Lehrveranstaltungen

Bei der Beurteilung, ob schulspezifische Lehrveranstaltungen öffentlich sind, ist genau zwischen den einzelnen Unterrichtsformen zu differenzieren. Als klassische Lehrveranstaltung in der Schule ist zunächst der Schulunterricht in einer Schulklasse zu nennen. Es ist fraglich, ob dieser urheberrechtlich betrachtet öffentlich ist. Nach allgemeiner Auffassung wird die Schulklasse bzw. der Schulunterricht als nichtöffentlich angesehen.[377] Diese Ansicht beruft sich auf den Rechtsausschuss des Deutschen Bundestages, der

---

376 Vgl. Amtsgericht Bochum, GRUR-RR 2009, 166, 167 – Türkische Hochzeit.

377 LG München I, Beschluss v. 30.03.2004 – 21 O 4799/04; *Bender*, RdJB 1985, 486, 489; *von Bernuth*, Grundkurs Schulrecht XI, S. 29; *de la Durantaye*, S. 104; Dreier/Schulze/*Dreier*, § 15 Rn. 45; *Knupfer*, RdJB, 472, 481; *Lorenz*, ZRP 2008, 261, 262 f.; *Neumann*, S. 93; Schricker/Loewenheim/*v. Ungern-Sternberg*, § 15 Rn. 84; *Sieber*, MMR 2004, 715, 718; wohl auch BeckOK-UrhG/*Kroitzsch*/*Götting*, § 15 Rn. 27 ff.; *Rehbinder*/*Peukert*, Rn. 443.

im Rahmen der Gesetzesnovelle von 1985 klarstellte, dass „eine Wiedergabe von Aufzeichnungen von urheberrechtlich geschützten Werken im Schulunterricht keine öffentliche Wiedergabe ist".[378] Außerdem seien alle Schüler einer Klasse, wenn auch bekanntlich nicht immer harmonisch, über einen längeren Zeitraum persönlich miteinander verbunden.[379] Indiz dafür sei die Tatsache, dass jeder Schüler in der Regel zumindest den Namen und die Eigenarten seiner Mitschüler kennt.[380]

Hingegen möchte eine andere Meinung den Schulunterricht in der heutigen Zeit als öffentlich einstufen.[381] Dafür spreche zum einen, dass die vom Gesetzgeber neu eingefügte Schranke bezüglich der öffentlichen Zugänglichmachung in § 52a Abs. 1 Nr. 1 UrhG nicht notwendig gewesen wäre, wenn er den Schulunterricht nicht ohnehin als öffentlich sehen würde.[382] Zum anderen könne die heutige Schulklasse nicht mehr mit dem stabil bleibenden Klassenverband von früher verglichen werden.[383] Denn durch die schwierige Situation am Arbeitsmarkt seien Eltern häufig gezwungen den Wohnort zu wechseln, sodass es in Schulklassen regelmäßig zur Fluktuation komme, wodurch die Schüler teilweise nicht einmal alle Namen der Mitschüler in der Klasse kennen.[384] Zudem könne man nicht mehr von persönlichen Beziehungen zwischen Schülern untereinander oder auch zwischen Schülern und Lehrern ausgehen, da die Gewalt an Schulen stark zugenommen hat.[385] Außerdem sei es im Hinblick auf die Rechtssicherheit unbefriedigend, den Schulunterricht anhand der einzelnen Situationen des Klassenverbands oder außerhalb des Klassenverbands differenziert zu beurteilen.[386] Vorzugswürdig sei es daher, alle Unterrichtseinheiten als öffentlich einzustufen und mögliche privilegierende Korrekturen durch die urheberrechtlichen Schranken vorzunehmen.[387]

Im Ergebnis ist hier jedoch grundsätzlich der herrschenden Auffassung zuzustimmen. Bei einer „klassischen" Schulklasse in der Grundschule oder in der Sekundarstufe I ist in aller Regel davon auszugehen, dass sie nichtöffentlich ist. Hierbei ist von einer typischen Schulklasse auszugehen. Die-

---

[378] BT-Drucks. 10/3360, S. 19.

[379] *Bender*, RdJB 1985, 486, 489; *von Bernuth*, Urheber- und Medienrecht in der Schule, S. 100.

[380] *Bender*, RdJB 1985, 486, 489.

[381] *Haupt*, S. 23 f.; *Sattler*, S. 92.

[382] *Haupt*, S. 23.

[383] *Haupt*, 23 f.

[384] *Haupt*, S. 23.

[385] *Haupt*, S. 23.

[386] *Sattler*, S. 92.

[387] *Sattler*, S. 92.

se besteht regelmäßig aus maximal 30 Schülern, die entweder von der ersten bis zur vierten oder von der fünften bis zur zehnten Klasse nahezu täglich zusammen unterrichtet werden. In einer solchen Schulklasse ist davon auszugehen, dass jeder Schüler spätestens nach wenigen Wochen alle Mitschüler seiner Klasse namentlich kennt und auch ihre wesentlichen Verhaltenszüge grob beschreiben kann. Dadurch entsteht eine auf Dauer angelegte vertraute Lernatmosphäre, die bei allen Schülern der Klasse das Bewusstsein hervorruft, miteinander persönlich verbunden zu sein. Dabei muss der Kontakt zwischen einzelnen Schülern nicht unbedingt freundschaftlich oder kollegial sein. Entscheidend ist hier, dass alle Schüler der Klasse über einen längeren Zeitraum einen nicht nur anonymen Umgang miteinander pflegen. Daher ist auch jeder mit jedem auf irgendeine Art und Weise, sei es harmonisch oder nicht harmonisch, durch eine persönliche Beziehung verbunden. Es wird hier also auf die persönliche Verbundenheit unter den Schülern als Werkadressaten abgestellt, sodass es nicht auf eine persönliche Beziehung der Schüler mit dem Lehrer als Verwerter ankommt. Damit sind Wiedergaben von Werken für eine Schulklasse stets nichtöffentlich, unabhängig davon, ob ein Schüler, ein unbekannter Vertretungslehrer, ein neuer Referendar oder der planmäßig unterrichtende Lehrer die Wiedergabe im Einzelnen vornimmt.

Es stellt sich aber die Frage, ob die Klasse auch schon in den ersten Wochen des Kennenlernens als öffentlich anzusehen ist. Denn kommt eine Klasse erstmalig zusammen, so kennen sich die meisten Schüler im Regelfall noch nicht untereinander. Nach einer älteren BGH-Rechtsprechung besteht bei jugendlichen Teilnehmern eines Tanzkurses bereits von der ersten Unterrichtsstunde an ein Gemeinschaftsgefühl, sodass schon zu diesem Zeitpunkt von einem inneren Band unter den Tanzschülern auszugehen ist.[388] Zu beachten ist jedoch, dass in diesem BGH-Fall eine geschlossene Schulklasse an dem Tanzkurs teilgenommen hatte.[389] Allerdings geht aus den Ausführungen des BGH nicht hervor, dass das bereits am Anfang erzeugte Gemeinschaftsgefühl durch die schon vorhandenen persönlichen Beziehungen in einer Schulklasse bedingt ist, sondern er stellt allgemein auf das Gemeinschaftserlebnis ab, „das nach der Lebenserfahrung zumal von jugendlichen Teilnehmern von einem Tanzkurs erwartet wird“[390]. Daher können diese Überlegungen des BGH auch allgemein auf neu zusammengesetzte Personengruppen angewendet werden. Bezieht man diese Überlegungen des BGH auf eine neu zusammengesetzte Schulklasse, so entsteht in aller Regel bereits nach den ersten Unterrichtsstunden ein Gemeinschaftsge-

---

388 BGH, GRUR 1956, 515, 518 – Tanzkurse.

389 Siehe BGH, GRUR 1956, 515, 516 – Tanzkurse.

390 Vgl. BGH, GRUR 1956, 515, 518 – Tanzkurse.

fühl unter den Schülern. Denn bei einer neu zusammengesetzten Schulklasse handelt es sich um eine längerfristig angelegte Gemeinschaft, die aus einem überschaubaren Personenkreis von nur maximal 30 Schülern besteht. Deshalb kann jeder Schüler auch schon nach wenigen Stunden alle Mitschüler überblicken, sodass unter ihnen von Anfang an keine große Anonymität herrscht. Dadurch wird bereits von der ersten Unterrichtsstunde an bei allen Schülern der Klasse ein Gemeinschaftsgefühl erweckt, das die Annahme einer persönlichen Verbundenheit unter den Schülern rechtfertigt. Dasselbe gilt für den Fall, dass neue Schüler in die Klasse aufgenommen werden. Auch diese neuen Schüler lernen bereits in den ersten Unterrichtsstunden einen überschaubaren Personenkreis von Mitschülern kennen, sodass auch bei ihnen ein Gemeinschaftsgefühl von der ersten Stunde an erweckt wird. Somit ist eine Schulklasse auch dann nichtöffentlich, wenn neue Schüler in die Klasse kommen.

Neben dem klassischen Schulunterricht im Klassenverband gibt es noch weitere typische Unterrichtsformen. Gemeint sind schultypische Lehrveranstaltungen außerhalb des Klassenverbands wie der Unterricht von Parallelklassen einer Jahrgangsstufe, Arbeitsgemeinschaften, der Unterricht in Leistungs- und Grundkursen im Rahmen der gymnasialen Oberstufe oder der Unterricht mit Schülern verschiedener Jahrgangsstufen während der Schulprojekttage. Umstritten ist, ob es sich bei diesen Unterrichtstypen urheberrechtlich um öffentliche Lehrveranstaltungen handelt. Einerseits wird angenommen, dass die genannten Unterrichtsformen als öffentlich anzusehen sind.[391] Andere Autoren halten jedoch auch bestimmte Unterrichtsveranstaltungen außerhalb des Klassenverbands für nichtöffentlich.[392] Ob der Unterricht außerhalb des Klassenverbands öffentlich ist oder nicht, kann allerdings nur für einzelne Unterrichtsformen separat beantwortet werden. Nachfolgend wird daher die Frage der Öffentlichkeit für die verschiedenen Unterrichtsformen außerhalb des Klassenverbands jeweils einzeln geklärt.

Eine Unterrichtsart außerhalb des Klassenverbands ist der gemeinsame Unterricht von allen Parallelklassen einer Jahrgangsstufe. Das ist z. B. dann der Fall, wenn die Parallelklassen der 10a, 10b und 10c mit jeweils ca. 30 Schülern eine gemeinsame Unterrichtsveranstaltung besuchen. Werden hierbei urheberrechtlich geschützte Musikhörbeispiele von einer CD mit einem CD-Player vorgespielt, so kann eine öffentliche Wiedergabe vorliegen. Fraglich ist, ob ein solcher gemeinsamer Unterricht i. S. v. § 15 Abs. 3

---

[391] *von Bernuth*, Urheber- und Medienrecht in der Schule, S. 100; Schricker/Loewenheim/*v. Ungern-Sternberg*, § 15 Rn. 84; *Sieber*, MMR 2004, 715, 718. So wohl auch *Haupt* und *Sattler*, die bereits den Unterricht innerhalb des Klassenverbands als öffentlich ansehen, vgl. *Haupt*, S. 23; *Sattler*, S. 92.

[392] *Lorenz*, ZRP 2008, 261, 263; *Neumann*, S. 93.

Satz 2 UrhG öffentlich ist. Nichtöffentlich wäre diese Unterrichtsveranstaltung dann, wenn sämtliche Schüler miteinander durch persönliche Beziehungen verbunden sind. Es ist regelmäßig davon auszugehen, dass insbesondere Schüler eines Jahrgangs sich auch klassenübergreifend untereinander persönlich kennen. Insgesamt spricht jedoch die Lebenserfahrung dafür, dass die Mehrzahl der Schüler ihre Mitschüler aus den Parallelklassen maximal nur „vom Sehen her“ kennen. Demzufolge kann die vorliegende Unterrichtsveranstaltung mit einer kleinen Vorlesung an der Universität verglichen werden. Nach der herrschenden Meinung ist die Hochschulvorlesung als öffentlich einzustufen, da sie von einem unüberschaubaren Teilnehmerkreis sowie von einer Anonymität geprägt ist, sodass kein engerer persönlicher Kontakt zwischen sämtlichen Teilnehmern bestehen kann, sondern allenfalls von einem „oberflächlichen Kennen“ auszugehen ist.[393] Ähnlich verhält es sich bei der Unterrichtsveranstaltung mit allen Parallelklassen. Denn aufgrund des größeren Personenkreises von ca. 90 Schülern und der dadurch erzeugten anonymen Grundstimmung ist es kaum vorstellbar, dass zwischen sämtlichen Schülern dieser Unterrichtsveranstaltung ein engerer persönlicher Kontakt besteht.[394]

Auch wenn die Schüler der Parallelklassen nicht durch persönliche Beziehung miteinander verbunden sind, kann der vorliegende gemeinsame Unterricht durch die erste Fallvariante in § 15 Abs. 3 Satz 2 UrhG dennoch nichtöffentlich sein, wenn der einzelne Schüler mit dem Verwerter persönlich verbunden ist. Verwerter wird definiert als „derjenige, der die urheberrechtlich relevante Nutzungshandlung vornimmt, d.h. derjenige, der sich technischer Mittel bedient, um das Werk einer Öffentlichkeit mitzuteilen“.[395] Als Auslegungshilfe sollte zudem auch die Definition des „Veranstalters“ nach der alten Gesetzesfassung herangezogen werden. Nach der alten Rechtsprechung ist Veranstalter derjenige, der die Wiedergabe des Werkes angeordnet hat und durch dessen Tätigkeit sie ins Werk gesetzt ist.[396] Rechtlich betrachtet ist der Veranstalter derjenige, der in organisatorischer und finanzieller Hinsicht für die Werkverwertung verantwortlich ist.[397] Ist der

393 Siehe OLG Koblenz, NJW-RR 1987, 699, 700; Dreier/Schulze/*Dreier*, § 15 Rn. 44; *Sattler*, S. 90; Schricker/Loewenheim/*v. Ungern-Sternberg*, § 15 Rn. 83; Wandtke/Bullinger/*Heerma*, § 15 Rn. 27; dagegen *Rehbinder/Peukert*, Rn. 443.

394 Eine andere Beurteilung ist möglicherweise vorzunehmen, wenn die Schülerzahl aller Parallelklassen deutlich geringer ist und konkrete Umstände auf einen engeren persönlichen Kontakt zwischen sämtlichen Schülern hindeuten.

395 Dreier/Schulze/*Dreier*, § 15 Rn. 43; Loewenheim/*Hoeren*, § 21 Rn. 23; Schricker/Loewenheim/*v. Ungern-Sternberg*, § 15 Rn. 73, 47.

396 BGH, GRUR 1956, 515, 516 – Tanzkurse.

397 BGH, GRUR 1960, 253, 255 – Auto-Scooter; BGH, GRUR 1960, 606, 607 – Eisrevue II; BeckOK-UrhG/*Kroitzsch*/*Götting*, § 15 Rn. 27.

Verwerter des Werkes eine juristische Person, so ist auf die persönliche Beziehung zwischen den Werkadressaten und der für die juristische Person handelnden natürlichen Person abzustellen.[398] Erforderlich ist allerdings, dass die persönliche Verbundenheit zwischen den einzelnen Werkadressaten und dem Werkverwerter stark genug ist, um dadurch eine persönliche Beziehung unter allen anwesenden Personen hervorzurufen.[399]

Vorliegend ist davon auszugehen, dass diese klassenübergreifende Unterrichtsveranstaltung mit Zustimmung des Schulleiters stattfindet und dass die Musikhörbeispiele von einem der drei verantwortlichen Klassenlehrern mit Hilfe des CD-Players abgespielt wird. Stellt man auf die relevante Nutzungshandlung ab, so ist der verantwortliche Lehrer Verwerter, da er mit Hilfe technischer Hilfsmittel das Musikwerk mitteilt, also die tatsächliche Verwertungshandlung vornimmt. Ausgehend von der organisatorischen oder finanziellen Verantwortung ist jedoch die Schulleitung, die Schule bzw. der Schulträger Verwerter. Ist die Schule bzw. der Schulträger als juristische Personen Verwerter, so ist auf die für die juristische Person handelnden natürlichen Personen, hier also den handelnden verantwortlichen Lehrer und u. U. auch den Schulleiter, abzustellen. Damit kommt es hier auf eine intensive persönliche Verbundenheit zwischen den anwesenden Schülern und dem handelnden verantwortlichen Lehrer bzw. dem Schulleiter an. Im Regelfall kennt jeder Schüler seinen Klassenlehrer, den Schulleiter und auch einige Lehrer der Parallelklassen. Dabei wird die Beziehung zum Klassenlehrer wohl am stärksten sein. Bei einer Unterrichtsveranstaltung mit ca. 90 Teilnehmern muss jedoch davon ausgegangen werden, dass selbst die stärkste persönliche Beziehung des einzelnen Schülers zu seinem Klassenlehrer nicht genügt, um bei allen teilnehmenden Mitschülern ein Gemeinschaftsgefühl hervorzurufen, welches eine persönliche Verbundenheit unter allen Teilnehmern begründen kann.[400] Dementsprechend reicht die persönliche Beziehung der Schüler zum Schulleiter oder zu einem der verantwortlichen Lehrer erst recht nicht. Damit liegt die erste Fallvariante in § 15 Abs. 3 Satz 2 UrhG nicht vor, sodass die Öffentlichkeit der Unterrichtsveranstaltung auch nicht dadurch ausgeschlossen ist. Folglich ist die vorliegende Unterrichtsveranstaltung mit ca. 90 Schülern aus drei Parallelklassen als öffentlich anzusehen.

Eine häufige Art des Unterrichts in Schule ist weiterhin der Unterricht in Leistungs- und Grundkursen im Rahmen der gymnasialen Oberstufe. Ein

---

[398] BGH, GRUR 1975, 33, 34 – Alterswohnheim; Schricker/Loewenheim/*v. Ungern-Sternberg*, § 15 Rn. 73; *Suttorp*, S. 72; Wandtke/Bullinger/*Heerma*, § 15 Rn. 27.

[399] BGH, GRUR 1960, 338, 339 – Tanzstundenabschlussbälle; Loewenheim/*Hoeren*, § 21 Rn. 23; *Suttorp*, S. 71.

[400] So auch *Neumann*, S. 94.

Leistungs- oder Grundkurs in der gymnasialen Oberstufe ist für die gesamte Zeit der gymnasialen Oberstufe von 2 oder 3 Jahren angelegt.[401] Ein solcher Kurs besteht in der Regel aus bis zu 30 Schülern derselben Jahrgangsstufe. Vereinzelt kommt es zu Ab- und Zugängen von Schülern. Im Normalfall bleibt der Kurs jedoch im Kern unverändert. Durch die begrenzte Teilnehmerzahl von maximal 30 Schülern und durch den mindestens wöchentlichen Kursunterricht kann sich jeder Schüler bereits nach den ersten Kurseinheiten des jeweiligen Kurses einen Überblick über alle Mitschüler und deren Namen verschaffen. Auch wenn nicht jeder Kurs so häufig zusammenkommt wie eine Schulklasse, so sind die hier beschriebenen Leistungs- und Grundkurse dennoch mit Schulklassen vergleichbar. Denn die Kurse bestehen aus einer überschaubaren Anzahl von Teilnehmern und sind auf eine längere Zeit angelegt. In allen Kursen ist daher von einer vertrauten Lernatmosphäre auszugehen, in der sich alle gegenseitig derart kennen, dass bei allen Schülern des jeweiligen Kurses ein Bewusstsein hervorgerufen wird, mit allen Mitschülern des Kurses durch persönliche Beziehungen verbunden zu sein. Für hinzukommende Schüler gilt das Gleiche wie bei einer Schulklasse. Somit ist der Unterricht in den einzelnen Leistungs- und Grundkursen in der gymnasialen Oberstufe nichtöffentlich.[402] Hingegen ist eine Unterrichtsveranstaltung mit ca. 100 Schülern der gesamten Jahrgangsstufe als öffentlich anzusehen, auch wenn sich viele Schüler eines Jahrgangs durch die einzelnen Kurse kennen.[403] Eine solche Unterrichtsveranstaltung kann mit dem gemeinsamen Unterricht der Parallelklassen verglichen werden, der, wie gezeigt, öffentlich ist. Anders verhält es sich bei dem Abschlussjahrgang der 12. bzw. 13. Klasse. Denn durch den gemeinsamen Unterricht in personell unterschiedlich besetzten Leistungs- und Grundkursen sowie durch diverse schulische und außerschulische Aktivitäten des Jahrgangs kennt jeder Schüler zumindest den Namen und die Eigenheiten aller Mitschüler des Abschlussjahrgangs, sodass insgesamt von einer nicht öffentlichen Gruppe auszugehen ist. Dies gilt in aller Regel auch für größere Abschlussjahrgänge von bis zu 120 Schülern. Öffentlich sind dagegen Unterrichtsveranstaltungen mit der ganzen Oberstufe.[404]

Eine typische Unterrichtsform in der Schule ist ebenso die Arbeitsgemeinschaft. Hierbei handelt es sich um nicht obligatorische Zusatzveranstaltungen, die regelmäßig, d. h. wöchentlich oder alle zwei Wochen und außer-

---

401 Vgl. beispielsweise § 28 Abs. 2, 3 SchulG Berlin.

402 So auch im Ergebnis *Neumann*, S. 93; anders jedoch *Haupt*, S. 23 f.; *Sattler*, S. 91, die allerdings nicht eindeutig auf die Verbundenheit zwischen den Schülern innerhalb der jeweiligen Kurse abstellt, sondern lediglich die Situation des Kurssystems der gymnasialen Oberstufe betrachtet.

403 In diese Richtung wohl auch *Sattler*, S. 91.

404 Vgl. *Neumann*, S. 94.

halb der Pflichtunterrichtszeit stattfinden. Sie werden in den meisten Fällen von Lehrern ins Leben gerufen und geleitet. Möglich ist jedoch auch, dass Arbeitsgemeinschaften von Schülern organisiert und geleitet werden. Die so genannten AGen werden in verschiedenen Fachgebieten wie z.B. Sport, Musik, Sprachen, Naturwissenschaften angeboten. Regelmäßig nehmen nur interessierte Schüler an einer AG teil, weil sie ihr Wissen in den jeweiligen Fachbereichen über den Pflichtlehrplan hinaus erweitern wollen. Der Teilmehrkreis einer AG bleibt normalerweise im Wesentlichen unverändert und kann Schüler aus verschiedenen Jahrgangsstufen umfassen. Nach allgemeiner Lebenserfahrung nimmt nur ein kleiner Teil der Schüler das Angebot von solchen freiwilligen Zusatzveranstaltungen wahr. Aufgrund dessen ist davon auszugehen, dass eine AG auch aus nicht mehr als 30 Schülern besteht. Sollte das Interesse für eine bestimmte AG besonders groß sein, wird in den Schulen in der Regel versucht, eine weitere AG desselben Fachbereichs zu gründen, da die meisten AGen regelmäßig nur dann sinnvoll sind, wenn die Teilnehmerzahl nicht die einer Schulklasse übersteigt. Demzufolge besteht die AG aus einem überschaubaren und im Kern unveränderten Teilnehmerkreis, der sich bereits nach den ersten Treffen kennt. Die AG ist daher mit der Schulklasse zu vergleichen, wobei der gegenseitige Kontakt zwischen allen Teilnehmern einer AG aufgrund der gleichgerichteten Interessen noch intensiver sein kann. Selbst bei einer AG mit einem größeren Teilnehmerkreis wie z.B. einer „Schul-Bigband" mit 60 Musikern ist grundsätzlich davon auszugehen, dass sie nichtöffentlich ist. Denn in einer solchen AG kommt die Band nahezu wöchentlich in einem Schuljahr zusammen, um miteinander zu musizieren. Dadurch wird bei allen Musikern der Band bereits von Beginn an eine gegenseitige persönliche Verbundenheit untereinander hervorgerufen. Werden also in einer Arbeitsgemeinschaft urheberrechtlich geschützte Werke wiedergegeben, so handelt es sich grundsätzlich um nichtöffentliche Wiedergaben.[405]

Ferner veranstalten die meisten Schulen einmal im Jahr so genannte Projekttage oder eine Projektwoche. In dieser Zeit werden in den einzelnen Projektgruppen verschiedene Themen behandelt, die nicht unbedingt im regulären Lehrplan vorgesehen sind. Nach allgemeiner Lebenserfahrung nehmen bis zu 50 Schüler aus unterschiedlichen Klassen und Jahrgangsstufen an einer Projektgruppe teil. Im Normalfall ist also davon auszugehen, dass sämtliche Schüler einer Projektgruppe nicht miteinander in einem engeren gegenseitigen Kontakt stehen. Da die Zusammensetzung einer Projektgruppe nur für einige Tage bestehen bleibt, ist es zumindest bei einer

---

[405] So im Ergebnis auch *Lorenz*, ZRP 2008, 261, 263. Die Beurteilung kann jedoch anders ausfallen, wenn der überwiegende Teil der Teilnehmer einer Arbeitsgemeinschaft ständig wechselt.

größeren Projektgruppe mit mehr als 30 Schülern nicht zu erwarten, dass von Anfang an ein Gemeinschaftsgefühl hervorgerufen wird, das eine persönliche Verbundenheit zwischen allen Teilnehmern rechtfertigt. Wiedergaben von urheberrechtlich geschützten Werken innerhalb einer solchen Projektgruppe sind in diesem Fall öffentlich.[406] Indes kann eine kleinere Projektgruppe mit ca. 15 Schülern, von denen 10 gemeinsam in eine Klasse gehen, durchaus nichtöffentlich sein, da hier der Personenkreis überschaubar ist und trotz der nur kurz angelegten Zeit des Zusammenkommens bereits von Anfang an ein Bewusstsein der persönlichen Verbundenheit bei allen Teilnehmern erweckt werden kann.

Im Zusammenhang mit den Lehrveranstaltungen ist auch das Intranet der Schule zu erwähnen. Stellen Lehrer ihren Schülern im Rahmen des Unterrichts urheberrechtlich geschützte Werke auf dem schulinternen Datennetzwerk zur Verfügung, so ist im Einzelnen zu differenzieren, ob die Bereitstellung öffentlich oder nichtöffentlich ist. Grundsätzlich ist dabei von der Öffentlichkeit oder Nichtöffentlichkeit der Personengruppe auszugehen, für die die Zugänglichmachung bestimmt ist. Das Bereitstellen von Werken auf dem internen Schulnetzwerk für eine Schulklasse, einen Leistungs- oder Grundkurs oder eine Arbeitsgemeinschaft ist jedoch nur dann als nichtöffentlich anzusehen, wenn ausschließlich die Teilnehmer der jeweiligen Unterrichtsveranstaltung Zugang zu den hochgeladenen Werken haben. Eine solche Begrenzung des Zugangs wird in der Regel durch einen Passwortschutz sichergestellt.[407]

(2) Sonstige Schulveranstaltungen

Neben den Unterrichtsveranstaltungen finden im Schulbereich auch zahlreiche Veranstaltungen statt, die eher einen unterhaltsamen Charakter haben. Eine solche Schulveranstaltung ist beispielsweise der Elternabend einer Schulklasse, bei dem einige Schüler der Klasse den Eltern Gedichte vortragen oder Lieder vorsingen. Die Wiedergabe ist hier also an die Eltern gerichtet, sodass sie die Adressaten der Wiedergabe sind. Die Öffentlichkeit der Veranstaltung könnte daher ausgeschlossen sein, wenn alle Eltern miteinander durch persönliche Beziehung verbunden sind. Es ist jedoch davon auszugehen, dass sich die meisten Eltern untereinander nicht einmal namentlich kennen, sodass sie nicht miteinander persönlich verbunden sind.[408] Allerdings kann die Öffentlichkeit der Veranstaltung dadurch ausscheiden,

---

406 Siehe auch Schricker/Loewenheim/*v. Ungern-Sternberg*, § 15 Rn. 84; *Sieber*, MMR 2004, 715, 718.

407 Zur öffentlichen Zugänglichmachung siehe unten B. I. 4. c).

408 Vgl. *Bender*, RdJB 1985, 486, 490.

dass eine persönliche Verbundenheit der Eltern zu den Werkverwertern besteht. Fraglich ist somit, wer als Verwerter anzusehen ist. Nach der neuen Literatur[409] ist Verwerter derjenige, „der die urheberrechtlich relevante Nutzungshandlung vornimmt, d.h. derjenige, der sich technischer Mittel bedient, um das Werk einer Öffentlichkeit mitzuteilen“. Hiervon ausgehend ist vorliegend jeder auftretende Schüler Verwerter. Denn dadurch, dass diese Schüler tatsächlich und unmittelbar ein Werk durch Vortrag oder Aufführung zu Gehör bringen, nehmen sie die urheberrechtlich relevante Nutzungshandlung vor. Eine erforderliche starke persönliche Verbundenheit zwischen allen Eltern und den auftretenden Schülern als Verwerter ist allerdings nicht gegeben, da die Eltern wohl kaum mit sämtlichen Mitschülern ihrer Kinder durch persönliche Beziehung verbunden sind. Der Elternabend ist hiernach also öffentlich.

Der Begriff des Verwerters kann jedoch auch weit verstanden werden. Nach der bisherigen Rechtsprechung zum Begriff des „Veranstalters“ nach der alten Gesetzesfassung ist auch derjenige Veranstalter, der die Wiedergabe des Werkes angeordnet hat und durch dessen Tätigkeit sie ins Werk gesetzt ist[410] oder der in organisatorischer und finanzieller Hinsicht für die Werkverwertung verantwortlich ist[411]. Dem Regierungsentwurf zum geltenden Recht ist zu entnehmen, dass die Ersetzung des Begriffs des „Veranstalters“ durch die Formulierung „demjenigen, der das Werk verwertet“ nur klarstellen soll, dass der Öffentlichkeitsbegriff nicht nur auf die Verwendungsart der öffentlichen Wiedergabe anzuwenden ist.[412] Somit hat die Änderung des Wortlauts nur klarstellende Funktion, sodass die Rechtsprechung zum Begriff des Veranstalters nach wie vor Anwendung findet. Deswegen ist davon auszugehen, dass Verwerter auch derjenige sein kann, der die Veranstaltung organisiert und die Wiedergabe anordnet. Ausgehend hiervon kann auch der verantwortliche Klassenlehrer, der die Veranstaltung organisiert und Schüler für die Vorträge und Aufführungen aussucht, als Verwerter angesehen werden. Allerdings ist eine persönliche Verbundenheit zwischen den Eltern einer Schulklasse und dem Klassenlehrer abzulehnen, da der Klassenlehrer die Eltern im Normalfall nur selten trifft und sie auch nur flüchtig kennen lernt, sodass er die meisten Eltern nicht einmal auf der Straße wieder erkennen würde.[413] Somit ist der Elternabend auch nach diesem Ansatz als öffentlich einzustufen.

---

409 Dreier/Schulze/*Dreier*, § 15 Rn. 43; Loewenheim/*Hoeren*, § 21 Rn. 23; Schricker/Loewenheim/*v. Ungern-Sternberg*, § 15 Rn. 73, 47.

410 BGH, GRUR 1956, 515, 516 – Tanzkurse.

411 BGH, GRUR 1960, 253, 255 – Auto-Scooter; BGH, GRUR 1960, 606, 607 – Eisrevue II; BeckOK-UrhG/*Kroitzsch*/*Götting*, § 15 Rn. 27.

412 BT-Drucks. 15/38, S. 17.

413 Insofern unzutreffend *Bender*, RdJB 1985, 486, 490 und *Neumann*, S. 94, die eine persönliche Verbundenheit zwischen dem Klassenlehrer und Eltern entgegen

Von einem Elternabend zu unterscheiden ist beispielsweise ein Klassenfest, bei dem vereinzelt Eltern und Verwandte von einzelnen Schülern teilnehmen. Ist das Fest nur für die Schüler der Klasse organisiert worden, so sind die anwesenden Freunde und Verwandte nur Außenstehende, die in der Regel bei der Organisation und Durchführung mithelfen. Werden auf dem Fest urheberrechtlich geschützte Musikwerke abgespielt, so ist diese Wiedergabe nur an die Klasse gerichtet, sodass die vereinzelte Anwesenheit von Außenstehenden wie Eltern oder Verwandte die Nichtöffentlichkeit der Schulklasse nicht durchbricht. Hingegen ist bei einem Sportfest aller Parallelklassen oder sogar ein Sportfest der ganzen Schule das Merkmal der Öffentlichkeit in aller Regel gegeben.

Eine weitere Schulveranstaltung ist der musikalisch-literarische Abend, bei dem einige Schüler der Schule den eingeladenen Schülern, Eltern, Verwandten, Freunden sowie verschiedenen Gästen ihr musikalisches, literarisches oder schauspielerisches Talent unter Beweis stellen können. Bei der hier beschriebenen Veranstaltung besteht weder eine persönliche Beziehung zwischen allen Werkadressaten untereinander noch liegt eine ausreichend starke persönliche Verbundenheit der einzelnen Werkadressaten zu den auftretenden Schülern bzw. zu den veranstaltenden Lehrern vor, die unter allen Anwesenden eine persönliche Verbundenheit hervorruft. Eine solche Veranstaltung ist somit öffentlich. Ist es sogar für jeden möglich, durch Erwerb einer Eintrittskarte an der Veranstaltung teilzunehmen, so ist diese erst recht öffentlich.[414] Die soeben gemachten Ausführungen zu der Öffentlichkeit des musikalisch-literarischen Abends gelten grundsätzlich auch für andere Großveranstaltungen im Schulbereich.[415] So muss ein Schulkarneval, bei dem alle Schüler und Lehrer der Schule Teilnehmer sind, ebenfalls als öffentlich eingestuft werden. Ebenso ist das in der Regel musikalisch-tänzerisch geprägte Unterhaltungsprogramm, das die Abschlussklasse im Rahmen ihres letzten Schultags für alle Schüler und Lehrer der Schule veranstaltet, als öffentlich anzusehen. Bei dem jährlichen Abschlussball zur Übergabe der Abschlusszeugnisse, wie z.B. dem Abiturball, handelt es sich ebenfalls um eine öffentliche Feier. Denn das eingeladene Publikum dieser Veranstaltung besteht regelmäßig aus verschiedenen Schülern, Lehrern, Eltern, Verwandten und Freunden des Abschlussjahrgangs, die in aller Regel alle anderen Personen, an die die Wiedergabe ebenfalls gerichtet ist, sowie

---

den tatsächlichen Umständen und lediglich aufgrund der gemeinsamen Erziehungsaufgabe bejahen.

414 Vgl. auch BeckOK-UrhG/*Kroitzsch/Götting*, § 15 Rn. 28; Dreier/Schulze/*Dreier*, § 15 Rn. 44.

415 Die Öffentlichkeit für große Schulveranstaltungen annehmend auch *Lorenz*, ZRP 2008, 261, 263; *Neumann*, S. 94; differenzierend Schricker/Loewenheim/*v. Ungern-Sternberg*, § 15 Rn. 84.

die auftretenden und für die Feier verantwortlichen Personen nicht einmal namentlich kennen.

(3) Ergebnis

Zusammenfassend ist also festzustellen, dass einige Veranstaltungen im Schulbereich nichtöffentlicher Natur sind. Hierunter fallen regelmäßig Unterrichtsveranstaltungen für einzelne Klassen, Leistungs- und Grundkurse in der Oberstufe, Arbeitsgemeinschaften, Klassenfeste und Veranstaltungen mit allen Schülern des Abschlussjahrgangs. Wiedergaben von urheberrechtlich geschützten Werken sind innerhalb der genannten Veranstaltungen somit auch ohne Zustimmung des Urhebers zulässig. Dementsprechend können diese Fälle auch nicht nach § 106 UrhG strafbar sein. Werden hingegen geschützte Werke in öffentlichen Schulveranstaltungen wiedergegeben, so liegt eine Strafbarkeit nach § 106 UrhG dann vor, wenn weder eine Privilegierung durch die urheberrechtlichen Schranken besteht noch eine Zustimmung der Berechtigten eingeholt worden ist.

b) Das Vortrags-, Aufführungs- und Vorführungsrecht gemäß § 19 UrhG

§ 19 UrhG beinhaltet drei verschiedene und selbstständige Verwertungsrechte des Urhebers.[416] Gemeint sind das Vortragsrecht gemäß Abs. 1, das Aufführungsrecht gemäß Abs. 2 und das Vorführungsrecht gemäß Abs. 4. Die Gemeinsamkeit der drei Wiedergabeformen besteht darin, dass es sich um unmittelbare Wiedergaben handelt, die nur für Personen wahrnehmbar sind, die sich zur gleichen Zeit auch am selben Ort befinden.[417] Damit unterscheidet sich § 19 UrhG von § 19a UrhG, bei dem das Publikum das Werk nicht zur gleichen Zeit und am selben Ort wahrnimmt, und von § 20 UrhG, bei dem das Publikum das Werk zwar zur gleichen Zeit, aber nicht am selben Ort wahrnimmt, sowie von §§ 21 und 22 UrhG, bei denen das Werk nicht unmittelbar wahrnehmbar gemacht wird, sondern die Wahrnehmbarmachung nur mittelbar unter Verwendung von Bild- oder Tonträgern oder unter Übernahme einer vorangegangenen Funksendung oder öffentlichen Zugänglichmachung erfolgt.[418] Innerhalb des § 19 UrhG liegt der Unterschied zwischen dem Vorführungsrecht nach Abs. 4 und dem Vortrags- und Aufführungsrecht nach Abs. 1 und 2 darin, dass die Vorführung nur mit Hilfe von technischen

---

[416] Schricker/Loewenheim/*v. Ungern-Sternberg*, § 19 Rn. 1.

[417] Dreier/Schulze/*Dreier*, § 19 Rn. 3; Fromm/Nordemann/*Dustmann*, § 19 Rn. 1.

[418] Dreier/Schulze/*Dreier*, § 19 Rn. 3; Schricker/Loewenheim/*v. Ungern-Sternberg*, § 19 Rn. 2.

Einrichtungen, wie die Wiedergabe eines Datenträgers durch ein Wiedergabegerät, vorgenommen wird, während die Wiedergabe durch Vortrag oder Aufführung gerade ohne technische Einrichtungen, sondern durch persönliche Darbietung erfolgt.[419] In diesem Zusammenhang ist aber zu beachten, dass das Vortrags- und Aufführungsrecht entsprechend § 19 Abs. 3 UrhG auch das Recht umfasst, Vorträge und Aufführungen durch technische Hilfsmittel außerhalb des Raumes, in dem die persönliche Darbietung stattfindet, öffentlich wahrnehmbar zu machen. Erforderlich ist ferner, dass alle Wiedergabeformen in § 19 UrhG gegenüber der Öffentlichkeit i. S. v. § 15 Abs. 3 UrhG erfolgen.

aa) Das Vortragsrecht gemäß § 19 Abs. 1 UrhG

Das Vortragsrecht gemäß § 19 Abs. 1 UrhG ist das Recht, ein Sprachwerk durch persönliche Darbietung öffentlich zu Gehör zu bringen. Der Gegenstand des Vortragsrechts sind alle Sprachwerke i. S. v. § 2 Abs. 1 Nr. 1 UrhG. Auch vertonte Sprachwerke wie Liedtexte, die i. V. m. Musikwerken wiedergegeben werden, sind vom Inhalt des Vortragsrechts erfasst.[420] Das Sprachwerk muss durch persönliche Darbietung zu Gehör gebracht werden. Erforderlich ist also eine Live-Darbietung durch eine Person in akustischer Form, beispielsweise durch Sprechen oder Singen.[421] Ferner ergibt sich aus § 19 Abs. 3 UrhG, dass eine persönliche Darbietung auch dann gegeben ist, wenn technische Hilfsmittel wie Mikrofonen und Lautsprechern zur Klangverstärkung benutzt werden.[422] Eine schulrelevante gesetzliche Schranke des Vortragsrechts ist insbesondere § 52 Abs. 1 UrhG.[423]

Die persönliche Darbietung von Sprachwerken ist in der Schule alltäglich vorzufinden. Ein typisches Beispiel ist der Gedichtvortrag von Schülern. Gemeint sind allerdings nur urheberrechtlich geschützte Gedichte, deren Schutzfrist gemäß § 64 UrhG noch nicht abgelaufen ist. Erfasst ist aber auch das Vortragen von bearbeiteten oder umgestalteten Gedichten, da hierin zugleich eine Wiedergabe des Originalgedichts liegt. Trägt ein Schüler jedoch ein urheberrechtlich geschütztes Gedicht in seiner Klasse vor, so fehlt es, wie bereits dargestellt, an der Öffentlichkeit des Vortrags. Wird das Gedicht aber im Rahmen einer größeren Schulveranstaltung, wie z. B. dem

---

419 Schricker/Loewenheim/*v. Ungern-Sternberg*, § 19 Rn. 1.

420 Dreier/Schulze/*Dreier*, § 19 Rn. 5; Fromm/Nordemann/*Dustmann*, § 19 Rn. 4; Loewenheim/*Hoeren*, § 21 Rn. 30; Schricker/Loewenheim/*v. Ungern-Sternberg*, § 19 Rn. 4; a. A. BeckOK-UrhG/*Kroitzsch/Götting*, § 19 Rn. 3.

421 Loewenheim/*Hoeren*, § 21 Rn. 29; Schricker/Loewenheim/*v. Ungern-Sternberg*, § 19 Rn. 5, 8.

422 Vgl. Fromm/Nordemann/*Dustmann*, § 19 Rn. 5; Loewenheim/*Hoeren*, § 21 Rn. 29.

423 Hierzu vgl. unten B. I. 5. c) aa).

musikalisch-literarischen Abend, vorgetragen, so ist der Vortrag öffentlich. Dabei kann der Schüler das Gedicht auch unter Zuhilfenahme von technischen Hilfsmitteln wie Mikrofone und Lautsprecher vortragen. Ein weiteres Beispiel für einen Vortrag nach § 19 Abs. 1 UrhG ist das Vorsingen von Liedern. Singen Schüler am musikalisch-literarischen Abend Lieder vor, so ist darin auch ein Vortrag des Liedtextes zu sehen. Typisch für die Schule ist weiterhin das Vorlesen von Texten. Lesen Lehrer oder Schüler außerhalb der Schulklasse, z.B. in einer Projektgruppe, urheberrechtlich geschützte Texte wie Kurzgeschichten, Gedichte, Sachtexte, Teile von Aufsätzen oder Aufgabenstellungen vor, so handelt es sich um ein öffentliches Vortragen nach § 19 Abs. 1 UrhG.

bb) Das Aufführungsrecht gemäß § 19 Abs. 2 UrhG

Das Aufführungsrecht gemäß § 19 Abs. 2 UrhG umfasst zwei eigenständige Verwertungsrechte.[424] Erfasst ist nach Abs. 2, 1. Alt. das Recht, ein Werk der Musik durch persönliche Darbietung aufzuführen sowie nach Abs. 2, 2. Alt. das Recht, Werke öffentlich bühnenmäßig darzustellen. Im Sinne von Abs. 2, 1. Alt. wird ein Musikwerk durch persönliche Darbietung zu Gehör gebracht, wenn Musiker das Werk unmittelbar einem Publikum vortragen, wobei die Darbietung sowohl durch die menschliche Stimme als auch durch Instrumente erfolgen kann.[425] Persönliche Darbietungen von urheberrechtlich geschützten Musikwerken in der Schule sind regelmäßig im Musikunterricht oder bei Schulveranstaltungen wieder zu finden. Im Regelfall handelt es sich dabei um musikalische Auftritte von Schülern, z.B. im Rahmen des Abiturballs, des literarisch-musikalischen Abends oder der Leistungskontrolle im Musikunterricht. Da Letzteres jedoch im Normalfall nicht zur Öffentlichkeit gehört, sind für das Aufführungsrecht grundsätzlich nur Darbietungen bei Schulveranstaltungen relevant. Ein Beispiel dafür ist das Vorsingen von aktuellen Liedern aus den Charts beim Tag der offenen Tür der Schule durch Schüler der Schule. Hierbei ist das Vorsingen der Melodie eine Wiedergabe nach § 19 Abs. 2, 1. Alt. UrhG, wohingegen die zugleich vorliegende Wiedergabe des Liedtextes ein Vortragen nach § 19 Abs. 1 UrhG darstellt. Diese Unterscheidung kann bedeutend sein, da die Rechte an der Musik und die Rechte an den Liedtexten grundsätzlich von verschiedenen Verwertungsgesellschaften, der VG WORT bzw. der GEMA,

---

424 Vgl. Dreier/Schulze/*Dreier*, § 19 Rn. 8; Fromm/Nordemann/*Dustmann*, § 19 Rn. 11; Loewenheim/*Hoeren*, § 21 Rn. 32; Schricker/Loewenheim/*v. Ungern-Sternberg*, § 19 Rn. 12.

425 Fromm/Nordemann/*Dustmann*, § 19 Rn. 13; Loewenheim/*Hoeren*, § 21 Rn. 34, 35; *Wenzel/Burkhardt*, 4. Kapitel, Rn. 56.

wahrgenommen werden.[426] Bei vertonten Sprachwerken nimmt allerdings die GEMA die Rechte an den Liedtexten im Auftrag der VG WORT wahr[427], sodass diese Abgrenzung für die Praxis nur eine untergeordnete Rolle spielt. Allerdings liegt eine persönliche Darbietung von Musikwerken nicht vor, wenn die Darbietung keinen Zuhörerkreis erreicht. Das ist beim gemeinsamen Musizieren und Singen von Jugend- und Wandergruppen der Fall, da in solchen Situationen neben den Mitwirkenden keine anderen Beteiligten vorhanden sind, denen das musikalische Werk dargeboten wird.[428] Dies lässt sich auf das gemeinsame Singen aller Parallelklassen oder das gemeinsame Musizieren von Projektgruppen in der Schule übertragen, sofern alle Anwesenden tatsächlich gemeinsam miteinander musizieren.

Eine bühnenmäßige Aufführung gemäß § 19 Abs. 2, 2. Alt. UrhG liegt vor, wenn ein Werk durch ein für das Auge oder für Auge und Ohr bestimmtes bewegtes Spiel im Raum dargeboten wird.[429] Gegenstand einer bühnenmäßigen Aufführung sind somit insbesondere wortdramatische Sprachwerke, dramatisch-musikalische sowie pantomimische Werke.[430] Nicht erforderlich ist, dass das Werk für die bühnenmäßige Aufführung geschaffen wurde, sondern es genügt, wenn Werke, gegebenenfalls nach einer Bearbeitung, objektiv für eine Aufführung geeignet sind.[431] Bühnenmäßige Aufführungen bei größeren Schulveranstaltungen sind daher nicht nur dann gegeben, wenn Schüler geschützte Theaterstücke oder Dramen aufführen, sondern auch wenn sie dramatisierte Erzählungen oder Geschichten bühnenmäßig darstellen. Dabei ist es nicht notwendig, dass Kostüme, Bühnenbilder oder Requisiten verwendet werden, sondern es ist ausreichend, dass der Zuschauer die Handlung verfolgen und den Gedankeninhalt des Stücks nachvollziehen kann.[432] Allerdings ist nicht von einer bühnenmäßigen Aufführung auszugehen, wenn ein wortdramatisches Sprachwerk ohne bewegtes Spiel dargestellt wird.[433] Dies ist zum Beispiel der Fall, wenn eine Szene

---

426 Wandtke/Bullinger/*Ehrhardt*, § 19 Rn. 11.

427 Wandtke/Bullinger/*Ehrhardt*, § 19 Rn. 11.

428 Loewenheim/*Hoeren*, § 21 Rn. 34; Schricker/Loewenheim/*v. Ungern-Sternberg*, § 19 Rn. 13.

429 BGH, GRUR 1999, 228, 230 – Musical-Gala; BGH, GRUR 1960, 604, 605 – Eisrevue I; BGH, GRUR 1960, 606, 608 – Eisrevue II; Fromm/Nordemann/*Dustmann*, § 19 Rn. 17.

430 Vgl. Schricker/Loewenheim/*v. Ungern-Sternberg*, § 19 Rn. 16; Wandtke/Bullinger/*Ehrhardt*, § 19 Rn. 16.

431 Schricker/Loewenheim/*v. Ungern-Sternberg*, § 19 Rn. 16; Wandtke/Bullinger/*Ehrhardt*, § 19 Rn. 16.

432 Fromm/Nordemann/*Dustmann*, § 19 Rn. 17.

433 Dreier/Schulze/*Dreier*, § 19 Rn. 10; Schricker/Loewenheim/*v. Ungern-Sternberg*, § 19 Rn. 22; Wandtke/Bullinger/*Ehrhardt*, § 19 Rn. 10.

aus Dürrenmatts Komödie „Die Physiker“ von Schülern der Literatur-Projektgruppe ohne zusätzliche Spielelemente mit verteilten Rollen vorgelesen wird.[434] Ferner können auch pantomimische Werke bühnenmäßig aufgeführt werden. Dies ist z. B. gegeben, wenn Schüler eine geschützte Tanzchoreographie auf der Bühne des Schulkarnevals vortanzen. Nicht ausreichend ist hingegen, wenn sich eine Musikgruppe auf der Bühne ohne Choreographie rhythmisch zur Musik bewegt.[435] Des Weiteren sind Werkverbindungen gemäß § 9 UrhG, wie eine Oper oder ein Musical, häufig Gegenstand von bühnenmäßigen Aufführungen. Dabei reicht es aus, dass nur Teile eines für die Bühne geschaffenen Werkes aufgeführt werden, sofern diese Werkteile auch tatsächlich bühnenmäßig dargestellt werden.[436] Werden also bei Schulveranstaltungen, wie dem Schulkarneval oder dem literarisch-musikalischen Abend, Teile einer Oper oder eines Musicals von Schülern aufgeführt, so ist regelmäßig von einer bühnenmäßigen Aufführung auszugehen. Bei der Wiedergabe von Werkverbindungen ist zu beachten, dass neben der Aufführung auch weitere Wiedergaberechte mit verschiedenen Werkarten betroffen sein können.[437] Ein Beispiel dafür sind Musikwerke, die auch im Zusammenhang mit Aufführungen von Theaterstücken wiedergegeben werden können. In solchen Fällen unterfällt die Wiedergabe des Musikwerkes dann dem Wiedergaberecht der bühnenmäßigen Aufführung, wenn die Wiedergabe der Musik ein fester Bestandteil des Spielgeschehens ist und nicht lediglich eine musikalische Untermalung der Aufführung darstellt.[438] Bei Schulaufführungen von Tanzchoreographien oder von Teilen von Musicals ist die Musik in der Regel genau auf das Geschehen auf der Bühne abgestimmt, sodass die Wiedergabe dieser Musik als bühnenmäßige Aufführung angesehen werden kann. Ist eine bühnenmäßige Aufführung gegeben, so ist weiterhin zu untersuchen, ob diese von § 52 UrhG gesetzlich privilegiert wird.

cc) Das Vorführungsrecht gemäß § 19 Abs. 4 UrhG

Gemäß § 19 Abs. 4 S. 1 UrhG ist das Vorführungsrecht das Recht, Werke der bildenden Künste nach § 2 Abs. 1 Nr. 4 UrhG, Lichtbildwerke nach § 2 Abs. 1 Nr. 5 UrhG, Filmwerke nach § 2 Abs. 1 Nr. 6 sowie Darstellungen wissenschaftlicher Art nach § 2 Abs. 1 Nr. 7 UrhG durch technische Ein-

---

[434] Vgl. auch Wandtke/Bullinger/*Ehrhardt*, § 19 Rn. 10.

[435] Fromm/Nordemann/*Dustmann*, § 19 Rn. 18; Schricker/Loewenheim/*v. Ungern-Sternberg*, § 19 Rn. 20.

[436] Schricker/Loewenheim/*v. Ungern-Sternberg*, § 19 Rn. 25.

[437] Schricker/Loewenheim/*v. Ungern-Sternberg*, § 19 Rn. 16.

[438] Schricker/Loewenheim/*v. Ungern-Sternberg*, § 19 Rn. 24.

richtungen wahrnehmbar zu machen. Der Gegenstand dieses Verwertungsrechts beschränkt sich also auf die aufgezählten Werkarten des § 2 Abs. 1 Nr. 4 bis 7 UrhG.[439] Deshalb ist insbesondere bei der Vorführung eines Filmwerks zu beachten, dass gleichzeitig auch eine Wiedergabe der Werkarten des § 2 Abs. 1 Nr. 1 bis 3 UrhG, wie z.B. das Drehbuch als Sprachwerk oder die Filmmusik als Musikwerk, erfolgt, sodass neben dem Vorführungsrecht auch weitere Verwertungsrechte, wie das Recht der Wiedergabe nach § 21 UrhG, eingeholt werden müssen.[440] Ähnlich wie die bühnenmäßige Aufführung verlangt die Vorführungshandlung ebenso eine Wiedergabe für das Auge oder für Auge und Ohr.[441] Zu den technischen Einrichtungen der Vorführung zählen daher hauptsächlich PCs oder DVD-Player zuzüglich Bildschirme und Lautsprecher, Dia- und Overheadprojektoren, Laptops sowie Beamer.[442] Demzufolge liegt eine öffentliche Vorführung z.B. vor, wenn Lehrer oder Schüler urheberrechtlich geschützte Collagen, Zeichnungen oder Lichtbildwerke aus einer Kunstzeitschrift auf eine Folie kopiert und anschließend mittels eines Overheadprojektors für ihre Projektgruppe wahrnehmbar machen. Ebenfalls handelt es sich um eine öffentliche Vorführung, wenn Lehrer oder Schüler bei ihrem Vortrag vor der Projektgruppe urheberrechtlich geschützte wissenschaftliche Darstellungen, wie Skizzen oder Übersichten aus Lehrbüchern oder Zeitschriften, den Zuhörern mit Hilfe des Overheadprojektors, des Laptops oder des Beamers präsentieren. Dasselbe gilt auch für Dia-Shows und Powerpoint-Präsentationen. Werden beispielsweise Dia-Shows, Animationen oder sonstige Präsentationen mit künstlerischen Zeichnungen, Lichtbildwerken oder wissenschaftlichen Darstellungen auf größeren Schulveranstaltungen wiedergeben, so liegt eine öffentliche Vorführung vor. Solche Vorführungen innerhalb einer Schulklasse, eines Leistung- oder Grundkurses oder einer Arbeitsgemeinschaft sind dagegen nicht öffentlich und deswegen urheberrechtlich nicht relevant.

Eine häufige Vorführungshandlung in Schulen ist ferner die Wiedergabe von Filmen. Spielt ein Lehrer einen Film mit einem DVD-Player und einem Bildschirm oder mit einem Laptop und einem Beamer für alle Schüler eines Jahrgangs oder sogar für alle Schüler der Oberstufe vor, so ist in diesem Abspielen des Films eine öffentliche Vorführung eines Filmwerks i.S.d. § 19 Abs. 4 UrhG zu sehen. Wird der Film hingegen nur innerhalb einer Schulklasse oder eines Leistungs- oder Grundkurses gezeigt, so ist diese

---

439 Fromm/Nordemann/*Dustmann*, § 19 Rn. 28.

440 So Loewenheim/*Hoeren*, § 21 Rn. 43; Schricker/Loewenheim/*v. Ungern-Sternberg*, § 19 Rn. 38f.; Wandtke/Bullinger/*Ehrhardt*, § 19 Rn. 57; a.A. *Rehbinder/Peukert*, Rn. 385.

441 Loewenheim/*Hoeren*, § 21 Rn. 41.

442 Vgl. Dreier/Schulze/*Dreier*, § 19 Rn. 17; Fromm/Nordemann/*Dustmann*, § 19 Rn. 29.

Vorführung nichtöffentlich und somit auch ohne Zustimmung urheberrechtlich zulässig. Bei gekauften Original-DVDs oder Originalvideos sowie aus der Videothek ausgeliehenen Videos oder DVDs wird jedoch diskutiert, ob eine vertragliche Nutzungsbeschränkung das Vorführen von Filmen auf diesen Videos oder DVDs in der Klasse urheberrechtlich unzulässig macht.[443] Denn gekaufte oder ausgeliehene Medien enthalten im Normalfall einen Hinweis, dass diese jeweiligen Werkexemplare nur „ausschließlich für den privaten Heimgebrauch lizenziert" sind. Die Nutzung in der Schulklasse fällt jedoch gerade nicht unter den häuslichen Privatgebrauch. Da diese Problematik noch nicht gerichtlich entschieden wurde, ist diesbezüglich keine Rechtssicherheit gegeben. Für die Zulässigkeit der Vorführung im Unterricht spricht allerdings, dass der Wortlaut des Gesetzes ausdrücklich von einer „öffentlichen" Wiedergabe ausgeht und die Wiedergabe innerhalb des Klassenverbands aber letztlich nicht öffentlich ist. Insofern ist lediglich zwischen einer „öffentlichen" und einer klasseninternen „nicht öffentlichen" Wiedergabe zu unterscheiden, sodass es nicht auf eine „private" oder „nicht private" Wiedergabe ankommen kann. Nimmt man ferner an, dass es sich bei den genannten Hinweisen um Allgemeine Geschäftsbedingungen handelt, so wird man folgerichtig auch die Unwirksamkeit dieser Vertragsklauseln feststellen müssen. Denn durch einen solchen Hinweis wird das gesetzlich vorgesehene Wiedergaberecht des Werknutzers hinsichtlich einer „nicht öffentlichen Wiedergabe" auf das Recht der „privaten Wiedergabe" reduziert, sodass dies für den Verbraucher eine unangemessene Benachteiligung gemäß § 307 Abs. 2 Nr. 1 BGB darstellt.[444] Im Ergebnis ist also davon auszugehen, dass die nicht öffentliche Wiedergabe von Original-DVDs oder Originalvideos innerhalb einer Klasse zulässig ist.[445] Aus urheberstrafrechtlicher Sicht kann es ohnehin nicht auf vertragliche Nutzungsbeschränkungen ankommen. Denn der Tatbestand des § 106 Abs. 1 UrhG sieht nur eine Strafbarkeit für die Tathandlung der öffentlichen Wiedergabe vor, sodass nichtöffentliche Verwertungen urheberstrafrechtlich nicht zu beanstanden sind.[446] Eine Erweiterung der Strafbarkeit hinsichtlich Nutzungen im nichtöffentlichen Bereich würde daher gegen das Analogieverbot gemäß Art. 103 Abs. 2 GG verstoßen. Somit sind Vorführungen von Filmen auf gekauften

---

[443] Vgl. hierzu *von Bernuth*, Grundkurs Schulrecht XI, S. 31; *Hoegg*, S. 199; *Rademacher*, ZUM 2014, 666 ff.; *Sieber*, MMR 2004, 715, 718; vgl. auch allgemein zur Abdingbarkeit von urheberrechtlichen Schranken *Gräbig*, GRUR 2012, 331 ff.; *Reinbacher/Schreiber*, UFITA 2012, 771 ff.; *Stieper*, S. 171 ff.

[444] Vgl. *Rademacher*, ZUM 2014, 670 f.

[445] So auch *Hoegg*, S. 199; anders jedoch *von Bernuth*, Grundkurs Schulrecht XI, S. 31, der den privaten Heimgebrauch als eigene Nutzungsart ansieht; die Vorführung außerhalb das privaten Bereichs sei deshalb nicht mehr zulässig.

[446] Auch nach Auffassung der Staatsanwaltschaft München I liegt in dieser Fallkonstellation keine Straftat vor, vgl. *Sieber*, MMR 2004, 715, 718 Fn. 33.

oder ausgeliehenen Medienträgern innerhalb einer Schulklasse, einer Arbeitsgemeinschaft oder einem Leistungs- oder Grundkurs nicht nach § 106 Abs. 1 UrhG strafbar. Allerdings kann die Strafbarkeit bei auch öffentlichen Vorführungen entfallen, wenn die gesetzliche Schranke des § 52 UrhG greift.[447]

c) Das Recht der öffentlichen Zugänglichmachung gemäß § 19a UrhG

Gemäß §§ 15 Abs. 2 Nr. 2, 19a UrhG gehört zu den unkörperlichen Verwertungsrechten seit der Urheberrechtsnovellierung 2003 auch das Recht, das Werk drahtgebunden oder drahtlos der Öffentlichkeit in einer Weise zugänglich zu machen, dass es Mitgliedern der Öffentlichkeit von Orten und zu Zeiten ihrer Wahl zugänglich ist. Für die Tathandlung der Zugänglichmachung ist es entscheidend, dass ein urheberrechtlich geschütztes Werk zum interaktiven Abruf bereitgestellt wird.[448] Ob das bereitgestellte Werk auch tatsächlich abgerufen wird, ist indessen nicht maßgeblich.[449] Die Öffentlichkeit der Zugänglichmachung richtet sich nach § 15 Abs. 3 UrhG. Es wird darauf abgestellt, ob die Bereitstellung des Werkes an Mitglieder der Öffentlichkeit gerichtet ist.[450] Die Zugänglichmachung kann sowohl drahtlos als auch drahtgebunden, d. h. unabhängig von bestimmten Technologien, erfolgen.[451] Die Zugänglichkeit für Mitglieder der Öffentlichkeit von Orten ihrer Wahl ist dann gegeben, wenn der Werknutzer die Wahlmöglichkeit hat, das bereitgestellte Werk von, nicht unbedingt beliebig, verschiedenen Orten abzurufen.[452] Bei einem unternehmensgebundenem Intranet ist dies bereits erfüllt, wenn das Werk an verschiedenen Arbeitsplätzen des Unternehmens zugänglich ist.[453] Andererseits ist für eine Zugänglichkeit „zu Zeiten ihrer Wahl" erforderlich, dass der Nutzer individuell entscheiden kann, wann er auf das bereitgestellte Werk zugreift.[454] Dafür ist es notwendig, dass das

---

447 Zu § 52 UrhG vgl. unten B. I. 5. c) aa).

448 Fromm/Nordemann/*Dustmann*, § 19a Rn. 7; Loewenheim/*Hoeren*, § 21 Rn. 63; MüKo-StGB/*Heinrich*, § 106 UrhG Rn. 75; Schricker/Loewenheim/*Haß*, § 106 Rn. 21; Schricker/Loewenheim/*v. Ungern-Sternberg*, § 19a Rn. 42; Wandtke/Bullinger/*Bullinger*, § 19a Rn. 10.

449 Loewenheim/*Hoeren*, § 21 Rn. 63; MüKo-StGB/*Heinrich*, § 106 UrhG Rn. 75; Wandtke/Bullinger/*Bullinger*, § 19a Rn. 10.

450 Fromm/Nordemann/*Dustmann*, § 19a Rn. 12.

451 Vgl. Fromm/Nordemann/*Dustmann*, § 19a Rn. 10.

452 Schricker/Loewenheim/*v. Ungern-Sternberg*, § 19a Rn. 52; Wandtke/Bullinger/*Bullinger*, § 19a Rn. 8.

453 Wandtke/Bullinger/*Bullinger*, § 19a Rn. 8.

454 Wandtke/Bullinger/*Bullinger*, § 19a Rn. 9.

Werk nicht nur kurzzeitig zugänglich gemacht wird, sondern für einen längeren Zeitraum zum Abruf zur Verfügung steht.[455]

Die Zugänglichmachung ist dann nicht öffentlich, wenn Werke nur für einen begrenzten Personenkreis, der gemäß § 15 Abs. 3 UrhG nicht zur Öffentlichkeit gehört, bereitgestellt werden. Entscheidend ist hierbei, dass die Begrenzung des Personenkreises auch tatsächlich vorgenommen wird.[456] Es ist also dafür zu sorgen, dass nur die jeweils ausgewählten Personen auf die zugänglich gemachten Werke zugreifen können. Hierfür reichen bloße Hinweise, deren Einhaltung unkontrolliert bleibt, nicht aus.[457] Technisch möglich ist z. B. die Abgrenzung des Personenkreises durch einen Passwortschutz. Mit der Einrichtung eines Passworts kann der Verwerter den Zugang zum Werk kontrollieren und den Personenkreis der Werknutzer durch die Weitergabe des Passworts selbst bestimmen. Es kommt jedoch nicht darauf an, dass einzelne Zugriffe von unerwünschten Personen hundertprozentig ausgeschlossen werden können. Für das Vorliegen der Nichtöffentlichkeit unschädlich ist daher, wenn einzelne Außenstehende trotz der ansonsten wirksamen Kontrollen aufgrund von normalen Lebensumständen, die nicht zumutbar vermieden werden können (z. B. offenes Fenster oder dünne Trennwände), Kenntnis vom Passwort erlangen.[458]

Relevanz für den Schulbereich hat die Verwertungshandlung der öffentlichen Zugänglichmachung immer dann, wenn urheberrechtlich geschützte Werke im internen Schulnetzwerk oder auf der Schulhomepage zum Abruf zur Verfügung gestellt werden. Nach dem Gesagten ist eine öffentliche Zugänglichmachung beispielsweise dann anzunehmen, wenn ein Lehrer Werke wie Aufsätze, Übungsklausuren oder Gedichte für einige Monate auf dem schulinternen Netzwerk zum Abruf bereitstellt, sodass alle Schüler der Schüler der Schule von verschiedenen Rechnern aus darauf zugreifen können. Öffentlich ist die Zugänglichmachung auch, wenn der Lehrer zwar ein Passwortschutz einrichtet, er dieses Passwort aber einer öffentliche Personengruppe, z. B. der gesamten Oberstufe, mitteilt. Ist der Abruf von bereitgestellten Werken allerdings durch einen Passwortschutz lediglich für eine Klasse, eine AG oder einen Leistungs- oder Grundkurs vorgesehen, so ist die Zugänglichmachung nicht öffentlich. Unschädlich ist hierbei, wenn Schüler der genannten nicht öffentlichen Einheiten das entsprechende Passwort an Unbeteiligte weitergeben, da dem Lehrer keine zumutbaren Kontrollmechanismen zur Verfügung stehen, um solche Weitergaben systema-

---

[455] Wandtke/Bullinger/*Bullinger*, § 19a Rn. 9.

[456] BeckOK-UrhG/*Kroitzsch/Götting*, § 15 Rn. 25.

[457] BGHZ 17, 376, 379 – Betriebsfeiern; Schricker/Loewenheim/*v. Ungern-Sternberg*, § 15 Rn. 68; *Suttorp*, S. 70.

[458] BeckOK-UrhG/*Kroitzsch/Götting*, § 15 Rn. 25; *Suttorp*, S. 70.

tisch zu verhindern. Wird ein Passwortschutz eingerichtet, so ist lediglich darauf abzustellen, ob der Lehrer das Passwort einer öffentlichen oder nicht öffentlichen Personengruppe mitteilt und ihnen dadurch einen unmittelbaren Werkzugang ermöglicht. Das bloße Setzen von Hyperlinks auf der Schulhomepage ist dagegen keine Zugänglichmachung, sodass der Verweis auf Werke durch Setzen von Links urheberrechtlich zulässig ist.[459] Das Recht der öffentlichen Zugänglichmachung wird insbesondere in § 52a UrhG sowie in § 46 UrhG schulspezifisch privilegiert.

d) Das Recht der Wiedergabe durch Bild- oder Tonträger gemäß § 21 UrhG

Ein weiteres schulrelevantes Wiedergaberecht ist das Recht der Wiedergabe durch Bild- oder Tonträger gemäß § 21 UrhG. Es ist das Recht, Vorträge oder Aufführungen des Werkes mittels Bild- oder Tonträger öffentlich wahrnehmbar zu machen. Hierbei handelt es sich um ein so genanntes Zweitverwertungsrecht des Urhebers, d.h. der Urheber soll genauso über die öffentliche Wiedergabe der Bild- oder Tonträger bestimmen können, nachdem bereits schon die Herstellung der Bild- oder Tonträger mit einer Vervielfältigung seines Werkes verbunden war.[460] Das Recht betrifft also das Abspielen von Bild- oder Tonträgern, die Vorträge i.S.v. § 19 Abs. 1 UrhG oder Aufführungen i.S.v. § 19 Abs. 2 UrhG von Sprachwerken, Musikwerken und choreographischen Werken enthalten. Somit sind Vorführungen von Filmwerken als solche nicht dem § 21 UrhG, sondern dem Verwertungsrecht des § 19 Abs. 4 UrhG zuzuordnen. Jedoch liegt in einer Vorführung eines Filmwerks auf Bild- oder Tonträgern zugleich auch eine Wiedergabe der in einem Filmwerk enthaltenen Werke wie Drehbuch, Roman oder Filmmusik vor, sodass § 21 UrhG auch bei Filmvorführungen, soweit es um die genannten Werke geht, neben § 19 Abs. 4 UrhG einschlägig ist.[461] Der Begriff der Bild- oder Tonträger richtet sich hier nach § 16 Abs. 2 UrhG, sodass z.B. Schallplatten, Kassetten, CDs, DVDs, USB-Sticks, Festplatten sowie sonstige analoge und digitale Datenträger erfasst sind.[462]

Dieses Verwertungsrecht hat insgesamt eine große Relevanz im Schulalltag. Es ist immer dann berührt, wenn Lehrer oder Schüler CDs, DVDs oder USB-Sticks mit sprachlichen Hörspielen oder Musik oder auch Fil-

---

459 LG Berlin, MMR 2005, 718, 719 – Link auf Website mit Musikdateien; Fromm/Nordemann/*Dustmann*, § 19a Rn. 23; Schricker/Loewenheim/*v. Ungern-Sternberg*, § 19a Rn. 46.

460 Fromm/Nordemann/*Dustmann*, § 21 Rn. 1.

461 Schricker/Loewenheim/*v. Ungern-Sternberg*, § 21 Rn. 5.

462 Loewenheim/*Hoeren*, § 21 Rn. 72.

men mit Hilfe von technischen Geräten für die menschlichen Sinne wahrnehmbar machen. Dabei ist das Recht des § 21 UrhG jedoch nur bezüglich der im Filmwerk enthaltenen Werke des § 2 Abs. 1 Nr. 1–3 UrhG betroffen. Genauso erfasst sind die Fälle, in denen Lehrer oder Schüler geschützte Texte im Rahmen einer Powerpoint-Präsentation wiedergeben.[463] Von Bedeutung sind jedoch auch bei dieser Verwertungsart nur öffentliche Wiedergaben i. S. v. § 15 Abs. 3 UrhG. Betroffen sind deshalb insbesondere Musik- oder Filmwiedergaben bei großen Schulveranstaltungen wie dem Abiturball, dem Schulkarneval und dem Tag der offenen Tür sowie anderen öffentlichen Veranstaltungen in der Schule. Andererseits sind nicht öffentliche Wiedergaben wie das Abspielen von Musik-CDs oder Film-DVDs innerhalb des Schulunterrichts, der Leistungs- oder Grundkurse oder der Arbeitsgemeinschaften nicht von § 21 UrhG erfasst. Für die Schule relevante Schranken des Verwertungsrechts gemäß § 21 UrhG ist insbesondere § 52 UrhG.

e) Das Recht der Wiedergabe von Funksendungen und von öffentlicher Zugänglichmachung gemäß § 22 UrhG

Relevant für die Schule ist ferner das Recht der Wiedergabe von Funksendungen und von öffentlicher Zugänglichmachung gemäß § 22 UrhG. Hierbei geht es um das Recht, Funksendungen und auf öffentlicher Zugänglichmachung beruhende Wiedergaben des Werkes durch Bildschirm, Lautsprecher oder ähnliche technische Einrichtungen öffentlich wahrnehmbar zu machen. Ähnlich wie § 21 UrhG ist auch dies ein Zweitverwertungsrecht, das dem Urheber das Recht an der öffentlichen Wiedergabe seiner bereits gesendeten oder öffentlich zugänglich gemachten Werke sichert.[464] Gegenstand dieses Rechts können somit alle Werkarten des § 2 Abs. 1 Nr. 1 bis 7 UrhG sein, die nach einer Erstverwertung der Funksendung oder der öffentlichen Zugänglichmachung öffentlich wahrnehmbar gemacht werden.[465] Die Wiedergabe nach § 22 UrhG ist dann öffentlich, wenn der vor Ort wahrnehmende Personenkreis der Öffentlichkeit i. S. v. § 15 Abs. 3 UrhG angehört. Der Begriff der Funksendung richtet sich nach § 20 UrhG, sodass Fernsehen und Radio erfasst sind.[466] Dabei ist es für die Wiedergabe nach § 22 UrhG nicht notwendig, dass die Fernseh- oder Radiosendung zeitgleich, also „live“, für einen öffentlichen Personenkreis

---

463 Siehe Fromm/Nordemann/*Dustmann*, § 21 Rn. 8.

464 Fromm/Nordemann/*Dustmann*, § 22 Rn. 1; Wandtke/Bullinger/*Ehrhardt*, § 22 Rn. 1.

465 Schricker/Loewenheim/*v. Ungern-Sternberg*, § 22 Rn. 8.

466 Wandtke-UrhR/*Wöhrn*, 3. Kap. Rn. 158.

wahrnehmbar gemacht wird.[467] Deswegen fallen auch Wahrnehmbarmachungen von aufgezeichneten Fernseh- oder Radiosendungen unter § 22 UrhG.[468] Indes erfasst die Variante der Wiedergabe von öffentlicher Zugänglichmachung häufig die Fälle, in denen im Internet bereitgestellte Werke abgerufen und zugleich einem öffentlichen Publikum wahrnehmbar gemacht werden.[469] Für die Schule relevante Schranken dieses Verwertungsrechts ist insbesondere § 52 UrhG.

Das Recht der Wiedergabe gemäß § 22 UrhG hat in der Schule eine ähnlich große Relevanz wie das Recht nach § 21 UrhG. Denn an deutschen Schulen ist es nach wie vor keine Seltenheit, dass Lehrer Fernseh- oder Radiosendungen aufzeichnen, um sie den Schülern vorzuspielen. Urheberrechtlich von Bedeutung sind solche Wiedergaben aber nur, wenn der wahrnehmende Empfängerkreis als öffentlich einzustufen ist. Dadurch erfasst § 22 UrhG nicht die Fälle, in denen der Lehrer aufgezeichnete Fernseh- oder Radiosendungen wie naturwissenschaftliche Dokumentationen, historische Reportagen, politische Talkshows oder Musiksendungen in seiner Klasse, in seinem Leistungs- oder Grundkurs oder in seiner Arbeitsgemeinschaft mit Hilfe eines Fernsehers und eines Video- oder DVD-Players wiedergibt. Betroffen sind daher nur Wiedergaben bei Veranstaltungen mit verschiedenen Parallelklassen, mit dem ganzen Jahrgang, mit der ganzen Oberstufe sowie bei allen größeren Schulveranstaltungen. In diesem Zusammenhang ist zu beachten, dass auch die Wiedergabe von aufgezeichneten Fernsehfilmen bei öffentlichen Schulveranstaltungen unter § 22 UrhG fällt. Zwar ist das Abspielen von aufgezeichneten oder in sonstiger Weise kopierten Filmwerken grundsätzlich als Vorführung nach § 19 Abs. 4 UrhG anzusehen. Ist die Kopie des Filmwerks jedoch durch einen Mitschnitt der Fernsehausstrahlung entstanden, so richtet sich die öffentliche Wahrnehmbarmachung dieser Fernsehaufzeichnung nach dem Wiedergaberecht des § 22 UrhG.[470]

Durch die vermehrte Nutzung von modernen internetfähigen Geräten sowie die bessere technische Ausstattung an Schulen gewinnt die Wiedergabe von öffentlich zugänglich gemachten Werken für den Schulbereich immer mehr an Bedeutung. Werden bei öffentlichen Schulveranstaltungen Sprachwerke, Musikwerke, Filmwerke oder Darstellungen wissenschaftlicher oder technischer Art, die auf Internetplattformen zum Abruf bereitgestellt werden,

---

467 So OLG Frankfurt, GRUR 1989, 203, 204; Dreier/Schulze/*Dreier*, § 22 Rn. 6; Loewenheim/*Schwarz/Reber*, § 21 Rn. 112; Schricker/Loewenheim/*v. Ungern-Sternberg*, § 22 Rn. 8; a.A. Fromm/Nordemann/*Dustmann*, § 22 Rn. 6.

468 Vgl. OLG Frankfurt, GRUR 1989, 203, 204 – Wüstenflug; Dreier/Schulze/*Dreier*, § 22 Rn. 6; Schricker/Loewenheim/*v. Ungern-Sternberg*, § 22 Rn. 8.

469 Schricker/Loewenheim/*v. Ungern-Sternberg*, § 22 Rn. 9.

470 Vgl. Loewenheim/*Schwarz/Reber*, § 21 Rn. 112.

mit Hilfe von technischen Geräten für Schüler wahrnehmbar gemacht, so handelt es sich um eine Verwertung der jeweiligen Werke gemäß § 22 UrhG. Ein solcher Fall liegt beispielsweise vor, wenn ein Schüler im Rahmen seines Vortrags vor seiner Projektgruppe ein Musikwerk, welches er auf der Internetplattform „YouTube“ mit Hilfe seines Smartphones abruft und für seine Mitschüler über die Lautsprecher seines Smartphones wahrnehmbar macht. Weiterhin können öffentlich zugänglich gemachte Werke auch von Lehrern für ihren Unterricht genutzt werden. Dies ist zum Beispiel dann der Fall, wenn ein Lehrer bei einer Unterrichtsveranstaltung mit verschiedenen Parallelklassen eine ZDF-Dokumentation über den römischen Kaiser Konstantin auf den Internetseiten der ZDF-Mediathek abruft, um allen anwesenden Schülern diesen historischen Beitrag mit Hilfe des Laptops und des Beamers wahrnehmbar machen zu können.

5. Das Merkmal „in anderen als den gesetzlich zugelassenen Fällen“

Nach dem Wortlaut des § 106 Abs. 1 UrhG macht sich nur derjenige strafbar, der „in anderen als den gesetzlich zugelassenen Fällen“ ohne Einwilligung der Berechtigten Vervielfältigungen, Verbreitungen oder öffentliche Wiedergaben von Werken oder Bearbeitungen bzw. Umgestaltungen von Werken vornimmt. Ein Verwerter, der ohne Einwilligung des Berechtigten handelt, kann somit strafrechtlich nicht sanktioniert werden, sofern sein Handeln von einem gesetzlich zugelassenen Fall gedeckt ist. Eine Strafbarkeit nach § 106 Abs. 1 UrhG setzt somit nicht nur voraus, dass ein Werk oder eine Bearbeitung bzw. Umgestaltung eines Werkes ohne Einwilligung des Berechtigten verwertet wurde. Vielmehr muss bei der Prüfung der Strafbarkeit nach § 106 Abs. 1 UrhG stets untersucht werden, ob gesetzlich privilegierte Fälle vorhanden sind, die der Strafbarkeit entgegenstehen.

Bei den „gesetzlich zugelassenen Fällen“ handelt es sich hauptsächlich um die Schranken des Urheberrechts gemäß den §§ 44a ff. UrhG.[471] Hiervon ausgenommen sind allerdings das Änderungsverbot gemäß § 62 UrhG und die Quellenangabe gemäß § 63 UrhG.[472] Zu den „gesetzlich zugelassenen Fällen“ gehören außerdem die Vorschriften über die „Dauer des Urheber-

---

[471] So die einhellige Auffassung, vgl. nur BeckOK-UrhG/*Sternberg-Lieben*, § 106 Rn. 30; Berger/Wündisch/*Kudlich*, § 9 Rn. 18; Dreier/Schulze/*Dreier*, § 106 Rn. 6; Erbs/Kohlhaas/*Kaiser*, § 106 UrhG Rn. 21; *Gercke/Brunst*, Rn. 441; *Heinrich*, Standardsoftware, S. 249; *Hildebrandt*, S. 124; Loewenheim/*Flechsig*, § 90 Rn. 24; *Mitsch*, § 8 Rn. 21; MüKo-StGB/*Heinrich*, § 106 UrhG Rn. 78; *Reinbacher*, Privatgebrauch, S. 136; Schricker/Loewenheim/*Haß*, § 106 Rn. 23; Wandtke/Bullinger/*Hildebrandt/Reinbacher*, § 106 Rn. 21; *Weber*, S. 225.

[472] Hierzu vgl. unten B. I. 5. c) ee).

rechts“ in den §§ 64 ff. UrhG (allerdings umstritten)[473] sowie der Erschöpfungsgrundsatz nach § 17 Abs. 2 UrhG[474]. Hinsichtlich der Computerprogramme gelten die Spezialvorschriften der §§ 69c, d UrhG, sodass die §§ 44a ff. UrhG für diesen Bereich nur subsidiär anwendbar sind.[475]

Ob das Merkmal der „gesetzlich zugelassenen Fälle“ für den Handelnden greift, ist somit in erster Linie davon abhängig, ob sein Handeln unter eine der verschiedenen zivilrechtlichen Schranken der §§ 44a bis 60 UrhG fällt. Demzufolge liegt grundsätzlich auch hier, wie bereits beim Tatobjekt als auch bei der Tathandlung des § 106 Abs. 1 UrhG, eine Akzessorietät zum Zivilrecht vor. Durch dieses Abhängigkeitsverhältnis wird verhindert, dass der Schutzumfang im Urheberstrafrecht über den Umfang des Urheberrechtsschutzes im Zivilrecht hinausgeht.[476] Nicht zuletzt aufgrund ihrer fortlaufenden quantitativen sowie inhaltlichen Veränderungen, vorwiegend durch internationales und europäisches Recht bedingt, sind die „Schranken des Urheberrechts“ daher auch für urheberstrafrechtliche Untersuchungen von zentraler Bedeutung.[477] Im Rahmen der Prüfung der Strafbarkeit nach § 106 Abs. 1 UrhG erfolgt daher auch immer eine Prüfung der §§ 44a bis 60 UrhG sowie der §§ 64 ff. UrhG.

Dogmatisch sind die „gesetzlich zugelassenen Fälle“ mit der ganz h. M.[478] als *negativ gefasste Tatbestandsmerkmale*[479] des § 106 Abs. 1 UrhG einzuordnen, sodass mit diesem Merkmal nicht die allgemeinen Rechtfertigungs-

---

473 Dazu siehe unten B. I. 5. d).

474 Vgl. MüKo-StGB/*Heinrich*, § 106 UrhG Rn. 78; zum Erschöpfungsgrundsatz vgl. oben B. I. 3. b).

475 MüKo-StGB/*Heinrich*, § 106 UrhG Rn. 79; zu den §§ 69c, d UrhG siehe *Heinrich*, Standardsoftware, S. 249 ff.; *Poeppel*, S. 453 ff. und S. 483 ff.

476 *Hildebrandt*, S. 124; *Lauer*, S. 29; *Reinbacher*, Privatgebrauch, S. 136.

477 In diesem Sinne auch MüKo-StGB/*Heinrich*, § 106 UrhG Rn. 78; vgl. auch schon *Sternberg-Lieben*, Musikdiebstahl, S. 65.

478 Vgl. BeckOK-UrhG/*Sternberg-Lieben*, § 106 Rn. 30; Dreier/Schulze/*Dreier*, § 106 Rn. 6; Erbs/Kohlhaas/*Kaiser*, § 106 UrhG Rn. 22; Fromm/Nordemann/*Ruttke/Scharringhausen*, § 106 Rn. 21; *Haß*, FS-Klaka, 1987, S. 127, 134 ff.; *Heinrich*, Standardsoftware, S. 249; *Hilgendorf/Valerius*, Rn. 709; *Lauer*, S. 39; Loewenheim/*Flechsig*, § 90 Rn. 24; *Mitsch*, § 8 Rn. 21; *Reinbacher*, Privatgebrauch, S. 175; *Rochlitz*, S. 131 ff.; Schricker/Loewenheim/*Haß*, § 106 Rn. 23; Spindler/Schuster/*Gercke*, § 106 UrhG Rn. 8; *Sternberg-Lieben*, S. 65; Wandtke/Bullinger/*Hildebrandt/Reinbacher*, § 106 Rn. 21; *Weber*, S. 230; a. A. *Kircher*, S. 233 ff.; *Lampe*, UFITA 83 (1978), 15, 30 f.; ebenso *Bosbach/Wiege*, ZUM 2012, 293, 296; wohl auch *Brackmann/Oehme*, NZWiSt 2013, 170, 172, die den gesetzlich zugelassenen Fall des § 44a UrhG als Rechtfertigungsgrund bezeichnen.

479 Diese Bezeichnung ist jedoch nicht mit der „Lehre von den negativen Tatbestandsmerkmalen“ zu verwechseln. Denn anders als hier geht diese von einem 2-gliedrigen Aufbau einer Straftat aus und sieht die Rechtfertigungsgründe generell als negative Tatbestandsmerkmale der Tatbestandsebene, vgl. z. B. MüKo-StGB/

gründe gemeint sind. Greift also ein gesetzlich zugelassener Fall, so ist schon der Tatbestand des § 106 Abs. 1 UrhG nicht gegeben.[480] Ferner handelt es sich beim dem Merkmal der „gesetzlich zugelassenen Fälle" um ein sog. Blankettmerkmal, da das Merkmal selbst den (negativen) Tatbestand nicht vollständig umschreibt, sondern erst durch die (konkludente) Verweisung auf die Vorschriften der §§ 44a ff. UrhG einen eigenständigen Sinn erlangt.[481]

Nachfolgend widmet sich diese Arbeit den „Schranken des Urheberrechts" im Hinblick auf ihre Relevanz für den Schulgebrauch von urheberrechtlich geschützten Werken.[482] Daran anschließend folgt eine kurze Darstellung und Einordnung der §§ 64 ff. UrhG.[483]

a) Die Schranken des Urheberrechts

Bei den im 6. Abschnitt des 1. Teils des Urheberrechtsgesetzes unter der Überschrift „Schranken des Urheberrechts" geregelten Vorschriften der §§ 44a ff. UrhG handelt es sich um inhaltliche Einschränkungen der ausschließlichen Rechte des Urhebers. Nahezu alle Regelungen der §§ 44a ff. UrhG schränken die ausschließlichen Verwertungsrechte der §§ 15 ff. UrhG ein. Lediglich die Schranke des § 45 UrhG, die Nutzungen von Bildnissen für die Zwecke der Rechtspflege und der öffentlichen Sicherheit auch ohne die vorausgegangene Veröffentlichung durch den Urheber sowie ohne Quellenangabe nach § 63 UrhG für zulässig erklärt, rechtfertigt einen Eingriff in die Persönlichkeitsrechte des Urhebers gemäß §§ 12 bis 14 UrhG.[484] Systematisch beinhalten die §§ 44a ff. UrhG diverse Einzelregelungen, die die Rechte der Urheber jeweils unter unterschiedlichen Voraussetzungen und in unterschiedlichem Umfang begrenzen.

Die vorliegende Arbeit beschäftigt sich in erster Linie mit solchen Schrankenregelungen, die speziell Werkverwertungen im Bereich der Schule privilegieren. Diese schulspezifischen Schranken werden nicht einheitlich in einer Schrankenvorschrift geregelt, sondern sind innerhalb der Vorschriften der §§ 44a ff. UrhG verteilt. Teilweise handelt es sich dabei um kleine Teilbestimmungen innerhalb einer umfassenden Schrankenvorschrift. Dies ist z. B.

Schlehofer, Vor §§ 32 ff. Rn. 36 ff.; NK-StGB/*Puppe*, Vor § 13 ff. Rn. 12 ff.; hierzu vgl. auch *Heinrich*, AT, Rn. 107 ff.

480 *Gercke*, JA 2009, 90, 93; *Reinbacher*, Privatgebrauch, S. 175 f. Ausführlich zur Einordnung als Tatbestandsmerkmal vgl. *Hildebrandt*, S. 129 ff.; *Weber*, S. 225 ff.

481 Hierzu ausführlich vgl. *Lauer*, S. 46 ff.; *Hildebrandt*, S. 265 f.; *Reinbacher*, Privatgebrauch, S. 177 f.; *Weber*, S. 228 ff.

482 Vgl. sogleich B. I. 5. a) bis c).

483 Siehe unten B. I. 5. d).

484 Loewenheim/*Götting*, § 30 Rn. 10.

bei den §§ 53 Abs. 3 Nr. 1 bzw. 53 Abs. 3 Nr. 2 UrhG der Fall. Im heutigen UrhG existieren folgende schulspezifische Schrankenbestimmungen, die ausdrücklich die Werknutzung in *Schulen* bzw. den *Schulgebrauch* privilegieren:

- Vervielfältigungen zur Veranschaulichung des Unterrichts und für Prüfungen *in Schulen* § 53 Abs. 3 Satz 1 Nr. 1 und Nr. 2 UrhG,
- Öffentliche Zugänglichmachung zur Veranschaulichung im Unterricht *an Schulen* § 52a UrhG,
- Sammlungen für den *Schul- und Unterrichtsgebrauch* § 46 UrhG,
- Aufzeichnungen von *Schulfunksendungen* § 47 UrhG.

Diese schulspezifischen Schrankenregelungen werden unten[485] jeweils einzeln dargestellt. Zum besseren Verständnis folgt jedoch zunächst ein allgemeiner Überblick über die „Schranken des Urheberrechts" unter Berücksichtigung ihrer schulspezifischen Relevanz. Nach der Darstellung der einzelnen schulspezifischen Schranken werden auch andere Schrankenregelungen der §§ 44a ff. UrhG aufgezeigt, die zwar nicht ausdrücklich den Schulgebrauch privilegieren, aber auch für die Nutzung im Schulbereich durchaus relevant sein können.[486]

aa) Arten von Schranken in den §§ 44a ff. UrhG

Die Schrankenregelungen der §§ 44a ff. UrhG sind im Einzelnen nicht gleichartig aufgebaut. Vielmehr können sie unterschiedlich intensiv in die Ausschließlichkeitsrechte der Urheber eingreifen. Im UrhG bedeutsam sind vor allem die inhaltlichen Schranken der ersatzlosen Aufhebung und der gesetzlichen Lizenz.[487]

Die *ersatzlose Aufhebung* ist der intensivste Eingriff in die Ausschließlichkeitsrechte des Urhebers. Bei dieser Schrankenart können urheberrechtlich geschützte Werke, soweit die jeweiligen Voraussetzungen der einzelnen Schranke erfüllt sind, ohne Zustimmung der Berechtigten und ohne die Erbringung einer Vergütung genutzt werden.[488] Der Nutzer muss lediglich das Änderungsverbot gemäß § 62 UrhG und die Pflicht der Quellenangabe gemäß § 63 UrhG einhalten. Die ersatzlose Aufhebung ist in den §§ 44a, 45, 48, 50, 51 UrhG und zum Teil in den §§ 45a, 52 Abs. 1 Satz 3, 55, 56, 57, 59, 60 UrhG zu finden.[489] Von den schulspezifischen Schranken ist nur § 47 Abs. 1 UrhG hierunter zu fassen.

---

485 Siehe unten B. I. 5. b).

486 Siehe unten B. I. 5. c).

487 Vgl. Schricker/Loewenheim/*Melichar*, Vor §§ 44a ff. Rn. 6.

488 Loewenheim/*Götting*, § 30 Rn. 16.

489 *Poeppel*, S. 35; Schricker/Loewenheim/*Melichar*, Vor §§ 44a ff. Rn. 6.

Eine andere Schrankenart im UrhG ist die *gesetzliche Lizenz*. Sie ist dadurch gekennzeichnet, dass ein Werk zwar einwilligungsfrei genutzt werden kann, jedoch soll der Urheber im Gegenzug eine „angemessene Vergütung" erhalten.[490] Im Vergleich zur ersatzlosen Aufhebung ist dieser Eingriff in die Ausschließlichkeitsrechte des Urhebers weniger intensiv, da dem Urheber immerhin ein Anspruch auf Vergütung zusteht. Rechtspolitisch bedeutet ein solcher Vergütungsanspruch des Urhebers jedoch auch, dass die Interessen der Allgemeinheit, die hinter den jeweiligen Schranken stehen, nicht derart gewichtig sind, um eine ersatzlose Aufhebung der Ausschließlichkeitsrechte des Urhebers zu rechtfertigen.[491] Schulspezifische gesetzliche Lizenzen finden sich in §§ 46, 47 Abs. 2 Satz 2 a.E., 52a Abs. 1 i.V.m. Abs. 4, 53 Abs. 3 Satz 1 Nr. 1 und Nr. 2 i.V.m. 54 Abs. 1, 54c UrhG. Dabei variiert die Person des Vergütungsschuldners je nach Schranke. In den §§ 46 Abs. 1 Satz 1, Abs. 4 und 47 Abs. 1 Satz 1, Abs. 2 Satz 2, 52a Abs. 1 i.V.m. Abs. 4 UrhG ist der Vergütungsschuldner derjenige, der die jeweilige Verwertungshandlung vorgenommen hat. Der Vergütungsanspruch entsteht hier erst durch die Vornahme der jeweiligen Verwertungshandlung. Anders ist es bei den schulspezifischen Schranken der §§ 53 Abs. 3 Satz 1 Nr. 1 und Nr. 2 i.V.m. §§ 54 ff. UrhG. In diesen Fällen trifft den Hersteller, Händler, Importeur oder Betreiber von Geräten, Speichermedien oder Zubehör, die zur Vornahme der Vervielfältigung benutzt werden, die Vergütungspflicht. Bei diesem Vergütungsmodell entsteht der Vergütungsanspruch schon weit vor der tatsächlichen Verwertungshandlung. Der Grund für diese vorverlagerte Vergütungspflicht der Hersteller, Händler, Importeure oder Betreiber ist allein die Gewährleistung einer praxisgerechten Rechtsdurchsetzung.[492] Denn aufgrund der unüberschaubaren Massenverwertungen in der Praxis ist es für den Urheber nahezu unmöglich sein Ausschließlichkeitsrecht rechtlich durchzusetzen. Dies ist z.B. bei Vervielfältigungshandlungen an einer Schule der Fall. Im täglichen Schulbetrieb können die Urheber oder die Verwertungsgesellschaften kaum erfassen, welche Lehrer oder Schüler welche Werke, in welcher Anzahl, in welchem Umfang oder auf welche Art und Weise vervielfältigen. Das Vorverlagerungsmodell soll dem Urheber daher ermöglichen seine Vergütungsansprüche zumindest in einem kleinen Umfang praktisch durchzusetzen und teilweise auch die Anzahl der tatsächlichen Verwerter, wenn auch nur indirekt, grob zu überblicken.[493]

---

490 Dreier/Schulze/*Dreier*, Vor §§ 44a ff. Rn. 14; Loewenheim/*Götting*, § 30 Rn. 17.

491 Vgl. Begründung RegE UrhG, BT-Drucks. IV/270, S. 30.

492 Vgl. AmtlBegr. UFITA 45 (1965), 240, 287 f.; *Neumann*, S. 47 f.; *Poeppel*, S. 36.

493 Dreier/Schulze/*Dreier*, Vor §§ 44a ff. Rn. 14; *Poeppel*, S. 36.

Für die vorliegende urheberstrafrechtliche Betrachtung kommt es jedoch letztlich nur darauf an, ob die Verwertungshandlung einwilligungsfrei und damit auch strafrechtlich zulässig vorgenommen werden kann. Denn die Pflicht zur angemessen Vergütung ist nur die zivilrechtliche Folge der Schranke und hat daher für die urheberstrafrechtliche Beurteilung nach § 106 UrhG keine Relevanz. Liegen die Schrankenvoraussetzungen vor, so ist auch der gesetzlich zugelassene Fall zu bejahen. Wird die Vergütung später nicht gezahlt, so hat dies nur zivilrechtliche Konsequenzen. Urheberstrafrechtlich führt die spätere Nichtzahlung daher nicht zum nachträglichen Wegfall der Schranke und somit auch nicht nachträglich zur Strafbarkeit.

Ferner gibt es weitere Formen der Beschränkung der Ausschließlichkeitsrechte des Urhebers. Zu nennen ist zum einen die *Zwangslizenz* in § 42a UrhG und zum anderen die *Verwertungsgesellschaftspflichtigkeit* in § 20b Abs. 1 UrhG.[494] Schulspezifischen Bezug hat die Verwertungsgesellschaftspflichtigkeit insofern, als die Vergütungsansprüche des Urhebers aus den gesetzlichen Lizenzen in § 52a, § 53 i.V.m. §§ 54 ff. UrhG gemäß § 52a Abs. 4 Satz 2 und § 54h Abs. 1 UrhG nur durch eine Verwertungsgesellschaft geltend gemacht werden können. Bezüglich dieser Vergütungsansprüche ist der Urheber also verwertungsgesellschaftspflichtig.

bb) Die rechtspolitische Rechtfertigung der Schranken

Die urheberechtliche Privilegierung des Schulgebrauchs im deutschen Recht ist keine neue Erfindung des modernen Gesetzgebers. Vielmehr entwickelten sich parallel zum Druck und Gebrauch von Schulbüchern auch urheber- und verlagsrechtliche Privilegierungen zugunsten der Schulnutzung.[495] Bemerkenswert ist dabei, dass der Gesetzgeber das „Ob“ der Einschränkungen urheberrechtlicher Befugnisse stets ohne größeren Begründungsaufwand als selbstverständlich betrachtete und bestenfalls nur Überlegungen hinsichtlich des Umfangs der Einschränkungen oder der Vergütungsfreiheit anstellte.[496] Es ist allerdings zu berücksichtigen, dass alle schulspezifischen Privilegierungsvorschriften bis zur Schaffung des derzeitigen Urheberrechtsgesetzes im Jahre 1965 lediglich Nutzungen von Schulsammlungen (§ 46 UrhG) privilegierten. Nach und nach kamen, auch bedingt durch internationales Recht[497], weitere schulspezifische Privilegierungsregelungen dazu.

---

494 Vgl. *Rehbinder/Peukert*, Rn. 597.

495 Zur geschichtlichen Entwicklung von schulspezifischen Privilegierungen in den deutschen Ländern siehe *Neumann*, S. 29 ff.

496 Vgl. *Neumann*, S. 35, 36, 38.

497 Dazu vgl. unten B. I. 5. a) dd).

In der Einleitung der Begründung zum Regierungsentwurf des UrhG im Jahre 1962 rechtfertigt der Gesetzgeber die Beschränkung des Urheberrechts damit, dass „auch das Urheberrecht, wie jedes absolute Recht, ein sozialgebundenes Recht ist, das gewissen Schranken im Interesse der Gemeinschaft unterliegt".[498] Das Urheberrecht sei daher gegenüber berechtigten Interessen der Allgemeinheit an dem ungehinderten Zugang zu den Kulturgütern sachgemäß einzuschränken.[499] Diese Schranken ergäben sich bereits aus der sozialen Natur des Urheberrechts.[500] Die Grenzen der Herrschaftsmacht der Werkschaffenden über ihre Werke seien daher in den überwiegenden Bedürfnissen der Allgemeinheit zu finden.[501] Es wird ferner klargestellt, dass sich die allgemein rechtfertigenden „Interessen der Allgemeinheit" im Einzelnen aus unterschiedlichen Interessen zusammensetzen.[502] Diese werden durch die einzelnen Schrankenregelungen geschützt. So geht es z. B. in § 51 UrhG um den „Schutz der Freiheit des geistigen Schaffens"[503] und in den §§ 48, 49 und 50 UrhG um die „Erleichterung der Berichterstattung"[504]. Auch die Privilegierung von schulspezifischen Nutzungen urheberrechtlich geschützter Werke ist grundlegend auf den Schutz der Interessen der Allgemeinheit zurückzuführen. Die Schutzzwecke der schulspezifischen Schrankenregelungen sind die Interessen der „Erleichterung des Schulunterrichts"[505] (§§ 46, 47 UrhG), das „berechtigte Interesse aus dem Bereich Unterricht"[506] (§ 52a UrhG) oder das „öffentliche Interesse an der Qualität der Aus- und Fortbildung"[507] (§ 53 Abs. 3 UrhG).

Andererseits war der Gesetzgeber auch grundsätzlich bemüht, nur solche Beschränkungen der Befugnisse des Urhebers zuzulassen, die ihn nicht unbillig belasten und im Interesse der Allgemeinheit unbedingt erforderlich erscheinen.[508] Daher enthält die Begründung zum Regierungsentwurf auch allgemeine Ausführungen zum Umfang und zu den Grenzen der Beschränkung des Urheberrechts. Als „allgemeiner Grundsatz" soll gelten, „dass der

---

[498] Begründung RegE UrhG, BT-Drucks. IV/270, S. 30.

[499] Begründung RegE UrhG, BT-Drucks. IV/270, S. 62.

[500] Begründung RegE UrhG, BT-Drucks. IV/270, S. 62.

[501] Begründung RegE UrhG, BT-Drucks. IV/270, S. 62.

[502] Begründung RegE UrhG, BT-Drucks. IV/270, S. 62 f.

[503] Begründung RegE UrhG, BT-Drucks. IV/270, S. 31.

[504] Begründung RegE UrhG, BT-Drucks. IV/270, S. 31; siehe Schricker/Loewenheim/*Melichar*, Vor §§ 44a ff. Rn. 4 mit einer Auflistung weiterer Interessen der Allgemeinheit; hierzu vgl. auch Dreier/Schulze/*Dreier*, Vor §§ 44a ff. Rn. 3.

[505] Begründung RegE UrhG, BT-Drucks. IV/270, S. 30.

[506] Begründung RegE UrhG, BT-Drucks. 15/38, S. 20.

[507] AmtlBegr. zur Novelle 1985 BT-Drucks. 10/837 S. 29.

[508] Vgl. schriftlicher Bericht des Rechtsausschusses, BT zu Drucks. IV/3401, S. 1.

Urheber insbesondere dort im Interesse der Allgemeinheit freien Zugang zu seinen Werken gewähren muss, wo dies unmittelbar der Förderung der geistigen und kulturellen Werte dient, die ihrerseits Grundlage für sein Werkschaffen sind".[509] Nicht gerechtfertigt seien aber „solche Einschränkungen, die nur dazu dienen sollen, der Allgemeinheit die Erfüllung von Aufgaben zu erleichtern, die keine engere Beziehung zum Werkschaffen des Urhebers haben, wie etwa Sozialfürsorge, Jugendpflege und Wohltätigkeit".[510]

Eine weitere wichtige Grenze der Beschränkung des Urheberrechts bildet außerdem der Vergütungsanspruch des Urhebers. In der Begründung des Entwurfs ging der Gesetzgeber grundsätzlich davon aus, dass dem Allgemeininteresse oft nur der Verbotscharakter der urheberrechtlichen Befugnisse entgegensteht, nicht dagegen das wirtschaftliche Interesse des Urhebers, aus der Verwertung seines Werkes angemessen Nutzen zu ziehen.[511] Dementsprechend macht er deutlich darauf aufmerksam, dass „der Urheber tunlichst an dem wirtschaftlichen Nutzen zu beteiligen ist, der aus seinem Werk gezogen wird".[512] Zudem soll auch vermieden werden, dass eine an sich im Allgemeininteresse gebotene Einschränkung mittelbar zu einer nicht gerechtfertigten Privilegierung von wirtschaftlichen Interessen einzelner Werknutzer führt.[513]

cc) Die verfassungsrechtliche Rechtfertigung der Schranken

Wie alle anderen Gesetzesvorschriften müssen auch die Schrankenregelungen der §§ 44a ff. UrhG mit dem Grundgesetz vereinbar sein. Gerade im Bereich der schulspezifischen Schranken hatte das Bundesverfassungsgericht in der Vergangenheit zwei Überprüfungen hinsichtlich der Verfassungskonformität vorgenommen.[514] In diesen Entscheidungen legte das Gericht wesentliche Grundsätze im Hinblick auf die Verfassungsmäßigkeit von urheberrechtlichen Schranken fest, die nicht nur für schulspezifische Schranken, sondern auch für alle anderen Schrankenregelungen von großer Bedeutung sind. Im Kern ging es um zwei grundlegende Fragen betreffend der verfassungsrechtlichen Verankerung des Urheberrechts. Zunächst war die Frage zu klären, ob und auf welche Art und Weise der Schutz von Urheberrechten im Grundgesetz gewährleistet wird. Daran anschließend stellte

---

509 Begründung RegE UrhG, BT-Drucks. IV/270, S. 63.

510 Begründung RegE UrhG, BT-Drucks. IV/270, S. 63.

511 Vgl. Begründung RegE UrhG, BT-Drucks. IV/270, S. 30.

512 Begründung RegE UrhG, BT-Drucks. IV/270, S. 63.

513 Begründung RegE UrhG, BT-Drucks. IV/270, S. 63.

514 Vgl. BVerfG, GRUR 1972, 481 – Kirchen- und Schulgebrauch; GRUR 1972, 487 – Schulfunksendungen.

sich die Frage, ob und inwieweit Einschränkungen der Urheberrechte zugunsten von Interessen der Allgemeinheit, z.B. von berechtigten Interessen aus dem Schulbereich, verfassungsrechtlich gerechtfertigt sind.

(1) Das Urheberrecht als geschütztes Eigentum i. S. v. Art. 14 Abs. 1 GG

Bei der Beurteilung des verfassungsrechtlichen Schutzes von Urheberrechten ist maßgeblich auf das Grundrecht der Eigentumsfreiheit gemäß Art. 14 Abs. 1 GG abzustellen.[515] Unter den Schutz des Art. 14 GG fallen grundsätzlich nur eigentumsfähige Positionen, d.h. jedes vom Gesetzgeber gewährte konkrete vermögenswerte Recht[516], das durch die Entfaltung des Leistungswillens entstanden ist[517]. Art. 14 GG beinhaltet zwei Garantiebereiche: Als Institutsgarantie (Einrichtungsgarantie) verpflichtet Art. 14 Abs. 1 Satz 1 GG den Gesetzgeber objektiv-rechtlich die Existenz von Eigentum zu gewährleisten.[518] Als Bestandsgarantie (Rechtsstellungsgarantie) schützt Art. 14 Abs. 1 Satz 1 GG das konkrete Eigentum in der Hand des konkreten Eigentümers.[519] Folglich ist die Aufgabe der Eigentumsgarantie darin zu sehen, „dem Träger des Grundrechts durch Zubilligung und Sicherung von Herrschafts-, Nutzungs-, und Verfügungsrechten einen Freiheitsraum im vermögensrechtlichen Bereich zu gewährleisten und ihm damit die Entfaltung und eigenverantwortliche Gestaltung des Lebens zu ermöglichen; insoweit steht sie in einem inneren Zusammenhang mit der Garantie der persönlichen Freiheit“[520]. Zudem „bewahrt die Eigentumsgarantie den konkreten und vor allem den durch Arbeit und Leistung erworbenen Bestand an vermögenswerten Gütern vor ungerechtfertigten Eingriffen durch die öffentliche Gewalt“[521].

Aus dieser sichernden und abwehrenden Bedeutung der Eigentumsgarantie schließt das Bundesverfassungsgericht, dass die vermögenswerten Be-

---

[515] Zudem sind auch Art. 2 Abs. 1 und Art. 1 Abs. 1 GG für den Schutz des Urheberpersönlichkeitsrechts einschlägig.

[516] BVerfGE 24, 367, 396 – Hamburgisches Deichordnungsgesetz; 58, 300 – Nassauskiesung.

[517] BVerfGE 31, 229, 240f. – Kirchen- und Schulgebrauch; 51, 193 – Schlossberg.

[518] BVerfGE 24, 367, 389 – Hamburgisches Deichordnungsgesetz; Jarass/Pieroth/*Jarass*, Art. 14 Rn. 3; *Pieroth/Schlink*, Rn. 997.

[519] *Pieroth/Schlink*, Rn. 998.

[520] BVerfGE 21, 73, 86 – Grundstücksverkehr; 24, 367, 389 – Hamburgisches Deichordnungsgesetz; BVerfG, GRUR 1972, 481, 483 – Kirchen- und Schulgebrauch.

[521] BVerfG, GRUR 1972, 481, 483 – Kirchen- und Schulgebrauch.

fugnisse des Urhebers an seinem Werk als „Eigentum“ i.S.v. Art. 14 GG anzusehen und seinem Schutzbereich zu unterstellen sind.[522] Diese Zuordnung des Urheberrechts ist bis heute ständige Rechtsprechung des BVerfG[523] sowie allgemeine Ansicht in der Literatur[524] und bildet somit die Grundlage für die verfassungsrechtliche Beurteilung des Urheberrechts.[525] Außerdem erkannte das Bundesverfassungsgericht jedoch auch, dass die unlösbare Verbindung von persönlich-geistiger Schöpfung mit ihrer wirtschaftlichen Auswertbarkeit sowie die besondere Natur und Gestaltung dieses Vermögensrechts gebührend zu berücksichtigen sind.[526] Damit wird deutlich, dass nur die verwertungsrechtliche Komponente des Urheberrechts unter dem Schutz der Eigentumsgarantie nach Art. 14 Abs. 1 GG fällt, wohingegen die urheberpersönlichkeitsrechtliche Komponente unter dem Schutz von Art. 2 Abs. 1 und Art. 1 Abs. 1 GG steht.[527]

Im Rahmen des Art. 14 GG existiert kein vorgegebener bzw. absoluter Eigentumsbegriff. Nach Art. 14 Abs. 1 Satz 2 GG bestimmt der Gesetzgeber Inhalt und Schranken des Eigentums. Die inhaltliche Ausformung des verfassungsrechtlich garantierten Eigentums liegt somit in den Händen des einfachen Gesetzgebers.[528] Demzufolge ist das Eigentum zu einem bestimmten Zeitpunkt alles, was das einfache Recht zu diesem bestimmten Zeitpunkt als Eigentum definiert.[529] Die vermögenswerten Rechte des Urhebers werden also, genauso wie das Sacheigentum, durch die Rechtsordnung bestimmt.[530] Dabei besteht im Bereich des Urheberrechts sogar ein größeres Bedürfnis der Ausgestaltung, da bei immateriellen Schutzgütern das Eigentumsobjekt sowie die Eigentümerbefugnisse, anders als beim Sacheigentum, nicht offensichtlich erkennbar sind.[531] Dementsprechend hat

---

522 BVerfG, GRUR 1972, 481, 483 – Kirchen- und Schulgebrauch.

523 Vgl. BVerfG, GRUR 1972, 485 – Bibliotheksgroschen; GRUR 1972, 488 – Tonbandvervielfältigung; GRUR 1988, 687 – Zeitschriftenauslage; GRUR 1989, 193 – Vollzugsanstalten; GRUR 1990, 183 – Vermietungsvorbehalt.

524 Vgl. nur *Badura*, ZUM 1984, 552; Dreier/Schulze/*Dreier*, Einl. Rn. 39; Jarass/Pieroth/*Jarass*, Art. 14 Rn. 8; *Poeppel*, S. 134; Schricker/Loewenheim/*Melichar*, Vor §§ 44a ff. Rn. 7; *Stieper*, S. 20 f.; Maunz/Dürig/*Papier*, Art. 14 Rn. 197a.

525 Es wird jedoch auch teilweise kritisiert, dass das BVerfG die Zuordnung des geistigen Eigentums zur verfassungsrechtlichen Eigentumsgarantie kaum ausreichend begründet, vgl. *Fechner*, S. 154; *Grzeszick*, ZUM 2007, 344, 347 f.; *Schulte*, GRUR 1985, 772, 774.

526 BVerfG, GRUR 1972, 481, 483 – Kirchen- und Schulgebrauch.

527 Siehe auch *Neumann*, S. 49 f.

528 Vgl. von Münch/Kunig/*Bryde*, Art. 14, Rn. 47.

529 BVerfGE 58, 300, 336 – Nassauskiesung.

530 Vgl. BVerfG, GRUR 1972, 481, 483 – Kirchen- und Schulgebrauch; GRUR 1972, 487 – Schulfunksendungen.

531 BVerfG, GRUR 1989, 193, 196 – Vollzugsanstalten.

der Gesetzgeber gerade im Urheberrecht die von der Verfassung übertragene Aufgabe, Inhalt und Funktion der vermögenswerten Rechte des Urhebers an die gesellschaftlichen und wirtschaftlichen Verhältnisse anzupassen.[532] Zur Erfüllung dieser Aufgabe hat er zwar prinzipiell einen weiten Gestaltungsspielraum[533], allerdings muss er dabei die von der Verfassung gesetzten Grenzen beachten, insbesondere den verfassungsrechtlichen Grundsatzes der Verhältnismäßigkeit[534]. Zudem ist der durch den Gesetzgeber konkretisierte Inhalt des Urheberrechts nur dann verfassungsrechtlich geschützt, wenn er den grundlegenden Gehalt der Eigentumsgarantie wahrt und alle anderen Verfassungsnormen beachtet.[535] Das Bundesverfassungsgericht sieht den durch die Institutsgarantie des Art. 14 GG gesicherten „grundgesetzlich geschützten Kern des Urheberrechts" darin, „dem Urheber die vermögenswerten Ergebnisse seiner schöpferischen Leistung grundsätzlich zuzuordnen und dessen Freiheit zu gewährleisten in eigener Verantwortung darüber verfügen zu können".[536] Demzufolge sind die Ausschließlichkeitsrechte des Urhebers in §§ 15 ff. UrhG verfassungsrechtlich von zentraler Bedeutung und für das Urheberrecht unentbehrlich. Eine Umgehung aller Ausschließlichkeitsbefugnisse des Urhebers durch flächendeckendes Installieren von gesetzlichen Vergütungsansprüchen wäre folglich nicht verfassungskonform.[537]

(2) Die Sozialpflichtigkeit des Urheberrechts nach Art. 14 Abs. 2 GG

In Art. 14 Abs. 2 Satz 1 und 2 GG ist geregelt, dass Eigentum verpflichtet und sein Gebrauch zugleich dem Wohle der Allgemeinheit dienen soll. Man spricht hier auch von der sog. „Sozialbindung des Eigentums"[538]. Das Wohl der Allgemeinheit ist hier zum einen der Grund, aber gleichzeitig auch die Grenze für die Beschränkung des Eigentumsrechts, sodass inhaltliche Beschränkungen der Eigentümerrechte durch Regelungen des Gesetzgebers zugunsten des Allgemeinwohls nur in den Maßen zulässig

---

[532] BVerfG, GRUR 1972, 481, 483 – Kirchen- und Schulgebrauch.

[533] BVerfGE 31, 275, 286; GRUR 1989, 193, 196 – Vollzugsanstalten.

[534] BVerfG, GRUR 1980, 44, 46 – Kirchenmusik; Loewenheim/*Götting*, § 30 Rn. 1.

[535] BVerfGE 24, 367, 396 – Hamburgisches Deichordnungsgesetz; BVerfG, GRUR 1972, 481, 483 – Kirchen- und Schulgebrauch.

[536] BVerfG, GRUR 1989, 193, 196 – Vollzugsanstalten; GRUR 1980, 44, 46 – Kirchenmusik; GRUR 1972, 481, 483 – Kirchen- und Schulgebrauch; vgl. hierzu auch *Hubmann*, ZUM 1988, 4, 8 f.

[537] *Poeppel*, S. 137; *Schack*, UrhR, Rn. 93 f.

[538] Vgl. *Pieroth/Schlink*, Rn. 1030; siehe auch *Lerche*, FS-Reichardt, 1990, S. 101 m. w. N.; *Pahud*, UFITA 2000 (I), 99, 116 f.

sind, in denen sie auch bestimmten Interessen des Allgemeinwohls dienen.[539] Bei der Ausgestaltung des Inhalts und der Schranken eines Eigentumsrechts nach Art. 14 Abs. 1 Satz 2 GG muss der Gesetzgeber deswegen auch gleichzeitig die Interessen des Allgemeinwohls i. S. v. Art. 14 Abs. 2 GG berücksichtigen. Art. 14 Abs. 2 GG enthält somit einen bindenden Regelungsauftrag für den Gesetzgeber.[540] Trotz seines großen Gestaltungsspielraums sollte sich der Gesetzgeber jedoch darum bemühen, die von ihm privilegierten Gemeinwohlbelange möglichst genau zu bestimmen, um Zweifel an der Privilegierungswürdigkeit aus dem Weg zu gehen.[541] Wie bereits erwähnt, ist er aber insbesondere an den Grundsatz der Verhältnismäßigkeit gebunden. Er ist verpflichtet „die Interessen der Beteiligten in einen gerechten Ausgleich und ein ausgewogenes Verhältnis zu bringen“[542].

Da die vermögenswerten Befugnisse des Urhebers an seinem Werk als geschütztes Eigentum i. S. v. Art. 14 Abs. 1 GG anzusehen sind, unterliegen diese ebenfalls der Sozialpflichtigkeit nach Art. 14 Abs. 2 GG. Bei der Ausgestaltung des Urheberrechts sind daher, neben den Individualinteressen der Urheber, auch die Interessen der Allgemeinheit zu berücksichtigen. Es ist dabei zu beachten, dass geistige Werke – im Gegensatz zum Sacheigentum – geschaffen worden sind, um möglichst von vielen Menschen wahrgenommen zu werden.[543] Auch das Bundesverfassungsgericht ist der Ansicht, dass geistige Werke bestimmungsgemäß in den gesellschaftlichen Raum treten und dadurch zu einem eigenständigen und das kulturelle und geistige Bild der Zeit mitbestimmenden Faktor werden.[544] Das Urheberrecht besitzt dementsprechend eine stärkere Sozialbindung als das Sacheigentum.[545] Im Urheberrechtsgesetz erfolgt die Berücksichtigung der Sozialbindung des Urheberrechts durch die Vorschriften der „Schranken des Urheberrechts“ gemäß den §§ 44a ff. UrhG.[546] Sie bilden das Gegengewicht zu den ausschließlichen Verwertungsrechten des Urhebers nach §§ 15 ff. UrhG, da sie den Urheber dazu verpflichten, sein Werk der Allgemeinheit zustimmungsfrei, u. U. auch vergütungsfrei zur Verfügung zu stellen.[547]

---

539 BVerfG, GRUR 1972, 481, 484 – Kirchen- und Schulgebrauch; Maunz/Dürig/*Papier*, Art. 14 Rn. 306.

540 BVerfGE 18, 121, 131 f. – Fiskusprivileg.

541 Siehe auch v. Mangoldt/Klein/Starck/*Deppenheuer*, Art. 14 Rn. 425.

542 BVerfGE 101, 239, 259 – Stichtagsregelung.

543 *Kirchhof*, FS-Zeidler, 1987, S. 1639, 1640; *Kreile*, FS-Lerche, 1993, S. 251, 253 f.; *Krüger-Nieland*, FS-Oppenhoff, 1985, S. 173, 181.

544 BVerfG, GRUR 1972, 481, 484 – Kirchen- und Schulgebrauch.

545 *Sattler*, S. 32.

546 Loewenheim/*Götting*, § 30 Rn. 1.

547 Vgl. hierzu auch *Badura*, ZUM 1984, 552, 555 f.

Aus verfassungsrechtlicher Sicht ist es somit entscheidend, dass die urheberrechtlichen Schrankenvorschriften durch die Gründe des Gemeinwohls gerechtfertigt sind und dass sie den sonstigen Grundsätzen des Grundgesetzes entsprechen. Zunächst müssen die Schranken des Urheberrechts mit dem legitimen Ziel geschaffen worden sein, dem Wohl der Allgemeinheit zu dienen. Welche konkreten Interessen mit dem „Wohle der Allgemeinheit" gemeint sind, regelt das Grundgesetz allerdings nicht ausdrücklich. Keinesfalls von der Sozialbindung des Urheberrechts erfasst sind allerdings fiskalische Interessen.[548] Einschränkungen zugunsten von fiskalischen Interessen sind insbesondere dann anzunehmen, wenn der Gesetzgeber aufgrund von Sparmaßnahmen Vergütungsansprüche des Urhebers, die im Normalfall aus dem allgemeinen Steueraufkommen beglichen werden müssen, durch Schrankenvorschriften mindert oder gänzlich entzieht.[549] Besonders in den Bereichen Kultur, Erziehung und soziale Fürsorge ist der Fiskus in der Regel durch hohe Kosten finanziell stark belastet, sodass gerade im Hinblick auf die schulspezifischen Schranken darauf zu achten ist, dass tatsächlich das Allgemeinwohl und nicht die öffentliche Hand privilegiert wird.[550] Angebracht erscheint insoweit eine verfassungsorientierte Auslegung des Allgemeinwohlbegriffs, die Grundrechte oder verfassungsrechtliche Grundprinzipien als schützenswerte Interessen der Allgemeinheit umfasst.[551] Hierdurch wird zumindest sichergestellt, dass bei der Einschränkung des Art. 14 Abs. 1 Satz 1 GG nur gleichrangige Gegeninteressen berücksichtigt werden.

Im Bereich der schulspezifischen Schrankenvorschriften, die den Schulunterricht erleichtern sollen, kommen als Gegeninteressen insbesondere die verfassungsrechtlich geschützten Interessen aus Art. 7 Abs. 1 i. V. m. Art. 6 Abs. 2 Satz 1 GG in Betracht. Aus Art. 6 Abs. 2 Satz 1 GG wird grundsätzlich eine gemeinsame Erziehungsaufgabe für Eltern und Staat gegenüber Kindern abgeleitet.[552] Parallel dazu enthält Art. 7 Abs. 1 GG einen staatlichen Bildungs- und Erziehungsauftrag, der den Staat verpflichtet, ein leistungsfähiges Schulwesen zu gewährleisten.[553] Insofern handelt es sich bei diesem Verfassungsauftrag an Eltern und Staat um Interessen der Allgemeinheit mit Verfassungsrang. Der Bildungs- und Erziehungsauftrag kann daher bei der Ausgestaltung der schulspezifischen Schranken berücksichtigt

---

548 BVerfGE 38, 175, 180 – Rückenteignung; BVerfG, GRUR 1972, 481, 482 – Kirchen- und Schulgebrauch; GRUR 1980, 44, 45 – Kirchenmusik; *Krüger-Nieland*, FS-Oppenhoff, 1985, S. 173, 181; *Sattler*, S. 35.

549 Vgl. *Kreile*, FS-Lerche, 1993, S. 251, 263; *Sattler*, S. 35.

550 *Sattler*, S. 35.

551 Siehe auch *Poeppel*, S. 139.

552 BVerfGE 34, 165, 183 – Förderstufe.

553 Jarass/Pieroth/*Jarass*, Art. 7 Rn. 3; vgl. auch *de la Durantaye*, S. 70.

werden. Als Gegeninteresse mit Verfassungsrang kommt zudem auch das von der Rechtsprechung[554] aus Art. 2 Abs. 1 GG abgeleitete Recht des einzelnen Schülers auf „eine möglichst ungehinderte Entfaltung seiner Persönlichkeit und damit seiner Anlagen und Befähigungen" („Recht auf Bildung") in Betracht.[555]

Nicht für die schulspezifischen Schranken relevant ist dagegen das Grundrecht auf Informationsfreiheit. Denn durch Art. 5 Abs. 1 Satz 1 Halbsatz 2 GG wird zwar der ungehinderte Zugang zu den allgemein zugänglichen Informationsquellen wie Zeitungen, Rundfunk- und Fernsehsendungen gewährleistet[556], allerdings ist der Schutzgehalt des Grundrechts nur auf den Zugang zur Information selbst beschränkt und erfasst somit nicht die schöpferische Gestaltung oder Darstellung der Information, also das Werk[557]. Zudem geht es speziell bei den schulspezifischen Schranken nicht um die Erleichterung des Zugangs zu den Informationen selbst, sondern um die Beschränkung der Urheberrechte zugunsten der Nutzung von Werken in der Schule. Nicht als Allgemeininteresse für die Beurteilung der schulspezifischen Schranken zu berücksichtigen ist ebenfalls die Wissenschaftsfreiheit nach Art. 5 Abs. 3 Satz 1 GG. Der Unterricht an allgemein bildenden Schulen genügt nicht den Anforderungen der wissenschaftlichen Forschung oder Lehre und ist im Übrigen dem Art. 7 GG als lex specialis zuzuordnen.[558]

Des Weiteren ist bei der Ausgestaltung von Schrankenvorschriften insbesondere auf die Einhaltung des verfassungsrechtlichen Grundsatzes der Verhältnismäßigkeit zu achten. Regelungen zur Beschränkung der Verwertungsrechte des Urhebers sind dann verfassungswidrig, wenn sie nicht geeignet und erforderlich sind, den angestrebten Zweck des Gemeinwohls zu erreichen. Insbesondere dürfen die Einschränkungen nicht weitergehen, als es für das Erreichen des legitimen Ziels notwendig ist. So sind übermäßige, durch die Sozialbindung des Urheberrechts nicht geforderte Einschränkungen nicht mit Art. 14 Abs. 2 GG zu rechtfertigen.[559] Für die Schranken des Urheberrechts bedeutet dies vor allem, dass Einschränkungen oder sogar der Wegfall der Vergütungspflicht des Werknutzers verfassungsrechtlich nicht erforderlich sind, sofern das legitime Ziel auch ohne diese erreicht werden kann. Ferner muss die Beschränkung derart angemessen sein, dass eine

554 BVerfGE 45, 400, 417 – Oberstufenreform; 53, 185, 203 – Reform der gymnasialen Oberstufe in Hessen; 96, 288, 304 ff. – Integrative Beschulung; 98, 218, 257 – Rechtschreibreform.

555 Vgl. *de la Durantaye*, S. 71, m. w. N.

556 Jarass/Pieroth/*Jarass*, Art. 5 Rn. 22 ff.; *Pieroth/Schlink*, Rn. 627 ff.

557 Vgl. hierzu auch *Sattler*, S. 39 ff., m. w. N.

558 Jarass/Pieroth/*Jarass*, Art. 5 Rn. 139; *Pieroth/Schlink*, Rn. 696.

559 So das BVerfG, GRUR 1980, 44, 48 – Kirchenmusik.

gewisse Proportionalität in der Zweck-Mittel-Relation besteht, wodurch der Betroffene nicht übermäßig oder unzumutbar belastet wird.[560] In welchem Umfang und wie intensiv urheberrechtliche Schrankenvorschriften die Verwertungsrechte des Urhebers beschränken können, hängt vom Schutzzweck der Schrankenvorschrift ab.[561] Je gewichtiger die Gründe des Gemeinwohls sind, desto weiter können die Schranken die Rechte der Urheber einschränken. Dieser Abwägungsvorgang erfolgt im Urheberrecht im Wesentlichen anhand der Frage, ob die Belange der Allgemeinheit derart gewichtig sind, dass sie nur den Ausschluss des Verbotsrechts oder auch den Wegfall des Vergütungsanspruchs rechtfertigen.[562] Für Letzteres verlangt das Bundesverfassungsgericht aufgrund der starken Einschränkung der Verwertungsrechte des Urhebers ein „gesteigertes öffentliches Interesse". Denn nur ein solches Interesse könne eine so weitgehende Beschränkung verfassungsgemäß legitimieren.[563] Allerdings stellt das Gericht keine konkreten Kriterien für das gesteigerte öffentliche Interesse auf.[564] Wann ein derartiges Interesse im Bereich der Schulnutzung vorliegt, kann daher nur im Rahmen einer Erforderlichkeits- und Angemessenheitsprüfung für den Einzelfall bestimmt werden. Bei dieser Abwägung können folgerichtig nur grundrechtlich geschützte Interessen eine Rolle spielen.

Für die Verfassungskonformität von schulspezifischen Schranken ist es also erforderlich, dass die verfassungsrechtlichen Schutzgüter der Art. 7 Abs. 1 i. V. m. Art. 6 Abs. 2 Satz 1 GG sowie Art. 2 Abs. 1 GG im Einzelfall gewichtiger sind als die vermögenswerten Rechte des Urhebers aus Art. 14 Abs. 1 Satz 1 GG. Zur Orientierung können Einschränkungen von anderen, d. h. nicht urheberrechtlichen, Eigentumsrechten herangezogen werden, um zu beurteilen inwieweit eine unterschiedliche Behandlung gerechtfertigt ist.[565] Nicht ausreichend für die Rechtfertigung der unentgeltlichen Nutzung

---

[560] Vgl. u. a. BVerfGE 52, 1, 29 – Kleingarten; 70, 191, 200 – Fischereibezirke; 102, 1, 17 – Altlasten; Maunz/Dürig/*Papier*, Art. 14 Rn. 315 ff.

[561] Siehe *Kreile*, FS-Lerche, 1993, S. 251, 260 f.; *Lerche*, FS-Reichardt, 1990, S. 101, 104.

[562] Vgl. *Neumann*, S. 53; *Poeppel*, S. 140.

[563] BVerfG, GRUR 1989, 193, 196 – Vollzugsanstalten; GRUR 1980, 44, 48 – Kirchenmusik; GRUR 1972, 481, 484 – Kirchen- und Schulgebrauch.

[564] Unverständlicherweise sah das Bundesverfassungsgericht ein gesteigertes öffentliches Interesse in den Umständen, unter denen Gefangene leben müssen und bejahte dementsprechend einen unentgeltlichen Radio- und Fernsehkonsum in der Vollzugsanstalt, vgl. BVerfG, GRUR 1989, 193 – Vollzugsanstalten. Zu Recht wird dieses Urteil als „bedauerliche Fehlentscheidung" kritisiert, da sie zum einen keine Interessen der Allgemeinheit, sondern nur Partikularinteressen von Gefangenen privilegiert und zum anderen unmittelbar die öffentliche Hand finanziell entlastet, vgl. *Schack*, UrhR, Rn. 94; Schricker/Loewenheim/*Melichar*, Vor §§ 44a ff. Rn. 11.

[565] *Neumann*, S. 54.

ist jedenfalls die Tatsache, dass der Dritte durch seine Nutzung keine wirtschaftlichen Interessen verfolgt.[566]

dd) Internationale und europäische Vorgaben

Bei der Ausgestaltung der Schrankenregelungen muss der Gesetzgeber neben der Vereinbarkeit mit dem deutschen Verfassungsrecht auch die internationalen Abkommen, denen Deutschland beigetreten ist, beachten. Von schulspezifischer Relevanz ist zum einen die Revidierte Berner Übereinkunft (RBÜ)[567]. Gemäß Art. 10 Abs. 2 RBÜ hat der nationale Gesetzgeber der Verbandsstaaten die Möglichkeit, „die Benutzung von Werken der Literatur oder Kunst in dem durch den Zweck gerechtfertigten Umfang zur Veranschaulichung des Unterrichts durch Veröffentlichungen, Rundfunksendungen oder Aufnahmen auf Bild- oder Tonträger zu gestatten, sofern eine solche Benutzung anständigen Gepflogenheiten entspricht".[568] Mit der Formulierung „Veröffentlichung" ist entsprechend Art. 3 Abs. 3 RBÜ die Vervielfältigung und Verbreitung gemeint. Für Vervielfältigungshandlungen enthält die RBÜ in Art. 9 Abs. 2 allerdings auch eine allgemeine Schranken-Schranke, die als „Drei-Stufen-Test" bezeichnet wird. Danach können die Gesetzgeber nur Vervielfältigungen in „bestimmten Sonderfällen" (Stufe 1) gestatten, sodass weder die „normale Verwertung" (Stufe 2) des Werkes beeinträchtigt, noch die „berechtigten Interessen" (Stufe 3) des Urhebers unzumutbar verletzt werden.[569]

Eine schulspezifische Regelung enthält außerdem die europäische Richtlinie 2001/29/EG. Nach Art. 5 Abs. 3 a) der Richtlinie können Mitgliedstaaten die Rechte der Vervielfältigung, der öffentlichen Wiedergabe und der öffentlichen Zugänglichmachung für die ausschließliche Nutzung zur Veranschaulichung im Unterricht einschränken, „sofern – außer in Fällen, in denen sich dies als unmöglich erweist – die Quelle, einschließlich des Namens des Urhebers, wann immer dies möglich ist, angegeben wird und soweit dies zur Verfolgung nicht kommerzieller Zwecke gerechtfertigt ist". Zu beachten ist jedoch, dass die vorliegende Richtlinie ebenfalls eine allgemeine Schranken-Schranke enthält. In Art. 5 Abs. 5 der Richtlinie hat der europäische Gesetzgeber den Art. 9 Abs. 2 RBÜ übernommen. Bei der Umset-

---

566 BGHZ 17, 266, 278, 282 – Grundig-Reporter; *Badura*, ZUM 1984, 552, 554.

567 Die „Berner Übereinkunft" ist ein Staatenverbund zum Schutz von Werken der Literatur und Kunst, der am 09.09.1886 gegründet wurde. Zuletzt wurde das Vertragswerk am 24.07.1971 in Paris revidiert und trat am 10.10.1974 in Deutschland in Kraft, vgl. BGBl. II 1973, S. 1069.

568 Diese Vorschrift bildet die Grundlage für die Schaffung des § 47 UrhG.

569 Zum „Drei-Stufen-Test" vgl. *de la Durantaye*, S. 43 ff., 58 f.; Dreier/Schulze/*Dreier*, Vor §§ 44a ff. Rn. 21; *Sattler*, S. 59 ff.

zung der Richtlinie in nationales Recht sind die Voraussetzungen des „Drei-Stufen-Tests“ dementsprechend zu berücksichtigen.

Weitere nennenswerte internationale Verträge sind der Urheberrechtsvertrag der Weltorganisation für geistiges Eigentum (World Intellectual Property Organisation, WIPO), der sog. WIPO Copyright Treaty (WTC)[570] und das Übereinkommen über handelsbezogene Aspekte der Rechte des geistigen Eigentums (Trade Related Aspects of Intellectual Property Right, TRIPS)[571]. Beide Abkommen beinhalten jeweils in Art. 10 Abs. 1 WCT und Art. 13 TRIPS eine Generalklausel für Ausnahmen und Beschränkungen der Ausschließlichkeitsrechte des Urhebers sowie den identischen Wortlaut des „Drei-Stufen-Tests“.

ee) Auslegungsgrundsätze der §§ 44a ff. UrhG

Nach der älteren Rechtsprechung[572] sind die Schrankenregelungen der §§ 44a ff. UrhG stets eng auszulegen und nicht analogiefähig. Begründet wird dies mit der systematischen Ausnahmestellung der Schranken im Verhältnis zu den umfassenden Verwertungsrechten der Urheber nach §§ 15 ff. UrhG. Außerdem sollen Schrankenbestimmung im Zweifel zum Vorteil des Urhebers ausgelegt werden.[573]

Die neuere Rechtsprechung[574] löst sich jedoch nach und nach von diesem Grundsatz der engen Auslegung. Zwar sollen Schrankenbestimmung nach wie vor eng ausgelegt werden, um die wirtschaftlichen Interessen der Urheber zu schützen. Jedoch kann zu diesem Zweck auch eine erweiternde Auslegung in Betracht kommen. Außerdem stellt der BGH bei der Auslegung nunmehr vorrangig auf den gesetzgeberischen Sinn und Zweck der Schrankenbestimmungen ab, um die Gewichtung der durch die Schrankenregelungen geschützten Interessen besser berücksichtigen zu können.[575] Im Einzelfall kann

---

570 Vgl. BGBl. 2003 II, S. 754, 755.

571 Vgl. BGBl. 1994 II, S. 1730.

572 Siehe nur RGZ 130, 196, 202 – Codex aureus; BGHZ 16, 305, 308 – Museumskatalog; 50, 147, 152 – Kandinsky I; 58, 262, 265 – Landesversicherungsanstalt; 114, 368, 371 – Liedersammlung; 123, 149, 155 – Verteileranlagen; BGH, GRUR 1978, 474, 475 – Vervielfältigungsstücke; GRUR 1985, 874, 875 – Schulfunksendung; GRUR 1997, 459, 463 – CB-infobank I.

573 BGH, GRUR 1954, 216, 221 – Schallplatten-Lautsprecher-Übertragung.

574 Vgl. u.a. BGH, GRUR 1999, 707, 713 – Kopienversanddienst; GRUR 2002, 963, 966 – Elektronischer Pressespiegel; GRUR 2003, 956, 958 – Gies-Adler; GRUR 2005, 670, 671 – Wirtschaftswoche; vgl. auch EuGH, GRUR 2012, 156, 164; vgl. hierzu *Metzger*, GRUR 2012, 118, 123.

575 Vgl. z.B. BGH, GRUR 1983, 562, 564 – Zoll- und Finanzschulen; GRUR 2003, 1035, 1037 – Hundertwasser-Haus; GRUR 2005, 670, 671 – Wirtschaftswoche.

eine Schranke somit auch großzügig und zugunsten von gewichtigen Informations- und Nutzungsinteressen der Allgemeinheit ausgelegt werden.[576]

Auch die überwiegende Literatur[577] lehnt die stets enge Schrankenauslegung ab und folgt zu Recht dem Ansatz der neuen Rechtsprechung. Denn entgegen der Begründung der älteren Rechtsprechung kennt die zivilrechtliche Methodenlehre keinen Grundsatz, dass Vorschriften aufgrund ihrer systematischen Ausnahmestellung generell restriktiv auszulegen sind.[578] Vielmehr ergibt sich aus der rechtspolitischen und verfassungsrechtlichen Begründung der Schranken[579], dass die Vorschriften der §§ 44a ff. UrhG den ausschließlichen Verwertungsrechten der §§ 15 ff. UrhG nicht untergeordnet, sondern als gleichrangiges Gegengewicht gegenüberstehen.[580] Aus der Systematik des Urheberrechtsgesetzes kann deshalb prinzipiell weder eine enge noch weite Auslegung der Schranken abgeleitet werden.[581] Entsprechend der neueren Rechtsprechung ist bei der Schrankenauslegung daher maßgeblich auf den Regelungsgrund bzw. Zweck sowie auf die gesetzgeberische Interessengewichtung der jeweiligen Schranke abzustellen. Bei der Berücksichtigung dieser gesetzgeberischen Wertung kann im Einzelfall auch eine extensive Auslegung oder bei Vorliegen einer planwidrigen Regelungslücke sogar eine analoge Anwendung erforderlich sein.[582]

b) Die schulspezifischen Schranken im Einzelnen

aa) Die Anwendung der schulspezifischen Schranken

Aus der bisherigen Darstellung der Schranken geht hervor, dass die §§ 44a ff. UrhG als eine Art Kompromissregelung des Gesetzgebers anzusehen sind, die einen Ausgleich zwischen den verfassungsrechtlich geschützten Interessen des Urhebers aus Art. 14 GG und den gleichrangigen verfassungsrechtlich geschützten Interessen der Allgemeinheit schaffen soll. Jede einzelne Schranke ist somit bereits das Endprodukt diverser Interessenabwä-

---

576 Siehe BGH, GRUR 2003, 956, 957 – Gies-Adler.

577 Siehe u. a. Dreier/Schulze/*Dreier*, Vor §§ 44a ff. Rn. 7; *Geiger*, GRUR Int. 2004, 815, 821; *Hoeren*, MMR 2000, 3, 4 f.; *Kröger*, MMR 2002, 18, 20 f.; Loewenheim/*Götting*, § 30 Rn. 13; *Sattler*, S. 76 f.; *Stieper*, S. 71 f.; *v. Ungern-Sternberg*, GRUR 2010, 273, 278; Wandtke/Bullinger/*Lüft*, Vor §§ 44a ff. Rn. 1; in diese Richtung auch Schricker/Loewenheim/*Melichar*, Vor §§ 44a ff. Rn. 20.

578 *Larenz/Canaris*, S. 175 f.; *Poeppel*, S. 43.

579 Siehe oben B. I. 5. a) bb) und cc).

580 Vgl. auch *Stieper*, S. 67 f.

581 *Poeppel*, S. 44; *Sattler*, S. 77.

582 *Stieper*, S. 69.

gungen im Gesetzgebungsverfahren. Da die meisten Schrankenvorschriften jedoch komplex gefasst sind, ist eine interessengerechte Auslegung der jeweiligen Schrankenvoraussetzungen im Einzelfall unentbehrlich. Dabei ist, wie soeben dargestellt, grundsätzlich auf den Schutzzweck der einzelnen Schranke sowie auf die durch den Gesetzgeber vorgegebene Interessengewichtung abzustellen. Eine (erneute) unabhängige Interessenabwägung ist insofern zu vermeiden, da diese Aufgabe nur dem Gesetzgeber zusteht.[583] Vielmehr soll die Auslegung ein „Spiegelbild" des gesetzgeberischen Abwägungsergebnisses sein.

Bei den schulspezifischen Schranken handelt es sich um Kompromissnormen, die die Nutzung von urheberrechtlichen Werken an Schulen erleichtern und somit die Qualität der Schülerausbildung steigern sollen. Aufgrund ihrer unterschiedlichen und zum Teil komplexen Einzelvoraussetzungen wird man trotz ihres gemeinsamen Privilegierungszwecks keine gemeinsame Auslegungsrichtung festlegen können. Die Voraussetzungen der schulspezifischen Schranken sind daher einzeln und gemessen an der jeweiligen gesetzgeberischen Interessenabwägung der jeweiligen Schrankenvorschrift anzuwenden. Ferner ist noch anzumerken, dass sich die Privilegierungsbereiche der verschiedenen schulspezifischen Schranken überschneiden können. Bei einem Sachverhalt können also gleichzeitig mehrere Schranken zu Gunsten des Nutzers greifen. Es ist daher stets empfehlenswert, alle für die jeweilige Verwertung in Betracht kommenden Schranken durchzuprüfen, um im Einzelfall für sich die günstigsten Privilegierungen zu genießen. Geht es beispielsweise um die Vervielfältigung, so sind insbesondere die schulspezifischen Schranken der §§ 46, 47, 53 Abs. 3 UrhG in Betracht zu ziehen. Darüber hinaus sollten auch die sonstigen Schranken, die die Verwertungshandlung der Vervielfältigung privilegieren, durchgeprüft werden.

Bei der Anwendung von schulspezifischen Schranken im Allgemeinen und der Auslegung von streitigen Voraussetzungen schulspezifischer Schranken im Speziellen sind vor allem folgende Kriterien zu beachten:

(1) Das Kriterium der Öffentlichkeit als Grenze für die Anwendbarkeit

Zunächst ist bei schulspezifischen Sachverhalten stets zu prüfen, ob die Anwendung der schulspezifischen Schranken überhaupt notwendig ist. Denn bei nicht öffentlichen (§ 15 Abs. 3 UrhG) Verbreitungen (§§ 15 Abs. 1 Nr. 2, 17 UrhG) und Wiedergaben (§§ 15 Abs. 2, 19 ff. UrhG) von Werken liegen schon gar keine urheberrechtlich relevanten Verwertungshandlungen vor.[584]

[583] *Neumann*, S. 43.

[584] Vgl. oben B. I. 3. c) und B. I. 4. a).

Im Schulbereich nichtöffentlich sind insbesondere Klassen, Arbeitsgemeinschaften und Leistungs- und Grundkurse.[585] Verbreitungen und Wiedergaben in diesen Veranstaltungen sind urheberrechtlich nicht von Bedeutung, sodass die Privilegierung durch Schranken in diesen Fällen nicht erforderlich ist. In den genannten nicht öffentlichen Veranstaltungen kann der Lehrer also stets urheberrechtlich geschützte Werke wiedergeben oder verteilen. Relevant sind schulspezifische Schranken deshalb nur bei Verbreitungen und Wiedergaben in öffentlichen Unterrichtsveranstaltungen, wie z. B. dem gemeinsamen Unterricht von Parallelklassen oder den Projektwochen.[586] Bei der Verbreitung und Wiedergabe von Werken im Schulbereich sollte der Werknutzer daher immer vorab überprüfen, ob die jeweilige Nutzung oder die jeweilige Veranstaltung öffentlich ist. Der alltägliche Unterricht in Klassen, Arbeitsgemeinschaften und Leistungs- und Grundkursen ist jedenfalls unbedenklich.

Bei Vervielfältigungshandlungen gemäß §§ 15 Abs. 1 Nr. 1, 16 UrhG ist hingegen aufgrund der Natur der Handlung keine grundlegende Einschränkung hinsichtlich der Öffentlichkeit der Handlung gegeben. Wird ein urheberrechtlich geschütztes Werkes vervielfältigt, so liegt in jedem Falle eine Verwertungshandlung vor, die urheberechtlich relevant und zu beachten ist. Erfasst sind sowohl analoge als auch digitale Vervielfältigungen. Die Vervielfältigung kann dann jedoch von einer Schranke (z. B. der des § 53 Abs. 3 UrhG) privilegiert sein. Derjenige, der für die Schulnutzung ein urheberrechtlich geschütztes Werk vervielfältigen möchte, sollte deshalb genau überprüfen, ob seine konkrete Vervielfältigungshandlung von einer (schulspezifischen) Schranke gedeckt ist.

(2) Vertragliche Vereinbarungen als Auslegungshilfe

Zwischen den Bundesländern und den Verwertungsgesellschaften bestehen sog. „Gesamtverträge", die speziell für eine Werknutzung zum Zwecke des Unterrichts an Schulen geschlossen wurden. Unter dem Begriff „Schule" fallen hier alle öffentlichen (staatliche oder kommunale) und privaten Schulen i. S. d. Schulgesetze der Länder.[587] Es gibt den „Gesamtvertrag zur Vergütung von Ansprüchen nach § 52a UrhG"[588], den „Gesamtvertrag zur

---

585 Siehe oben B. I. 4. a) cc).

586 Siehe oben B. I. 4. a) cc).

587 Nicht vom Anwendungsbereich des § 52a UrhG erfasst, sind allerdings die privaten Schulen des Landes Bremens, vgl. § 1 Abs. 2 des „Gesamtvertrags zur Vergütung von Ansprüchen nach § 52a UrhG".

588 Der Vertrag ist abrufbar unter: „http://lehrerfortbildung-bw.de/sueb/recht/urh/vertrag/gesamtvertrag_52_a_urhg_14_Juli_2010.pdf" (zuletzt abgerufen am 26.04.2016).

Einräumung und Vergütung von Ansprüchen aus § 53 UrhG“[589] und die „Ergänzungsvereinbarung zum Gesamtvertrag zur Einräumung und Vergütung von Ansprüchen aus § 53 UrhG“[590]. In diesen Verträgen werden unbestimmte Schrankenmerkmale – z. B. ein „kleiner Teil eines Werkes“ oder „Werke geringen Umfangs“ – präzisiert und Vergütungsmodalitäten vereinbart. Wie auch andere vertragliche Bestimmungen besitzen diese Konkretisierungen kein Rechtsnormcharakter und entfalten folglich auch keine allgemein bindende Wirkung. Allerdings sind sie als Auslegungshilfe heranzuziehen, um die Anwendung von schulspezifischen Schranken zu erleichtern.

Im „Gesamtvertrag zur Einräumung und Vergütung von Ansprüchen aus § 53 UrhG“ und in der „Ergänzungsvereinbarung zum Gesamtvertrag zur Einräumung und Vergütung von Ansprüchen aus § 53 UrhG“ werden den Schulen zudem gesetzlich nicht privilegierte Nutzungsrechte eingeräumt. Dies gilt insbesondere für Werke, die für den Unterrichtsgebrauch an Schulen bestimmt sind. Das sind Werke, die ihren Primärmarkt in der Schule haben, z. B. Schulbücher. Nach § 53 Abs. 3 Satz 2 UrhG werden diese ausdrücklich aus dem gesetzlichen Privilegierungstatbestand des § 53 Abs. 3 Satz 1 herausgenommen, sodass die Vervielfältigung dieser Werke stets nur mit Einwilligung des Berechtigten zulässig ist. Durch den Gesamtvertrag zu § 53 UrhG und die Ergänzungsvereinbarung werden somit bestimmte Nutzungsrechte gemäß § 31 UrhG eingeräumt. Urheberstrafrechtlich handelt es sich dabei um Einwilligungen der Rechteinhaber, die erst auf der Rechtfertigungsebene einschlägig sind.

(3) Die Auslegung nach dem schulspezifischen Schutzzweck

Sofern keine vertraglichen Regelungen als Auslegungshilfe herangezogen werden können, muss auf die allgemeinen Grundsätze der Schrankenauslegung zurückgegriffen werden. In diesen Fällen ist zu überlegen, welchen Schutzzweck die jeweilige Schranke verfolgt und wie der Gesetzgeber diesen Schutzzweck gegenüber den wirtschaftlichen Interessen gewichtet. In den Gesetzesmaterialien hat der Gesetzgeber bei den schulspezifischen Schranken verschiedene Schutzzweckbezeichnungen gewählt. Wie oben bereits erwähnt, sind es namentlich die Interessen der „Erleichterung des

[589] Der Vertrag ist abrufbar unter: „http://lehrerfortbildung-bw.de/sueb/recht/urh/vertrag/gesamtvertrag_zur_einraeumung_u_verguetung_von_anspruechen_nach_53_urhg.pdf“ (zuletzt abgerufen am 26.04.2016).

[590] Die Ergänzungsvereinbarung ist abrufbar unter: „http://lehrerfortbildung-bw.de/sueb/recht/urh/vertrag/ergaenzungsvereinbarung_zum_gesamtvertrag_zu_53_urhg.pdf“ (zuletzt abgerufen am 26.04.2016).

Schulunterrichts"[591] (§§ 46, 47 UrhG), das „berechtigte Interesse aus dem Bereich Unterricht"[592] (§ 52a UrhG) oder das „öffentliche Interesse an der Qualität der Aus- und Fortbildung"[593] (§ 53 Abs. 3 UrhG). Trotz der verschiedenen Schutzzweckbezeichnungen lassen sich alle schulspezifischen Schranken jedoch zu einem gemeinsamen, übergeordneten Schutzzweck zusammenfassen. Dieser liegt im Allgemeinen darin, den rechtmäßigen Gebrauch von urheberrechtlich geschützten Werken im Schulbereich so weit es geht zu ermöglichen und dadurch die Qualität der Schulausbildung zu steigern. Nicht Sinn und Zweck von schulspezifischen Schranken ist hingegen die rein faktische Erleichterung des Zugangs zu urheberrechtlichen Werken. Denn unabhängig von der Rechtslage war der tatsächliche Zugang zu den klassischen Medien wie Schulbüchern oder Zeitungen für Schulen bereits in der Vergangenheit unproblematisch. Und erst Recht wird der Zugang durch das heutige Zeitalter des Internets für jedermann um ein Vielfaches vereinfacht. Dem Zweck der Erleichterung des rechtmäßigen Schulgebrauchs urheberrechtlich geschützter Werke zugunsten der Bildungsqualität stehen wirtschaftliche Interessen der Urheber gegenüber. Diese Gegeninteressen der Urheber berücksichtigte der Gesetzgeber im UrhG derart, dass er die meisten schulspezifischen Schranken als gesetzliche Lizenzen schuf.

Insbesondere ist bei der Schrankenauslegung darauf zu achten, dass die Auslegung der Schrankenvoraussetzungen keine starke Reduzierung oder Wegfall der Vergütungsansprüche der Urheber zur Folge hat. Denn in der Begründung des Gesetzesentwurfs stellte der Gesetzgeber klar, dass „der Urheber tunlichst an dem wirtschaftlichen Nutzen zu beteiligen ist, der aus seinem Werk gezogen wird".[594] Außerdem werden durch eine solche Auslegung vor allem fiskalische Interessen des Staates privilegiert, die jedoch keinesfalls zu den verfassungsrechtlich anerkannten Interessen des Allgemeinwohls i. S. v. Art. 14 Abs. 2 GG zählen.[595] Die Fälle der gesetzlichen Lizenz sind deshalb zwar unter Beachtung des Grundsatzes der Verhältnismäßigkeit und entsprechend dem schulspezifischen Schutzzweck, jedoch nicht zuungunsten der wirtschaftlichen Interessen der Urheber auszulegen.

591 Begründung RegE UrhG, BT-Drucks. IV/270, S. 30.

592 Begründung RegE UrhG, BT-Drucks. 15/38, S. 20.

593 AmtlBegr. zur Novelle 1985 BT-Drucks. 10/837, S. 29.

594 Begründung RegE UrhG, BT-Drucks. IV/270, S. 63; vgl. auch bereits oben B. I. 5. a) bb).

595 Siehe oben B. I. 5. a) cc) (2).

(4) Die Berücksichtigung des strafrechtlichen Analogieverbots

Ferner muss bei der zivilrechtsakzessorischen Auslegung der schulspezifischen „gesetzlich zugelassenen Fälle“ des § 106 Abs. 1 UrhG darauf geachtet werden, dass kein Verstoß gegen das strafrechtliche Analogieverbot vorliegt. Zu beachten ist insbesondere, dass die Interpretation der innerhalb der Schrankentatbestände enthaltenen Schranken-Schranken, wie z. B. der Ausnahmetatbestand bezüglich der „für den Unterrichtsgebrauch bestimmten Werke“ in §§ 46 Abs. 1 Satz 2 und 53 Abs. 3 Satz 2 UrhG oder das einschränkende Tatbestandsmerkmal hinsichtlich „einzelner“ Werke bzw. Vervielfältigungsstücke, nicht gegen das aus Art. 103 Abs. 2 GG abgeleitete Analogieverbot verstößt. Unter dem Analogieverbot versteht man das Verbot, durch einen Ähnlichkeitsvergleich mit existierenden anderen Strafbestimmungen und deren Unrechtsgehalt neue oder strafschärfende Straftatbestände zu schaffen, um vermeintlich oder tatsächlich vorhandene Gesetzeslücken zu schließen.[596] Nicht vom strafrechtlichen Analogieverbot umfasst und somit zulässig ist dagegen eine Analogie zugunsten des Täters, sofern die Voraussetzungen für die Anwendung der Analogie auch tatsächlich vorliegen.[597] Werden also privilegierende Schrankentatbestände im Rahmen des § 106 Abs. 1 UrhG analog angewendet, so ist dies auch strafrechtlich zulässig. Handelt es sich jedoch um eine analoge Anwendung eines „Schranken-Schrankentatbestands“, der die Privilegierung durch einen gesetzlich zugelassenen Fall einschränkt, so ist eine unzulässige Analogie zu Lasten des Täters gegeben.

Von dem Analogieverbot zu unterscheiden ist dagegen die strafrechtlich zulässige Auslegung von Tatbestandsmerkmalen.[598] Anders als eine Analogie ist eine solche Auslegung in der Regel erforderlich und daher auch zulässig. Im Unterschied zur Analogie, die rechtliche Vorschriften über den Wortlaut hinaus erweitert, findet die Normauslegung ihre Grenze in dem Wortlaut des Gesetzes.[599] Zulässig ist damit sowohl eine enge als auch weite Auslegung der schulspezifischen Schranken als „gesetzlich zugelassene Fälle“ im Rahmen des Straftatbestands des § 106 Abs. 1 UrhG, sofern die Wortlautgrenze dadurch nicht überschritten wird. Bei den nachfolgenden Ausführungen zu den einzelnen Schranken ist grundsätzlich von einer Zivilrechtsakzessorietät auszugehen.

---

596 *Heinrich,* AT, Rn. 138.

597 BGHSt 6, 85, 87; BGHSt 11, 324; näher zum Analogieverbot und dessen Voraussetzungen vgl. *Heinrich,* AT, Rn. 35 f., 139.

598 Hierzu vgl. *Heinrich,* AT, Rn. 136 ff.

599 *Heinrich,* AT, Rn. 138.

bb) Vervielfältigungen zum Unterrichts- und Prüfungsgebrauch in Schulen § 53 Abs. 3 Satz 1 Nr. 1 und Nr. 2

UrhG§ 53 UrhG – Vervielfältigungen zum privaten und sonstigen eigenen Gebrauch

(1) Zulässig sind einzelne Vervielfältigungen eines Werkes durch eine natürliche Person zum privaten Gebrauch auf beliebigen Trägern, sofern sie weder unmittelbar noch mittelbar Erwerbszwecken dienen, soweit nicht zur Vervielfältigung eine offensichtlich rechtswidrig hergestellte oder öffentlich zugänglich gemachte Vorlage verwendet wird. Der zur Vervielfältigung Befugte darf die Vervielfältigungsstücke auch durch einen anderen herstellen lassen, sofern dies unentgeltlich geschieht oder es sich um Vervielfältigungen auf Papier oder einem ähnlichen Träger mittels beliebiger photomechanischer Verfahren oder anderer Verfahren mit ähnlicher Wirkung handelt.

(2) Zulässig ist, einzelne Vervielfältigungsstücke eines Werkes herzustellen oder herstellen zu lassen

1. zum eigenen wissenschaftlichen Gebrauch, wenn und soweit die Vervielfältigung zu diesem Zweck geboten ist und sie keinen gewerblichen Zwecken dient,
2. zur Aufnahme in ein eigenes Archiv, wenn und soweit die Vervielfältigung zu diesem Zweck geboten ist und als Vorlage für die Vervielfältigung ein eigenes Werkstück benutzt wird,
3. zur eigenen Unterrichtung über Tagesfragen, wenn es sich um ein durch Funk gesendetes Werk handelt,
4. zum sonstigen eigenen Gebrauch,
   a) wenn es sich um kleine Teile eines erschienenen Werkes oder um einzelne Beiträge handelt, die in Zeitungen oder Zeitschriften erschienen sind,
   b) wenn es sich um ein seit mindestens zwei Jahren vergriffenes Werk handelt.

Dies gilt im Fall des Satzes 1 Nr. 2 nur, wenn zusätzlich

1. die Vervielfältigung auf Papier oder einem ähnlichen Träger mittels beliebiger photomechanischer Verfahren oder anderer Verfahren mit ähnlicher Wirkung vorgenommen wird oder
2. eine ausschließlich analoge Nutzung stattfindet oder
3. das Archiv im öffentlichen Interesse tätig ist und keinen unmittelbar oder mittelbar wirtschaftlichen oder Erwerbszweck verfolgt.

Dies gilt in den Fällen des Satzes 1 Nr. 3 und 4 nur, wenn zusätzlich eine der Voraussetzungen des Satzes 2 Nr. 1 oder 2 vorliegt.

(3) Zulässig ist, Vervielfältigungsstücke von kleinen Teilen eines Werkes, von Werken von geringem Umfang oder von einzelnen Beiträgen, die in Zeitungen oder Zeitschriften erschienen oder öffentlich zugänglich gemacht worden sind, zum eigenen Gebrauch

1. zur Veranschaulichung des Unterrichts in Schulen, in nichtgewerblichen Einrichtungen der Aus- und Weiterbildung sowie in Einrichtungen der Berufsbildung in der für die Unterrichtsteilnehmer erforderlichen Anzahl oder

2. für staatliche Prüfungen und Prüfungen in Schulen, Hochschulen, in nichtgewerblichen Einrichtungen der Aus- und Weiterbildung sowie in der Berufsbildung in der erforderlichen Anzahl

herzustellen oder herstellen zu lassen, wenn und soweit die Vervielfältigung zu diesem Zweck geboten ist. Die Vervielfältigung eines Werkes, das für den Unterrichtsgebrauch an Schulen bestimmt ist, ist stets nur mit Einwilligung des Berechtigten zulässig.

(4) Die Vervielfältigung

a) graphischer Aufzeichnungen von Werken der Musik,

b) eines Buches oder einer Zeitschrift, wenn es sich um eine im wesentlichen vollständige Vervielfältigung handelt,

ist, soweit sie nicht durch Abschreiben vorgenommen wird, stets nur mit Einwilligung des Berechtigten zulässig oder unter den Voraussetzungen des Absatzes 2 Satz 1 Nr. 2 oder zum eigenen Gebrauch, wenn es sich um ein seit mindestens zwei Jahren vergriffenes Werk handelt.

(5) Absatz 1, Absatz 2 Satz 1 Nr. 2 bis 4 sowie Absatz 3 Nr. 2 finden keine Anwendung auf Datenbankwerke, deren Elemente einzeln mit Hilfe elektronischer Mittel zugänglich sind. Absatz 2 Satz 1 Nr. 1 sowie Absatz 3 Nr. 1 finden auf solche Datenbankwerke mit der Maßgabe Anwendung, dass der wissenschaftliche Gebrauch sowie der Gebrauch im Unterricht nicht zu gewerblichen Zwecken erfolgen.

(6) Die Vervielfältigungsstücke dürfen weder verbreitet noch zu öffentlichen Wiedergaben benutzt werden. Zulässig ist jedoch, rechtmäßig hergestellte Vervielfältigungsstücke von Zeitungen und vergriffenen Werken sowie solche Werkstücke zu verleihen, bei denen kleine beschädigte oder abhanden gekommene Teile durch Vervielfältigungsstücke ersetzt worden sind.

(7) Die Aufnahme öffentlicher Vorträge, Aufführungen oder Vorführungen eines Werkes auf Bild- oder Tonträger, die Ausführung von Plänen und Entwürfen zu Werken der bildenden Künste und der Nachbau eines Werkes der Baukunst sind stets nur mit Einwilligung des Berechtigten zulässig.

§ 53 Abs. 3 Satz 1 UrhG privilegiert die Vervielfältigung von kleinen Teilen eines Werkes, von Werken von geringem Umfang oder von einzelnen Beiträgen, die in Zeitungen oder Zeitschriften erschienen oder öffentlich zugänglich gemacht worden sind, zum eigenen Gebrauch zur Veranschaulichung des Unterrichts in Schulen (Nr. 1) oder für Prüfungen (Nr. 2) in der jeweils erforderlichen Anzahl, wenn und soweit die Vervielfältigung zu diesem Zweck geboten ist. Diese Vorschrift ist insofern eine Erweiterung sowie Konkretisierung der Privilegierungstatbestände des Abs. 1 (Vervielfältigungen zum privaten Gebrauch) und Abs. 2 (Vervielfältigung zum sonstigen eigenen Gebrauch). Zum Schutz des Primärmarktes der Schulbildungsmedien wird in Satz 2 des Abs. 3 ausdrücklich darauf hingewiesen, dass die Vervielfältigung eines Werkes, das für den Unterrichtsgebrauch an Schulen bestimmt ist, stets nur mit Einwilligung des Berechtigten zulässig ist.[600] Weitere Rückausnahmen der Vervielfältigungsfreiheit sind in Abs. 4 (Sonderregelung hinsichtlich Vervielfältigungen graphischer Aufzeichnungen von Musikwerken und ganzer oder im Wesentlichen ganzer Bücher oder Zeitschriften), Abs. 5 (Sonderregelung hinsichtlich Vervielfältigungen von Datenbankwerken) und Abs. 7 (Sonderreglung hinsichtlich der Aufnahme öffentlicher Vorträge, Aufführungen oder Vorführungen sowie die Ausführung von Entwürfen zu Werken der bildenden Künste und der Nachbau von Werken der Baukunst) geregelt. § 53 Abs. 6 UrhG verbietet explizit die Verbreitung und öffentliche Wiedergabe der hergestellten Vervielfältigungsstücke. Nach § 54 Abs. 1 UrhG hat der Urheber gegen den Hersteller von Geräten und von Speichermedien, deren Typ allein oder i. V. m. anderen Geräten, Speichermedien oder Zubehör zur Vornahme von Vervielfältigungen nach § 53 Abs. 1 bis Abs. 3 UrhG benutzt wird, Anspruch auf Zahlung einer angemessenen Vergütung. Bei der vorliegenden Schranke handelt es sich somit um eine gesetzliche Lizenz. Die jeweilige Person, die die Vervielfältigung vornimmt, trifft also keine direkte Vergütungspflicht.

(1) Allgemeines

Die Privilegierung von Vervielfältigungen zugunsten des Unterrichts- und Prüfungsgebrauchs in der Schule wurde erst durch die Urheberrechtsnovelle 1985 in das Gesetz aufgenommen.[601] Bis dahin kannte das UrhG von 1965 nur die allgemeine Privilegierung von Vervielfältigungen zugunsten des persönlichen und sonstigen eigenen Gebrauchs. Erlaubt war vor allem nur die Anfertigung „einzelner“ Vervielfältigungsstücke, d. h. maximal 6–7 oder höchsten 10 Kopien[602], sodass das Kopieren in Klassenstärke nicht privilegiert wurde. Ebenso hatte der BGH in seinem Grundsatzurteil betont, dass auch im Schulbereich die zulässige vergütungsfreie Vervielfältigung nicht über einzelne Vervielfältigungsstücke, d. h. ca. 7 Exemplare, hinausgehen darf.[603] Trotz dieser Rechtslage sah die Realität im Schulalltag anders aus. In den Schulen wurde nach wie vor aus Schul- und anderen Büchern für ganze Klassen kopiert.[604] Mit der Einführung des § 53 Abs. 3 UrhG wollte der Gesetzgeber somit in erster Linie den Bedürfnissen des Schulalltags nachkommen und zulässige Vervielfältigungen zum Unterrichts- und Prüfungsgebrauchs nicht auf einzelne Vervielfältigungsstücke beschränken, sondern auf die für den jeweiligen Unterrichts- oder Prüfungszweck erfor-

---

600 Hierzu vgl. unten B. III. 1. a).

601 BGBl. I, S. 1137.

602 So die damalige herrschende Literaturauffassung, vgl. dazu *Neumann*, S. 65.

603 BGH, GRUR 1978, 474 ff. – Vervielfältigungsstücke.

604 Vgl. *Neumann*, S. 65; *Sattler*, S. 149.

derliche Anzahl erweitern.[605] In jüngerer Vergangenheit wurde die Schranke im Zuge der Umsetzung der europäischen Richtlinie 2001/29/EG im Jahre 2003 dahingehend erweitert, dass fortan nicht mehr nur erschienene Druckwerke, sondern auch online öffentlich zugänglich gemachte Werke jeglicher Art von der Privilegierung erfasst sind.[606] Insofern besteht der allgemeine Zweck der Schranke des § 53 Abs. 3 UrhG offensichtlich darin, die Jugend- bzw. Schulbildung qualitativ zu verbessern. Das Ziel der Regelung ist darin zu sehen, einen „wesentlichen Bestandteil der Methodik des Lehrens" zu erleichtern.[607] Jedoch kommt dem Privileg dabei keine „Erwerbsersatzfunktion", sondern lediglich eine „Erwerbsergänzungsfunktion" zu.[608] Neben dem Allgemeininteresse an der Förderung der Schulausbildung verfolgen die §§ 53 Abs. 3 i.V.m. 54ff. UrhG zugleich jedoch auch das Ziel, den Urhebern eine grundlegende Vergütung zuzusichern, da sie anderenfalls angesichts der stetig steigenden Anzahl von Vervielfältigungen zu Unterrichts- und Prüfungszwecken deutlich benachteiligt wären.[609]

Die Schranke des § 53 Abs. 3 Satz 1 UrhG ist immer dann in Betracht zu ziehen, wenn Lehrer zur Veranschaulichung des Unterrichts oder für Prüfungen Vervielfältigungen nach § 16 UrhG vornehmen. Gemeint sind hier vor allem das alltägliche Fotokopieren von Texten, Bildern oder Grafiken aus Büchern, Heften, Zeitungen oder Zeitschriften für die Schüler einer Klasse. Neben diesen klassischen Fällen des fotomechanischen Kopierens kommen insbesondere auch digitale Vervielfältigungen wie das Scannen oder Abspeichern von Werken am Computer in Betracht. Weitere relevante Vervielfältigungen sind z.B. das Abschreiben oder Ausdrucken von Werken.[610] Die Privilegierung durch § 53 Abs. 3 UrhG hat dementsprechend eine große Relevanz im Schulalltag.

Durch den „Gesamtvertrag zur Einräumung und Vergütung von Ansprüchen nach § 53 UrhG"[611] und die „Ergänzungsvereinbarung"[612] zum genannten Gesamtvertrag wurden einige Voraussetzungen des § 53 Abs. 3

605 Vgl. AmtlBegr. BT-Drucks. 10/837, S. 16, 28ff.

606 Vgl. AmtlBegr. BT-Drucks. 15/38, S. 21.

607 AmtlBegr. BT-Drucks. 10/837, S. 29.

608 *Berger*, ZUM 2006, 844, 846.

609 Siehe AmtlBegr. BT-Drucks. 10/837, S. 28f.

610 Zu den Vervielfältigungen im Schulbereich vgl. ausführlich oben B. I. 2. b).

611 Der komplette Vertragstext kann auf der Internetseite „http://lehrerfortbildung-bw.de/sueb/recht/urh/vertrag/gesamtvertrag_zur_einraeumung_u_verguetung_von_anspruechen_nach_53_urhg.pdf" (zuletzt abgerufen am 26.04.2016) abgerufen werden.

612 Die komplette Ergänzungsvereinbarung kann auf der Internetseite „http://lehrerfortbildung-bw.de/sueb/recht/urh/vertrag/ergaenzungsvereinbarung_zum_gesamtvertrag_zu_53_urhg.pdf" (zuletzt abgerufen am 26.04.2016) abgerufen werden.

UrhG konkretisiert. Für die nachfolgenden Betrachtungen der Schrankenvoraussetzungen im Einzelnen sind die Bestimmungen aus dem Gesamtvertrag und der Ergänzungsvereinbarung als Auslegungshilfe heranzuziehen.

(2) Die Voraussetzungen im Einzelnen

(a) Erschienene und öffentlich zugänglich gemachte Werke bzw. Werkteile

Nach § 53 Abs. 3 Satz 1 UrhG dürfen zustimmungsfrei nur Vervielfältigungsstücke von kleinen Teilen eines Werkes, von Werken von geringem Umfang oder von einzelnen Beiträgen, die in Zeitungen oder Zeitschriften erschienen oder öffentlich zugänglich gemacht worden sind, hergestellt werden. Es muss sich zunächst also um Werkteile, Werke bzw. Beiträge handeln, die gemäß § 6 Abs. 2 UrhG erschienen oder gemäß § 19a UrhG öffentlich zugänglich gemacht worden sind. Ein Erscheinen nach § 6 Abs. 2 UrhG liegt vor, wenn Vervielfältigungsstücke eines Werkes (wie Bücher, Noten, CDs, Schallplatten, CD-ROMs oder andere Datenträger) mit Zustimmung des Berechtigten in genügender Anzahl der Öffentlichkeit angeboten oder in Verkehr gebracht worden sind.[613] Öffentlich zugänglich gemacht i. S. d. § 19a UrhG sind Werke oder Werkteile, die nicht zeit- und ortsgebunden von der Öffentlichkeit digital abgerufen werden können.[614] Es können somit auch Werke vervielfältigt werden, die ausschließlich im Internet abrufbar sind.[615] Die Voraussetzungen des Erscheinen und der öffentlichen Zugänglichmachung sind im Schulbereich regelmäßig unproblematisch gegeben, da die Lehrer im Normalfall nur bereits erschienene bzw. öffentlich zugänglich gemachte Werke oder Werkteile als Kopiervorlagen verwenden. Kopiert ein Lehrer jedoch ein Werk, z. B. ein Arbeitsblatt oder ein Gedicht, eines Kollegen, welches noch nicht erschienen ist oder öffentlich zugänglich gemacht wurde, so scheidet die Schranke § 53 Abs. 3 UrhG aus, sodass die urheberrechtliche Zulässigkeit dieser Vervielfältigung von der Einwilligung des jeweiligen Lehrers abhängt.

(b) Kleine Teile eines Werkes

Von der Privilegierung erfasst sind nur kleine Teile eines Werkes, Werke von geringem Umfang oder einzelne Beiträge in Zeitungen oder Zeitschriften. Eine genaue Beschreibung dieser Begriffe enthält das UrhG jedoch

---

613 Hierzu vgl. Wandtke/Bullinger/*Marquardt*, § 6 Rn. 24 ff.

614 Ausführlich zur öffentlichen Zugänglichmachung vgl. bereits oben B. I. 4. c).

615 BT-Drucks. 15/38, S. 21.

nicht. Fraglich ist daher, was unter einem kleinen Teil eines Werkes zu verstehen ist. Im Allgemeinen gilt ein Teil eines Werkes als klein, wenn er im Verhältnis der vervielfältigten Stellen zum Gesamtwerk noch als klein erscheint.[616] Nach einer Ansicht dürfen kleine Teile nur weniger als 10% des Werkes ausmachen.[617] Eine andere Ansicht sieht die Höchstgrenze eines kleinen Werkteils bei 20%.[618] Andere Autoren verzichten hingegen auf die Anwendung von fixen Prozentsätzen und wollen anhand der Umstände des Einzelfalls abwägen, ob eine Beeinträchtigung des Primärmarktes vorliegt.[619] Entgegen einer solchen Auslegung anhand der Umstände des Einzelfalls geht der BGH jedoch davon aus, dass eine prozentuale Obergrenze erforderlich sei, um eine rechtssichere Handhabung der Schrankenbestimmung zu gewährleisten.[620]

Im Ergebnis ist mit der Rechtsprechung und den Konkretisierungen des Gesamtvertrags zu § 53 UrhG[621] davon auszugehen, dass ein kleiner Teil bis zu 10% eines Werkes, jedoch maximal 20 Seiten umfasst. Für die Berechnung der zulässigen Seitenanzahl ist dabei der Gesamtumfang des Werkes einschließlich Inhaltsverzeichnis, Vorwort, Einleitung, Literaturverzeichnis, Namensregister und Sachregister maßgeblich.[622] Mit einbezogen werden allerdings nur Seiten, deren Inhalt überwiegend aus Text besteht, sodass Leerseiten sowie Seiten mit überwiegend Bildern, Fotos oder Abbildungen nicht angerechnet werden sollen.[623] Außerdem darf aus einem Werk nur einmal pro Schuljahr und Schulklasse in dem erlaubten Umfang vervielfältigt werden.[624] Nicht erlaubt sind damit sukzessive Vervielfältigungen von kleinen Teilen eines Werkes, wenn die maximal zulässige Anzahl von 20 Seiten überschritten wird.

---

[616] BeckOK-UrhG/*Grübler*, § 53 Rn. 33, 39; Dreier/Schulze/*Dreier*, § 53 Rn. 33, 39.

[617] OLG Karlsruhe, GRUR 1987, 818, 820 – Referendarkurs; Schricker/Loewenheim/*Loewenheim*, § 53 Rn. 52, 61.

[618] Möhring/Nicolini/*Decker*, § 53 Rn. 35, 28; *Raczinkski/Rademacher*, GRUR 1989, 324, 327.

[619] BeckOK-UrhG/*Grübler*, § 53 Rn. 33, 39; Dreier/Schulze/*Dreier*, § 53 Rn. 33, 38; Dreyer/Kotthoff/Meckel/*Dreyer*, § 53 Rn. 85, 102; vgl. auch Fromm/Nordemann/*Wirtz*, § 53 Rn. 43.

[620] BGH, GRUR 2014, 549, 551 – Meilensteine der Psychologie.

[621] Vgl. § 1 Nr. 3 und § 2 der Ergänzungsvereinbarung zum Gesamtvertrag zu § 53 UrhG sowie § 3 Nr. 1 a) des Gesamtvertrags zu § 53 UrhG.

[622] BGH, GRUR 2014, 549, 552 – Meilensteine der Psychologie.

[623] BGH, GRUR 2014, 549, 552 – Meilensteine der Psychologie; BGH, GRUR 2013, 1220, 1223 – Gesamtvertrag Hochschul-Intranet.

[624] Vgl. § 3 Nr. 2 des Gesamtvertrags zu § 53 UrhG und § 1 Nr. 4 der Ergänzungsvereinbarung zum Gesamtvertrag zu § 53 UrhG.

• *Beispiel:* Als kleiner Teil eines Werkes darf der Deutschlehrer für die Schüler seines Grundkurses nur bis zu 20 Seiten aus dem 778-seitigen Roman „Die Blechtrommel" kopieren, auch wenn 10% des Romans 77 Seiten sind. Für denselben Deutschgrundkurs darf er allerdings in demselben Schuljahr nicht noch einmal 20 Seiten aus dem genannten Roman kopieren. Das mehrmalige Kopieren aus demselben Roman pro Schuljahr und Schulklasse kann aber dann zulässig sein, wenn der Lehrer insgesamt nicht die Grenze von 20 Seiten überschreitet. Er könnte also für seinen Deutschgrundkurs z. B. zunächst 5 Seiten und einige Tage später 15 Seiten aus dem Roman kopieren.[625]

(c) Werke von geringem Umfang

Gegenstand der Privilegierung des § 53 Abs. 3 Satz 1 UrhG sind außerdem Werke von geringem Umfang. Als Werke geringen Umfangs werden in der Literatur ganze Gedichte, Kurzgeschichten, kleine Novellen und Erzählungen, kurze Artikel und Aufsätze, Liedtexte, Lieder, Klausursachverhalte und Multiple-Choice-Aufgaben[626] sowie Ausschnitte aus Filmwerken genannt.[627] Für eine rechtssichere Handhabung des Schrankenmerkmals ist zudem § 3 Nr. 1 b) des Gesamtvertrags zu § 53 UrhG als Auslegungshilfe heranzuziehen. Danach gelten als Werk geringen Umfangs: ein sonstiges Druckwerk (mit Ausnahme von für den Unterrichtsgebrauch bestimmten Werken) mit maximal 25 Seiten; alle vollständigen Bilder, Fotos und sonstigen Abbildungen. Bei Film- und Musikwerken kann ferner die Bestimmung des § 2 Abs. 1 c. aus dem Gesamtvertrag zu § 52a UrhG entsprechend angewendet werden, sodass ein Film- oder Musikwerk geringen Umfangs maximal 5 Minuten lang sein darf.

(d) Einzelne Beiträge in Zeitungen oder Zeitschriften

Ausdrücklich als Privilegierungsgegenstand des § 53 Abs. 3 Satz 1 UrhG werden schließlich auch einzelne Beiträge in Zeitungen oder Zeitschriften genannt. Als Beiträge erfasst sind neben Texten und Aufsätzen auch Gedichte, Lichtbildwerke, Lichtbilder, graphische Darstellungen, Tabellen, Übersichten und ähnliches.[628] Dabei müssen die Beiträge persönliche geistige

---

625 Vgl. ferner die Beispielsfälle bei *von Bernuth*, Urheber- und Medienrecht in der Schule, S. 117 und *Haupt*, S. 30.

626 *Oechsler* GRUR 2006, 205, 207 f.

627 Fromm/Nordemann/*Wirtz*, § 53 Rn. 47; Schricker/Loewenheim/*Loewenheim*, § 53 Rn. 61.

628 BT-Drucks. 10/3360, S. 19; Schricker/Loewenheim/*Loewenheim*, § 53 Rn. 53.

Schöpfungen i. S. d. § 2 Abs. 2 UrhG sein, da sie anderenfalls für das Urheberrecht nicht relevant sind. Ein Beitrag liegt allerdings nur dann vor, wenn er in einer Zeitung oder Zeitschrift abgedruckt und nicht gesondert erhältlich ist.[629] Unter Zeitungen versteht man periodische Sammlungen, die Tagesneuigkeiten wie politische, wirtschaftliche, kulturelle sowie sportliche Ereignisse übermitteln, wobei auch themenbegrenzte Sammlungen wie Sportzeitungen hierunter fallen können.[630] Zeitschriften sind hingegen periodische Sammlungen, die in ihren Wort- und Bildbeiträgen vorwiegend Fragen von bleibendem Interesse behandeln und daher nicht unmittelbar von Tagesereignissen abhängig sind.[631] Ohne Belang ist dabei, ob die Zeitung oder Zeitschrift in Printform oder digital vertrieben wird, da das Gesetz ausdrücklich (digital) öffentlich zugänglich gemachte Zeitungen und Zeitschriften erwähnt.

Durch das Wort „einzelne" soll deutlich gemacht werden, dass zwar mehrere Beiträge aus einer Zeitung oder einer Zeitschrift vervielfältigt werden können, diese jedoch nur einen kleinen Teil der gesamten Zeitung oder Zeitschrift ausmachen dürfen.[632] Wie groß ein solcher kleiner Teil im Detail sein darf, ist in der Literatur allerdings umstritten. Zum Teil wird angenommen, dass noch bis zu 40 % der gesamten Zeitung oder Zeitschrift erfasst sein können.[633] Diese Ansicht ist allerdings abzulehnen, da die Gesetzesbegründung hier ausdrücklich von einem „kleinen Teil" spricht und man bei fast der Hälfte der gesamten Zeitung oder Zeitschrift, nicht mehr von einem kleinen Teil sprechen kann.[634] Es ist vielmehr mit der überwiegenden Auffassung[635] davon auszugehen, dass nur einige wenige, also zwei bis maximal drei Beiträge aus einer Zeitung oder einer Zeitschrift vervielfältigt werden dürfen.

Obwohl das Merkmal der „einzelnen Beiträge in Zeitungen oder Zeitschriften" im Gesetzestext neben der Privilegierung von „kleinen Teilen eines Werkes" und von „Werken geringen Umfangs" aufgezählt wird, han-

---

629 Dreyer/Kotthoff/Meckel/*Dreyer*, § 53 Rn. 86.

630 Schricker/Loewenheim/*Schricker/Peukert*, § 38 Rn. 13.

631 Schricker/Loewenheim/*Schricker/Peukert*, § 38 Rn. 14.

632 BT-Drucks. IV/270, S. 73; BeckOK-UrhG/*Grübler*, § 53 Rn. 35, 39; *de la Durantaye*, S. 86; Dreier/Schulze/*Dreier*, § 53 Rn. 33, 38; Schricker/Loewenheim/*Loewenheim*, § 53 Rn. 53, 61.

633 Dreyer/Kotthoff/Meckel/*Dreyer*, § 53 Rn. 86; *Suttorp*, S. 107.

634 So auch BeckOK-UrhG/*Grübler*, § 53 Rn. 35; Schricker/Loewenheim/*Loewenheim*, § 53 Rn. 53, 61.

635 Vgl. Fromm/Nordemann/*W. Nordemann*, 10. Aufl., § 53 Rn. 29, 31; Wandtke/Bullinger/*Lüft*, § 53 Rn. 35; siehe auch die an Schulen gerichtete Aufklärungsbroschüre des Verbands der Bildungsmedien, wo das Kopieren von 3 Artikeln als Werke geringen Umfangs, d. h. jeweils nicht länger 25 Seiten, aus einer Fachzeitschrift für zulässig erachtet wird. Die Broschüre ist abrufbar unter: „http://www.schulbuchkopie.de/VBM_Schulbuchkopie_Ansicht.pdf" (zuletzt abgerufen am 26.04.2016).

delt es sich bei diesem Merkmal nicht zwingend um eine zusätzliche Privilegierung des Nutzers. Denn ausgehend von einem nicht exklusiven Verhältnis zwischen den Schrankenmerkmalen des „kleinen Teils von Werken“ und der „Werke geringen Umfangs“ ist es für den Werknutzer grundsätzlich zulässig, aus einem Sammelwerk, wie z.B. einer Zeitung oder Zeitschrift, nicht nur einen kleinen Teil des gesamten Sammelwerkes, sondern auch alle Einzelbeiträge des Sammelwerkes, sofern sie jeweils nicht länger als 25 Seiten lang sind, als Werke geringen Umfangs zu vervielfältigen.[636] Insofern hat das Merkmal „einzelne Beiträge in Zeitungen oder Zeitschriften“ nur dann eine privilegierende Wirkung, wenn die einzelnen Beiträge einer Zeitung oder Zeitschrift jeweils einen größeren Umfang als 25 Seiten haben und somit nicht mehr unter der Privilegierung von „Werken geringen Umfangs“ fallen. Beträgt der Umfang der Beiträge jedoch weniger als 25 Seiten, so wirkt das Merkmal „einzelne Beiträge in Zeitungen oder Zeitschriften“ eher als einschränkende Ausnahmeregelung hinsichtlich der Privilegierung von „Werken geringen Umfangs“, da der Nutzer in diesen Fällen nicht beliebig viele „Werke geringen Umfangs“ aus einer Zeitung oder Zeitschrift vervielfältigen kann, sondern nur „einzelne Beiträge“. Dies entspricht allerdings dem Sinn und Zweck dieses Merkmals. Denn mit der ausdrücklichen Erwähnung der „einzelnen Beiträge in Zeitungen oder Zeitschriften“ soll verhindert werden, dass Zeitungen und Zeitschriften weitestgehend oder sogar komplett vervielfältigt werden dürfen.[637] Diese Sonderregelung wird damit gerechtfertigt, dass der Primärmarkt dieser Medien nur kurzlebig und daher besonders schutzwürdig ist.[638]

Ferner ist in Betracht zu ziehen, ob die vorliegende Beschränkung auf „einzelne Beiträge“ nicht nur für Zeitungen und Zeitschriften gelten soll, sondern auch auf andere Sammelwerke oder Werke mit urheberrechtlich geschützten Werkteilen erweitert werden kann. Denn nach der derzeitigen Rechtslage ist es z.B. zulässig, Gedichte aus einer Gedichtsammlung oder Abschnitte bzw. Kapitel aus einem Roman oder einem Fachbuch zu kopieren, sofern sie nicht länger als 25 Seiten sind. U.U. kann ein Lehrer für den Unterrichtsgebrauch also nicht nur einen kleinen Teil eines Buches bzw. einer Sammlung, sondern auch das ganze Werk kopieren. Ähnlich wie die

---

636 Siehe auch BGH, GRUR 2014, 549, 552 – Meilensteine der Psychologie, wonach die öffentliche Zugänglichmachung von Werken geringen Umfangs sowie von einzelnen Beiträgen aus Zeitungen oder Zeitschriften zulässig sein kann, auch wenn es sich dabei um in sich abgeschlossene Werke oder Teile eines Werkes handelt.

637 Vgl. auch *von Bernuth*, ZUM 2003, 440, der sich auf eine mündliche Mitteilung der Referenten des Bundesministeriums der Justiz vom 31.03.2003 beruft.

638 BGH, GRUR 1993, 899, 900 – Diaduplikate; BeckOK-UrhG/*Grübler*, § 53 Rn. 35, 39.

Zulässigkeit des Kopierens von ganzen Zeitungen und Zeitschriften kann dieser Umstand für die jeweiligen Urheber und Verlage eine nicht nur unerhebliche Beeinträchtigung ihrer wirtschaftlichen Interessen bedeuten. Es ist daher in Erwägung zu ziehen, das Merkmal „Werke geringen Umfangs“ teleologisch zu reduzieren, sodass generell nur „einzelne“ Werke geringen Umfangs aus einem Gesamtwerk oder Sammelwerk vervielfältigt werden dürfen. Gegen eine solche teleologische Reduktion des Privilegierungsumfangs von Werken geringen Umfangs spricht allerdings, dass der Gesetzgeber ausdrücklich nur eine Ausnahmeregelung hinsichtlich Zeitungen und Zeitschriften geschaffen hatte. Eine Erweiterung der Beschränkung wäre insoweit contra legem. Auch aus urheberstrafrechtlicher Sicht ist diese Beschränkung abzulehnen. Denn eine solche Verkleinerung des gesetzlich vorgesehenen Privilegierungsumfangs würde die Strafbarkeit zu Lasten des Täters ausdehnen und daher gegen Art. 103 Abs. 2 GG verstoßen. Insofern ist hier der Gesetzgeber gefordert, die Interessen der Allgemeinheit und die Urheberinteressen in ein Gleichgewicht zu bringen.

(e) Zur Veranschaulichung des Unterrichts in Schulen (Abs. 3 Satz 1 Nr. 1)

Nach § 53 Abs. 3 Satz 1 Nr. 1 UrhG müssen Vervielfältigungsstücke „zum eigenen Gebrauch zur Veranschaulichung des Unterrichts in Schulen“ hergestellt werden. „Schule“ in diesem Sinne sind gemäß § 1 Nr. 3 des Gesamtvertrags zu § 53 UrhG i.V.m. § 5 Nr. 1 der Ergänzungsvereinbarung zum Gesamtvertrag zu § 53 UrhG alle öffentlichen (staatlichen oder kommunalen) und privaten Schulen i.S.d. Schulgesetze der Länder sowie die Schulen des Gesundheitswesens. Erfasst sind somit jedenfalls alle Grund-, Haupt-, Realschulen, Gymnasien, Berufs- und berufsbildende Schulen sowie Abend- und Sonderschulen. Das Merkmal „zur Veranschaulichung des Unterrichts“ ist nach allgemeiner Auffassung so zu verstehen, dass die Vervielfältigung von Werken sowohl für den Einsatz im Unterricht selbst als auch zur häuslichen Vor- und Nachbereitung des Unterrichts erlaubt ist.[639] Für den Lehrer ist es insofern möglich, sich ein eigenes Archiv für Schulzwecke zu Hause einzurichten.[640] Im Sinne der Festigung des Unterrichtslernstoffs können Lehrer deshalb auch Kopien anfertigen, um sie den Schülern als Hausaufgabe mitzugeben.[641] Nicht zum Unterrichtszweck gehören Verviel-

---

[639] Siehe nur *de la Durantaye*, S. 88; Dreier/Schulze/*Dreier*, § 53 Rn. 39; Dreyer/Kotthoff/Meckel/*Dreyer*, § 53 Rn. 111; *Hoeren*, MMR 2007, 615, 618; Schricker/Loewenheim/*Loewenheim*, § 53 Rn. 60; Wandtke/Bullinger/*Lüft*, § 53 Rn. 39.

[640] Dreyer/Kotthoff/Meckel/*Dreyer*, § 53 Rn. 111; *Hoeren*, MMR 2007, 615, 618.

[641] Fromm/Nordemann/*Wirtz*, § 53 Rn. 49.

fältigungen zur Erledigung von Verwaltungsaufgaben der Schule[642] oder Vervielfältigungen zu rein privaten Zwecken der Lehrer oder Schüler. Die Vervielfältigung muss ferner zum eigenen Gebrauch sein. Durch diese Voraussetzung soll die Werkvervielfältigung zur Weiterverbreitung an Dritte, die nicht der jeweiligen Schule angehören, verhindert werden.[643] Lehrer und Schüler dürfen daher nur für ihren Unterrichtsgebrauch innerhalb der jeweiligen Schule vervielfältigen.

(f) Für Prüfungen in Schulen (Abs. 3 Satz 1 Nr. 2)

Gemäß § 53 Abs. 3 Satz 1 Nr. 2 UrhG müssen Vervielfältigungsstücke „zum eigenen Gebrauch für Prüfungen in Schulen" hergestellt werden. Hinsichtlich des Begriffs der Schulen gilt dasselbe wie in der Nr. 1. Erfasst sind alle Grund-, Haupt-, Realschulen, Gymnasien, Berufs- und berufsbildende Schulen sowie Abend- und Sonderschulen. Unter Prüfungen versteht man Leistungsnachweise, die einen Lehr- oder Studienabschnitt abschließen und dem Nachweis über die vom Prüfling erworbenen Kenntnisse dienen.[644] Umstritten ist allerdings, welche Arten von Leistungsnachweisen noch von der Privilegierung des § 53 Abs. 3 Satz 1 Nr. 2 UrhG erfasst sind. Nach der engen Auffassung sind nur Zwischen- und Abschlussklausuren als privilegierte Prüfungen anzusehen, sodass Leistungsnachweise im Rahmen des Unterrichts, wie z. B. Klassenarbeiten, nicht mehr darunter fallen.[645] Folge dieser Ansicht wäre, dass in der Schule nur die Abiturprüfungen und gegebenenfalls die Prüfungen zum Erwerb des mittleren Schulabschlusses von Abs. 3 Satz 1 Nr. 2 erfasst sind. Dagegen geht die weite Auffassung zutreffend davon aus, dass ein enges Verständnis des Prüfungsbegriffs eine zu starke Verkürzung des Privilegierungsbereichs von Abs. 3 Satz 1 Nr. 2 darstellt, sodass auch Leistungsnachweise im Rahmen des Unterrichts zu erfassen sind.[646] Dementsprechend sind in der Schule insbesondere Klassenarbeiten, Klausuren oder auch kleinere Tests und Leistungskontrollen durch Nr. 2 privilegiert. Ebenso erfasst ist die Vervielfältigung von Werken oder Werkteilen zur Erstellung von Aufgabenstellungen für Referate oder Facharbeiten.

---

642 Schricker/Loewenheim/*Loewenheim*, § 53 Rn. 60.

643 Dreier/Schulze/*Dreier*, § 53 Rn. 38; Schricker/Loewenheim/*Loewenheim*, § 53 Rn. 61; vgl. aber auch ohnehin schon Abs. 6 Satz 1, der die Weitergabe der Vervielfältigungsstücke für alle Fälle § 53 UrhG untersagt.

644 Dreier/Schulze/*Dreier*, § 53 Rn. 40; Schricker/Loewenheim/*Loewenheim*, § 53 Rn. 66.

645 *Oechsler*, GRUR 2006, 205, 208; Wandtke/Bullinger/*Lüft*, § 53 Rn. 40.

646 Dreier/Schulze/*Dreier*, § 53 Rn. 40; Fromm/Nordemann/*Wirtz*, § 53 Rn. 50; *Sattler*, S. 161 f.; wohl auch Schricker/Loewenheim/*Loewenheim*, § 53 Rn. 66.

Im Ergebnis hat dieser Streit für den Schulbereich allerdings keine Auswirkungen, da Vervielfältigungen für Leistungsnachweise im Rahmen des Unterrichts auch von Abs. 3 Satz 1 Nr. 1 privilegiert sind.[647] Ohnehin lag das Hauptaugenmerk des Gesetzgebers bei der Unterscheidung zwischen Nr. 1 und Nr. 2 auf Hochschulen, die ausdrücklich von der Privilegierung in Nr. 1 ausgeschlossen werden sollten und nur notwendigerweise in Nr. 2 privilegiert werden.[648] Für den vorliegend relevanten Schulbereich ist die Differenzierung in Unterrichts- und Prüfungsgebrauch deshalb weitestgehend unerheblich.[649] Ferner dürfen die Vervielfältigungsstücke auch bei Nr. 2 nur zum eigenen Gebrauch hergestellt werden. Wie schon in Nr. 1 bedeutet „eigener Gebrauch" vor allem, dass Vervielfältigungsstücke nicht zur Weitergabe an Dritte hergestellt werden dürfen.[650] Erlaubt ist somit die Vervielfältigung für den Prüfungsgebrauch innerhalb der jeweiligen Schule, d. h. nicht für andere Schulen oder schulexterne Personen.[651]

(g) Gebotenheit

Weiterhin sind Vervielfältigungen im Rahmen des § 53 Abs. 3 Satz 1 UrhG nur zulässig, wenn und soweit sie zum Unterrichts- bzw. Prüfungszweck geboten sind. Durch das Merkmal der Gebotenheit wollte der Gesetzgeber sicherstellen, „dass die Ausweitung der Verwertungsbasis nicht zugleich zu einer Veränderung des eng definierten Anwendungsbereichs der Schranke führt".[652] Allgemein kann eine Vervielfältigung als geboten angesehen werden, wenn sie zum Erreichen des Gesetzeszwecks des § 53 Abs. 3 UrhG, die Qualität der Aus- und Fortbildung im Interesse der Allgemeinheit zu verbessern, beiträgt.[653] Zu beachten ist jedoch, dass den Lehrern bzw. Prüfern dabei die pädagogische Freiheit bleiben muss, frei über die Unterrichts- bzw. Prüfungsmaterialien entscheiden zu können. Diesbezüglich steht Ihnen ein nicht kontrollierbarer Beurteilungsspielraum zu, sodass im Rahmen der Gebotenheit nicht danach zu fragen ist, ob die Herstellung der Vervielfältigungsstücke für den Unterricht wirklich erforderlich ist oder ob sich der Lernerfolg auch auf andere Weise erreichen lässt.[654] Für die Vo-

647 Siehe auch *Oechsler*, GRUR 2006, 205, 208.

648 Vgl. BT-Drucks. 10/3360, S. 19; BT-Drucks. 10/837, S. 16.

649 Siehe auch *Neumann*, S. 71.

650 BT-Drucks. 10/837, S. 9.

651 *Oechsler*, GRUR 2006, 205, 208; Schricker/Loewenheim/*Loewenheim*, § 53 Rn. 67.

652 Vgl. BT-Drucks. 15/38, S. 21.

653 Vgl. *Oechsler*, GRUR 2006, 205, 209.

654 Dreier/Schulze/*Dreier*, § 53 Rn. 41; *Oechsler*, GRUR 2006, 205, 208; Schricker/Loewenheim/*Loewenheim*, § 53 Rn. 63.

raussetzung des Gebotenseins ist es daher ausreichend, dass sich die Vervielfältigungsstücke für den Unterrichts- bzw. Prüfungszweck als geeignet darstellen.[655] Nicht geboten sind somit Vervielfältigungen für andere schulische Zwecke, wie z.B. für die Schulverwaltung.[656]

Für das Vorliegen der Gebotenheit wird allerdings teilweise gefordert, dass die Originalexemplare nicht zu einem angemessenen Preis hätten erworben werden können.[657] Stellt man mit diesem Ansatz auf das Verhältnis zwischen dem Erwerbs- und Kopierpreis ab, so dürfte Letzterer in den allermeisten Fällen weit geringer sein, zumal häufig nur Teile aus einem umfangreichen Werk kopiert werden. Eine Vergleichbarkeit der Erwerbs- und Kopierpreise wäre daher höchstens bei einigen Werken geringen Umfangs vorstellbar, sodass in allen anderen Fällen von der Gebotenheit der Vervielfältigung auszugehen ist. Ein weiterer Ansatz sieht die Vervielfältigung jedoch nur dann als geboten an, wenn ein Erwerb der Originalexemplare im Voraus nicht planbar war.[658] Problematisch ist dieser Ansatz insofern, dass der Begriff der Planbarkeit einen weiten Interpretationsspielraum zulässt. Denn streng genommen könnte jeder Lehrer vor einem Schuljahr seinen Unterricht durchplanen, sodass die Schulen die meisten erforderlichen Materialien schon im Voraus erwerben könnten. Übrig blieben dann nur neu erschiene bzw. aktuelle Werke, die die Schule vorher nicht hätte erwerben können. Alle anderen Vervielfältigungen wären demnach nicht geboten. Ein solches Verständnis würde den Anwendungsbereich des § 53 Abs. 3 UrhG allerdings zu weit einschränken und nahezu obsolet machen. Eine Beschränkung des Anwendungsbereichs auf „aktuelle Werke" ist jedoch weder aus dem Wortlaut noch aus den Gesetzesmaterialien erkennbar. Aufgrund des ungenauen Merkmals der Planbarkeit und der unangemessenen Einschränkung des § 53 Abs. 3 UrhG ist dieser Auslegungsansatz abzulehnen.

(h) Privilegierte Vervielfältigungshandlungen

Als zulässige Verwertungshandlung nennt § 53 Abs. 3 Satz 1 UrhG das Herstellen und Herstellenlassen von Vervielfältigungsstücken in erforderlicher Anzahl. Gemeint ist damit das Verwertungsrecht der Vervielfältigung nach § 15 Abs. 1 Nr. 1 i.V.m. § 16 UrhG. Weitere Verwertungen (z.B. Verbreitung oder öffentliche Wiedergabe), die über das Vervielfältigen hi-

---

655 BeckOK-UrhG/*Grübler*, § 53 Rn. 43; Schricker/Loewenheim/*Loewenheim*, § 53 Rn. 63.

656 Dreier/Schulze/*Dreier*, § 53 Rn. 41; Schricker/Loewenheim/*Loewenheim*, § 53 Rn. 63.

657 Dreier/Schulze/*Dreier*, § 53 Rn. 41.

658 *Berger*, ZUM 2006, 844, 847; *Sattler*, S. 158.

nausgehen, sind nicht von § 53 Abs. 3 UrhG erfasst.[659] Der Gesetzeswortlaut erfasst sowohl das eigenständige Herstellen als auch das beauftragte Herstellenlassen. Zur Herstellung von Vervielfältigungsstücken berechtigt sind somit zum einen schulinterne Personen, d.h. insbesondere Lehrer und Schüler[660], die für den Unterrichtsgebrauch selbst vervielfältigen. Zum anderen können die schulinternen Personen jedoch auch die Vervielfältigungsstücke von schulexternen Dritten, wie z.B. von Mitarbeitern eines gewerblichen Copyshops, herstellen lassen.[661] Hinsichtlich des Kopierens aus schulspezifischen Werken gilt, dass alle Lehrkräfte der staatlichen, kommunalen oder privaten Schulen i.S.d. Schulgesetzes ihres Landes auf dem Schulkopierer, auf einem eigenen Kopierer oder auch in einem gewerblichen Copyshop Kopien herstellen bzw. herstellen lassen dürfen.[662] Anders als bei der Vervielfältigung von sonstigen Werken sind Schüler somit nicht zur Vervielfältigung von schulspezifischen Werken berechtigt, sondern nur Lehrer bzw. Dritte in ihrem Auftrag. Den Schülern, die für den Klassenunterricht aus Lehrbüchern kopieren möchten, ist daher zu empfehlen, sich diesbezüglich an die Lehrer zu wenden.

Nach Abs. 3 privilegiert sind grundsätzlich alle Arten von Vervielfältigungen. Die gesetzlichen Beschränkung der Art der Vervielfältigung in § 53 Abs. 1 Satz 1 oder Abs. 2 Satz 2 und 3 UrhG gilt nicht für Abs. 3. Neben analogen Vervielfältigungen wie dem Fotokopieren oder Abschreiben dürfen daher insbesondere auch digitale Vervielfältigungen wie z.B. das Einscannen oder Abspeichern vorgenommen werden.[663] Hinsichtlich der Vervielfältigungen von „für den Unterrichtsgebrauch an Schulen bestimmten Werken“ gemäß § 53 Abs. 3 Satz 2 UrhG, die erst durch die Einwilligung der Rechteinhaber im Gesamtvertrag zu § 53 UrhG vervielfältigt werden dürfen, sind Besonderheiten zu beachten.[664]

Des Weiteren darf nach § 53 Abs. 3 Satz 1 UrhG nur eine erforderliche Anzahl von Vervielfältigungsstücken hergestellt werden. Als erforderlich gilt die Anzahl der Unterrichts- bzw. Prüfungsteilnehmer, d.h. in der Regel

---

[659] Vgl. auch ausdrücklich § 53 Abs. 6 UrhG, dazu siehe unten I. B. 5. b) bb) (i) (cc). Das Verteilen der Kopien innerhalb einer Klasse ist jedoch zulässig, da sie keine (öffentliche) Verbreitung darstellt, siehe oben B. I. 3. c).

[660] Beispiel: Als begleitendes Material zu seinem Vortrag kopiert ein Schüler 20 Exemplare seines Arbeitspapiers mit verschiedenen urheberechtlich geschützten Abbildungen für den Lehrer und seine Mitschüler.

[661] Dreier/Schulze/*Dreier*, § 53 Rn. 43.

[662] So die Auskunft auf der Internetseite des Verbands für Bildungsmedien „http://www.schulbuchkopie.de/index.php/fotokopie-wie-lauten-die-regeln“ (zuletzt abgerufen am 26.04.2016).

[663] Dreyer/Kotthoff/Meckel/*Dreyer*, § 53 Rn. 108.

[664] Hierzu vgl. unten B. III. 1. a).

Klassen- oder Kursstärke.[665] Es sollte also jedem Schüler ein Exemplar zur Verfügung gestellt werden können sowie ein weiteres Exemplar für den Lehrer.[666] Dabei sind Parallelklassen, in denen die gleichen Kopien benutzt werden sollen, nicht mit zu berücksichtigen, sodass der Lehrer für Parallelklassen erneut in Klassenstärke kopieren darf.[667] Im Einzelfall kann die Anzahl der erforderlichen Vervielfältigungen jedoch auch unter der Klassenstärke liegen, wenn z.B. die Vermittlung des Lernstoffes lediglich anhand von Overheadfolien oder einer Powerpoint-Präsentation erfolgen soll.[668] Allerdings muss den Lehrern auch in diesen Fällen die pädagogische Entscheidungsfreiheit darüber obliegen, ob der Unterricht auch gleichzeitig mit entsprechenden Kopien für jeden Schüler ergänzt wird.[669]

(i) Einschränkungen und Ausnahmen nach Abs. 4 bis Abs. 7

In Abs. 4 bis Abs. 7 werden die nach Abs. 1 bis Abs. 3 gewährten Privilegierungen durch Ausnahmeregelungen für bestimmte Bereiche wieder eingeschränkt (Schranken-Schranken). Vervielfältigungen, die durch die Privilegierung des Abs. 3 zulässig geworden sind, können somit durch die Regelungen der Abs. 4 bis 7 wiederum in dem Zustand der Nichtprivilegierung zurückkehren und unzulässig sein, wenn keine Einwilligung der Berechtigten vorliegt.

(aa) Werke der Musik sowie ganze Bücher und Zeitschriften (Abs. 4)

Nach Abs. 4 a) ist die Vervielfältigung graphischer Aufzeichnungen von Werken der Musik (Noten), soweit sie nicht durch Abschreiben vorgenommen wird, stets nur mit Einwilligung des Berechtigten zulässig. Ausgenommen sind jedoch die Fälle in denen Noten zur Aufnahme in ein eigenes Archiv nach den Voraussetzungen des Abs. 2 Satz 1 Nr. 1 kopiert werden oder seit mindestens zwei Jahren vergriffen sind.[670]

Weiterhin ist nach Abs. 4 b) die Vervielfältigung „eines Buches oder einer Zeitschrift, wenn es sich um eine im wesentlichen vollständige Vervielfältigung handelt", stets nur mit Einwilligung des Berechtigten zulässig. Als

---

[665] Die frühere Beschränkung auf maximal sieben Kopien in BGH, GRUR 1978, 474 – Vervielfältigungsstücke (auch für den Schulgebrauch) ist bereits seit der Gesetzesnovelle von 1985 überholt, vgl. Schricker/Loewenheim/*Loewenheim*, § 53 Rn. 58; zur früheren Rechtslage vgl. *Nippe*, GRUR 1994, 888f.

[666] Schricker/Loewenheim/*Loewenheim*, § 53 Rn. 62.

[667] Loewenheim/*Loewenheim*, § 31 Rn. 49.

[668] Dreier/Schulze/*Dreier*, § 53 Rn. 42; Loewenheim/*Loewenheim*, § 31 Rn. 49.

[669] BeckOK-UrhG/*Grübler*, § 53 Rn. 44.

[670] Hierzu vgl. unten B. III. 1. b).

Rückausnahme greifen auch hier die Fälle des handschriftlichen Abschreibens, der Aufnahme in ein eigenes Archiv entsprechend Abs. 2 Satz 1 Nr. 1 und des Vorliegens eines seit mindestens zwei Jahren vergriffenen Werkes. Ähnlich wie bei Abs. 4 a) lag der Grund für diese Regelung in der wirtschaftlichen Beeinträchtigung der Buch- und Zeitschriftenhersteller durch das kostengünstige Kopieren, sodass die nachhaltige Herstellung der Primärliteratur gefährdet werden könnte.[671] Hinsichtlich der Vervielfältigungen für den Unterrichts- oder Prüfungsgebrauch an Schulen nach § 53 Abs. 3 UrhG ist diese Ausnahmeregelung allerdings kaum relevant, da die Rechteinhaber den Schulen ausdrücklich das Recht zur Vervielfältigung von vollständigen Druckwerken mit maximal 25 Seiten im Gesamtvertrag zu § 53 UrhG eingeräumt haben. Für den Unterrichts- oder Prüfungsgebrauch dürfen Lehrer daher ungeachtet der Ausnahme des Abs. 4 b) auch vollständige Bücher oder Zeitschriften bis zu einem Umfang von 25 Seiten vervielfältigen. Bücher oder Zeitschriften, die umfänglich darüber hinaus gehen, sind ohnehin nicht von Abs. 3 Satz 1 privilegiert und bedürfen daher jedenfalls einer gesonderten Einwilligung der Berechtigten.

(bb) Elektronische Datenbankwerke (Abs. 5)

Eine weitere Ausnahme von der Privilegierung nach Abs. 3 ist in der Regelung des Abs. 5 zu finden. Sie ist das Ergebnis der Umsetzung des Art. 6 Abs. 2 lit. a der europäischen Datenbankrichtlinie (Richtlinie 96/9/EG) vom 11.3.1996[672]. Gegenstand der Ausnahme sind jedoch lediglich elektronische Datenbankwerke i.S.v. § 4 Abs. 2 Satz 1 UrhG, d.h. Datenbankwerke wie z.B. digitale Lexika und Enzyklopädien, Wörterbücher auf CD-ROM oder im Internet sowie digitale Zeitungsarchive und Linksammlungen.[673] Nicht erfasst sind somit sonstige („analoge“) Datenbankwerke wie z.B. gedruckte Lexika, Enzyklopädien und Wörterbücher, sodass § 53 Abs. 3 UrhG für diese Datenbankwerke anwendbar bleiben.[674] § 53 Abs. 5 Satz 1 UrhG sieht vor, dass elektronische Datenbanken nicht für den Prüfungsgebrauch nach Abs. 3 Satz 1 Nr. 2 vervielfältigt werden dürfen. Anders als bei den für den Schulgebrauch bestimmten Werken oder bei Musiknoten ist im Gesamtvertrag zu § 53 UrhG keine gesonderte Rechte-

---

[671] Vgl. AmtlBegr. zur Novelle 1985 BT-Drucks. 10/837, S. 17; *Däubler-Gmelin*, ZUM 1999, 769, 772f.; Schricker/Loewenheim/*Loewenheim*, § 53 Rn. 72.

[672] ABlEG. Nr. L 77 vom 27.3.1996, S. 20.

[673] Zu Datenbankwerken vgl. bereits oben B. I. 1. c) hh).

[674] Nicht erfasst sind auch Datenbanken, die die Schutzvoraussetzungen der §§ 1, 2, 4 Abs. 2 UrhG nicht erfüllen und daher lediglich als Leistungsschutzrecht gemäß §§ 87a ff. UrhG geschützt sind; siehe dazu unten C. I. 8.

einräumung bezüglich der elektronischen Datenbankwerke zu finden. Es ist also davon auszugehen, dass die Vervielfältigung von elektronischen Datenbankwerken für die Erstellung der Aufgabenstellungen von Abitur- oder anderen Abschlussprüfungen nicht zulässig und strafbar ist.

Nach Abs. 5 Satz 2 ist die Vervielfältigung von elektronischen Datenbankwerken für den Unterrichtsgebrauch nach Abs. 3 Satz 1 Nr. 1 zulässig, wenn der Gebrauch im Unterricht nicht zu gewerblichen Zwecken erfolgt. Ein solcher ist bei allgemeinbildenden staatlichen Schulen auszuschließen. Problematisch könnte dies nur bei den nach Abs. 3 Satz 1 ebenfalls privilegierten Privatschulen sein. Allerdings kommt es hier bei der Gewerblichkeit nicht entscheidend darauf an, ob die Schule aus privaten Mitteln finanziert wird, sondern nur auf den Charakter des jeweiligen Gebrauchs.[675] Das Vorliegen der Gewerblichkeit wird z.B. bei Vervielfältigungen für Forschungslabore der privaten Wirtschaft angenommen.[676] Bei Vervielfältigungen zur Veranschaulichung des Unterrichts in Privatschulen liegt jedoch ein solcher gewerblicher Gebrauch nicht vor. Denn anders als bei privaten Forschungslaboren, die auf die wirtschaftliche Verwertung der wissenschaftlichen Entdeckungen gerichtet sind, bezweckt die Vervielfältigung für den Unterrichtsgebrauch in Privatschulen lediglich die Erhöhung der Bildungsqualität. Somit ist die Ausnahme des Abs. 5 Satz 2 nicht auf Schulen anwendbar. Vervielfältigungen von elektronischen Datenbankwerken nach Abs. 3 Satz 1 Nr. 1 sind daher trotz der Existenz des Abs. 5 Satz 2 zulässig.

(cc) Keine Verbreitung oder öffentliche Wiedergabe (Abs. 6)

Gemäß § 53 Abs. 6 Satz 1 UrhG dürfen die nach Abs. 1 bis 5 hergestellten Vervielfältigungsstücke weder verbreitet noch zu öffentlichen Wiedergaben benutzt werden.[677] Durch diese Regelung soll verhindert werden, dass die Vervielfältigungsstücke nicht ohne die Zustimmung des Rechteinhabers in den Handel gelangen, um damit einer Konkurrenzsituation mit den Originalexemplaren aus dem Weg zu gehen.[678] Diese Vorschrift hat allerdings nur Klarstellungsfunktion, da § 53 UrhG nur Vervielfältigungshandlungen privilegiert und jede weitere anschließende Verwertung der Vervielfälti-

---

675 Dreier/Schulze/*Dreier*, § 53 Rn. 45.

676 Dreier/Schulze/*Dreier*, § 53 Rn. 45.

677 Auch in § 1 Nr. 2 des Gesamtvertrags zu § 53 UrhG wird ausdrücklich darauf hingewiesen, dass die Regelung des § 53 Abs. 6 UrhG unberührt bleibt, sodass diese Vorschrift auch für Vervielfältigungsstücke aus Schulbüchern und ähnlichen schulspezifischen Werken sowie Musiknoten gilt.

678 Dreier/Schulze/*Dreier*, § 53 Rn. 52.

gungsstücke, also das Verbreiten[679], öffentliche Wiedergeben[680] oder auch öffentliche Zugänglichmachen[681], ohnehin separat nach dem jeweiligen Verwertungsrecht und den jeweiligen Schranken zu beurteilen ist. Für den Schulgebrauch bedeutet das, dass die nach Abs. 3 (i. V. m. dem Gesamtvertrag zu § 53 UrhG) rechtmäßig hergestellten Vervielfältigungsstücke nicht automatisch für jede Unterrichtsveranstaltung weiterverwerten werden dürfen. Vervielfältigt der Lehrer für nicht öffentliche Unterrichtsveranstaltungen, wie den Unterricht in Schulklassen, Leistungs- oder Grundkursen oder Arbeitsgemeinschaften, darf er die Vervielfältigungsstücke unproblematisch verteilen, vorlesen, vorspielen oder vorführen. In diesen Fällen liegt nämlich weder eine Verbreitung noch eine öffentliche Wiedergabe vor.[682] Dagegen muss der Lehrer bei öffentlichen Unterrichtsveranstaltungen, wie den Projekttagen oder dem zusammengesetzten Unterricht von verschiedenen Klassen, darauf achten, dass die nach Abs. 3 (i. V. m. dem Gesamtvertrag zu § 53 UrhG) rechtmäßig hergestellten Vervielfältigungsstücke nicht ohne Weiteres an den öffentlichen Kreis der Schüler verbreitet oder wiedergegeben werden dürfen.[683] Kopiert der Lehrer für eine Projektgruppe z. B. Textstellen und Abbildungen aus einer Zeitschrift, so darf er diese Kopien nur an die Schüler der Projektgruppe verteilen (verbreiten), wenn eine Schranke bzw. ein gesetzlich zugelassener Fall nach den §§ 44a ff. UrhG greift.[684]

(dd) Weitere Ausnahmen bei öffentlichen Vorträgen oder Aufführungen, Plänen zu Werken der bildenden Künste und Nachbauten (Abs. 7)

Schließlich regelt die Ausnahme des § 53 Abs. 7 UrhG, dass die Aufnahme öffentlicher Vorträge, Aufführungen oder Vorführungen eines Werkes auf Bild- oder Tonträger, die Ausführung von Plänen und Entwürfen zu Werken der bildenden Künste und der Nachbau eines Werkes der Baukunst stets nur mit Einwilligung des Berechtigten zulässig sind.[685] Der Grund für das Zu-

---

[679] Zum Verbreitungsrecht nach § 15 Abs. 1 Nr. 2 i. V. m. § 17 UrhG vgl. ausführlich oben B. I. 3.

[680] Zum Recht der öffentlichen Wiedergabe nach § 15 Abs. 2 UrhG vgl. ausführlich oben B. I. 4.

[681] Zum Recht der öffentlichen Zugänglichmachung nach § 15 Abs. 2 Nr. 2 i. V. m. § 19a UrhG vgl. ausführlich oben B. I. 4. c).

[682] Vgl. bereits oben B. I. 5. b) aa) (1).

[683] Insofern unzutreffend Dreyer/Kotthoff/Meckel/*Dreyer*, § 53 Rn. 113, die contra legem auch das Verteilen von Vervielfältigungsstücken an eine öffentliche Gruppe von Schülern stets als zulässig erachtet; vgl. hierzu auch *Oechsler*, GRUR 2006, 205, 208 f.

[684] Hierbei kommt für den Lehrer insbesondere die §§ 46, 48 und 49 UrhG in Betracht.

[685] Zu Vorträgen, Aufführungen und Vorführungen vgl. oben B. I. 4. b) bb).

stimmungserfordernis liegt zum einen darin, dass die Vervielfältigung in den beschriebenen Fällen in der Öffentlichkeit, d.h. außerhalb des privilegierten Bereichs, vorgenommen wird.[686] Zum anderen würde die Privilegierung solcher Vervielfältigungen aus wirtschaftlicher Sicht einen erheblichen Eingriff in die Verwertungsbefugnisse des Urhebers darstellen.[687] Zum Zwecke des Unterrichts- oder Prüfungsgebrauchs dürfen also z.B. keine Ton- oder Bildaufnahmen im Theater- oder Konzertsaal vorgenommen werden. Zulässig bleiben jedoch das Überspielen der späteren Sendung der Aufführung vom Rundfunk- oder Fernsehgerät sowie andere Formen der Vervielfältigung wie das Zeichnen oder Mitschreiben.[688]

(j) Die Privilegierung nach § 53 Abs. 1 UrhG

Nach den bisherigen Ausführungen bleibt festzuhalten, dass der Lehrer für den Unterrichts- und Prüfungsgebrauch nur Werkteile und Werke geringen Umfangs vervielfältigen darf. Nicht erlaubt ist das Vervielfältigen von ganzen Werken, die den Umfang eines „Werkes geringen Umfangs" überschreiten. Das kann z.B. das Vervielfältigen eines ganzen Romans, eines ganzen (Spiel-)films, eines 6-minütigen Musikstücks oder einer ganzen Musik-CD sein. Allerdings ist zu berücksichtigen, dass ein Lehrer auch ganze Werke zunächst für den privaten Gebrauch nach § 53 Abs. 1 UrhG vervielfältigen und diese rechtmäßig hergestellten Vervielfältigungsstücke dann zu einem späteren Zeitpunkt für den Unterricht oder für die Prüfung nutzen kann.

Gemäß § 53 Abs. 1 Satz 1 UrhG sind einzelne Vervielfältigungen eines (ganzen) Werkes durch eine natürliche Person zum privaten Gebrauch auf beliebigen Trägern zulässig, sofern die Vervielfältigung weder unmittelbar noch mittelbar Erwerbszwecken dient und zur Vervielfältigung keine offensichtlich rechtswidrig hergestellt oder öffentlich zugänglich gemachte Vorlage verwendet wird. Unter privaten Gebrauch versteht man den Gebrauch in der Privatsphäre zur Befriedigung rein persönlicher Bedürfnisse durch die eigene Person oder die mit ihr durch persönliche Beziehung verbundenen Personen, also etwa im Familien- oder Freundeskreis.[689] Berufliche sowie erwerbswirtschaftliche Zwecke schließen den privaten Gebrauch aus.[690] So kann sich der Lehrer, der zu Hause Filme aus dem Fernsehen aufzeichnet,

---

686 Vgl. AmtlBegr. BT-Drucks. IV/837, S. 71.

687 Dreier/Schulze/*Dreier*, § 53 Rn. 55.

688 Schricker/Loewenheim/*Loewenheim*, § 53 Rn. 78.

689 Vgl. AmtlBegr. BT-Drucks. 10/837, S. 9, 16; BGH, GRUR 1978, 474, 475 – Vervielfältigungsstücke; Loewenheim/*Loewenheim*, § 31 Rn. 26.

690 Dreier/Schulze/*Dreier*, § 53 Rn. 10.

um sie auch im Unterricht in der Klasse vorzuführen, nicht auf § 53 Abs. 1 Satz 1 UrhG berufen, da die Vervielfältigung hier nicht zu rein privaten, sondern auch zu beruflichen Zwecken dient.[691] Auch Schüler, die Werke für die Anfertigung ihrer Hausaufgaben oder Referate vervielfältigen, handeln nicht rein zu privaten Zwecken, da die Ausbildung als Teil der zukünftigen Erwerbstätigkeit anzusehen ist. Außerdem handelt es sich bei diesen Beispielen gerade um typische Anwendungsfälle des § 53 Abs. 3 UrhG.

Allerdings darf das Merkmal des „mittelbaren Erwerbszwecks" nicht derart exzessiv ausgelegt werden, dass ein indirekter Erwerbszweck auch aufgrund von späteren Benutzungsänderungen angenommen wird, obwohl das Vervielfältigungsstück zunächst für den privaten Gebrauch angefertigt wurde. Eine dahingehende Auslegung würde die Privilegierung des § 53 Abs. 1 Satz 1 UrhG weitestgehend leer laufen lassen oder die Kontrollierbarkeit dieser Privilegierung stark reduzieren.[692] Beispielsweise kann einem Biologielehrer, der sich auch in seiner Freizeit gern mit Pflanzen und Tieren beschäftigt und sich persönlich auf diesen Gebieten weiterbilden möchte, nicht verwehrt bleiben, eine Privatkopie einer Naturdokumentation anzufertigen, auch wenn die Möglichkeit bzw. Gefahr besteht, dass er diese Privatkopie zu einen späteren Zeitpunkt seiner Unterrichtsklasse vorspielt.[693] Vielmehr ist bei der Beurteilung, ob ein mittelbarer Erwerbszweck vorliegt, lediglich auf den Zeitpunkt der Vornahme der jeweiligen Vervielfältigungshandlung abzustellen.[694] Entscheidend ist also, dass das Vervielfältigungsstück zum Zeitpunkt seiner Entstehung einem konkreten Erwerbszweck dient.[695]

Wie auch bei anderen subjektiven Merkmalen ist es jedoch in der Praxis häufig kaum feststellbar, ob zum Zeitpunkt der Vervielfältigung rein private oder auch berufliche Zwecke verfolgt werden. Es ist auf die jeweiligen tatsächlichen Umstände des Einzelfalls abzustellen. Für die berufliche Nutzung können u. U. verobjektivierte Indizien sprechen. Z. B. kann ein Lehrer, der zu Hause eine Filmsammlung mit entsprechender Zuordnung zu den jeweiligen Unterrichtsthemen seines Unterrichtsfachs errichtet hat, wohl kaum behaupten, dass diese Vervielfältigungsstücke zu rein privaten Zwecken hergestellt wurden. Als Indiz kann außerdem die Kennzeichnung oder

---

[691] Vgl. auch *Reinbacher*, Privatgebrauch, S. 184.

[692] Dreier/Schulze/*Dreier*, § 53 Rn. 10.

[693] Vgl. ähnliche Beispiele in anderen Berufsfeldern bei Dreier/Schulze/*Dreier*, § 53 Rn. 10; *Reinbacher*, Privatgebrauch, S. 185 f.

[694] Dies ist auch aus strafrechtlicher Sicht nicht zu beanstanden, da der Vorsatz des Täters gemäß § 16 Abs. 1 Satz 1 StGB jeweils zum Zeitpunkt der Begehung der Tat vorliegen muss. Zu den subjektiven Elementen der Schranken vgl. ausführlich unten B. II. 1.

[695] *Reinbacher*, Privatgebrauch, S. 185 f.

Einsortierung der Vervielfältigungsstücke dienen. Beschriftet z.B. ein Musiklehrer eine kopierte CD als „Hörbeispiele für 8. Klasse“ und sortiert diese in seinem Ordner „Unterrichtsmaterialien“ ein, so wird er eine berufliche Nutzungsabsicht wohl kaum abstreiten können. Indizgebend kann ferner auch die Art der Vervielfältigung sein. Kopiert ein Lehrer z.B. einen längeren Aufsatz auf Folien, so drängt sich der Verdacht auf, dass er diese mittels eines Overheadprojektors im Unterricht verwendet. Ähnlich verhält es sich, wenn er digitale Vervielfältigungen des Aufsatzes vornimmt, die in einer Präsentation oder pädagogischen Darstellung verarbeitet werden. Nichtsdestotrotz wird man letzten Endes einen Lehrer, der in seinem häuslichen Bereich Werke vervielfältigt, in den meisten Fällen nur schwer eine berufliche Nutzungsabsicht unterstellen können. Verwendet der Lehrer ferner zur Vervielfältigung keine offensichtlich rechtswidrig hergestellte oder öffentlich zugänglich gemachte Vorlage[696], so besteht für ihn grundsätzlich die Möglichkeit ganze Werke nach § 53 Abs. 1 Satz 1 zu vervielfältigen, die er dann später im Unterricht oder in der Prüfung zu nutzen kann.[697]

Diese Vervielfältigungsmöglichkeit nach Abs. 1 Satz 1 ist jedoch für den Lehrer in der Regel nur dann nützlich, wenn er die hergestellte Werkkopie unkörperlich wiedergeben kann. Denn die Privilegierung des Abs. 1 Satz 1 erlaubt nur die Herstellung von „einzelnen Vervielfältigungsstücken“. Nach alter BGH-Rechtsprechung sind diesbezüglich höchstens 7 Kopien zulässig.[698] In der Literatur wird vertreten, dass schon drei[699] oder auch fünf[700] Exemplare ausreichen. Zum Teil sollen aber auch zehn Vervielfältigungsstücke noch zulässig sein.[701] Weitestgehend Einigkeit besteht jedoch dahingehend, dass es sich nur um einige Exemplare handeln kann, die zur Deckung des rein persönlichen Bedarfs erforderlich sind.[702] Somit nicht zulässig sind jedenfalls Vervielfältigungen in Klassenstärke. Im Rahmen des § 53 Abs. 1 UrhG darf der Lehrer daher nicht in Klassenstärke kopieren, um dann die Vervielfältigungsstücke an seine Schüler zu verteilen. Für die unkörperliche

---

696 Zu diesem Merkmal vgl. *Reinbacher*, Privatgebrauch, S. 211; *ders.*, GRUR 2008, 394 ff.

697 Allerdings wird das Privatvervielfältigungsrecht des Abs. 1 durch die Regelungen in Abs. 4 bis 7 wieder eingeschränkt. Zu beachten ist insbesondere die Einschränkung bei Musiknoten gemäß Abs. 4 a) und bei vollständiger Kopie von Büchern und Zeitschriften gemäß Abs. 4 b), vgl. hierzu *Reinbacher*, Privatgebrauch, S. 229; zu den Absätzen 4 bis 7 vgl. oben B. I. 5. b) bb) (i).

698 BGH, GRUR 1978, 474, 476 – Vervielfältigungsstücke.

699 Fromm/Nordemann/*W. Nordemann*, 10. Aufl., § 53 Rn. 13; *Schack*, ZUM 2002, 497, 501.

700 *Weisser*, ZJS 2011, 315, 319.

701 Wandtke/Bullinger/*Lüft*, § 53 Rn. 13.

702 Dreier/Schulze/*Dreier*, § 53 Rn. 9; *Nippe*, GRUR Int. 1995, 202, 204; *Reinbacher*, Privatgebrauch, S. 193 f.; Loewenheim/*Loewenheim*, § 31 Rn. 28.

Wiedergabe braucht er hingegen nur ein Vervielfältigungsstück, welches er nach § 53 Abs. 1 Satz 1 UrhG anfertigen darf. Bei Druckwerken hat der Lehrer z. B. die Möglichkeit das Vervielfältigungsstück vorzulesen oder den Schülern digital zugänglich zu machen. Von praktischer Bedeutung sind in diesem Zusammenhang aber vor allem die Wiedergabe von Vervielfältigungsstücken von Film- und Musikwerken. Bezüglich der Musikwerke (einschließlich Filmmusik) ist jedoch zu beachten, dass es zwischen der GEMA und den Schulträgern ein Pauschalvertrag (PV/ST 1)[703] besteht, der u. a. den zugehörigen Schulen erlaubt, Funksendungen oder Tonträgern mit urheberrechtlichen geschützter Musik aus dem Repertoire der GEMA auf Ton- und Bildtonträgern zu vervielfältigen. In diesem Rahmen dürfen Lehrer als Handlungsbevollmächtigte der Schule auch unabhängig von § 53 Abs. 1 und Abs. 3 UrhG ganze Musikwerke oder Filmmusik für Schulzwecke vervielfältigen.

Neben der Privilegierung in § 53 Abs. 1 UrhG kommt noch die Privilegierung zum eigenen wissenschaftlichen Gebrauch nach § 53 Abs. 2 Satz 1 Nr. 1 UrhG in Betracht. Der Gebrauch ist dann wissenschaftlich, wenn er einem methodisch-systematischen Streben nach Erkenntnis und deren Weitervermittlung dient.[704] Privilegiert sind somit vor allem Wissenschaftler an Universitäten, Hochschulen und anderen wissenschaftlichen Instituten, aber auch Nichtwissenschaftler, wie z. B. Praktiker oder Studenten, die sich im eigenen Interesse über den aktuellen Stand der Wissenschaft informieren möchten.[705] Genauso wie jede andere Privatperson ist somit die Schranke des § 53 Abs. 2 Satz 1 Nr. 1 UrhG auch für Lehrer und Schüler einschlägig, die sich privat wissenschaftlich weiterbilden möchten. In diesen Fällen greift jedoch auch die bereits dargestellte Schranke des § 53 Abs. 1 UrhG. Hinsichtlich des Gebrauchs für den Schulunterricht gilt § 53 Abs. 2 Satz 1 Nr. 1 UrhG allerdings nicht. Denn zum einen wird in der Schule keine Wissenschaft betrieben, sodass die Vervielfältigung für den Schulunterricht auch nicht wissenschaftlichen Zwecken dienen kann. Zum anderen muss es sich stets um einen „eigenen" wissenschaftlichen Gebrauch handeln[706], sodass der Gebrauch für nicht wissenschaftliche Institute, wie die Schule, nicht erfasst ist. Im Rahmen des § 53 Abs. 2 Satz 1 Nr. 1 UrhG kann ein Lehrer also nur für seine eigene wissenschaftliche Weiterbildung vervielfäl-

[703] Der Vertragstext kann auf der Internetseite „http://dozenten.alp.dillingen.de/mp/material/pauschvertrag_gema-kommunen.PDF" (zuletzt abgerufen am 26.04.2016) abgerufen werden.

[704] *de la Durantaye*, S. 82; Dreier/Schulze/*Dreier*, § 53 Rn. 23; Dreyer/Kotthoff/Meckel/*Dreyer*, § 53 Rn. 51.

[705] BeckOK-UrhG/*Grübler*, § 53 Rn. 20; *de la Durantaye*, S. 82 f.; Wandtke/Bullinger/*Lüft*, § 53 Rn. 27.

[706] Vgl. Loewenheim/*Loewenheim*, § 31 Rn. 36.

tigen, jedoch nicht für die Veranschaulichung seines Unterrichts.[707] Für Letztere ist vielmehr die Schranke des § 53 Abs. 3 UrhG einschlägig.

Schließlich sind noch die Privilegierungen nach § 53 Abs. 2 Satz 1 Nr. 3 und Nr. 4 a) UrhG zu erwähnen. Nach Abs. 2 Satz 1 Nr. 3 ist es für den Lehrer zulässig, einzelne Vervielfältigungsstücke eines Werkes zur eigenen Unterrichtung über Tagesfragen, wenn es sich um ein durch Funk gesendetes Werk handelt, zu vervielfältigen. Im Gegensatz zu Abs. 1 beschränkt sich der Anwendungsbereich dieser Privilegierung lediglich auf Werke mit aktuellem Inhalt, die durch Funk, d.h. im Fernsehen oder Radio gesendet werden. Außerdem sind lediglich einzelne Vervielfältigungen erlaubt, sodass die Schrankenregelung des Abs. 1 für den Lehrer vorteilhafter ist. Auch die Privilegierung nach Abs. 2 Nr. 4 a) erlaubt lediglich die Vervielfältigung von kleinen Werkteilen, Werke geringen Umfangs und einzelnen Beiträgen in Zeitung oder Zeitschriften, sodass sie den Lehrern keine weitergehenden Vorteile als die Privilegierungen nach Abs. 1 und Abs. 3 bringt.

(3) Zusammenfassung

Festzuhalten bleibt, dass die schulspezifische Schranke des § 53 Abs. 3 UrhG grundsätzlich für alle Arten von Vervielfältigungen zum Unterrichts- oder Prüfungsgebrauch in Schulen in Betracht zu ziehen ist. Im Hinblick auf die für den Unterrichtsgebrauch an Schulen bestimmten Werke gilt die Sonderregelung des § 53 Abs. 3 Satz 2 UrhG. Ferner sind auch die Ausnahmen in den Abs. 4 bis 7 zu berücksichtigen.

Vervielfältigt werden dürfen erschienene oder öffentlich zugänglich gemachte kleine Teile eines Werkes, Werke von geringem Umfang oder einzelne Beiträge in Zeitungen oder Zeitschriften. Ein „kleiner Teil eines Werkes“ darf bis zu 10% des Werkes, jedoch maximal 20 Seiten betragen. Für die Berechnung der zulässigen Seitenanzahl ist dabei der Gesamtumfang des Werkes einschließlich Inhaltsverzeichnis, Vorwort, Einleitung, Literaturverzeichnis, Namensregister und Sachregister maßgeblich, wobei nur Seiten, deren Inhalt überwiegend aus Text besteht, d.h. keine Leerseiten sowie Seiten mit überwiegend Bildern, Fotos oder Abbildungen, einzubeziehen sind. Unter dem Begriff „Schulen“ fallen alle öffentlichen (staatlichen oder kommunalen) und privaten Schulen i.S.d. Schulgesetze der Länder. Erfasst sind jedenfalls alle Grund-, Haupt-, Realschulen, Gymnasien, Berufs- und berufsbildende Schulen sowie Abend- und Sonderschulen. Zum Unterricht gehört auch die häusliche Vor- und Nachbereitung des Unterrichts, sodass auch zur Er-

[707] Unzutreffend insofern *Junker/Herberger*, RdJB 2002, 307, 319f., die das Kopieren von Materialien für Schüler durch den Lehrer als einen eigenen wissenschaftlichen Gebrauch sehen wollen.

stellung von Hausaufgaben vervielfältigt werden darf. Unter Prüfungen versteht man neben den Abschlussprüfungen, wie z. B. Abiturprüfungen, auch Klassenarbeiten, Klausuren oder kleinere Tests und Leistungskontrollen. Für die Voraussetzung des Gebotenseins ist es ausreichend, dass sich die Vervielfältigungsstücke für den Unterrichts- bzw. Prüfungszweck als geeignet darstellen. Bei der Auswahl der Unterrichts- bzw. Prüfungsmaterialien genießen Lehrer und Prüfer jedoch die pädagogische Entscheidungsfreiheit.

Zulässig ist nach § 53 Abs. 3 Satz 1 UrhG das Herstellen und Herstellenlassen von Vervielfältigungsstücken in erforderlicher Anzahl. Zur Vornahme der Vervielfältigung befugt sind grundsätzlich Lehrer und Schüler, aber auch beauftragte schulexterne Dritte, wie z. B. die Mitarbeiter eines gewerblichen Copyshops. Erforderlich ist die Anzahl der Vervielfältigungsstücke, wenn jedem Schüler ein Exemplar zur Verfügung gestellt werden kann, d. h. also in der Regel Klassen- bzw. Kursstärke.

Ferner können Lehrer auch ganze Werke für den privaten Gebrauch nach § 53 Abs. 1 UrhG vervielfältigen und diese rechtmäßig hergestellten Vervielfältigungsstücke dann zu einem späteren Zeitpunkt für den Unterricht oder für die Prüfung nutzen, sofern er die spätere schulspezifische Nutzungsabsicht nicht schon von vornherein hatte. Da nur einige wenige Vervielfältigungsstücke für den persönlichen Gebrauch hergestellt werden dürfen, ist die Privilegierung in Abs. 1 für den Lehrer insbesondere bei Filmwerken nützlich, weil er bei diesen nur ein Exemplar benötigt, um das Werk in der Klasse wiederzugeben.

Schließlich ist noch zu erwähnen, dass der Lehrer – genauso wie andere Werknutzer – im Bereich der Schranke des § 53 UrhG nicht selbst vergütungspflichtig ist. Denn in den gesetzlichen Fällen der Privilegierung nach Abs. 1 und Abs. 3 UrhG sind die Hersteller und Betreiber von Geräten und Speichermedien nach § 54 Abs. 1, § 54c UrhG vergütungspflichtig. Auch hinsichtlich der eingeräumten Rechte im Gesamtvertrag zu § 53 UrhG und in der Ergänzungsvereinbarung (Vervielfältigung von schulspezifischen Werken und Musiknoten) sind die Länder gegenüber den Rechtinhabern zur jährlichen Zahlung einer vertraglich festgelegten Summe verpflichtet.

cc) Öffentliche Zugänglichmachung zur Veranschaulichung im Unterricht § 52a UrhG

§ 52a UrhG – Öffentliche Zugänglichmachung für Unterricht und Forschung

(1) Zulässig ist,

1. veröffentlichte kleine Teile eines Werkes, Werke geringen Umfangs sowie einzelne Beiträge aus Zeitungen oder Zeitschriften zur Veranschaulichung im Unterricht an Schulen, Hochschulen, nichtgewerblichen Einrichtungen der Aus-

und Weiterbildung sowie an Einrichtungen der Berufsbildung ausschließlich für den bestimmt abgegrenzten Kreis von Unterrichtsteilnehmern oder

2. veröffentlichte Teile eines Werkes, Werke geringen Umfangs sowie einzelne Beiträge aus Zeitungen oder Zeitschriften ausschließlich für einen bestimmt abgegrenzten Kreis von Personen für deren eigene wissenschaftliche Forschung

öffentlich zugänglich zu machen, soweit dies zu dem jeweiligen Zweck geboten und zur Verfolgung nicht kommerzieller Zwecke gerechtfertigt ist.

(2) Die öffentliche Zugänglichmachung eines für den Unterrichtsgebrauch an Schulen bestimmten Werkes ist stets nur mit Einwilligung des Berechtigten zulässig. Die öffentliche Zugänglichmachung eines Filmwerkes ist vor Ablauf von zwei Jahren nach Beginn der üblichen regulären Auswertung in Filmtheatern im Geltungsbereich dieses Gesetzes stets nur mit Einwilligung des Berechtigten zulässig.

(3) Zulässig sind in den Fällen des Absatzes 1 auch die zur öffentlichen Zugänglichmachung erforderlichen Vervielfältigungen.

(4) Für die öffentliche Zugänglichmachung nach Absatz 1 ist eine angemessene Vergütung zu zahlen. Der Anspruch kann nur durch eine Verwertungsgesellschaft geltend gemacht werden.

Die Vorschrift des § 52a UrhG privilegiert die Verwertungsart der öffentlichen Zugänglichmachung gemäß § 19a UrhG zugunsten des Unterrichts und der Forschung. Liegen die Schrankenvoraussetzungen des § 52a Abs. 1 Nr. 1 oder Nr. 2 UrhG vor, so können Werknutzer öffentliche Zugänglichmachungen auch ohne die Einwilligung der Berechtigten vornehmen. Relevant für die vorliegende Arbeit ist jedoch lediglich die Privilegierung zugunsten des Unterrichts an Schulen gemäß § 52a Abs. 1 Nr. 1 UrhG, da der Schulgebrauch nicht der eigenen wissenschaftlichen Forschung i. S. v. Abs. 1 Nr. 2 dient. Nach § 52a Abs. 1 Nr. 1 UrhG ist es zulässig, veröffentlichte Teile eines Werkes, Werke geringen Umfangs sowie einzelne Beiträge aus Zeitungen oder Zeitschriften zur Veranschaulichung im Unterricht an Schulen ausschließlich für den bestimmten abgegrenzten Kreis von Unterrichtsteilnehmern öffentlich zugänglich zu machen, sofern dies zu dem jeweiligen Zweck geboten und zur Verfolgung nicht kommerzieller Zweck gerechtfertigt ist. Die Bereichsausnahme des Abs. 2 stellt jedoch klar, dass die öffentliche Zugänglichmachung für den Unterrichtsgebrauch an Schulen bestimmten Werken sowie, in zeitlich begrenztem Umfang, Filmwerken stets nur mit Einwilligung des Berechtigten zulässig ist. Nach § 52a Abs. 3 UrhG werden außerdem auch die zur öffentlichen Zugänglichmachung erforderlichen Vervielfältigungen von der Schranke erfasst. Nach Abs. 4 der Vorschrift ist für die öffentliche Zugänglichmachung nach Abs. 1 eine angemessene Vergütung zu zahlen, wobei dieser Vergütungsanspruch nur durch eine Verwertungsgesellschaft geltend gemacht werden kann.

(1) Allgemeines

§ 52a UrhG wurde im Jahre 2003 durch das Gesetz zur Regelung des Urheberrechts in der Informationsgesellschaft[708] im Rahmen der Umsetzung der europäischen Info-Richtlinie (RL 2001/29/EG) in das Urheberrechtsgesetz eingefügt. Die Vorschrift basiert auf der fakultativen Schranke des Art. 5 Abs. 3a der Info-Richtlinie und schränkt das Verwertungsrecht der öffentlichen Zugänglichmachung gemäß § 19a UrhG ein, welches auch erst durch das Gesetz zur Regelung des Urheberrechts in der Informationsgesellschaft neu in das Urheberrechtsgesetz eingefügt wurde. Die Schranke soll den Interessen von Unterricht und Forschung Rechnung tragen, in dem sie den betreffenden Bildungs- und Forschungsinstitutionen die Nutzung moderner Kommunikationsformen in begrenztem Umfang ermöglicht.[709] Bereits während des Gesetzesentwurfs war der § 52a UrhG sehr umstritten.[710] Insbesondere auf Seiten der Verleger wurden starke Beeinträchtigungen des Primärmarktes und damit auch starke Gefährdungen der Produktion von wissenschaftlichen Zeitschriften und Publikationen befürchtet.[711] Auch rügte der Bundesrat die stärkere Beschränkung der Urheberrechte gegenüber dem funktional vergleichbaren § 53 UrhG.[712] Ferner werden immer wieder verfassungsrechtliche Bedenken gegen die Vorschrift geäußert.[713] Aufgrund der genannten Bedenken war die Norm zunächst gemäß § 137k UrhG bis zum 31.12.2006 befristet. Seither wurde diese Befristung jeweils um 2 Jahre verlängert. Am 14.12.2012 wurde § 52a UrhG durch die Änderung des § 137k UrhG im Rahmen des 7. Gesetzes zur Änderung des Urheberrechtsgesetzes[714] bis zum 31.12.2014 verlängert. Durch das 10. Gesetz zur Änderung des Urheberrechtsgesetzes vom 5.12. 2014[715] wurde § 137k UrhG aufgehoben, sodass § 52a UrhG nunmehr endgültig entfristet ist. Bezüglich der Zugänglichmachung im Schulbereich besteht ferner zwischen den Bundesländern und den Verwertungsgesellschaften ein „Gesamtvertrag zur Vergütung von Ansprüchen nach § 52a UrhG".[716] Dieser

---

[708] BGBl. I, S. 1774.

[709] Vgl. BT-Drucks. 15/38, S. 20.

[710] Zur Entstehungsgeschichte der Vorschrift vgl. *Sattler*, S. 183 ff.

[711] Schricker/Loewenheim/*Loewenheim*, § 52a Rn. 1.

[712] BT-Drucks. 15/38, S. 35 f.

[713] Hierzu vgl. u. a. BeckOK-UrhG/*Schulz/Hagemeier*, § 52a Rn. 3; *Berger*, GRUR 2010, 1058, 1060 ff.; *Gounalakis*, S. 8 ff.; *Harder*, UFITA 2004, 643, 651 ff.; eine Vereinbarkeit mit Art. 14 GG bejahend jedoch OLG Stuttgart, GRUR 2012, 718, 719 f.

[714] BGBl. I, S. 2579.

[715] BGBl. I, S. 1974.

[716] Der komplette Vertragstext kann auf der Internetseite „http://lehrerfortbildung-bw.de/sueb/recht/urh/vertrag/gesamtvertrag_52_a_urhg_14_Juli_2010.pdf" (zuletzt abgerufen am 26.04.2016) abgerufen werden.

bestimmt neben den Vergütungsmodalitäten auch einige Begriffe und Voraussetzungen des § 52a UrhG. Nach § 1 Abs. 2 des Gesamtvertrags gilt dieser für alle öffentlichen (staatliche und kommunale) und privaten Schulen im Sinne der Schulgesetze der Länder ohne die privaten Schulen des Landes Bremen.

(2) Der Anwendungsbereich des § 52a UrhG

Die Schranke des § 52a Abs. 1 Nr. 1 UrhG erlaubt grundlegend die öffentliche Zugänglichmachung von veröffentlichten Werkteilen oder Werken geringen Umfangs zur Veranschaulichung im Unterricht an Schulen. Diese Vorschrift schränkt somit das Verwertungsrecht der öffentlichen Zugänglichmachung gemäß § 19a UrhG[717] ein. Dieses ausschließliche Recht des Urhebers gehört gemäß § 15 Abs. 2 Nr. 2 UrhG zu den Rechten der öffentlichen Wiedergabe. Für das Vorliegen der Verwertung nach § 19a UrhG ist entscheidend, dass das Werk der Öffentlichkeit gemäß § 15 Abs. 3 UrhG zugänglich gemacht wird. Wie bereits oben[718] erläutert, ist der Klassen- oder Kursunterricht an Schulen nicht öffentlich, sodass ein Zugänglichmachen im Rahmen dieser Unterrichtsveranstaltungen keine Verwertung nach § 19a UrhG darstellt. Dementsprechend dürfte die Privilegierung nach § 52a UrhG für das nicht öffentliche Zugänglichmachen für Schulklassen auch nicht notwendig sein. Hiervon ausgehend wäre § 52a UrhG im Schulbereich nur auf öffentliche Unterrichtsveranstaltungen, z.B. den gemeinsamen Unterricht von Parallelklassen oder den Unterricht in der Projektwoche, anwendbar. Hingegen wäre der reguläre nicht öffentliche Unterricht in Klassen oder Kursen vom Anwendungsbereich des § 52a UrhG und somit auch von der zivilrechtlichen Vergütungspflichtigkeit gemäß § 52a Abs. 4 UrhG ausgeschlossen.

Da der Wortlaut des § 52a Abs. 1 Nr. 1 UrhG jedoch von einer Beschränkung „zur Veranschaulichung im Unterricht an Schulen für den bestimmt abgegrenzten Kreis von Unterrichtsteilnehmern" spricht und auch die Gesetzesmaterialien[719] von der digitalen Werknutzung am Bildschirm für „Schulklassen" ausgeht, besteht insofern eine Diskrepanz zwischen dem Sinn und Zweck des § 52a UrhG und dem allgemeinen Verständnis des Öffentlichkeitsbegriffs gemäß der §§ 15 Abs. 2 Nr. 2, 19a UrhG i.V.m. § 15 Abs. 3 UrhG. Die Unstimmigkeit liegt hierbei insbesondere darin, dass der Gesetzgeber eine Handlung privilegieren möchte, die gemäß den §§ 15 ff. UrhG keine urheberrechtlich relevante Verwertungshandlung darstellt. Es ist inso-

---

717 Hierzu vgl. ausführlich oben B. I. 4. c).

718 Siehe oben B. I. 4. a) cc).

719 Stellungnahme des Bundesrat, BT-Drucks. 15/38, S. 36.

fern fraglich, inwiefern die Privilegierung nach § 52a Abs. 1 Nr. 1 UrhG unter Berücksichtigung des Öffentlichkeitsbegriffs zu verstehen ist und inwieweit diese Schranke im Schulbereich angewendet werden kann.

Dieses Problem wird in der Literatur von vielen Autoren nicht aufgegriffen. Auch in der Schulpraxis scheinen die Schulen bzw. Länder mit der Unterzeichnung des Gesamtvertrags zu § 52a UrhG die Vergütungspflichtigkeit und die Nutzungsbegrenzungen des § 52a UrhG hinzunehmen. Dogmatisch ist das beschriebene Gesetzeskonstrukt allerdings widersprüchlich und gerade auch im Hinblick auf die Akzessorietät zum Urheberstrafrecht zu hinterfragen.

(a) Differenzierte Auslegung

Zu dieser Problematik wird in der Literatur zum Teil vertreten, dass der Begriff der „öffentlichen" Zugänglichmachung nach § 52a UrhG aufgrund der Entstehungsgeschichte, des Zwecks und des Regelungszusammenhangs gesondert zu betrachten ist, sodass der Öffentlichkeitsbegriff gemäß § 15 Abs. 3 UrhG nicht zur Auslegung des § 52a UrhG herangezogen werden kann.[720] Die Zugänglichmachung von Werken im Schulunterricht sei daher nicht dem Öffentlichkeitsbegriff entzogen, sodass der Anspruch auf angemessene Vergütung nach § 52a Abs. 4 UrhG nicht entfalle.[721] Zur Begründung wird angeführt, dass der Gesetzgeber bei der Schaffung der Norm gerade den Normalfall des Unterrichts in Schulklassen erfassen wollte, da die Regelung des § 52 Abs. 1 Nr. 1 UrhG sonst weitgehend leer liefe.[722] So habe der Gesetzgeber in den Gesetzesmaterialien ausdrücklich auf die Parallelität und Vergleichbarkeit zwischen dem neuen digitalen Zugänglichmachen i.S.d. § 52a UrhG und dem klassischen Fotokopieren für die Schulklasse i.S.d. § 53 Abs. 3 UrhG hingewiesen.[723] Ebenso gehe das Bundesministerium der Justiz davon aus, dass der Lehrer durch die Schaffung des neuen § 52a UrhG den Schülern seiner Klasse einen Aufsatz auch digital am Bildschirm zugänglich machen darf, statt es wie bisher nur zu fotokopieren.[724] Im Rahmen des § 52a UrhG sei zudem ein Rückgriff auf die

---

[720] *Loewenheim*, FS-Schricker, 2005, S. 413, 418; Schricker/Loewenheim/*Loewenheim*, § 52a Rn. 4; *Suttorp*, S. 79.

[721] *Loewenheim*, FS-Schricker, 2005, S. 413, 423.

[722] *Loewenheim*, FS-Schricker, 2005, S. 413, 418; Schricker/Loewenheim/*Loewenheim*, § 52a Rn. 4.

[723] BT-Drucks. 15/38, S. 20, 35 f.; BT-Drucks. 15/387, S. 34; *Loewenheim*, FS-Schricker, 2005, S. 413, 416 f.; *Suttorp*, S. 77 ff.

[724] Bundesministerium der Justiz, Pressemitteilung vom 28.03.2003; vgl. *Suttorp*, S. 78.

Legaldefinition des § 15 Abs. 3 UrhG nicht notwendig, da § 52a Abs. 1 Nr. 1 und Nr. 2 UrhG jeweils genaue Angeben zum privilegierten Personenkreis enthalte.[725] Aus der Gesetzesbegründung ergebe sich außerdem, dass § 52a UrhG einen Eingriff in den Primärmarkt der Schulbuchverlage vermeiden solle.[726] Eine Anwendung des § 15 Abs. 3 UrhG im Rahmen des § 52a UrhG habe jedoch gerade die Folge, dass den Schülern in Schulklassen Schulbücher unbegrenzt digital zugänglich gemacht werden dürfen.[727] Ferner begründet die vorliegende Literaturansicht ihre Auslegung des § 52a UrhG damit, dass auch die anderen Schrankenregelungen für den Schulunterricht (§§ 46, 47, 53 UrhG) eine Vergütungspflicht (§§ 46 Abs. 4, 47 Abs. 2, 54, 54a UrhG) vorsehen.[728] Diese gesetzliche Systematik soll daher auch für § 52a UrhG gelten. Außerdem stehe eine vergütungsfreie Zugänglichmachung von Werken im Schulunterricht nicht mit dem verfassungsrechtlich geschützten Vergütungsanspruch des Urhebers aus Art. 14 GG im Einklang.[729]

(b) Systematische Auslegung

Andere Autoren stellen hingegen auch bei der öffentlichen Zugänglichmachung gemäß § 52a UrhG auf den Öffentlichkeitsbegriff des § 15 Abs. 3 UrhG ab, sodass die Schranke des § 52a UrhG im Schulbereich weitgehend leer läuft und lediglich den Charakter eines Auffangtatbestands für einige wenige Ausnahmefälle hat.[730] Diese Ansicht beruft sich vor allem auf den Wortlaut der Vorschrift sowie auf die Gesetzessystematik. Zum einen spreche der Wortlaut des § 52a UrhG eindeutig von einer „öffentlichen“ Zugänglichmachung i.S.d. § 19a UrhG, sodass man nicht nur auf das Kriterium der Zugänglichmachung abstellen könne, sondern auch das Merkmal der Öffentlichkeit berücksichtigen müsse.[731] Die gegenteilige Auffassung überschreite daher den Wortlaut als äußerste Grenze einer erlaubten Gesetzesauslegung und sei somit eine unzulässige Auslegung contra legem.[732] Zum anderen sei das Verwertungsrecht des Urhebers gemäß § 19a UrhG bei einer nicht öffentlichen Zugänglichmachung schon gar nicht beeinträchtigt, sodass solche unkörperlichen Wiedergaben von Werken, z.B. im Klassen-

---

725 *Suttorp*, S. 77.

726 BT-Drucks. 15/387, S. 34; *Suttorp*, S. 79.

727 *Suttorp*, S. 79.

728 *Loewenheim*, FS-Schricker, 2005, S. 413, 418 ff.

729 *Loewenheim*, FS-Schricker, 2005, S. 413, 420 ff.

730 *Eisler*, S. 55; *Lorenz*, ZRP 2008, 261, 263; *ders.*, RdJB 2005, 43, 45.

731 *Eisler*, S. 53 f.

732 *Eisler*, S. 54.

unterricht, nicht erst durch § 52a UrhG gerechtfertigt seien, sondern bereits mangels Öffentlichkeit als urheberrechtlich irrelevant angesehen werden müsse.[733] Die Auslegung des § 52a UrhG entsprechend der erstgenannten Auffassung widerspreche daher im Ergebnis der Gesetzessystematik. Denn diese gewähre dem Urheber auch in Fällen der nicht öffentlichen Zugänglichmachung, in denen ihm eigentlich kein ausschließliches Verwertungs- und Verbotsrecht eingeräumt werde, trotzdem einen gesetzlichen Vergütungsanspruch gemäß § 52a Abs. 4 UrhG. So sei auch ein Konflikt mit dem verfassungsrechtlichen Eigentumsrecht des Urhebers ausgeschlossen, da diesem erst gar kein ausschließliches Verwertungs- und Verbotsrecht zustehe.[734] Außerdem sei die erstgenannte Ansicht insofern inkonsequent, als sie die Korrektur des Öffentlichkeitsbegriffs im Rahmen des § 52a UrhG nur für den Bereich des Schulunterrichts vornehme, während das Merkmal der Öffentlichkeit für Nutzungen in den übrigen privilegierten Einrichtungen und für die wissenschaftliche Forschung anwendbar bleibe.[735] Eine solche Interpretation der Norm sei selbst unter dem Aspekt der „Relativität der Rechtsbegriffe“[736] nicht haltbar. Denn derselbe Rechtsbegriff könne zwar an verschiedenen Stellen desselben Gesetzes verschieden ausgelegt werden, jedoch nicht innerhalb derselben Vorschrift.[737]

(c) Modifizierender Ansatz

Denkbar ist außerdem ein 3. Lösungsansatz, der das Verständnis des Öffentlichkeitsbegriffs bereits im Rahmen des § 19a UrhG an die Schranke des § 52a UrhG anpasst. Man könnte annehmen, dass der Gesetzgeber im Bereich der Online-Nutzung, also der digitalen Zugänglichmachung von Werken, ein einheitliches Gesamtkonzept verfolgt. Da sowohl § 19a UrhG als auch § 52a UrhG durch dasselbe Reformgesetz in das Urheberrechtsgesetz eingefügt wurde, würde es sich anbieten, beide Vorschriften in Abhängigkeitsverhältnis zueinander zu sehen. Daraus könnte man ableiten, dass das Verwertungsrecht des § 19a UrhG, im Unterschied zu den anderen Verwertungsrechten, von einem anderen Öffentlichkeitsbegriff ausgeht, der durch § 52a UrhG mitgeprägt wird. § 19a UrhG wäre dann dahingehend auszulegen, dass der Öffentlichkeitsbegriff des § 15 Abs. 3 UrhG nur insoweit für § 19a UrhG gilt, wenn dies auch mit § 52a UrhG vereinbar ist. Aufgrund des Wortlauts, der Entstehungsgeschichte sowie des Sinn und Zwecks des

733 *Eisler*, S. 53 f.

734 *Eisler*, S. 54.

735 *Eisler*, S. 54.

736 Hierzu vgl. *Heinrich*, AT, Rn. 142.

737 Vgl. *Eisler*, S. 54 f.

§ 52a UrhG müsste man folglich annehmen, dass der Öffentlichkeitsbegriff des § 19a UrhG sich schon prinzipiell mit dem des § 15 Abs. 3 UrhG deckt, jedoch in den Fällen des Schulunterrichts eine entscheidende Ausnahme gemacht wird. Im Rahmen der §§ 19a i.V.m. 52a UrhG würde also ein spezifischer Öffentlichkeitsbegriff gelten, der den Schulunterricht stets als öffentlich sieht.

Gegen diesen Lösungsansatz spricht jedoch die unterschiedliche Interpretation des Öffentlichkeitsbegriffs innerhalb der Verwertungsrechte. Denn die Folge dieser Lösung wäre, dass die Schulklasse z.B. im Rahmen des Verwertungsrechts der Verbreitung nach §§ 17, 15 Abs. 3 UrhG als nicht öffentlich und im Rahmen einer Zugänglichmachung nach §§ 19a i.V.m. 52a UrhG als öffentlich zu sehen ist. Diese Differenzierung zwischen den Verwertungsrechten hinsichtlich der speziellen Werknutzung im Schulunterricht ist allerdings nicht mit plausiblen Gründen zu rechtfertigen. Außerdem wären solche unterschiedliche Auslegungen des Öffentlichkeitsbegriffs innerhalb der unkörperlichen Verwertungsrechte nicht mit der Gesetzessystematik der §§ 15ff. UrhG vereinbar und selbst bei Berücksichtigung des Grundsatzes der Relativität der Rechtsbegriffe nicht haltbar. Eine Anpassung des § 19a UrhG an die Schranke des § 52a UrhG kommt daher nur dann in Betracht, wenn der Klassenunterricht grundsätzlich in den §§ 15 Abs. 2 UrhG i.V.m. den §§ 19ff. UrhG übereinstimmend als öffentlich i.S.v. § 15 Abs. 3 UrhG gesehen wird.

(d) Fazit

Im Ergebnis kann keiner der Lösungsansätze vollends überzeugen. Gegen die 1. Ansicht spricht, dass sie, wie die 2. Ansicht zutreffend ausführt, die Gesetzessystematik völlig ignoriert. Im Hinblick auf die Entstehungsgeschichte der Norm und auf den deutlich erkennbaren Willen des Gesetzgebers, dass der Primärmarkt der schulspezifischen Werke zu schützen ist, ist die Auslegung entsprechend der 1. Ansicht insoweit nachvollziehbar. Mit dieser Ansicht darf nämlich das Zugänglichmachungen von Werken für den Klassenunterricht nicht unbegrenzt und vergütungsfrei erfolgen. Nicht akzeptabel ist jedoch, dass der 1. Lösungsansatz zum Erreichen der genannten Ziele die grundlegende Systematik des Urheberrechts ignoriert. Denn aufgrund des Aufbaus des Urheberrechtsgesetzes und der damit verbundenen logischen Prüfungsreihenfolge bei urheberrechtlichen Sachverhalten ist zunächst stets darauf abzustellen, ob eine Verwertung eines geschütztes Werk vorliegt. Erst dann, wenn ein geschütztes Werk gemäß der ausschließlichen Rechte des Urhebers nach §§ 15ff. UrhG verwertet, sind die Schrankenregelungen der §§ 44aff. UrhG in Betracht zu ziehen. Auf die nach der 1. Ansicht vorgeschlagene differenzierte Auslegung des Öffentlichkeitsbegriffs auf der Schrankenebene des § 52a UrhG kann es daher erst gar nicht mehr ankommen, wenn bereits das nicht öffentliche Zugänglichmachen von Werken in der Klasse kein ausschließliches Verwertungsrecht des Urhebers darstellt.

Dahingehend ist auch die von der 2. gegenüber der 1. Ansicht angebrachte Kritik als berechtigt anzusehen. Zu begrüßen ist, dass der 2. Lösungsansatz die Systematik des Gesetzes konsequent einhält und trotz der Existenz des § 52a UrhG den § 19a UrhG gesetzestreu anwendet. Eine negative Folge dieser Ansicht ist allerdings, dass die (nicht öffentliche) Zugänglichmachung von Werken, z. B. innerhalb einer Klasse, auch ohne Umfangsbegrenzung und Vergütungspflicht erfolgen darf. Dadurch entsteht zugleich eine vom Gesetzgeber ungewollte[738] Ungleichheit zwischen den Verwertungsrechten der öffentlichen Zugänglichmachung und der Vervielfältigung, da die Vervielfältigung immer unabhängig von dem Merkmal der Öffentlichkeit eine Verwertung des Werkes darstellt. Wird z. B. ein Werk für den Klassenunterricht vervielfältigt, so müssen stets die Voraussetzungen des § 53 Abs. 3 UrhG hinsichtlich des Werkumfangs sowie die Vergütungspflichtigkeit nach § 54 ff. UrhG eingehalten werden. Diese Ungleichheit zwischen § 52a UrhG und § 53 Abs. 3 UrhG könnte aber darauf zurückzuführen sein, dass es sich bei der Vervielfältigung um ein körperliches Verwertungsrecht handelt, welches ein Werk grundsätzlich mehr belastet als unkörperliche Verwertungen, die regelmäßig von kurzer Dauer und flüchtiger Natur sind, sodass bei ihnen stets das Merkmal der Öffentlichkeit hinzukommen muss.[739] So ist es nach der geltenden Rechtslage und unabhängig vom vorliegenden Streit z. B. erlaubt, große Teile eines Schulbuches vor einer Schulklasse vorzulesen, da die Schulklasse nicht zur Öffentlichkeit zählt, wohingegen das Vervielfältigen dieser großen Teile nicht zulässig wäre. Da der Gesetzgeber das Verwertungsrecht der öffentlichen Zugänglichmachung zu den unkörperlichen Verwertungsrechten zählt, kann es letztlich jedoch nicht verwundern, dass das öffentliche Zugänglichmachen genauso wie das Vorlesen zu behandeln ist und dass eine Ähnlichkeit zum körperlichen Verwertungsrecht der Vervielfältigung dadurch nicht vorliegen kann. Prinzipiell ist allerdings die vom Gesetzgeber angestrebte Gleichbehandlung von öffentlichen Zugänglichmachungen und Vervielfältigungen durchaus nachvollziehbar, da das Werk im Rahmen einer Zugänglichmachung zwar nicht in den Händen gehalten werden kann, jedoch ähnlich eines Vervielfältigungsstückes jederzeit abrufbar ist. Diese gewünschte Parallelität zum Vervielfältigungsrecht erscheint jedoch nur dann möglich, wenn das Zugänglichmachen von Werken nicht als unkörperliche Verwertung, sondern als körperliche Verwertung eingestuft

[738] Vgl. BT-Drucks. 15/38, S. 20, 35 f.; BT-Drucks. 15/387, S. 34.
[739] Vgl. auch *Eisler*, S. 55.

wird oder unter einer neuen „Verwertungsgruppe“ gefasst wird, die nicht das Merkmal der Öffentlichkeit voraussetzt.

Ferner kann der Auslegung nach der 1. Ansicht gerade auch im Hinblick auf die Anwendung des § 52a UrhG als gesetzlich zugelassener Fall im Rahmen des Straftatbestands des § 106 UrhG nicht gefolgt werden. Denn gerade unter Berücksichtigung des Wortlauts und der Systematik der §§ 19a, 15 Abs. 3 i.V.m. 106 Abs. 1 UrhG erscheint es nahezu willkürlich, dass die Tathandlung der öffentlichen Zugänglichmachung, die bei einer Zugänglichmachung innerhalb einer Schulklasse mangels Öffentlichkeit gerade nicht gegeben ist, durch eine normspezifische Interpretation des gesetzlich zugelassenen Falles des § 52a UrhG fingiert wird. Liegt daher in einer Zugänglichmachung innerhalb einer Schulklasse schon keine tatbestandliche Handlung vor, so benötigt diese strafrechtlich erlaubte Handlung auch keinesfalls eine Privilegierung durch einen gesetzlich zugelassenen Fall.

Letztlich ist bei der derzeitigen Gesetzeslage trotz der geäußerten Bedenken der systematischen Auslegung zuzustimmen, da diese im Kern lediglich den geltenden Gesetzestext konsequent anwendet. Somit erstreckt sich der Anwendungsbereich des § 52a UrhG nicht auf den (nicht öffentlichen) Klassenunterricht, sodass auch der Gesamtvertrag zu § 52a UrhG nur auf die Fälle des öffentlichen Schulunterrichts anzuwenden ist.[740] Nichtsdestotrotz ist die gegenwärtige Gesetzesfassung, wie dargestellt, höchst unglücklich, sodass der Gesetzgeber gefordert ist, dieses Dilemma zu beseitigen.

Nach der aktuellen Gesetzeslage kann sich der Urheber in den Fällen der (nicht öffentlichen) Zugänglichmachung nur auf sein ausschließliches Vervielfältigungsrecht nach § 16 UrhG berufen. Denn möchte ein Lehrer Werke für seine Unterrichtsklasse digital zugänglich machen, so muss er die Werke zuvor regelmäßig Einscannen, auf der Festplatte zwischenspeichern und in jedem Fall auf dem (Schul-)Server abspeichern. Gegen diese notwendigen Vervielfältigungen kann der Urheber grundsätzlich vorgehen, wenn sie nicht ihrerseits privilegiert sind. Eine Privilegierung durch § 52a Abs. 3 UrhG scheidet hierbei jedoch aus, da es sich eben nicht um eine „öffentliche“ Zugänglichmachung i.S.d. § 52a Abs. 1 UrhG i.V.m. § 19a UrhG handelt, sodass § 52a Abs. 3 UrhG auch nicht gelten kann.[741] Privilegiert sind solche Vervielfältigungen aber regelmäßig von § 53 Abs. 3 Satz 1 UrhG, da es sich hierbei um Vervielfältigungen für den Unterrichts- und Prüfungsgebrauch handelt.[742] Der zulässige Umfang beschränkt sich dabei jedoch nur auf kleine

---

740 Vgl. auch *de la Durantaye*, S. 104, die zutreffend davon ausgeht, dass § 52a Abs. 1 Nr. 1 UrhG für den Unterricht an Schulen nur selten einschlägig ist.

741 Zu § 52a Abs. 3 UrhG vgl. unten B. I. 5. b) cc) (3) (d).

742 Eine Privilegierung des Vervielfältigens zum privaten oder eigenen wissenschaftlichen Gebrauch scheidet hier aus, da das Digitalisieren und Abspeichern in

Teile eines Werkes und Werke geringen Umfangs. Eine Privilegierung durch § 53 Abs. 1 dürfte im Normalfall nicht greifen, da es nach objektiven Wertungen nicht mehr dem privaten Gebrauch des Lehrers dienen kann, wenn er Werke für seine Schüler zugänglich macht, indem er sie auf einem Server ablegt. Bezüglich der digitalen Vervielfältigung von für den Schulgebrauch bestimmten Werken und Musiknoten ist ferner zu beachten, dass die Ergänzungsvereinbarung zum Gesamtvertrag zu § 53 UrhG zwar das Abspeichern des eingescannten Werkes (Digitalisat) grundsätzlich erlaubt, jedoch Zugriffe Dritter, d.h. auch Zugriffe von Schülern, durch effektive Schutzmaßnahmen verhindert werden müssen (vgl. § 1 Nr. 2 der Ergänzungsvereinbarung zum Gesamtvertrag zu § 53 UrhG). Die Rechteeinräumung erfasst also nicht das Abspeichern (Vervielfältigen) von Digitalisaten auf Servern, wenn die abgespeicherten Werke für Dritte zugänglich sind.[743] Das (nicht öffentliche) Zugänglichmachen von Schulbüchern ist insofern bereits hinsichtlich des Vervielfältigungsrechts unzulässig. Auch wenn der Urheber nicht direkt gegen die (nicht öffentliche) Zugänglichmachung vorgehen kann, kann er sich somit zumindest auf den urheberechtlichen Schutz durch sein Vervielfältigungsrecht gemäß § 16 UrhG verlassen, falls der Werknutzer bei den für die Zugänglichmachung erforderlichen Vervielfältigungshandlungen die Zulässigkeitsvoraussetzungen des § 53 UrhG i.V.m. dem Gesamtvertrag zu § 53 UrhG und der Ergänzungsvereinbarung nicht einhält.

Da die Zugänglichmachung innerhalb einer Schulklasse oder eines Kurses also nicht öffentlich und daher auch nicht privilegierungsbedürftig ist, gelten die nun folgenden Erläuterungen zur Schranke des § 52a Abs. 1 Nr. 1 UrhG nur für öffentliche Unterrichtsveranstaltungen in der Schule wie z.B. der gemeinsame Unterricht von Parallelklassen oder der Unterricht bei der Projektwoche. In diesen Fällen ist noch darauf hinzuweisen, dass der einzelne Lehrer, der die öffentliche Zugänglichmachung vornimmt, nicht persönlich nach § 52a Abs. 4 UrhG vergütungspflichtig ist.[744] Vielmehr kommen hier die Länder der Vergütungspflicht nach, indem sie gemäß § 4 des Gesamtvertrags zu § 52a UrhG eine pauschale Zahlung leisten.[745]

---

diesen Fällen offensichtlich zum Zweck der Zugänglichmachung für die Unterrichtsteilnehmer erfolgt.

[743] Dazu ausführlich siehe unten B. III. 1. a).

[744] Anders ist dies bei der Schranke des § 46 UrhG, wo der Lehrer persönlich eine Vergütung an die Verwertungsgesellschaften entrichten muss, siehe unten B. I. 5. b) dd) (h) a.E.

[745] Eine Ausnahme hierzu bilden die privaten Schulen des Landes Bremen, da sie nicht vom Gesamtvertrag erfasst sind. Wird an diesen Schulen nach § 52a UrhG öffentlich zugänglich gemacht, so ist zunächst, unabhängig von möglichen internen Regelungen, grundsätzlich derjenige (Lehrer), der die Verwertung vorgenommen hat, vergütungspflichtig.

(3) Die Schrankenvoraussetzungen im Einzelnen

(a) Voraussetzungen bezüglich der privilegierten Werkteile und Werke

Als privilegierte Werkteile und Werke erfasst sind gemäß § 52a Abs. 1 Nr. 1 UrhG veröffentlichte Teile eines Werkes, Werke geringen Umfangs sowie einzelne Beiträge aus Zeitungen oder Zeitschriften. Eine gemeinsame Voraussetzung dieser Werkteile und Werke ist, dass sie bereits veröffentlicht wurden. Der Begriff der Veröffentlichung richtet sich nach § 6 Abs. 1 UrhG. Danach ist ein Werk veröffentlicht, wenn es mit Zustimmung des Berechtigten der Öffentlichkeit zugänglich gemacht wurde.[746]

Von § 52a Abs. 1 Nr. 1 UrhG privilegiert wird zunächst ein „kleiner Teil eines Werkes“. Aus den Gesetzesmaterialien ergibt sich, dass dieser Begriff des „kleinen Teils eines Werkes“ parallel zum selbigen Begriff in § 53 Abs. 3 Nr. 1 UrhG auszulegen ist.[747] Im Grundsatz besteht zwar weitestgehend Einigkeit darüber, dass der zulässige Umfang von kleinen Werkteilen danach zu beurteilen ist, ob das Verhältnis der entnommen Stelle zum Gesamtwerk noch als klein angesehen werden kann.[748] Im Detail gehen jedoch die Meinungen bezüglich der Maximalwerte eines noch zulässigen kleinen Teils eines Werkes auseinander. Zum einen werden als feste Obergrenzen 10 %[749], 15 %[750] oder 20 %[751] des Gesamtwerkes vorgeschlagen. Zum anderen soll ein kleiner Werkteil in Anlehnung an die Schranke des § 46 UrhG bei maximal zehn DIN-A5-Seiten eines Druckwerkes, einer Szene innerhalb einer Theateraufführung und einzelnen Takten eines Musikwerkes liegen.[752] Eine weitere Ansicht verzichtet dagegen auf starre Prozentsätze und bevorzugt eine Ermittlung des zulässigen Umfangs eines kleinen Werkteils anhand der Umstände des Einzelfalls.[753] Einer solchen

---

746 Zur Veröffentlichung vgl. ausführlich unten B. I. 5. b) dd) (2) (a).

747 BT-Drucks. 15/387, S. 34.

748 Vgl. u. a. BGH, GRUR 2014, 549, 551 – Meilensteine der Psychologie; OLG Stuttgart, GRUR 2012, 718, 720; *von Bernuth*, ZUM 2003, 438, 440; Fromm/Nordemann/*Dustmann*, § 52a Rn. 7; *Haupt*, ZUM 2004, 104, 110; *Hoeren*, ZUM 2011, 369, 370.

749 *Harder*, UFITA 2004, 643, 645; Schricker/Loewenheim/*Loewenheim*, § 52a Rn. 7.

750 *Pflüger*, ZUM 2012, 444, 450.

751 *Leuze*, Rn. 28; *Steinhauer*, K&R 2011, 311, 312; *Suttorp*, S. 97.

752 Wandtke/Bullinger/*Lüft*, § 52a Rn. 5; ähnlich *Berger*, GRUR 2010, 1058, 1062, der kleine Werkteile bei maximal drei DIN-A4-Seiten sieht.

753 OLG Stuttgart, GRUR 2012, 718, 720; BeckOK-UrhG/*Schulz/Hagemeier*, § 52a Rn. 7; Fromm/Nordemann/*Dustmann*, § 52a Rn. 7; *Hoeren*, ZUM 2011, 369, 370; *Jani*, GRUR-Prax 2012, 223, 224.

Auslegung anhand der Umstände des Einzelfalls hat der BGH[754] allerdings jüngst eine Absage erteilt, da er prozentuale Obergrenzen für erforderlich hält, um eine rechtssichere Handhabung der Schrankenbestimmung zu gewährleisten.

Unter Berücksichtigung der Rechtsprechung des BGH[755] zu § 52a UrhG und des Gesamtvertrags zu § 52a UrhG ist im Ergebnis maßgeblich auf § 2 Abs. 1 a. des Gesamtvertrags zu § 52a UrhG abzustellen. Danach können kleine Teile eines Werkes maximal 12% eines Werkes betragen, wobei kleine Werkteile von Filmwerken nicht mehr als 5 Minuten lang sein dürfen. Für die Berechnung der zulässigen Seitenanzahl ist der Gesamtumfang des Werkes einschließlich Inhaltsverzeichnis, Vorwort, Einleitung, Literaturverzeichnis, Namensregister und Sachregister für die Berechnung der zulässigen Seitenanzahl maßgeblich.[756] Zu berücksichtigen sind allerdings nur Seiten, deren Inhalt überwiegend aus Text besteht, sodass Leerseiten sowie Seiten mit überwiegend Bildern, Fotos oder Abbildungen nicht angerechnet werden sollen.[757] Für Druckwerke ist außerdem zu berücksichtigen, dass gemäß § 2 Abs. 1 b. des Gesamtvertrags die Obergrenze von „Teilen eines Werkes" bei 25% eines Druckwerkes, jedoch nicht mehr als 100 Seiten liegt. In Anlehnung an diese Regelung geht auch der BGH[758] davon aus, dass auch einer „kleiner Teil" eines Druckwerkes maximal 100 Seiten betragen darf, da anderenfalls auch ganze Bände eines mehrbändigen Werkes ohne Einwilligung des Urhebers öffentlich zugänglich gemacht werden dürften.

• *Beispiel*[759]: Der Lehrer für politische Bildung darf seinen Schülern in der Projektwoche bis zu 6 Seiten aus einem 50-seitigen Aufsatz auf dem Schulserver zum Abruf bereitstellen. Allerdings ist dem Lehrer nicht gestattet, dem gleichen Schülerkreis nach und nach jeweils 6 weitere Seiten aus diesem Aufsatz digital zur Verfügung zu stellen. Wie schon bei § 53 Abs. 3 Satz 1 UrhG sind solche sukzessive Nutzungen eines Werkes unzulässig, da sie in der Gesamtsumme die genannten Obergrenzen überschreiten.[760] Denn Sinn und Zweck der vorliegenden Privilegierung ist es nicht, dem Nutzer die Nutzung weitestgehend kostenlos zu ermöglichen, sondern lediglich die

---

[754] BGH, GRUR 2014, 549, 551 – Meilensteine der Psychologie; kritisch *Jani*, NJW 2014, 2124.

[755] BGH, GRUR 2014, 549, 551 – Meilensteine der Psychologie.

[756] BGH, GRUR 2014, 549, 552 – Meilensteine der Psychologie.

[757] BGH, GRUR 2014, 549, 552 – Meilensteine der Psychologie.

[758] BGH, GRUR 2014, 549, 552 – Meilensteine der Psychologie.

[759] Vgl. auch den Beispielsfall „Fall 2" bei *von Bernuth*, Urheber- und Medienrecht in der Schule, S. 135 und 139.

[760] *Berger*, GRUR 2010, 1058, 1063; Loewenheim/*Loewenheim*, § 31 Rn. 85.

Anschaffung des Gesamtwerkes zu ersparen, sofern nur ein geringer Abschnitt des Werkes benötigt wird.[761]

Unter der Privilegierung des § 52a Abs. 1 Nr. 1 UrhG fallen außerdem Werke geringen Umfangs. Auch diesbezüglich kann die entsprechende Bestimmung im Gesamtvertrag zu § 52a UrhG als Auslegungshilfe herangezogen werden. Nach § 2 Abs. 1 c. des Gesamtvertrags zu § 52a UrhG gelten als Werke geringen Umfangs: „ein Druckwerk mit maximal 25 Seiten, bei Musikeditionen (Musiknoten) maximal 6 Seiten; ein Film von maximal fünf Minuten Länge; maximal 5 Minuten eines Musikstücks sowie alle vollständigen Bilder, Fotos und sonstigen Abbildungen". Vom Schrifttum anerkannte Werke geringen Umfangs sind Gedichte, kleine Erzählungen und Novellen, kurze Artikel und Aufsätze, Liedtexte, Lieder und Tonfolgen, kurze Filmausschnitte sowie Bilder und Fotografien.[762]

In § 52a Abs. 1 Nr. 1 UrhG privilegiert sind schließlich auch „einzelne Beiträge aus Zeitungen oder Zeitschriften". Diese Begrifflichkeiten wurden aus § 53 Abs. 3 UrhG übernommen.[763] Es gilt daher dasselbe wie bei § 53 Abs. 3 UrhG[764], sodass aus einer Zeitung oder Zeitschrift maximal 3 urheberrechtlich geschützte Beiträge als Werke geringen Umfangs öffentlich zugänglich gemacht werden dürfen.

(b) Die Veranschaulichung im Unterricht an Schulen nur für einen abgegrenzten Personenkreis

Nach § 52a Abs. 1 Nr. 1 UrhG ist die öffentliche Zugänglichmachung „zur Veranschaulichung im Unterricht an Schulen" zulässig. Unter Schulen fallen auch hier alle Grund-, Haupt-, Realschulen, Gymnasien, Berufs- und berufsbildende Schulen sowie Abend- und Sonderschulen. Zum Merkmal „zur Veranschaulichung im Unterricht" wird in § 2 Abs. 2 des Gesamtvertrags zu § 52a UrhG lediglich ausgeführt, dass „die öffentliche Zugänglichmachung stets nur für einen bestimmt abgegrenzten Kreis von Unterrichtsteilnehmern zur Veranschaulichung für Zwecke des Unterrichts erfolgen darf". Abzustellen ist also in erster Linie auf den Unterrichtszweck der Veranschaulichung. Dabei sollte die öffentliche Zugänglichmachung den Lehrzwecken dienen und darauf gerichtet sein, den zu behandelnden Unter-

---

761 *Eisler*, S. 71.

762 Vgl. Dreyer/Kotthoff/Meckel/*Dreyer*, § 52a Rn. 11; Fromm/Nordemann/*Dustmann*, § 52a Rn. 8; *Hoeren*, ZUM 2011, 369, 371; *Säcker/Mühlenbernd*, JURA 2006, 849, 853; Wandtke/Bullinger/*Lüft*, § 52a Rn. 6.

763 BT-Drucks. 15/837, S. 34.

764 Vgl. oben B. I. 5. b) bb) (2) (d).

richtsstoff besser und verständlicher darzustellen.[765] Ausgeschlossen sind damit öffentliche Zugänglichmachungen, die offensichtlich anderen Zwecken, wie z. B. der schulinternen Verwaltung, der Lehrerfortbildung, der reinen Unterhaltung oder der Freizeitgestaltung dienen.[766] So ist beispielsweise die nicht passwortgeschützte Bereitstellung von Filmausschnitten und Musikstücken im schulinternen Netzwerk zur Unterhaltung von Schülern und Lehrern nicht von der Schranke gedeckt. Nicht erfasst sind auch rein belustigende oder dekorative Darstellungen, selbst wenn sie den Unterricht auflockern und der Lehrstoff dadurch für die Schüler empfänglicher wird.[767] Von § 52a Abs. 1 Nr. 1 UrhG außerdem nicht gedeckt sind öffentliche Zugänglichmachungen von Werken für Prüfungszwecke, da Prüfungen in § 52a UrhG, anders als in § 53 Abs. 3 Nr. 2 UrhG, nicht ausdrücklich privilegiert sind.[768] Insgesamt ist jedoch bei der Beurteilung, ob öffentlich zugänglich gemachte Teile eines Werkes der „Veranschaulichung" im Unterricht dienen, kein kleinlicher Maßstab anzulegen.[769]

Ferner ist die öffentliche Zugänglichmachung nur zur Veranschaulichung „im Unterricht" zulässig. Die Formulierung „im Unterricht" ist hierbei insofern nicht eindeutig, dass sowohl „während" des Unterrichts oder auch „für" den Unterricht gemeint sein können. Es stellt sich somit die Frage, ob die öffentliche Zugänglichmachung nur in der Unterrichtszeit erfolgen darf. In diesem Fall würde sich die Bereitstellung der privilegierten Werke oder Werkteile nur auf die jeweilige Unterrichtsstunde beschränken, sodass der Lehrer diese Unterrichtsmaterialien nach der Unterrichtsstunde wieder unzugänglich machen müsste. Gegen ein solches Verständnis spricht allerdings, dass das Wesen der öffentlichen Zugänglichmachung gemäß § 19a UrhG darin besteht, den Mitgliedern der Öffentlichkeit den Werkzugriff unabhängig von Ort und Zeit zu ermöglichen. Das Wahrnehmbarmachen nur während der Unterrichtszeit wäre eher Gegenstand des Verwertungsrechts nach § 22 UrhG. Eine Interpretation des Merkmals „im Unterricht" als „während des Unterrichts" würde daher den Sinn und Zweck der zu privilegierenden Verwertungshandlung gänzlich widersprechen.[770] Zudem wird in § 2 Abs. 2 des Gesamtvertrags zu § 52a UrhG abweichend vom Gesetzestext von der

---

[765] BGH, GRUR 2014, 549, 553 – Meilensteine der Psychologie; Dreier/Schulze/*Dreier*, § 52a Rn. 6; Fromm/Nordemann/*Dustmann*, § 52a Rn. 9.

[766] Dreyer/Kotthoff/Meckel/*Dreyer*, § 52a Rn. 16; Fromm/Nordemann/*Dustmann*, § 52a Rn. 9; Loewenheim/*Loewenheim*, § 31 Rn. 86.

[767] Dreyer/Kotthoff/Meckel/*Dreyer*, § 52a Rn. 16.

[768] *Suttorp*, S. 124 f.

[769] BGH, GRUR 2014, 549, 553 – Meilensteine der Psychologie.

[770] Siehe auch BGH, GRUR 2014, 549, 552 – Meilensteine der Psychologie; BeckOK-UrhG/*Schulz/Hagemeier*, § 52a Rn. 12; *de la Durantaye*, S. 104 f.; Dreier/Schulze/*Dreier*, § 52a Rn. 6.

„Veranschaulichung für Zwecke des Unterrichts" gesprochen. Dies lässt erahnen, dass auch die Vertragsparteien auch von einer weiten Auslegung der Formulierung „im Unterricht" ausgegangen sind. „Im Unterricht" ist folglich so zu verstehen, dass die öffentliche Zugänglichmachung auch außerhalb der Unterrichtszeit zur Vor- und Nachbereitung des Unterrichts oder zur Erledigung von Hausaufgaben zulässig ist.[771] Ein Lehrer kann daher z.B. den Schülern einer Projektgruppe privilegierte Werke oder Werkteile für die Vor- und Nachbereitung des Unterrichts auf dem Schulserver passwortgeschützt zur Verfügung stellen.

Ferner dürfen die privilegierten Werke und Werkteile nur einem bestimmten abgegrenzten Kreis von Unterrichtsteilnehmern zugänglich gemacht werden. Die privilegierte öffentliche Zugänglichmachung ist somit auf diejenigen Schüler beschränkt, die der jeweiligen öffentlichen Unterrichtseinheit angehören.[772] Insofern wird der Personenkreis der Öffentlichkeit auf die entsprechenden Unterrichtsteilnehmer beschränkt (z.B. alle Schüler einer Projektgruppe oder alle Schüler einer klassen- oder kursübergreifenden Unterrichtsveranstaltung), sodass z.B. die öffentliche Zugänglichmachung für die ganze Oberstufe oder für alle Schüler der Schule nicht privilegiert ist. Es ist also darauf zu achten, dass die zugänglich gemachten Werke und Werkteile nicht unkontrolliert abgerufen werden können.[773] Diese Kontrolle kann regelmäßig durch das technische Mittel des Passwortschutzes realisiert werden, wobei im Einzelfall stets mit Missbräuchen (z.B. Weitergabe oder Veröffentlichung von Passwörtern) gerechnet werden muss, sodass der Lehrer nur insoweit dazu verpflichtet ist, Umgehungen zumindest auf ein verträgliches Maß zu reduzieren. In der Praxis kann das Missbrauchsrisiko z.B. durch eine Registrierungspflicht für alle Servernutzer oder durch den häufigen Wechsel des digitalen Schlüssels minimiert werden.[774]

(c) Gebotenheit

Schließlich wird die Schranke des § 52a Abs. 1 Nr. 1 UrhG ihrerseits dadurch begrenzt (Schranken-Schranke)[775], dass die Zugänglichmachung zum Unterrichtszweck geboten und zur Verfolgung nicht kommerzieller Zwecke gerechtfertigt ist. Ein kommerzieller Zweck ist dabei prinzipiell bei einem kostenpflichtigen Unterricht gegeben, wobei die Kostenpflichtigkeit

---

771 Vgl. BGH, GRUR 2014, 549, 552 – Meilensteine der Psychologie; a.A. *Sandberger*, ZUM 2006, 818, 824.

772 Dreier/Schulze/*Dreier*, § 52a Rn. 8; *Harder*, UFITA 2004, 643, 646.

773 *Jani*, GRUR-Prax 2012, 223, 224.

774 Vgl. *Berger*, GRUR 2010, 1058, 1064; *Harder*, UFITA 2004, 643, 647.

775 Vgl. *Lauber/Schwipps*, GRUR 2004, 293, 297.

der Gewinnerzielung dienen muss, sodass die reine Erstattung des Aufwands unschädlich ist.[776] Es kommt also darauf an, dass die öffentliche Zugänglichmachung dem Unterrichtszweck und nicht der Gewinnerzielung dient. Zu beachten ist aber, dass es nicht per se auf den kommerziellen Charakter der Institution, sondern auf die konkrete öffentliche Zugänglichmachung für den jeweiligen Unterricht ankommt.[777] Für private Schulen gilt deshalb das Gleiche wie für öffentliche Schulen. In diesem Sinne sind gemäß § 1 Abs. 2 des Gesamtvertrags zu § 52a UrhG sowohl öffentliche als auch private Schulen von der Privilegierung des § 52a UrhG erfasst.

Bezüglich des Merkmals der Gebotenheit gilt, wie bereits bei § 53 Abs. 3 UrhG[778], dass es grundsätzlich der Bewertung des Unterrichtenden überlassen bleiben muss, ob die Bereitstellung der Werke oder Werkteile zum Zwecke der Veranschaulichung des Unterrichts notwendig ist.[779] Allerdings ist hier der Grundsatz „Vertrag vor Schranke" zu beachten. Danach ist die öffentliche Zugänglichmachung dann nicht geboten, wenn vertragliche Online-Angebote der Rechteinhaber vorliegen, welche die Werke und Werkteile zu angemessenen Bedingungen zur Verfügung stellen.[780] In diesem Sinne wird auch in § 2 Abs. 2 des Gesamtvertrags zu § 52a UrhG davon ausgegangen, dass eine öffentliche Zugänglichmachung geboten ist, wenn das Werk nicht in zumutbarer Weise vom ausschließlichen Rechteinhaber in digitaler Form für die Nutzung im Netz der Schulen angeboten wird. Ferner ist erforderlich, dass das Lizenzangebot unschwer aufzufinden ist und die Verfügbarkeit des Werkes oder der Werkteile schnell und unproblematisch gewährleistet ist.[781] Vor der öffentlichen Zugänglichmachung von Werken sollte sich der Lehrer deshalb zunächst erkundigen, ob hinsichtlich der relevanten Werke ein angemessenes Vertragsangebot vorliegt. Erst wenn keine oder nur unangemessene Nutzungsangebote seitens der Rechteinhaber vorhanden sind, kann er sich auf die Schranke des § 52a Abs. 1 Nr. 1 UrhG berufen. Allerdings soll die Gebotenheit jedoch nicht schon dann pauschal abzulehnen sein, wenn eine Möglichkeit des Lizenzerwerbs besteht, da die Lizenzbedingungen einseitig durch den Urheber festgelegt werden könnten und § 52a UrhG praktisch leer liefe.[782] Ob die Gebotenheit vorliegt, kann aber letztlich nur im Einzelfall

---

[776] Dreyer/Kotthoff/Meckel/*Dreyer*, § 52a Rn. 24; Schricker/Loewenheim/*Loewenheim*, § 52a Rn. 15.

[777] BeckOK-UrhG/*Schulz/Hagemeier*, § 52a Rn. 21; Dreier/Schulze/*Dreier*, § 52a Rn. 13.

[778] Siehe oben B. I. 5. d) bb) (2) (g).

[779] Loewenheim/*Loewenheim*, § 31 Rn. 91.

[780] BGH, GRUR 2014, 549, 554 – Meilensteine der Psychologie; *Berger*, GRUR 2010, 1058, 1064; Loewenheim/*Loewenheim*, § 31 Rn. 91.

[781] BGH, GRUR 2014, 549, 554 – Meilensteine der Psychologie.

[782] *Hoeren*, ZUM 2011, 369, 373.

unter Abwägung der gesamten Umstände beurteilt werden.[783] Die Voraussetzung der Gebotenheit schafft somit eine gewisse Rechtsunsicherheit, die auch nicht durch den Gesamtvertrag zu § 52a UrhG reduziert wird.[784] Insbesondere das Kriterium der „Angemessenheit des Angebots“ erschwert die Anwendung des § 52a UrhG erheblich. Urheberstrafrechtlich bleibt hinsichtlich des strafrechtlichen Bestimmtheitsgebots gemäß Art. 103 Abs. 2 GG vorerst abzuwarten, ob die Rechtsprechung[785] die Voraussetzungen für ein „angemessenes Angebot“ hinreichend bestimmt. Werden für die Beurteilung der Angemessenheit des Angebots keine allgemeinen Kriterien festgelegt, so wäre ein Verstoß gegen das strafrechtliche Bestimmtheitsgebot naheliegend, da die Entscheidung über die Angemessenheit im Einzelfall für den Werknutzer wohl kaum vorhersehbar ist.

(d) Zur öffentlichen Zugänglichmachung erforderliche Vervielfältigungen

Neben der öffentlichen Zugänglichmachung von Werken und Werkteilen nach § 52a Abs. 1 UrhG wird in § 52a Abs. 3 UrhG auch die Vervielfältigung gemäß § 16 UrhG von Werken und Werkteile privilegiert. Es muss sich dabei jedoch um Vervielfältigungen handeln, die zur öffentlichen Zugänglichmachung in den Fällen des Abs. 1 erforderlich sind. Abs. 3 bezieht sich insofern auf sog. „Annex-Vervielfältigungen“[786], ohne die das digitale Zugänglichmachen von Werken nicht möglich wäre. Denn bevor ein analoges Werk digital zur Verfügung gestellt werden kann, muss es in der Regel digitalisiert, also eingescannt, auf der Festplatte zwischengespeichert und auf dem Server abgelegt werden. Auch bei bereits digital erhältlichen Werken sind u. U. Überspielungen auf verschiedene Datenträger notwendig. In jedem Fall ist jedoch das Ablegen bzw. Abspeichern auf dem entsprechenden Server notwendig, damit das Werk überhaupt durch Dritte abgerufen werden kann. Diese Prozesse des Scannens, Abspeicherns und Übertragens von Daten sind Vervielfältigungen gemäß § 16 UrhG[787], die als Vorberei-

---

[783] Fromm/Nordemann/*Dustmann*, § 52a Rn. 15; Schricker/Loewenheim/*Loewenheim*, § 52a Rn. 14.

[784] Kritisch auch *Wandtke*, GRUR 2015, 221, 225; *Wandtke/König*, ZUM 2014, 921, 925.

[785] Der Bundesgerichtshof hat die Sache an das Berufungsgericht zurückverwiesen, welches nun die Angemessenheit des Lizenzangebots des Klägers zu prüfen hat, vgl. BGH, GRUR 2014, 549, 556 – Meilensteine der Psychologie.

[786] Vgl. u. a. BeckOK-UrhG/*Schulz/Hagemeier*, § 52a Rn. 24; Dreier/Schulze/*Dreier*, § 52a Rn. 16; *Hoeren/Neubauer*, ZUM 2012, 636, 638.

[787] Zu den Vervielfältigungen unter Zuhilfenahme des Computers vgl. oben B. I. 2. b) aa).

tungshandlungen für das öffentliche Zugänglichmachen im Vorfeld erforderlich sind und daher auch von § 52a Abs. 3 UrhG privilegiert werden.[788]

Nicht mehr von § 52a Abs. 3 UrhG erfasst sind Vervielfältigungen von Werken oder Werkteilen, um sie dann möglicherweise zu einem späteren Zeitpunkt öffentlich zugänglich zu machen. Beispielsweise können es Online-Zeitschriftenbeiträge sein, die der Lehrer für potenziell unterrichtsgeeignet hält und sie daher auf seine Festplatte abspeichert. Solche Vorratsvervielfältigungen sind zumindest zum maßgeblichen Zeitpunkt der öffentlichen Zugänglichmachung nicht erforderlich, da die Voraussetzungen des § 52a Abs. 1 Nr. 1 UrhG schon zu diesem Zeitpunkt bereits vorliegen müssen.[789] Diese Vervielfältigungen auf Vorrat können allerdings durch § 53 Abs. 3 Satz 1 Nr. 1 UrhG zulässig sein, sofern der zulässige Umfang der Privilegierung nicht überschritten wird.[790] Der Lehrer könnte also diese rechtmäßig auf Vorrat vervielfältigten Werkteile oder Werke geringen Umfangs zu einem späteren Zeitpunkt für eine bestimmte Unterrichtseinheit nach § 52a Abs. 3 UrhG einscannen und den Schülern digital zugänglich machen.[791] Schließlich ist noch anzumerken, dass die Folgeverwertungen von öffentlich zugänglich gemachten Werken oder Werkteilen wie das Herunterladen, Abspeichern oder Ausdrucken durch die Nutzer (Schüler), nicht von § 52a Abs. 3 UrhG erfasst sind.[792] Vielmehr richtet sich die Zulässigkeit dieser Vervielfältigungshandlungen insbesondere nach den Voraussetzungen des § 53 Abs. 1–3 UrhG.[793]

(4) Zusammenfassung

Zusammenzufassend kann gesagt werden, dass die Zugänglichmachung innerhalb einer Schulklasse oder eines Kurses nicht öffentlich und daher auch nicht privilegierungsbedürftig ist. In diesen Fällen liegt schon gar keine zu privilegierende Verwertung nach § 19a UrhG vor. Der Anwendungsbereich des § 52a Abs. 1 Nr. 1 UrhG gilt daher nur für öffentliche Zugänglichmachungen innerhalb einer öffentlichen Unterrichtsveranstaltung in Schulen,

---

788 *Hoeren*, ZUM 2011, 369, 374; Schricker/Loewenheim/*Loewenheim*, § 52a Rn. 18.

789 *von Bernuth*, ZUM 2003, 438, 443.

790 Zur Möglichkeit für den Lehrer, sich ein eigenes Archiv für Unterrichtszwecke zu Hause einzurichten vgl. oben B. I. 5. b) bb) (2) (j).

791 *Sieber*, MMR 2004, 715, 717, der diese Gesetzessystematik allerdings für umständlich sowie praxisfern hält und daher auch Vorratsvervielfältigungen als erforderliche Vervielfältigungen von § 52a Abs. 3 UrhG sieht.

792 Dreier/Schulze/*Dreier*, § 52a Rn. 16; *Kianfar*, GRUR 2012, 691, 694 f.

793 Vgl. *Hoeren*, ZUM 2011, 369, 374; *Rauer*, GRUR-Prax 2012, 226, 229.

wie z.B. der gemeinsame Unterricht von Parallelklassen oder der Unterricht bei der Projektwoche. Ähnlich wie in § 53 Abs. 3 Satz 1 UrhG umfasst der Schulbegriff alle öffentlichen (staatlichen oder kommunalen) und privaten Schulen i.S.d. Schulgesetze der Länder sowie die Schulen des Gesundheitswesens, wobei die privaten Schulen des Landes Bremen nach dem § 1 Abs. 2 des Gesamtvertrags zu § 52a UrhG ausgenommen sind. Erfasst sind aber jedenfalls auch hier alle Grund-, Haupt-, Realschulen, Gymnasien, Berufs- und berufsbildende Schulen sowie Abend- und Sonderschulen.

Ein kleiner Teil eines Werkes beträgt 12% des Werkes, jedoch nicht mehr als 100 Seiten. Für die Berechnung der zulässigen Seitenanzahl ist dabei der Gesamtumfang des Werkes einschließlich Inhaltsverzeichnis, Vorwort, Einleitung, Literaturverzeichnis, Namensregister und Sachregister maßgeblich, wobei nur Seiten, deren Inhalt überwiegend aus Text besteht, d.h. keine Leerseiten sowie Seiten mit überwiegend Bildern, Fotos oder Abbildungen, einzubeziehen sind. Als Werke geringen Umfangs gelten: ein Druckwerk mit maximal 25 Seiten, bei Musikeditionen (Musiknoten) maximal 6 Seiten; ein Film von maximal fünf Minuten Länge; maximal 5 Minuten eines Musikstücks sowie alle vollständigen Bilder, Fotos und sonstigen Abbildungen. Dabei handelt es sich regelmäßig um Gedichte, kleine Erzählungen und Novellen, kurze Artikel und Aufsätze, Liedtexte, Lieder und Tonfolgen, kurze Filmausschnitte sowie Bilder und Fotografien. Hinsichtlich der einzelnen Beiträge in Zeitungen und Zeitschriften gilt dasselbe wie bei § 53 Abs. 3 Satz 1 UrhG.

Zulässig ist die öffentliche Zugänglichmachung ausschließlich zur Veranschaulichung im Unterricht an Schulen für einen bestimmt abgegrenzten Kreis von Unterrichtsteilnehmern. „Im Unterricht" ist weit zu verstehen, sodass Werkteile und Werke geringen Umfangs auch für die Vor- und Nachbereitung des Unterrichts oder zur Erledigung von Hausaufgaben öffentlich zugänglich gemacht werden dürfen. Die öffentliche Zugänglichmachung ist zudem auf den Personenkreis der jeweiligen öffentlichen Unterrichtseinheit beschränkt (z.B. alle Schüler einer Projektgruppe oder alle Schüler einer klassen- oder kursübergreifenden Unterrichtsveranstaltung), sodass z.B. die öffentliche Zugänglichmachung für die ganze Oberstufe oder für alle Schüler der Schule nicht privilegiert ist.

Die erforderliche Gebotenheit der öffentlichen Zugänglichmachung liegt vor, wenn die öffentliche Zugänglichmachung zur Veranschaulichung des Unterrichts notwendig ist. Bei der Bewertung der Notwendigkeit haben die Lehrer einen weiten Beurteilungsspielraum. Allerdings ist zu beachten, dass die öffentliche Zugänglichmachung dann nicht geboten ist, wenn vertragliche Online-Angebote der Rechteinhaber vorliegen, welche die Werke und Werkteile zu angemessenen Bedingungen zur Verfügung stellen. Ob angemessene Bedingungen vorliegen, kann jedoch nur im Einzelfall unter Abwägung der gesamten Umstände beurteilt werden, sodass das Kriterium der Gebotenheit stets eine Rechtsunsicherheit bei der Anwendung des § 52a Abs. 1 UrhG mit sich bringt.

§ 52a Abs. 2 Satz 1 UrhG privilegiert die öffentliche Zugänglichmachung nach § 19a UrhG. Zudem sind nach § 52a Abs. 3 auch „die zur öffentlichen Zugänglichmachung erforderlichen Vervielfältigungen“, wie das Einscannen, Zwischenspeichern und Abspeichern auf dem Server, privilegiert. Nach § 52a Abs. 2 Satz 1 UrhG können „für den Unterrichtsgebrauch an Schulen bestimmte Werke“ nur mit Einwilligung des Berechtigten öffentlich zugänglich gemacht werden. Anders als der Gesamtvertrag zu § 53 Abs. 3 UrhG enthält der Gesamtvertrag zu § 52a UrhG diesbezüglich keine Rechteeinräumung für die Schulen, sodass hinsichtlich der Schulbücher, Arbeitshefte oder sonstigen schulspezifischen Werke stets eine gesonderte Lizenz bei den Schulverlagen einzuholen ist. Zu berücksichtigen ist jedoch, dass dies nur für öffentliche Zugänglichmachungen gilt, sodass der Unterricht in Klassen, Kursen oder Arbeitsgemeinschaften nicht darunter fällt. Nach der in dieser Arbeit vertretenen Auffassung dürften Lehrer für diese nicht öffentlichen Unterrichtsveranstaltungen auch ganze Schulbücher oder Arbeitshefte zugänglich machen, da es sich hierbei nicht um urheberrechtlich relevante Verwertungshandlungen handelt. Allerdings muss der Lehrer aber stets die für die Zugänglichmachung erforderlichen Vervielfältigungen vornehmen. Da die vollständige Vervielfältigung von „für den Unterrichtsgebrauch bestimmten Werken“ gemäß § 53 Abs. 3 S. 2 UrhG und auch im Gesamtvertrag zu § 53 UrhG ausdrücklich untersagt ist, sind diese für die Zugänglichmachung erforderlichen Vervielfältigungen jedoch unzulässig. In diesen Fällen der zulässigen nicht öffentlichen Zugänglichmachung von ganzen Schulbüchern und Arbeitsheften sind die Schulverlage somit nicht gänzlich schutzlos, sondern sie sind indirekt durch ihr ausschließliches Vervielfältigungsrecht geschützt.

Im Rahmen der Schranke des § 52a UrhG ist der Lehrer nicht persönlich vergütungspflichtig. Der Vergütungspflicht aus § 52a Abs. 4 Satz 1 UrhG kommen die Länder nach, indem sie gemäß § 4 des Gesamtvertrags zu § 52a UrhG eine pauschale Zahlung leisten.

dd) Sammlungen für den Schul- und Unterrichtsgebrauch § 46 UrhG

§ 46 UrhG – Sammlungen für Kirchen-, Schul- oder Unterrichtsgebrauch

(1) Nach der Veröffentlichung zulässig ist die Vervielfältigung, Verbreitung und öffentliche Zugänglichmachung von Teilen eines Werkes, von Sprachwerken oder von Werken der Musik von geringem Umfang, von einzelnen Werken der bildenden Künste oder einzelnen Lichtbildwerken als Element einer Sammlung, die Werke

einer größeren Anzahl von Urhebern vereinigt und die nach ihrer Beschaffenheit nur für den Unterrichtsgebrauch in Schulen, in nichtgewerblichen Einrichtungen der Aus- und Weiterbildung oder in Einrichtungen der Berufsbildung oder für den Kirchengebrauch bestimmt ist. Die öffentliche Zugänglichmachung eines für den Unterrichtsgebrauch an Schulen bestimmten Werkes ist stets nur mit Einwilligung des Berechtigten zulässig. In den Vervielfältigungsstücken oder bei der öffentlichen Zugänglichmachung ist deutlich anzugeben, wozu die Sammlung bestimmt ist.

(2) Absatz 1 gilt für Werke der Musik nur, wenn diese Elemente einer Sammlung sind, die für den Gebrauch im Musikunterricht in Schulen mit Ausnahme der Musikschulen bestimmt ist.

(3) Mit der Vervielfältigung oder der öffentlichen Zugänglichmachung darf erst begonnen werden, wenn die Absicht, von der Berechtigung nach Absatz 1 Gebrauch zu machen, dem Urheber oder, wenn sein Wohnort oder Aufenthaltsort unbekannt ist, dem Inhaber des ausschließlichen Nutzungsrechts durch eingeschriebenen Brief mitgeteilt worden ist und seit Absendung des Briefes zwei Wochen verstrichen sind. Ist auch der Wohnort oder Aufenthaltsort des Inhabers des ausschließlichen Nutzungsrechts unbekannt, so kann die Mitteilung durch Veröffentlichung im Bundesanzeiger bewirkt werden.

(4) Für die nach den Absätzen 1 und 2 zulässige Verwertung ist dem Urheber eine angemessene Vergütung zu zahlen.

(5) Der Urheber kann die nach den Absätzen 1 und 2 zulässige Verwertung verbieten, wenn das Werk seiner Überzeugung nicht mehr entspricht, ihm deshalb die Verwertung des Werkes nicht mehr zugemutet werden kann und er ein etwa bestehendes Nutzungsrecht aus diesem Grunde zurückgerufen hat (§ 42). Die Bestimmungen in § 136 Abs. 1 und 2 sind entsprechend anzuwenden.

Die Vorschrift des § 46 UrhG privilegiert die Herstellung von Sammlungen sowohl zum Schul- und Unterrichtsgebrauch als auch zum Kirchengebrauch (vgl. § 46 Abs. 1 Satz 1 UrhG a.E.). Vorliegend werden jedoch nur Aspekte des Schul- und Unterrichtsgebrauchs berücksichtigt.

Nach § 46 Abs. 1 Satz 1 UrhG ist es zulässig, Teile eines Werkes, Sprachwerke, Musikwerke geringen Umfangs, einzelne Werke der bildenden Künste oder einzelne Lichtbildwerke als Element einer Sammlung nur für den Unterrichtsgebrauch in Schulen, nichtgewerblichen Einrichtungen der Aus- und Weiterbildung oder Einrichtungen der Berufsbildung einwilligungsfrei zu vervielfältigen, zu verbreiten und öffentlich zugänglich zu machen. Eine Ausnahme von der Einwilligungsfreiheit macht jedoch der Abs. 1 Satz 2. Danach ist die Einwilligung des Berechtigten bei der öffentlichen Zugänglichmachung eines für den Unterrichtsgebrauch an Schulen bestimmten Werkes stets erforderlich. Bei der Vervielfältigung oder öffentlichen Zugänglichmachung des Werkes ist zum einen deutlich anzugeben, wozu die Sammlung bestimmt ist (Abs. 1 Satz 3) und zum anderen sind die Verwertungshandlungen vor Beginn der Verwertung dem Urheber mitzuteilen (Abs. 3). Ferner steht dem Urheber in jedem Falle ein Anspruch auf angemessene Vergütung zu (Abs. 4). Durch diese Regelung wird dem Urheber lediglich ein zivilrechtlicher Anspruch auf Vergütung gegenüber dem Verwerter zugesprochen. Eine Nichtzahlung der angemessenen Vergütung führt daher nicht zum Ausschluss bzw. Wegfall des gesetzlich zugelassenen Falles und somit auch nicht zur Strafbarkeit. Für die strafrechtliche Bewertung nach § 106 UrhG hat der Abs. 4 insofern keine Relevanz.[794]

(1) Allgemeines

Unter den schulspezifischen Privilegierungen hat die Privilegierung von Sammlungen für den Schul- und Unterrichtsgebrauch die längste Tradition.[795] Die Vorgängernormen des § 46 UrhG waren die §§ 19 Nr. 4, 21 Nr. 3, 26 LUG und 19 Abs. 1 KUG. Konventionsrechtlich bildet Art. 10 Abs. 2 RBÜ die Grundlage für die Schranke des § 46 UrhG. Europarechtlich ist § 46 UrhG im Lichte von Art. 5 Abs. 3 lit. a) sowie Abs. 4 der Richtlinie 2001/29/EG auszulegen. Schutzgüter der Norm sind die Interessen der Allgemeinheit an der Schulausbildung, an der Jugenderziehung sowie an der Religionspflege.[796] Vor allem soll die Vorschrift eine möglichst umfassende Jugendbildung gewährleisten.[797] Denn ein schneller und unkomplizierter Zugang zu Werken des Kulturerbes, zur zeitgenössischen Literatur und Musik sowie zu Werken der aktuellen Publizistik und Wissenschaft sei mitentscheidend für das Bildungsniveau, das Urteilsvermögen und die Identität der Gesellschaft.[798] So rechtfertigt der Gesetzgeber die Privilegierung von Sammlungen für den Schul- und Unterrichtsgebrauch traditionell mit dem öffentlichen Interesse, solche Hilfsmittel, die für die sittliche und geistige Heranbildung der Jugend unentbehrlich sind, unabhängig von der Zustimmung der Rechteinhaber nutzen zu können.[799] Im Jahr 1971 erklärte das Bundesverfassungsgericht die damalige Fassung des § 46 UrhG aufgrund der fehlenden Vergütungspflicht für verfassungswidrig.[800] Infolgedessen hat der Gesetzgeber noch im selben Jahr die Vergütungspflicht in Abs. 4 eingefügt.[801] Im Jahr

---

[794] Vgl. oben B. I. 5. a) aa).

[795] Zur historischen Entwicklung dieses Privilegs vgl. *Sattler*, S. 106 ff.; siehe auch *Neumann*, S. 30 ff.

[796] BeckOK-UrhG/*Schulz/Hagemeier*, § 46 Rn. 1; Dreier/Schulze/*Dreier*, § 46 Rn. 1; Loewenheim/*Götting*, § 31 Rn. 188.

[797] *von Bernuth*, GRUR Int. 2002, 567.

[798] *von Bernuth*, GRUR Int. 2002, 567; vgl. auch *Poeppel*, S. 178.

[799] Vgl. Begründung RegE UrhG, BT-Drucks. IV/270, S. 64; in diesem Sinne auch *Loewenheim*, ZUM 2004, 89, 94.

[800] BVerfG, GRUR 1972, 481 – Kirchen- und Schulgebrauch.

[801] Siehe Gesetz zur Änderung des UrhG vom 10.11.1972, BGBl. I, S. 2081. Gleichwohl stehen einige Autoren der Schranke des § 46 UrhG bis heute kritisch gegenüber, vgl. *Sattler*, S. 110; *Schack*, UrhR, Rn. 572.

2003 wurde die Schrankenvorschrift im Rahmen der Umsetzung der europäischen Richtlinie 2001/29/EG um das Verwertungsrecht des öffentlichen Zugänglichmachens erweitert.[802] Neben den klassischen „Offline-Sammlungen", wie Bücher und CD-ROMs, sind seitdem auch „Online-Sammlungen" von der Schranke erfasst.[803]

Durch die Schrankenvorschrift des § 46 UrhG soll also die Erstellung und der Vertrieb von Sammlungen zum Schul- und Unterrichtsgebrauch erleichtert werden. Im weiteren Sinne privilegiert diese Schranke damit zweifelsfrei den Schul- und Unterrichtsgebrauch. Im engeren Sinne stellt sich jedoch die Frage, welche Personen durch diese Vorschrift auch tatsächlich einen Vorteil erlangen. Entsprechend dem Sinn und Zweck des § 46 UrhG ist davon auszugehen, dass der Gesetzgeber mit dem Begriff „Sammlungen" allem voran klassische Schulbücher meint, die aufgrund des umfangreichen Lernstoffes in aller Regel durch schulexterne Fachverlage unter Berücksichtigung der Lehrpläne des Bildungsministeriums der Länder zusammengestellt werden.[804] Deshalb richtet sich die Privilegierung des § 46 UrhG in erster Linie an den Hersteller bzw. Verleger von Schulbüchern und anderen schulspezifischen Lernmaterialien wie Übungs- oder Arbeitshefte sowie Lern-CDs.[805] Die Schrankenvorschrift wird daher auch häufig als „Schulbuch-Privileg" bzw. „Schulbuchparagraph" bezeichnet.[806]

Die Relevanz des § 46 UrhG für den Schulalltag ist damit nur auf einige Fälle beschränkt, in denen Werke oder Werkteile vervielfältigt werden, um Sammlungen zum Zwecke des Unterrichtsgebrauchs zusammenzustellen. Erfasst ist außerdem das anschließende (öffentliche) Verbreiten bzw. öffentliche Zugänglichmachen der zusammengestellten Sammlung außerhalb der (nichtöffentlichen) Klasse, Arbeitsgemeinschaft oder des Leistungs- oder Grundkurses. Hinsichtlich des Vervielfältigens von Werken oder Werkteilen zur Erstellung der Sammlung sowie des Vervielfältigens und öffentlich Zugänglichmachens der erstellten Sammlung kann sich der Lehrer jedoch auch stets auf die bereits dargestellten Schranken des § 53 Abs. 3 UrhG und § 52a Abs. 1 Nr. 1 UrhG berufen, sofern die jeweiligen Voraussetzungen dafür vorliegen.[807]

---

802 Vgl. das Gesetz zur Regelung des Urheberrechts in der Informationsgesellschaft von 2003, BGBl. 2003 I, S. 1774.

803 Begründung RegE, BT-Drucks. 15/38, S. 19.

804 Siehe auch *von Bernuth*, GRUR Int. 2002, 570; *Poeppel*, S. 179f.

805 Vgl. BeckOK-UrhG/*Schulz/Hagemeier*, § 46 Rn. 2; Dreier/Schulze/*Dreier*, § 46 Rn. 1.

806 Siehe nur BeckOK-UrhG/*Schulz/Hagemeier*, § 46 Rn. 2; *Gergen*, JURA 2011, 796, 797; Loewenheim/*Götting*, § 31 Rn. 188.

807 Auf etwaige Vor- und Nachteile der Schranken für den Lehrer wird erst im Anschluss der Erläuterungen zu § 46 UrhG eingegangen, vgl. unten B. I. 5. b) dd) (3).

• *Beispiel:* Ein Lehrer für politische Bildung kopiert diverse urheberrechtlich geschützte Werke oder Werkteile wie Zeitungs- und Zeitschriftenartikel inklusive Bilder und Graphiken sowie längere Auszüge aus Fachbüchern und fügt diese angefertigten Kopien anschließend zu einem unterrichtsbegleitenden Skript („Reader") zusammen, welches er dann in einem Unterricht von Parallelklassen oder in der Projektwoche an alle Schüler verteilt oder ohne Passwortschutz auf dem schulinternen Server hochlädt.[808]

Entscheidend ist hierbei, dass die zusammengestellte Sammlung anschließend verbreitet oder öffentlich zugänglich gemacht wird. Ist die anschließende Verbreitung oder Zugänglichmachung der Sammlung hingegen nichtöffentlich, so liegt schon keine urheberrechtlich relevante Verwertung vor, sodass die Schranke des § 46 UrhG diesbezüglich entbehrlich ist. Relevanz hat § 46 UrhG in diesen Fällen nur für die Vervielfältigungshandlungen, die bei der Zusammenstellung der Sammlung vorgenommen werden.

• *Beispiel:* Ein Lehrer lädt eine aus fremden Arbeitsblättern zusammengestellte Sammlung für seine Unterrichtsklasse passwortgeschützt auf den Schulserver. Urheberrechtlich relevant ist in diesem Fall nur die Vervielfältigungshandlung des Hochladens auf dem Schulserver, da die Verbreitung und Zugänglichmachung innerhalb der Klasse nicht öffentlich ist. Die Privilegierung des § 46 UrhG bezieht sich hier nur auf das Hochladen.

(2) Die Voraussetzungen im Einzelnen

(a) Veröffentlichte Werke

Gemäß § 46 Abs. 1 Satz 1 UrhG dürfen nur Teile eines Werkes, Sprach- oder Musikwerke geringen Umfangs und Werke der bildenden Künste oder einzelne Lichtbildwerke in die Sammlung aufgenommen werden, die bereits veröffentlicht sind.

Die Schranke des § 46 Abs. 1 Satz 1 UrhG privilegiert somit nur bereits veröffentlichte Werke als Elemente einer Sammlung. Der Begriff der Veröffentlichung wird in § 6 Abs. 1 UrhG definiert. Danach ist ein Werk veröffentlicht, wenn es mit Zustimmung des Berechtigten der Öffentlichkeit zugänglich gemacht worden ist. Diese Voraussetzungen sind bei Werken, die der Lehrer aus Zeitungen, Zeitschriften, Fachbüchern, Schulbüchern sowie dem Internet entnommen hat, in der Regel unproblematisch gegeben. Denn bei den genannten Beispielen handelt es sich um Fälle des Erscheinens

[808] Vgl. auch die Beispielsfälle bei *von Bernuth*, Urheber- und Medienrecht in der Schule, S. 91 ff.; *Haupt*, S. 36.

gemäß § 6 Abs. 2 UrhG, die als qualifizierte Formen der Veröffentlichung einzustufen sind.[809] Veröffentlicht sind damit grundsätzlich alle Werke, die durch einen Verlag verbreitet werden oder im Internet abgerufen werden können.

Nehmen Lehrer jedoch Werke von anderen Lehrern oder von Schülern, z.B. Bearbeitungen, Übersetzungen, Zusammenstellungen, Zusammenfassungen oder auch selbstständig erstellte Prüfungs- bzw. Übungsaufgaben in ihre Sammlung mit auf, so ist zu klären, ob diese Werke mit Zustimmung des jeweiligen Lehrers oder der gesetzlichen Vertreter des jeweiligen minderjährigen Schülers bereits der Öffentlichkeit zugänglich gemacht worden sind. Ein Werk ist dann als der Öffentlichkeit zugänglich gemacht anzusehen, wenn die Allgemeinheit die Möglichkeit erhalten hat, es mit Auge oder Ohr wahrzunehmen.[810] Eine Veröffentlichung kann somit nicht nur durch die Verbreitung der körperlichen Werkstücke, sondern auch durch die bloße Einstellung der Werke in digitale Online-Medien erfolgen.[811]

- *Beispiel:* Hat ein Lehrer sein Arbeitsblatt abrufbar im Internet zur Verfügung gestellt, so ist ein Veröffentlichen des Arbeitsblattes zu bejahen. Ohne Belang ist dabei, ob das Arbeitsblatt auch tatsächlich heruntergeladen wurde, da es nur auf die Möglichkeit des ungehinderten Zugriffs ankommt.[812] Wurde das Arbeitsblatt hingegen lediglich innerhalb einer Klasse wiedergegeben, verteilt oder passwortgeschützt zum Abruf bereitgestellt, so gilt es als noch nicht veröffentlicht, da die Schulklasse nicht zur Öffentlichkeit zählt. Stellen nun andere Lehrer ein solches (noch nicht veröffentlichtes) Arbeitsblatt trotzdem einem öffentlichen Publikum zur Verfügung, z.B. durch Bereitstellung im Internet oder Weitergabe an Schüler in der Projektwoche, benötigen sie die Zustimmung des Lehrers als Urheber des Arbeitsblattes. Ausreichend ist dabei auch eine mündliche oder stillschweigende Zustimmung.[813] Es ist auch darauf hinzuweisen, dass das Arbeitsblatt des Lehrers entsprechend § 46 Abs. 1 Satz 1 UrhG erst dann als Teil der Sammlung verbreitet und öffentlich zugänglich gemacht werden darf, wenn das Arbeitsblatt bereits veröffentlicht wurde („nach der Veröffentlichung"). Daher scheidet die Schranke des § 46 UrhG unabhängig von einer Zustimmung des Lehrers aus, wenn die Verbreitung oder öffentliche Zugänglichmachung einer Sammlung, die das Arbeitsblatt enthält, gleichzeitig die

---

809 Wandtke/Bullinger/*Marquardt*, § 6 Rn. 24.

810 Vgl. Begründung RegE UrhG, BT-Drucks. IV/270, S. 40; Schricker/Loewenheim/*Katzenberger*, § 6 Rn. 15.

811 Begründung RegE, BT-Drucks. 15/38, S. 19.

812 Dreier/Schulze/*Dreier*, § 6 Rn. 10; Wandtke/Bullinger/*Marquardt*, § 6 Rn. 7.

813 Schricker/Loewenheim/*Katzenberger*, § 6 Rn. 25; Wandtke/Bullinger/*Marquardt*, § 6 Rn. 15.

(Erst)Veröffentlichung des Arbeitsblattes darstellt.[814] Möchten also andere Lehrer das Arbeitsblatt des Lehrers ohne ihre Zustimmung für die eigene Sammlung entsprechend § 46 UrhG vervielfältigen, verbreiten oder öffentlich zugänglich machen, sollten sie sichergehen, dass das Arbeitsblatt des Lehrers bereits veröffentlicht wurde.

(b) Teile eines Werkes

Als Element einer Sammlung dürfen Teile eines Werkes verwertet werden. Erfasst sind grundsätzlich alle Werkteile der in § 2 Abs. 1 UrhG genannten Werkarten sowie Werkteile von selbstständig geschützten Bearbeitungen gemäß § 3 UrhG.[815] Von Bedeutung für den Schulbereich sind allerdings hauptsächlich Teile von längeren Sprachwerken. Zum Teil kommen auch Teile von längeren Musikwerken sowie Teile von Filmwerken in Betracht. Kürzere Sprach- und Musikwerke sowie Darstellungen wissenschaftlicher und technischer Art zählen dagegen regelmäßig zu den „Werken geringen Umfangs". Keine Relevanz haben auch Werke der bildenden Künste sowie Lichtbildwerke, da diese im Rahmen des § 46 UrhG gesondert privilegiert sind.

Auch bei § 46 UrhG ist dem Gesetzestext nicht zu entnehmen, was konkret unter einem Teil eines Werkes zu verstehen ist. Fraglich und auslegungsbedürftig ist daher, welchen Umfang ein Teil des Werkes haben darf, damit es noch als „Teil eines Werkes" gemäß § 46 Abs. 1 Satz 1 UrhG von der Privilegierung erfasst ist.

Für die Bestimmung der einzelnen Schrankenmerkmale wird zum Teil vorgeschlagen, dass Erwägungen, die zu anderen Schrankenvorschriften gemacht worden sind, zugunsten einer einheitlichen Wertung im UrhG normübergreifend als Auslegungshilfe heranzuziehen sind.[816] Bei der Auslegung des Merkmals „Teile eines Werkes" in § 46 UrhG seien daher auch Ausführungen zu den Schrankenvorschriften der §§ 52a Abs. 1 Nr. 2 und 53 Abs. 3 UrhG zu berücksichtigen, da diese auch das Merkmal „(kleine) Teile eines Werkes" enthalten.[817] Diesem Vorschlag ist allerdings nicht zu folgen. Zwar gibt es zwischen § 46 UrhG, § 52a UrhG und § 53 UrhG

---

814 In diesem Fall ändert die Zustimmung des Lehrers nichts daran, dass das Arbeitsblatt nicht bereits veröffentlicht ist und man sich daher nicht auf § 46 UrhG berufen kann. Die Zustimmung des Lehrers ist jedoch als Einwilligung zu verstehen, sodass die Verwertung der Sammlung an sich, zumindest bezüglich des Arbeitsblattes, rechtmäßig ist.

815 Wandtke/Bullinger/*Lüft*, § 46 Rn. 11.

816 BeckOK-UrhG/*Schulz/Hagemeier*, § 46 Rn. 10.

817 BeckOK-UrhG/*Schulz/Hagemeier*, § 46 Rn. 9, 10; Fromm/Nordemann/*Dustmann*, § 46 Rn. 6.

Parallelen bezüglich des Wortlauts, jedoch ist die Privilegierungsreichweite der einzelnen Schranken durchaus unterschiedlich. Während § 46 UrhG sowohl Vervielfältigungen, Verbreitungen und öffentliche Zugänglichmachungen speziell für die Zusammenstellung und Verwendung von Sammlungen privilegiert, erlaubt § 52a UrhG lediglich die öffentliche Zugänglichmachung und § 53 Abs. 3 lediglich die Vervielfältigung von Werken zugunsten des Schulunterrichts. Zudem richtet sich die Auslegung in den §§ 52a und 53 Abs. 3 UrhG nach den Bestimmungen der jeweiligen Gesamtverträge, die nicht für die Schranke des § 46 UrhG gelten. Deshalb sind die Ausführungen zu den §§ 52a und 53 Abs. 3 UrhG urheberzivilrechtlich nicht auf § 46 UrhG übertragbar.[818]

Unabhängig von der Vergleichbarkeit mit den anderen Schrankenvorschriften besteht in der Literatur weitestgehend Einigkeit darüber, dass die zusammengestellte Sammlung die einzelnen Originalwerke nicht ersetzen darf.[819] Im Einzelnen werden jedoch verschiedene Auslegungsvorschläge gemacht. Zum Teil wird vertreten, dass ein Teil eines Werkes gemäß § 46 Abs. 1 Satz 1 UrhG (zumindest bei Schriftwerken) lediglich 3 bis maximal 6 DIN A 5 Seiten des Gesamtwerkes umfassen darf.[820] Andere Autoren wollen dagegen (auch bei Schriftwerken) keine strikte Obergrenze festlegen und bevorzugen eine interessengerechte Auslegung im Einzelfall.[821]

Anders als bei § 53 Abs. 3 UrhG und § 52a UrhG existieren hinsichtlich des § 46 UrhG keine Gesamtverträge, in denen Schrankenvoraussetzungen konkretisiert werden. Es bestehen lediglich verschiedene Gesamtverträge zwischen dem Verband der Bildungsmedien und den einzelnen Verwertungsgesellschaften[822], in denen Regelungen über Tarife und Abrechnungsmodalitäten zu finden sind. Insofern können diese Verträge nicht als Auslegungshilfe dienen. Bezüglich der Schranke des § 46 UrhG gibt es allerdings ein gemeinsames Merkblatts der VG WORT und der Verband der Schulbuchverlage.[823] Inhaltlich enthält das Merkblatt einige Bestimmungen, die die Voraussetzungen des § 46 UrhG konkretisieren. Das Merkblatt hat kei-

---

818 So im Ergebnis auch OLG Stuttgart, GRUR 2012, 718, 720; *Hoeren*, ZUM 2011, 369, 370.

819 Vgl. Dreier/Schulze/*Dreier*, § 46 Rn. 4; *Hasselbring*, RdJB 1996, 84, 89; Loewenheim/*Götting*, § 31 Rn. 195; Schricker/Loewenheim/*Melichar*, § 46 Rn. 18.

820 Fromm/Nordemann/*W. Nordemann*, 10. Aufl., § 46 Rn. 4.

821 BeckOK-UrhG/*Schulz/Hagemeier*, § 46 Rn. 12; Dreyer/Kotthoff/Meckel/*Dreyer*, § 46 Rn. 4.

822 Auf der Interneteite „http://www.bildungsmedien.de/verband/wirfuersie/vertra ge-mit-verwertungsgesellschaften/“ (zuletzt abgerufen am 26.04.2016) sind die Gesamtverträge mit der VG WORT, VG Musikedition und der Gesellschaft zur Verwertung von Leistungsschutzrechten (GVL) zu finden.

823 Abgedruckt in UFITA 92 (1982), 83.

nen Rechtsnormcharakter. Vielmehr ist das Merkblatt lediglich das Ergebnis der Zusammenarbeit beider Interessenparteien und soll als praktischer Ratgeber für Autoren und Verlage dienen.[824] Dementsprechend ist das Merkblatt hier als Auslegungsmaßstab heranzuziehen.

Unter dem Gliederungspunkt I. 1. b) des Merkblattes wird ausgeführt, dass „kein Einzelbeitrag den Umfang von 10 DIN A 5 Seiten überschreiten darf". Hieraus ist für die Voraussetzung des „Teils eines Werkes" zu schließen, dass der erlaubte Maximalumfang eines Teils eines Werkes (zumindest bei Sprachwerken) bei 10 DIN A 5 Seiten liegt.[825] Teil eines Werkes kann deshalb z. B. ein Kapitel eines Buches, mehrere Seiten eines Fachbuchs oder auch Textabschnitte eines längeren Textes sein, sofern diese Teile nicht den zulässigen Umfang übersteigen. Für andere Werkarten gelten dementsprechend ähnliche Maßstäbe. Teil eines Musikwerks können z. B. einige Takte (sowohl in Notenform auf Papier als auch als Hörausschnitt) aus einem Musikstück sein. Als Teil eines Filmwerkes kommt ein Filmausschnitt mit der Länge von wenigen Minuten in Betracht.

Im Vergleich zu den Schranken der §§ 52a und 53 Abs. 3 UrhG dürfte vorliegend das Interesse der Urheber an der Festsetzung von Obergrenzen jedoch geringer ausfallen. Denn diejenigen Lehrer, die sich auf § 46 UrhG berufen, sind ohnehin nach Abs. 3 und 4 dieser Norm persönlich mitteilungs- und vergütungspflichtig. Insofern können die Urheber bzw. die Verwertungsgesellschaften für den angezeigten Umfang der Verwertung eine dementsprechend angemessene Vergütung verlangen.

(c) Sprach- oder Musikwerke geringen Umfangs

Als Ausnahme zu den „Teilen eines Werkes" dürfen u. U. auch ganze Werke in die Sammlung aufgenommen werden. Dieses Privileg ist allerdings auf Sprachwerke gemäß § 2 Abs. 1 Nr. 1 UrhG oder Werke der Musik gemäß § 2 Abs. 1 Nr. 2 UrhG von geringem Umfang beschränkt.[826] Nicht als Werke geringen Umfangs privilegiert sind somit pantomimische Werke, Filmwerke und Darstellungen wissenschaftlicher oder technischer Art. Werke der bildenden Künste und Lichtbildwerke dürfen dagegen sogar vollumfänglich in die Sammlung aufgenommen werden.[827]

---

[824] Vgl. UFITA 92 (1982), 83.

[825] So auch Schricker/Loewenheim/*Melichar*, § 46 Rn. 18.

[826] Teilweise wird aufgrund der Beschränkung auf Sprach- und Musikwerke, auch im Vergleich mit § 53 Abs. 3 UrhG, der alle Werkarten geringen Umfangs privilegiert, ein Verstoß gegen das verfassungsrechtliche Gleichheitsgebot angenommen, vgl. *Poeppel*, S. 183; *Sattler*, S. 127 f.

[827] Dazu siehe sogleich B. I. 5. b) dd) (2) (d).

Wann ein geringer Umfang bei den genannten Werkarten vorliegt, kann jedoch nicht abschließend geklärt werden. Allgemein und wenig aussagend wird beschrieben, dass ein Werk geringen Umfangs dann vorliegt, wenn es auf einer nach Größenverhältnissen aufgemachten Skala aller denkbaren Sprach- und Musikwerke eher im unteren Bereich rangiert.[828] Andere Autoren versuchen das Kriterium des geringen Umfangs anhand von konkreten Grenzwerten zu bestimmen, um die Beurteilung im Einzelfall zu erleichtern. Zum einen wird dafür plädiert, dass ein Werk geringen Umfangs maximal drei bzw. in Ausnahmefällen sechs DIN A 5 Seiten umfassen darf.[829] Nach anderer Ansicht soll die Höchstanzahl jedoch bei zehn DIN A 5 Seiten liegen.[830]

Wie bereits bei dem Merkmal des „Teils eines Werkes" bietet das gemeinsame Merkblatt der VG WORT und der Verband der Schulbuchverlage auch hier Anhaltspunkte für die Auslegung. Nach dem Gliederungspunkt I. 1. b) des Merkblatts darf „kein Einzelbeitrag den Umfang von 10 DIN A 5 Seiten überschreiten, sofern es sich nicht um Kurzgeschichten oder Novellen handelt". Daraus kann entnommen werden, dass Kurzgeschichten, Novellen oder andere Sprachwerke geringen Umfangs, anders als ein Teil eines Werkes (Einzelbeitrag) prinzipiell auch umfangreicher als 10 DIN A 5 Seiten sein können. Eine Obergrenze für die Seitenanzahl enthält das Merkblatt dabei nicht. Entsprechend dem Merkblatt sind Kurzgeschichten und Novellen in jedem Fall erfasst. Außerdem als Sprachwerke geringen Umfangs gemäß § 46 UrhG anerkannt sind Gedichte[831], kleine Erzählungen und kleine wissenschaftliche Arbeiten[832], kurze Aufsätze und Artikel[833] sowie Liedtexte[834]. Zu den Musikwerken geringen Umfangs gehören Tonfolgen und auch ganze Lieder, unabhängig von ihrer Erscheinungsform als Musiknoten oder als Audio-Wiedergabe.[835]

---

828 Dreyer/Kotthoff/Meckel/*Dreyer*, § 46 Rn. 5; so ähnlich auch *Sattler*, S. 115, die jedoch vermehrt auf den Sinn und Zweck der Privilegierung im Einzelfall abstellt.

829 Fromm/Nordemann/*W. Nordemann*, 10. Aufl., § 46 Rn. 4.

830 *Hasselbring*, RdJB 1996, 84, 89.

831 BGH, GRUR 1972, 432, 433 – Schulbuch.

832 RGZ 80, 78 f.

833 Dreyer/Kotthoff/Meckel/*Dreyer*, § 46 Rn. 5; Wandtke/Bullinger/*Lüft*, § 46 Rn. 11.

834 RGZ 128, 102, 105; Schricker/Loewenheim/*Melichar*, § 46 Rn. 19.

835 Dreyer/Kotthoff/Meckel/*Dreyer*, § 46 Rn. 5; Wandtke/Bullinger/*Lüft*, § 46 Rn. 11.

(d) Einzelne Werke der bildenden Künste und einzelne Lichtbildwerke

Weiterhin ist es gemäß § 46 Abs. 1 UrhG zulässig, ganze Werke der bildenden Künste und ganze Lichtbildwerke für die Sammlung zu entnehmen. Die besondere Privilegierung der genannten Werkarten ist nachvollziehbar, da die Übernahme von Teilen oder Ausschnitten eines Werkes der bildenden Künste oder eines Lichtbildwerkes in eine Sammlung für den Bildungszweck kaum sinnvoll wäre.[836] Außerdem könnte eine Teilung der Werke der bildenden Künste und Lichtbildwerke u. U. auch eine verbotene Entstellung von Werken gemäß § 14 UrhG darstellen.

Die Sonderprivilegierung der Werke der bildenden Künste und Lichtbildwerke gilt allerdings nicht unbegrenzt, da der Gesetzeswortlaut ausdrücklich von „einzelnen" Werken spricht. Was konkret hierunter zu verstehen ist, kann nicht aus dem gemeinsamen Merkblatt der VG WORT und dem Verband der Schulbuchverlage entnommen werden, da das Dokument hierzu keine Aussagen trifft. Nach der allgemeinen Literaturauffassung soll die Privilegierung durch das Wort „einzelne" dahingehend eingeschränkt werden, dass die Aufnahme von einzelnen Werken der bildenden Künste und Lichtbildwerken in die Sammlung nur insoweit zulässig ist, als das entlehnte Werk den privilegierten pädagogischen Zwecken dient.[837] Das ist in der Regel dann gegeben, wenn die Entnahmen von einzelnen Werken der bildenden Künste oder Lichtbildwerken in der Sammlung neben dem textlichen Inhalt zur Veranschaulichung abgebildet werden. Nicht privilegiert sind daher Entnahmen von Werken, die lediglich zur Dekoration der Sammlung verwendet werden.[838]

Insoweit erscheint die Begründung des Gesetzgebers zum UrhG von 1962 missverständlich, wenn er davon ausgeht, dass einzelne Werke der bildenden Künste oder einzelne Lichtbildwerke nur aus pädagogischen Gründen in die Sammlung aufgenommen werden dürfen, jedoch die aufgenommenen Werke nicht im Zusammenhang mit dem Inhalt der Sammlung stehen müssen.[839] Hierbei ist dem Gesetzgeber zunächst zuzustimmen, dass Werke lediglich zu pädagogischen Zwecken aufgenommen werden dürfen, allerdings stellt sich die Frage, inwiefern diese aufgenommenen Werke nicht mit dem Inhalt der Sammlung übereinstimmen können. Denn in solchen Fällen ist in aller Regel nur eine unzulässige Dekorationsabsicht gegeben. Des Weiteren

---

[836] Vgl. auch Dreyer/Kotthoff/Meckel/*Dreyer*, § 46 Rn. 6.

[837] BeckOK-UrhG/*Schulz/Hagemeier*, § 46 Rn. 15; Dreier/Schulze/*Dreier*, § 46 Rn. 5; Schricker/Loewenheim/*Melichar*, § 46 Rn. 20.

[838] Loewenheim/*Götting*, § 31 Rn. 196; Schricker/Loewenheim/*Melichar*, § 46 Rn. 20.

[839] Vgl. Begründung RegE UrhG, BT-Drucks. IV/270, S. 64.

soll die Formulierung des „einzelnen Werkes“ auch verhindern, dass die geistigen Erzeugnisse eines einzelnen Urhebers übermäßig beansprucht werden. Nicht mehr von § 46 Abs. 1 UrhG gedeckt, ist somit eine Sammlung, die nahezu ausschließlich aus Werken oder auch wesentlichen Teilen der Werke eines einzelnen Urhebers besteht.[840]

Nach überwiegender Meinung[841] gilt das Merkmal des „einzelnen“ Werkes nicht nur für Werke der bildenden Künste und Lichtbildwerke, sondern auch für Sprach- und Musikwerke. Begründet wird dies damit, dass der Gesetzgeber von 1965 im Zuge der Übernahme und Straffung der Vorgängernorm § 19 Nr. 4 LUG versehentlich das Wort „einzelne“ vor den Sprach- und Musikwerken vergessen hatte.[842] Da der Wortlaut des § 46 Abs. 1 UrhG gerade nicht von „einzelnen Sprach- und Musikwerken“ spricht, handelt es sich hier um eine analoge Anwendung einer Schranken-Schranke, die den Privilegierungstatbestand der Schranke hinsichtlich der Sprach- und Musikwerke schmälert. Urheberzivilrechtlich betrachtet ist diese analoge Anwendung des Merkmals des „einzelnen“ Werkes grundsätzlich möglich und auch durchaus nachvollziehbar. Für die urheberstrafrechtliche Betrachtung ist eine solche Analogie zu Lasten des Werknutzers bzw. des Täters jedoch aufgrund des Analogieverbots[843] abzulehnen.

(e) Voraussetzungen der privilegierten Sammlung

Gemäß § 46 Abs. 1 UrhG zulässig ist die Verwertung der aufgelisteten Werke bzw. Werkteile „als Element einer Sammlung, die Werke einer größeren Anzahl von Urhebern vereinigt“. Mit der Formulierung „Element einer Sammlung“ möchte der Gesetzgeber deutlich machen, dass die Verwertung der genannten Teile von Werken bzw. der Gesamtwerke nur dann zulässig ist, wenn sie innerhalb einer Sammlung als Ganzes erfolgt.[844] Der Begriff der Sammlung i. S. d. § 46 Abs. 1 UrhG entspricht dem Sammlungsbegriff des § 4 UrhG und verlangt lediglich, dass es sich um eine Zusammenstellung mehrerer Werke handelt.[845] Da § 46 Abs. 1 UrhG nicht von einem Sammelwerk spricht, muss die Sammlung im Gegensatz zur Samm-

---

840 Vgl. Dreyer/Kotthoff/Meckel/*Dreyer*, § 46 Rn. 7; Schricker/Loewenheim/*Melichar*, § 46 Rn. 21; Wandtke/Bullinger/*Lüft*, § 46 Rn. 12.

841 Dreyer/Kotthoff/Meckel/*Dreyer*, § 46 Rn. 7; Loewenheim/*Götting*, § 31 Rn. 196; Schricker/Loewenheim/*Melichar*, § 46 Rn. 21; a.A. Dreier/Schulze/*Dreier*, § 46 Rn. 5.

842 Schricker/Loewenheim/*Melichar*, § 46 Rn. 21.

843 Dazu siehe oben B. I. 5. b) aa) (4).

844 Vgl. BT-Drucks. 15/38, S. 19.

845 Wandtke/Bullinger/*Lüft*, § 46 Rn. 4.

lung nach § 4 UrhG jedoch nicht notwendigerweise selbst eine persönliche geistige Schöpfung sein.[846] Damit unterscheidet sich die Entlehnung für eine Sammlung von einem Zitat nach § 51 UrhG insofern, als dass die geistige Leistung bei der Entlehnung nach § 46 UrhG primär in der Auswahl, Anordnung und Zusammenstellung bereits vorhandenen Materials liegt, wohingegen die Entlehnung nach § 51 UrhG lediglich Beleg- oder Erläuterungsfunktion hinsichtlich eines neuen, eigenständigen Werkschaffens hat.[847] Eine Sammlung kann auf verschiedenen Trägermedien festgelegt sein. Neben den klassischen Medien wie Büchern, Heften, Videokassetten, Schallplatten und Tonbandkassetten[848] kommen auch digitale Off- und Online-Medien in Betracht.[849] Erfasst sind vor allem DVDs, CDs, CD-ROMs sowie andere Multimedia-Produkte.[850] Dementsprechend kann im Schulbereich z. B. auch der Musiklehrer, der verschiedene Songausschnitte oder ganze Lieder auf eine Musik-CD brennt oder der Deutschlehrer, der eine Powerpoint-Präsentation mit Texten, Gedichten, Bildern und Graphiken zusammenstellt, eine nach § 46 Abs. 1 UrhG relevante Sammlung herstellen. Ein öffentliches Zugänglichmachen einer Sammlung auf einem digitalen Online-Medium liegt z. B. vor, wenn ein Lehrer geschützte Werke oder Werkteile als Datenbank auf dem lokalen Netzwerk der Schule zur Verfügung stellt.[851]

Eine weitere Voraussetzung für die privilegierte Sammlung nach § 46 Abs. 1 UrhG ist, dass sie „Werke einer größeren Anzahl von Urhebern vereinigt". Entsprechend dem Unterpunkt I. 1. a) des gemeinsamen Merkblatts der VG WORT und der Verband der Schulbuchverlage sind die Voraussetzungen nach § 46 UrhG u. a. gegeben, „wenn die Sammlung Beiträge von mindestens sieben verschiedenen Autoren enthält".[852]

Zudem verlangt der Wortlaut des § 46 Abs. 1 UrhG, dass die Werke oder Werkteile in der Sammlung vereinigt sind. Für diese Vereinigung ist es erforderlich, dass die einzelnen Trägermedien der Werke oder Werkteile physisch miteinander verbunden sind.[853] Bei klassischen Büchern liegt eine

---

[846] Dreyer/Kotthoff/Meckel/*Dreyer*, § 46 Rn. 9; Schricker/Loewenheim/*Melichar*, § 46 Rn. 6.

[847] *Neumann*, S. 112. Zum Zitat nach § 51 UrhG vgl. unten B. I. 5. c) dd).

[848] LG Frankfurt/Main, GRUR 1979, 155 – Tonbandkassette.

[849] Dreier/Schulze/*Dreier*, § 46 Rn. 8.

[850] Siehe auch Loewenheim/*Götting*, § 31 Rn. 191; Wandtke/Bullinger/*Lüft*, § 46 Rn. 4.

[851] Vgl. BT-Drucks. 15/38, S. 19; Loewenheim/*Götting*, § 31 Rn. 191.

[852] So auch Dreyer/Kotthoff/Meckel/*Dreyer*, § 46 Rn. 10; Fromm/Nordemann/*Dustmann*, § 46 Rn. 8; Loewenheim/*Götting*, § 31 Rn. 192; Schricker/Loewenheim/*Melichar*, § 46 Rn. 9.

[853] Dreier/Schulze/*Dreier*, § 46 Rn. 8; Fromm/Nordemann/*Dustmann*, § 46 Rn. 8.

Vereinigung in jedem Falle vor, wenn die einzelnen Werke oder Werkteile in einem Buchband zusammengefasst sind.[854] Mehrere Einzelhefte sowie Buch- oder Heftreihen, die jeweils nur einzelne Werke oder Werkteile beinhalten, sind hingegen keine Sammlung i. S. v. § 46 Abs. 1 UrhG.[855] Dementsprechend müssen auch die einzelnen Werke oder Werkteile einer selbst erstellten Sammlung des Lehrers physisch miteinander verbunden sein.

- *Beispiel:* Für diese physische Verbundenheit reicht es aus, wenn z. B. ein Lehrer mindestens sieben verschiedene urheberrechtlich noch geschützte Gedichte von sieben verschiedenen Autoren kopiert und diese dann als Skript zusammen bindet. Ebenfalls erfasst ist das Zusammenheften der kopierten Gedichte in einem Hefter. Eine physische Verbundenheit liegt auch dann vor, wenn lose Farbdrucke mit Kunstwerken in einer „Kunstmappe" zusammengefügt sind. Bereits ausreichend ist aber auch, wenn die Kopien durch das Zusammentackern aneinander gebunden sind. Hingegen kann das provisorische oder lose Anheften der kopierten Gedichte mit einer Büro- oder Heftklammern nicht als Vereinigen gesehen werden. Im digitalen Bereich ist von der physischen Verbundenheit auszugehen, wenn der Lehrer die Gedichte auf einem Trägermedium wie eine CD oder DVD oder auf dem Schulserver zum Abruf abspeichert.

(f) Zum Zwecke des Unterrichtsgebrauchs in Schulen

Weiterhin verlangt § 46 Abs. 1 UrhG, dass die Sammlung ihrer Beschaffenheit nach nur für den Unterrichtsgebrauch in Schulen, in nicht gewerblichen Einrichtungen der Aus- und Weiterbildung oder in Einrichtung der Berufsbildung bestimmt ist. Durch das Wort „nur" wird deutlich, dass eine Sammlung nur den privilegierten Zwecken dienen darf, sodass weitere hinzukommende Zweckbestimmungen die Privilegierung beseitigen würden.[856] Es kommt dabei jedoch nicht darauf an, ob die Sammlung möglicherweise auch zu anderen Zwecken genutzt werden kann, sodass z. B. die Möglichkeit der Nutzung eines für den Schulunterricht bestimmten Liederbuches im Privatbereich für die grundsätzliche Zweckbestimmung des Buches unschädlich ist.[857] Demzufolge entspricht beispielsweise eine Sammlung von Gedichten, die der Deutschlehrer für seinen Unterricht zusammengestellt hat, auch dann den Zwecken des § 46 Abs. 1 UrhG, wenn ein Schüler diese

---

854 Vgl. Begründung RegE UrhG, BT-Drucks. IV/270, S. 64.

855 Begründung RegE UrhG, BT-Drucks. IV/270, S. 64; Dreier/Schulze/*Dreier*, § 46 Rn. 8.

856 Loewenheim/*Götting*, § 31 Rn. 193; Schricker/Loewenheim/*Melichar*, § 46 Rn. 10.

857 Vgl. BGH, GRUR 1991, 903, 907 – Liedersammlung.

Sammlung für seinen privaten Literaturclub benutzt. Anders ist es jedoch, wenn der Lehrer die Sammlung mit fremden Werken und Werkteilen nicht nur für den Unterrichtsgebrauch kopiert, sondern gleichzeitig noch weitere Exemplare anfertigt, um diese an den privaten Literaturclub zu verkaufen. Hier vervielfältigt und verbreitet der Lehrer offensichtlich auch zum Zwecke des Verkaufs, sodass die Sammlung nicht nur für den Unterrichtsgebrauch in Schulen bestimmt ist. Maßgeblich für die Beurteilung ist hier, wie auch schon bei § 53 UrhG[858], der Zeitpunkt der Anfertigung der Sammlung, d.h. der Zeitpunkt der jeweiligen Vervielfältigungshandlung.

Die Bestimmung zum Unterrichtsgebrauch erfordert insbesondere, dass die Sammlung für den gemeinsamen Unterricht von Lehrenden und Lernenden geschaffen ist.[859] Von einer Bestimmung für den gemeinsamen Unterricht ist grundsätzlich auszugehen, wenn die Sammlung für den unmittelbaren Einsatz im Unterricht in der Schule geschaffen wurde. Gemäß Unterpunkt I. 2. a) und b) des gemeinsamen Merkblatts nicht erfasst sind daher Bücher für den Gebrauch an Universitäten und Hochschulen sowie Hilfsmaterialien zum Gebrauch für Lehrer. Das Gleiche gilt natürlich auch für nicht unterrichtsbezogene Sammlungen, die z.B. als Prämie an gute Schüler oder als Erinnerungsgabe für Abiturienten gedacht sind.[860] Allerdings ist es für die Zweckbestimmung des Unterrichtsgebrauchs unschädlich, wenn Schüler zur Anfertigung von Hausaufgaben Sammlungen, die grundsätzlich für den Gebrauch im Unterricht in der Schule bestimmt sind, auch zu Hause benutzen, da die Erledigung von Hausaufgaben noch einen verlängerten Teil des Unterrichtsprogramms darstellt.[861] Der Lehrer kann daher Sammlungen erstellen, die neben ihrer Bestimmung zur Verwendung im Unterricht auch als Materialien für das Erledigen von unterrichtsbezogenen Hausaufgaben dienen. Neben klassischen Schulbüchern kann es sich bei Sammlungen aber auch um Skripte oder Powerpoint-Präsentationen handeln, die der Lehrer für seine Erläuterungen im Unterricht erstellt.

Ferner ist es erforderlich, dass sich die subjektive Zweckbestimmung der Sammlung auch objektiv in ihrer inneren und äußeren Beschaffenheit niederschlägt.[862] Die äußere Aufmachung muss also den verfolgten Zweck derart aufzeigen, dass sich aus ihr mindestens hinreichende Anhaltspunkte

---

858 Vgl. oben B. I. 1. 5. b) bb) (2) (j); zu den subjektiven Elementen der Schrankenvorschriften vgl. auch noch unten B. II. 1.

859 *Sattler*, S. 117; Schricker/Loewenheim/*Melichar*, § 46 Rn. 11.

860 Fromm/Nordemann/*Dustmann*, § 46 Rn. 11.

861 Dreyer/Kotthoff/Meckel/*Dreyer*, § 46 Rn. 14.

862 Vgl. BGH, GRUR 1972, 432 – Schulbuch; GRUR 1991, 903 – Liedersammlung; Dreier/Schulze/*Dreier*, § 46 Rn. 9; Dreyer/Kotthoff/Meckel/*Dreyer*, § 46 Rn. 15 ff.

für die Zweckbestimmung ergeben.[863] Gemäß Unterpunkt I. 1. c) des gemeinsamen Merkblatts muss die Sammlung auf der Titelseite klar erkennbar als Sammlung für den Schulgebrauch gekennzeichnet sein, wobei „ein Hinweis z. B. im Copyrightvermerk oder in einem kleinen Schriftgrad nicht ausreicht". Bei einem klassischen Schulbuch können solche Anhaltspunkte der Titel selbst, die Gestaltung des Einbandes oder der Titelseite, sowie die Ausstattung des Buches sein.[864] Diese Anhaltspunkte muss auch der Lehrer beachten, wenn er Skripte, Powerpoint-Präsentationen oder andere Sammlungen erstellt. Neben der äußeren Aufmachung muss auch die inhaltliche Aufbereitung der Sammlung die ausschließliche Zweckbestimmung erkennen lassen. Dabei müssen die Auswahl, Anordnung, Einarbeitung und eventuell Erläuterungen der übernommenen Werke bzw. Werkteile unter Berücksichtigung pädagogischer Kriterien vorgenommen werden, sodass eine bloße Aneinanderreihung, z. B. nach Lebensdaten der verwendeten Autoren, nicht ausreichend sind.[865] Nicht erforderlich ist, dass die Schulbehörde die Sammlungen als Unterrichtsmaterialien genehmigt. Eine solche amtliche Zulassung wäre jedoch ein weitreichendes Indiz.[866]

Des Weiteren privilegiert § 46 Abs. 1 UrhG den Unterrichtsgebrauch nur in bestimmten Einrichtungen. Relevant ist vorliegend die Privilegierung in der Schule. Nach allgemeiner Ansicht sind Schulen i. S. d. UrhG alle öffentlich zugänglichen Schulen, also allgemeinbildende Schulen, auch Berufsschulen, Sonder- und Blindenschulen und staatlich anerkannte Privatschulen, d. h. Schulen in der Verantwortung eines nichtstaatlichen Schulträgers.[867] Ebenso kann der Schulbegriff auch über die jeweiligen Schulgesetze der einzelnen Bundesländer definiert werden.[868] Entsprechend § 17 Abs. 2 SchulG Berlin sind Grundschulen, die Integrierten Sekundarschulen (also ehemals Real- und Haupt- bzw. Gesamtschulen), Gymnasien, berufliche Schulen, Schulen mit sonderpädagogischem Förderschwerpunkt (Sonderschulen) und Einrichtungen des Zweiten Bildungswegs zum nachträglichen Erwerb allgemein bildender und beruflicher Abschlüsse erfasst.

---

[863] BGH, GRUR 1991, 903, 905 – Liedersammlung; Schricker/Loewenheim/*Melichar*, § 46 Rn. 13.

[864] BGH, GRUR 1972, 432, 433 – Schulbuch; Schricker/Loewenheim/*Melichar*, § 46 Rn. 13.

[865] BGH, GRUR 1972, 432, 433 – Schulbuch; Schricker/Loewenheim/*Melichar*, § 46 Rn. 13.

[866] KG, ZUM 1990, 530, 535; bestätigend BGH, GRUR 1991, 903, 907 – Liedersammlung.

[867] Vgl. Begründung RegE UrhG, BT-Drucks. IV/270, S. 64 f.; Dreyer/Kotthoff/Meckel/*Dreyer*, § 46 Rn. 12; Fromm/Nordemann/*Dustmann*, § 46 Rn. 10; Schricker/Loewenheim/*Melichar*, § 46 Rn. 10.

[868] Siehe *Neumann*, S. 63; *Sattler*, S. 122.

Nicht erfasst sind jedoch Musikschulen. In § 46 Abs. 2 UrhG wird explizit klargestellt, dass die Privilegierung nach Abs. 1 im Hinblick auf die Werke der Musik nicht zugunsten von Sammlungen zur Verwendung im Musikunterricht für Musikschulen gilt. Der Begriff Musikschule in Abs. 2 ist weit zu verstehen und umfasst Schulen, die speziell dem Musikunterricht dienen, so z. B. traditionelle Musikschulen, aber auch Musikinstrumentengeschäfte, die Gitarrenkurse veranstalten.[869] Eine Sammlung, die auch für Musikschulen bestimmt ist, wird bereits nicht mehr von der Privilegierung des Abs. 1 erfasst, sodass Musikwerke nur für Sammlungen zur Verwendung in allgemein- sowie berufsbildenden Schulen entlehnt werden dürfen.[870]

(g) Privilegierte Verwertungshandlungen

Als zulässige Verwertungshandlungen werden in § 46 Abs. 1 UrhG ausdrücklich nur die Vervielfältigung, die Verbreitung und die öffentliche Zugänglichmachung genannt, sodass sämtliche Arten der öffentlichen Wiedergabe z. B. die §§ 19, 20, 21, 22 UrhG sowie die Bearbeitung nicht von der Privilegierung erfasst sind. Erlaubt sind alle Vervielfältigungshandlungen zum Zwecke der Erstellung der Sammlung, aber auch die Vervielfältigung der erstellten Sammlung selbst.[871] Zum Zwecke der Erstellung der Sammlung kann der Lehrer also z. B. Gedichte oder Textabschnitte durch klassisches Fotokopieren oder durch digitales Kopieren am Computer vervielfältigen und anschließend die zusammengestellte Sammlung vervielfältigen. Außerdem sind digitale Vervielfältigungen regelmäßig bei der Vorbereitung des öffentlichen Zugänglichmachens relevant. Das Hochladen der Sammlung auf das Netzwerk selbst ist stets eine Vervielfältigung der Sammlung. Diese für die öffentliche Zugänglichmachung erforderlichen Vervielfältigungen können jedoch auch durch § 52a UrhG privilegiert sein.

Die Verbreitung im Rahmen des § 46 Abs. 1 UrhG betrifft die Weitergabe bzw. Veräußerung der erstellten Offline-Sammlungen. Zu beachten ist, dass entsprechend dem Wortlaut des § 46 Abs. 1 Satz 1 UrhG Werke oder Werkteile nur als Element der Sammlung und mithin nicht einzeln verbreitet werden können. Außerdem ist, wie oben[872] bereits klargestellt, darauf zu achten, dass nur die Weitergabe oder Veräußerung an einen öffentlichen

---

[869] Schricker/Loewenheim/*Melichar*, § 46 Rn. 12.

[870] Schricker/Loewenheim/*Melichar*, § 46 Rn. 12; Wandtke/Bullinger/*Lüft*, § 46 Rn. 13.

[871] Dreyer/Kotthoff/Meckel/*Dreyer*, § 46 Rn. 23. Zum Begriff der Vervielfältigung vgl. bereits oben B. I. 2. a).

[872] Vgl. oben B. I. 5. b) aa) (1).

Personenkreis urheberrechtlich relevant und dadurch erst privilegierungsbedürftig ist.

• *Beispiel:* Verteilt ein Lehrer sein selbst erstelltes Skript an Schüler seiner Unterrichtsklasse, liegt aufgrund der persönlichen Beziehung keine Verbreitung i. S. d. § 17 Abs. 1 UrhG vor.[873] Da Klassen, Kurse und Arbeitsgemeinschaften in der Schule nicht öffentlich sind, stellt die Weitergabe innerhalb dieser Unterrichtsveranstaltungen auch keine (öffentliche) Verbreitung dar. Es kommt somit auch nicht auf die Privilegierung nach § 46 UrhG an. Die privilegierte Verbreitung im Rahmen des § 46 UrhG ist also nur dann relevant, wenn der Lehrer das Skript an Personen weitergibt, die nicht mit ihm durch persönliche Beziehung i. S. v. § 15 Abs. 3 Satz 2 UrhG verbunden sind. Das sind in der Regel Schüler, die sie nicht im Klassenunterricht, im Leistungs- oder Grundkurs oder in einer Arbeitsgemeinschaft unterrichtet. § 46 UrhG privilegiert also z. B. die Weitergabe oder Veräußerung der Sammlung an alle Schüler der Schule oder auch Schüler anderer Schulen.

Von der öffentlichen Zugänglichmachung nach § 46 Abs. 1 UrhG erfasst sind Fälle des Bereitstellens der erstellten Online-Sammlungen im Internet oder auf dem lokalen Schulnetzwerk. Wie bei der Verbreitung gilt auch hier, dass das Zugänglichmachen nur dann öffentlich ist, wenn der Zugang zur Sammlung für jedermann, d. h. nicht nur für Personen, die mit dem Verwerter durch persönliche Beziehung verbunden sind (§ 15 Abs. 3 UrhG), möglich ist.

• *Beispiel:* So macht ein Lehrer, der seine Powerpoint-Präsentation für die Schüler einer Klasse passwortgeschützt im schulintern Netzwerk oder im Internet bereitstellt und das dazugehörige Passwort nur diesen Schülern der Klasse mitteilt, zwar eine Sammlung zugänglich, jedoch nicht öffentlich zugänglich.[874] Ein öffentliches Zugänglichmachen der Powerpoint-Präsentation durch den Lehrer liegt allerdings dann vor, wenn er die Präsentation ohne Passwort auf dem Schulserver oder im Internet zur Verfügung stellt oder wenn er zwar die Sammlung mit einem Passwort schützt, das Passwort jedoch an alle Schüler der Oberstufe, also an die Öffentlichkeit i. S. d. § 15 Abs. 3 UrhG weitergibt.

Weiterhin ist bei der öffentlichen Zugänglichmachung im Rahmen von § 46 Abs. 1 UrhG unbedingt Abs. 1 Satz 2 zu beachten. Danach ist die öffentliche Zugänglichmachung eines für den Unterrichtsgebrauch an Schulen bestimmten Werkes nur mit Einwilligung des Berechtigten zulässig. Gemeint ist damit das Bereitstellen von Sammlungen, die Entnahmen aus Schulbüchern oder schulspezifischen Arbeits- oder Übungsheften beinhalten. Be-

---

[873] Hierzu vgl. bereits oben B. I. 3. c).

[874] Hierzu vgl. bereits oben B. I. 4. c).

rechtigte sind hier die Urheber, also die Autoren der Schulbücher, sofern ihre Zusammenstellung der Schulbücher auch tatsächlich die erforderliche schöpferische Qualität eines (Sammel-)Werkes erreicht. Mit dieser Einschränkung möchte der Gesetzgeber einen Eingriff in den Primärmarkt der Schulbuchverlage vermeiden.[875]

• *Beispiel:* Enthält also die erstellte Online-Sammlung des Lehrers Werke oder Werkteile aus Schulbüchern oder schulspezifischen Arbeits- oder Übungsheften, so ist das öffentliche Bereitstellen der Online-Sammlung nicht von § 46 Abs. 1 Satz 1 UrhG privilegiert, sondern kann nur mit Einwilligung des Berechtigten öffentlich zugänglich gemacht werden. Stellt der Lehrer allerdings eine solche Online-Sammlung passwortgeschützt einer Schulklasse zur Verfügung, so ist die Öffentlichkeit der Zugänglichmachung zu verneinen, sodass diese Handlung zulässig und nicht privilegierungsbedürftig ist.

Da die Fälle des passwortgeschützten (nicht öffentlichen) Bereitstellens für eine Schulklasse zulässig sind, fallen im Schulbereich nur diejenigen Fälle unter § 46 Abs. 1 Satz 2 UrhG, in denen der Lehrer Online-Sammlungen mit Werken aus Schulbüchern ohne Passwort zugänglich macht oder das Passwort einer öffentlichen Personengruppe mitteilt. Daher könnten Lehrer in ihren zu unterrichtenden Klassen jeweils Sammlungen mit großen Teilen aus Schulbüchern oder aus anderen schulspezifischen Werken digital zur Verfügung stellen. Nicht von § 46 UrhG (und ebenfalls nicht von § 53 Abs. 3 UrhG oder § 52a Abs. 3 UrhG) privilegiert sind hierbei allerdings die für die nicht öffentliche Zugänglichmachung erforderlichen Vervielfältigung der entsprechenden großen Werkteile, sodass die Schulbuchverlage in diesen Fällen durch ihr Vervielfältigungsrecht geschützt sind.[876] Dasselbe gilt auch für die Verbreitung der unrechtmäßig erstellten Sammlungen. Möchte der Lehrer für seine Schulklasse eine Sammlung erstellen und anschließend verteilen oder digital zur Verfügung stellen, so muss er dabei letztlich nur das Vervielfältigungsrecht der jeweiligen Urheber beachten.

(h) Formelle Voraussetzungen

Als Formvoraussetzung verlangt § 46 Abs. 1 Satz 3 UrhG, dass in den Vervielfältigungsstücken oder bei der öffentlichen Zugänglichmachung deutlich anzugeben ist, wozu die Sammlung bestimmt ist. Die Angabe des Zwecks muss also grundsätzlich deutlich sichtbar und erkennbar sein.[877]

---

[875] Vgl. BT-Drucks. 16/1828, S. 25. Hierzu vgl. auch die Ausführungen zu § 52a Abs. 2 Satz 1, unten B. I. 5. c) aa).

[876] Zu dieser Konstellation vgl. bereits oben B. I. 5. b) cc) (2) (d).

[877] Wandtke/Bullinger/*Lüft*, § 46 Rn. 9.

Nicht notwendig ist jedoch eine wörtliche Angabe des Zwecks, sondern es kommt lediglich darauf an, wie der Verkehr die Angabe versteht.[878] Nicht unbedingt erforderlich ist z. B. der Hinweis „nur für den Musikunterricht in Schulen“, sondern ausreichend ist die Angabe „Liedersammlung für Schulen“.[879] Bei Sammlungen bzw. Vervielfältigungsstücken ohne Titelseite, wie z. B. CDs, CD-ROMs oder Kassetten, ist der Hinweis in der Regel auf dem Cover abzudrucken.[880] Bei Online-Sammlungen, die im Internet oder auf dem Schulnetzwerk öffentlich zugänglich gemacht werden, muss sich die Angabe der Zweckbestimmung an einer geeigneten Stelle vor oder in der Sammlung befinden, nicht aber in einer kleinen Fußnote.[881] Online-Skripte oder Powerpoint-Präsentationen des Lehrers sind daher auf dem Schulserver dementsprechend zweckgemäß zu bezeichnen. Auch sollte sich die Angabe des Zwecks bereits auf der ersten Seite des Skripts bzw. der Präsentation selbst befinden.

Ferner darf gemäß § 46 Abs. 3 Satz 1 UrhG erst mit der Vervielfältigung oder der öffentlichen Zugänglichmachung begonnen werden, wenn dem Urheber oder, sofern dessen Wohn- und Aufenthaltsort unbekannt ist, dem Inhaber des ausschließlichen Nutzungsrechts durch eingeschriebenen Brief die Absicht der Aufnahme nach Abs. 1 mitgeteilt worden ist und seit Absendung des Briefes zwei Wochen verstrichen sind. Die Mitteilung muss inhaltlich alle relevanten Informationen, d. h. die genaue Bezeichnung und Anzahl der entliehenen Werke oder Werkteile sowie Angaben zum Autor, Verlag und Titel der Sammlung enthalten.[882] Adressat der Mitteilung ist zwar gemäß § 46 Abs. 3 Satz 1 UrhG der Urheber bzw. die Inhaber des ausschließlichen Nutzungsrechts. Allerdings haben diese in der Praxis häufig Verwertungsgesellschaften[883] mit der Entgegennahme der Mitteilung beauftragt, sodass die Mitteilung bei Sprachwerken an die VG WORT und bei Liedtexten oder Noten an die VG Musikedition erfolgen kann.[884] Die Mitteilung muss zumindest als „Einwurf-Einschreiben“ abgesendet worden

---

878 Wandtke/Bullinger/*Lüft*, § 46 Rn. 9.

879 BGH, GRUR 1991, 903, 905 – Liedersammlung.

880 Dreyer/Kotthoff/Meckel/*Dreyer*, § 46 Rn. 20; Schricker/Loewenheim/*Melichar*, § 46 Rn. 14.

881 Dreyer/Kotthoff/Meckel/*Dreyer*, § 46 Rn. 20.

882 Dreyer/Kotthoff/Meckel/*Dreyer*, § 46 Rn. 33; Schricker/Loewenheim/*Melichar*, § 46 Rn. 25.

883 Vgl. Dreier/Schulze/*Dreier*, § 46 Rn. 18; Dreyer/Kotthoff/Meckel/*Dreyer*, § 46 Rn. 32. Hinsichtlich der Herstellung von Schulbüchern und anderen Bildungsmedien haben Schulbuchverlage mit den betreffenden Verwertungsgesellschaften Gesamtverträge abgeschlossen, in denen die Modalitäten bezüglich Mitteilung und Vergütung geregelt sind, dazu vgl. Schricker/Loewenheim/*Melichar*, § 46 Rn. 31 ff.

884 *von Bernuth*, Grundkurs Schulrecht XI, S. 23 f.

sein, wobei der Verstoß gegen diese Formbestimmung durch den tatsächlichen Zugang beim Adressaten i. S. v. § 130 Abs. 1 BGB geheilt wird.[885] Da die Verwertungsgesellschaften die Rechte der Urheber und der Verlage offenkundig wahrnehmen, ist es dabei ausreichend, dass die Mitteilung der Verwertungsgesellschaft zugeht. Auf den Zugang beim Urheber oder Verlag kommt es in diesen Fällen nicht an. Durch die Mitteilungspflicht des Abs. 3 soll der Urheber zum einen die Möglichkeit besitzen, gegebenenfalls sein Verbotsrecht wegen gewandelter Überzeugung gemäß Abs. 5 ausüben zu können und zum anderen über die Bedeutung seiner Werke in der Pädagogik und Liturgie informiert werden.[886]

Verstößt der Verwerter gegen die genannten formellen Voraussetzungen, so scheidet urheberzivilrechtlich eine Privilegierung nach § 46 UrhG aus.

• *Beispiel:* Ein Lehrer, der eine Kunstmappe mit 10 verschiedenen geschützten Kunst- und Lichtbildwerken für seinen Klassenunterricht erstellen möchte, muss dies also im Rahmen der Privilegierung durch § 46 UrhG form- und fristgemäß den entsprechenden Urhebern oder Verwertungsgesellschaften mitteilen und den Zweck seiner Nutzung auch auf der Mappe deutlich kennzeichnen. Dabei muss er der Mitteilungspflicht bereits vor der ersten für die Erstellung der Mappe erforderlichen Vervielfältigung nachkommen.[887]

Auch urheberstrafrechtlich wird überwiegend das Vorliegen eines gesetzlich zugelassenen Falles abgelehnt, wenn zwar die materiellen Voraussetzungen des § 46 Abs. 1 Satz 1 UrhG erfüllt sind, jedoch die formellen Voraussetzungen in Abs. 1 Satz 3 und Abs. 3 nicht eingehalten werden.[888] Zur Begründung wird angeführt, dass die beiden Formvorschriften, die die missbräuchlichen Ausweitungen der Nutzungszwecke sowie das Abschneiden des Rückrufsrechts nach Abs. 5 verhindern sollen, für die Urheberinteressen nicht nur von unerheblicher Bedeutung sind. Ein Verstoß gegen diese formellen Voraussetzungen würde daher die Interessen der Berechtigten in einem beträchtlichen Maß tangieren, sodass nicht von einem lediglich unwesentlichen Rechtsverstoß ausgegangen werden könne.[889] Andere Auto-

---

885 Dreier/Schulze/*Dreier*, § 46 Rn. 17.

886 Schricker/Loewenheim/*Melichar*, § 46 Rn. 23.

887 Siehe auch *von Bernuth*, Grundkurs Schulrecht XI, S. 23.

888 Vgl. BeckOK-UrhG/*Sternberg-Lieben*, § 106 Rn. 31; Dreier/Schulze/*Dreier*, § 106 Rn. 6; MüKo-StGB/*Heinrich*, § 106 UrhG Rn. 83; Schricker/Loewenheim/*Haß*, § 106 Rn. 24; *Weber*, S. 238 ff.; a. A. *Lampe*, UFITA 83 (1978), 15, 32, der die formellen Voraussetzungen lediglich als Klarlegungsvorschriften ohne eigenen sozialethischen Unrechtsgehalt sieht und daher in diesen Fällen trotz Zivilrechtsakzessorietät eine strafrechtliche Ahndung ablehnt.

889 *Weber*, S. 238 ff.

ren[890] bevorzugen hingegen eine Differenzierung zwischen den Formvorschriften. Strafrechtlich relevant sei nur der Verstoß gegen Abs. 3, da die Mitteilungspflicht Voraussetzung für die Zulässigkeit des Beginns der Vervielfältigung bzw. öffentlichen Zugänglichmachung darstellt.[891] Dagegen sei die Angabepflicht des Abs. 1 Satz 3, ähnlich der Pflicht zur Quellenangabe nach § 63 UrhG, lediglich als schuldrechtlicher Anspruch gegen den Verwerter ausgestaltet, sodass der Verstoß gegen sie ohne strafrechtliche Folgen bleiben müsse.[892] Dieser Ansicht ist jedoch zu widersprechen, da es sich bei der Pflicht zur Quellenangabe lediglich um eine allgemeine Pflicht handelt, die neben den speziellen Voraussetzungen der jeweiligen Schranken der §§ 44a ff. UrhG hinzukommt. Hingegen handelt es sich bei der Angabepflicht des Abs. 1 Satz 3 um eine spezifische Voraussetzung der Schranke des § 46 UrhG, die, speziell im Hinblick auf die Privilegierung des § 46 UrhG, ähnlich einer Schranken-Schranke für den ausgleichenden Schutz der Urheberrechte und mithin für den schrankeninternen Interessenausgleich eine nicht nur untergeordnete Rolle einnimmt. Auch der Gesetzgeber sieht die Angabepflicht des Abs. 1 Satz 3 vorrangig als eine Warnung, die vor missbräuchlichen Nutzungen schützen soll.[893] Ihr kommt deshalb eine besondere Schutzfunktion zu, die spezifischer als die allgemeine Pflicht der Quellenangabe ist. Anderenfalls hätte der Gesetzgeber bei der Schranke des § 46 UrhG auf den Abs. 1 Satz 3 verzichtet und die allgemeine Pflicht nach § 63 UrhG ausreichen lassen. Im Ergebnis ist also der überwiegenden Literaturmeinung zuzustimmen. Ein Lehrer, der seine Sammlung selbst erstellt, sollte dementsprechend neben den materiellen Voraussetzungen des Abs. 1 Satz 1 auch stets die Angabepflicht des Abs. 1 Satz 3 sowie die Mitteilungspflicht des Abs. 3 einhalten, um auch strafrechtliche Konsequenzen zu vermeiden.

Nach Abs. 4 steht dem Urheber außerdem zivilrechtlich ein Anspruch auf eine angemessene Vergütung zu. Dieser wird regelmäßig von den jeweiligen Verwertungsgesellschaften festgesetzt und eingezogen, sodass genaue Informationen, z.B. über Höhe der Tarife, dort angefragt werden kann.[894] Zur Zahlung verpflichtet ist die Lehrkraft, welche die Sammlung erstellt hat. Sie bekommt regelmäßig eine Rechnung von der jeweiligen Verwertungsgesellschaft, nachdem sie ihrer Mitteilungspflicht nachgekommen ist.

---

890 *Hildebrandt*, S. 127; so auch Erbs/Kohlhaas/*Kaiser*, § 106 UrhG Rn. 23; Loewenheim/*Flechsig*, § 90 Rn. 29; Wandtke/Bullinger/*Hildebrandt/Reinbacher*, § 106 Rn. 22.

891 *Hildebrandt*, S. 127.

892 *Hildebrandt*, S. 127.

893 Vgl. Begründung RegE UrhG, BT-Drucks. IV/270, S. 64.

894 *von Bernuth*, Grundkurs Schulrecht XI, S. 24.

(3) Zusammenfassung

Zusammenfassend kann man also davon ausgehen, dass die Privilegierung des § 46 UrhG immer dann in Betracht kommt, wenn Lehrer veröffentlichte Werke oder Werkteile zum Zwecke des Unterrichtsgebrauchs zu einer Sammlung zusammenfügen.

In die Sammlung dürfen veröffentlichte Teile eines Werkes, Sprach- und Musikwerke geringen Umfangs sowie einzelne Werke der bildenden Künste oder einzelne Lichtbildwerke aufgenommen werden. Dabei darf ein Teil eines Werkes, zumindest bei Sprachwerken, den Umfang von 10 DIN A 5 Seiten nicht überschreiten. Teil eines Musikwerks können einige Takte aus einem Musikstück sein. Als Teil eines Filmwerkes kommt ein Filmausschnitt mit der Länge von wenigen Minuten in Betracht. Sprachwerke geringen Umfangs sind in jedem Falle Kurzgeschichten und Novellen. Anerkannt sind außerdem Gedichte, kleine Erzählungen und kleine wissenschaftliche Arbeiten, kurze Aufsätze und Artikel sowie Liedtexte. Unter Musikwerken geringen Umfangs fallen regelmäßig einzelne Tonfolgen und auch Lieder, unabhängig von ihrer Erscheinungsform als Musiknoten oder als Audio-Wiedergabe. Für die Sammlung können außerdem auch ganze Werke der bildenden Künste und ganze Lichtbildwerke entnommen werden. Hierbei ist jedoch darauf zu achten, dass das entlehnte Werk auch den privilegierten pädagogischen Zwecken dient, z. B. zur Veranschaulichung des textlichen Inhalts und nicht lediglich zur Dekoration der Sammlung verwendet wird.

Von einer Sammlung gemäß § 46 Abs. 1 Satz 1 UrhG kann nur dann gesprochen werden, wenn sich Einzelbeiträge von mindestens sieben verschiedenen Autoren vereinigen. Das Vereinigen bedeutet hier, dass die einzelnen Werke oder Werkteile physisch miteinander verbunden sein müssen, z. B. durch das Zusammenheften, Zusammenbinden oder Zusammentackern. Ferner darf die Sammlung nur für den Unterrichtsgebrauch in Schulen bestimmt sein. Nicht erlaubt ist somit, dass die Sammlung eine weitere Zweckbestimmung hat. Dabei ist maßgeblich auf dem Zeitpunkt der Vornahme der ersten Erstellungshandlung abzustellen. Die Bestimmung zum Unterrichtsgebrauch erfordert insbesondere, dass die Sammlung für den gemeinsamen Unterricht zwischen Lehrer und Schüler geschaffen wurde, also auch unmittelbar im Unterricht in der Schule zum Einsatz kommt. Die Nutzung der Sammlung zur Erledigung von Hausaufgaben als verlängerter Teil des Unterrichtsprogramms schadet der Zweckbestimmung nicht. Außerdem muss sich die subjektive Zweckbestimmung der Sammlung auch objektiv in ihrer inneren und äußeren Beschaffenheit niederschlagen. Daher muss die Sammlung auf der Titelseite klar erkennbar als Sammlung für den Schulgebrauch gekennzeichnet sein, wobei ein Hinweis z. B. im Copyrightvermerk oder in einem kleinen Schriftgrad nicht ausreicht.

Von § 46 UrhG privilegiert ist die Erstellung einer Sammlung für den Unterrichtsgebrauch an allgemeinbildenden Schulen, Berufsschulen, Sonder- und Blindenschulen und staatlich anerkannte Privatschulen. Nicht dazu gehören ausdrücklich gemäß Abs. 2 Musikschulen.

Neben den materiellen Voraussetzungen stellt die Schranke des § 46 UrhG auch formelle Voraussetzungen. Nach § 46 Abs. 1 Satz 3 UrhG ist in den Vervielfältigungsstücken oder bei der öffentlichen Zugänglichmachung deutlich anzugeben, wozu die Sammlung bestimmt ist. Dazu muss die Sammlung auf der Titelseite klar erkennbar als Sammlung für den Schulgebrauch gekennzeichnet sein, wobei ein Hinweis z.B. im Copyrightvermerk oder in einem kleinen Schriftgrad nicht ausreicht. Außerdem darf gemäß § 46 Abs. 3 Satz 1 UrhG erst mit der Vervielfältigung oder der öffentlichen Zugänglichmachung begonnen werden, wenn dem Urheber oder, sofern dessen Wohn- und Aufenthaltsort unbekannt ist, dem Inhaber des ausschließlichen Nutzungsrechts durch eingeschriebenen Brief die Absicht der Aufnahme nach Abs. 1 mitgeteilt worden ist und seit Absendung des Briefes zwei Wochen verstrichen sind.

Verstößt ein Lehrer gegen diese Kennzeichnungs- und Mitteilungspflichten, so kann er sich zivilrechtlich nicht auf die Schranke des § 46 UrhG berufen. Auch urheberstrafrechtlich scheidet der gesetzlich zugelassene Fall des § 46 UrhG aus, wenn der Lehrer die formellen Voraussetzungen nicht erfüllt. Bei der Erstellung und Verwendung von Sammlungen sind daher neben den materiellen Voraussetzungen des Abs. 1 Satz 1 UrhG auch unbedingt die formellen Voraussetzungen des Abs. 1 Satz 3 und des Abs. 3 einzuhalten. Außerdem ist bei einer Privilegierung durch § 46 UrhG Abs. 1 stets zu beachten, dass der Lehrer gemäß Abs. 4 gegenüber dem Urheber vergütungspflichtig ist. Die Verletzung dieser Vergütungspflicht wird strafrechtlich jedoch nicht sanktioniert.

Zur Erstellung und Verwendung der Sammlung dürfen gemäß § 46 Abs. 1 Satz 1 UrhG Vervielfältigungen, Verbreitungen und öffentliche Zugänglichmachungen vorgenommen werden. Bei der Erstellung von Sammlungen sind Vervielfältigungen nahezu unerlässlich, sodass im Rahmen des § 46 UrhG stets in Betracht kommt. Die Verbreitung im Schulbereich ist nur dann in Betracht zu ziehen, wenn die Weitergabe oder Veräußerung der Sammlung an die Öffentlichkeit erfolgt. Daher verbreitet ein Lehrer nur dann, wenn er seine Sammlung an Schüler verteilt, die er nicht im Klassenunterricht, im Leistungs- oder Grundkurs oder in einer Arbeitsgemeinschaft unterrichtet. Das Verteilen der Sammlung im Klassenunterricht erfordert also keine Privilegierung durch § 46 UrhG. Dasselbe gilt auch für die öffentliche Zugänglichmachung von erstellten Sammlungen. Im Schulbereich relevant und privilegierungsbedürftig sind nur solche Zugänglichmachungen, die der Lehrer ohne Passwort auf dem Schulserver zur Verfügung stellt oder die er zwar mit einem Passwort schützt, das Passwort jedoch auch an Schülergruppen weitergibt, die zur Öffentlichkeit i.S.d. § 15 Abs. 3 UrhG gehören.

Im Ergebnis ist jedoch festzustellen, dass die Schranke des § 46 UrhG dem Lehrer lediglich bei der Verbreitung der Sammlung weiterhilft. Denn hinsichtlich des Vervielfältigens, ist die Schranke des § 53 Abs. 3 UrhG für den Lehrer deutlich vorteilhafter. Zunächst erfasst § 53 Abs. 3 UrhG einen größeren Privilegierungsumfang. Im Gegensatz zu § 46 UrhG, der als „Teile eines Werkes" lediglich bis zu 10 DIN A 5 Seiten bzw. wenige Spielminuten eines Film- oder Musikwerkes privilegiert, umfasst die Privilegierung nach § 53 Abs. 3 UrhG bis zu 10% bzw. maximal 20 Seiten eines Werkes. Zudem privilegiert § 46 UrhG nur Vervielfältigungen im Zusammenhang mit der Erstellung und Vervielfachung von Sammlungen unter Einhaltung von strengen formellen Voraussetzungen, wohingegen nach § 53 Abs. 3 UrhG unabhängig von der Voraussetzung einer Sammlung und auch ohne die Einhaltung der umständlichen Kennzeichnung- und Mitteilungspflichten Vervielfältigungsstücke hergestellt werden dürfen.

Ähnliches gilt auch für das Verhältnis zwischen § 46 UrhG und § 52a UrhG. Statt maximal 10 DIN A 5 Seiten gemäß § 46 Abs. 1 Satz 1 UrhG dürfen nach § 52a Abs. 1 Nr. 1 UrhG sogar 12% bzw. maximal 100 Seiten eines Werkes öffentlich zugänglich gemacht werden. Strenge Kennzeichnung- und Mitteilungspflichten enthält § 52a UrhG ebenfalls nicht. Schließlich liegt ein weiterer erheblicher Nachteil des § 46 UrhG darin, dass der Lehrer, der sich bei der Verwertung von Werken auf § 46 Abs. 1 Satz 1 UrhG beruft, persönlich zur Zahlung einer angemessenen Vergütung gemäß § 46 Abs. 4 UrhG herangezogen wird, da zwischen den Schulen bzw. Ländern und den Verwertungsgesellschaften keine Pauschalvergütungsabreden bestehen. Dagegen sind im Rahmen der §§ 53 Abs. 3, 52a UrhG aufgrund der abgeschlossenen Gesamtverträge nur die Länder zur Zahlung einer jährlichen Pauschalvergütung verpflichtet.

Insbesondere darf der Lehrer auch die nach § 53 Abs. 3 UrhG hergestellten Vervielfältigungsstücke zusammenbinden bzw. zusammenfügen, da diese Handlungen keine urheberrechtlich relevante Verwertungen darstellen. Lediglich unter Berücksichtigung des Urheberpersönlichkeitsrechts, welches im Rahmen des § 106 UrhG jedoch keine Rolle spielt[895], sind solche Verbindungen oder Zusammenstellungen von Vervielfältigungsstücken von Werken oder Werkteilen als Beeinträchtigungen der Originalwerke anzusehen.[896]

---

895 Siehe oben B.

896 Dreier/Schulze/*Schulze*, § 14 Rn. 11.

Nach § 14 UrhG hat der Urheber des Originalwerkes das Recht, solche Beeinträchtigungen zu verbieten, sofern sie geeignet sind, seine berechtigten geistigen oder persönlichen Interessen am Werk zu gefährden. Ob letztlich eine Verletzung des Verbotsrechts nach § 14 UrhG gegeben ist, kann jedoch nur anhand einer Interessenabwägung im Einzelfall festgestellt werden.[897] Wird im Einzelfall durch die Zusammenfügung der Vervielfältigungsstücke das Urheberpersönlichkeitsrecht verletzt, so kann sich der Lehrer zur Abwendung der Ansprüche aus § 97 UrhG auf die Schranke des § 46 UrhG berufen.

Die Schranke des § 46 UrhG für den Lehrer schließlich nur in den Fällen nützlich, in denen er seine erstellte Sammlung an einen öffentlichen Personenkreis weitergeben oder veräußern möchte. In diesen Fällen der Verbreitung muss er jedoch persönlich den formellen Voraussetzungen sowie der Vergütungspflicht nachkommen.

ee) Aufzeichnungen von Schulfunksendungen § 47 UrhG

§ 47 UrhG – Schulfunksendungen

(1) Schulen sowie Einrichtungen der Lehrerbildung und der Lehrerfortbildung dürfen einzelne Vervielfältigungsstücke von Werken, die innerhalb einer Schulfunksendung gesendet werden, durch Übertragung der Werke auf Bild- oder Tonträger herstellen. Das gleiche gilt für Heime der Jugendhilfe und die staatlichen Landesbildstellen oder vergleichbare Einrichtungen in öffentlicher Trägerschaft.

(2) Die Bild- oder Tonträger dürfen nur für den Unterricht verwendet werden. Sie sind spätestens am Ende des auf die Übertragung der Schulfunksendung folgenden Schuljahrs zu löschen, es sei denn, daß dem Urheber eine angemessene Vergütung gezahlt wird.

Nach § 47 Abs. 1 UrhG dürfen Schulen sowie die aufgezählten Einrichtungen vergütungsfrei und ohne Einwilligung der Rechteinhaber einzelne Vervielfältigungsstücke von Werken, die innerhalb einer Schulfunksendung gesendet werden, durch Übertragung der Werke auf Bild- oder Tonträger herstellen. Privilegiert wird also die Aufzeichnung bzw. der Mitschnitt von Schulfunksendungen auf Audio- oder Videokassetten sowie auf CDs und DVDs. § 47 Abs. 2 Satz 1 UrhG stellt klar, dass die Aufzeichnungen nur für den Unterricht verwendet werden dürfen. Schließlich bestimmt § 47 Abs. 2 Satz 2 UrhG, dass die Aufzeichnungen spätestens am Ende des auf die Übertragung der Schulfunksendung folgenden Schuljahres zu löschen sind, es sei denn, dass dem Urheber eine angemessene Vergütung gezahlt wird.

[897] Zu dieser umfangreichen Interessenabwägung vgl. Dreier/Schulze/*Schulze*, § 14 Rn. 16ff.; Schricker/Loewenheim/*Dietz/Peukert*, § 14 Rn. 28ff.

(1) Allgemeines

Zur Bereicherung des Unterrichts werden in Deutschland seit 1928 Schulfunksendungen durch öffentlich-rechtliche Sender gesendet.[898] Unter dem Begriff der Schulfunksendung fallen sowohl Schulhörfunksendungen als auch Schulfernsehsendungen. Letztere werden erst seit 1964 ausgestrahlt.[899] Häufig werden diese Sendungen zu Tageszeiten gesendet, die nicht in den Stundenplan der Schule passen. Die Schranke des § 47 UrhG soll Lehrern daher die Möglichkeit geben, den gerechtfertigten pädagogischen Interessen entsprechend Schulfunksendungen nicht nur zum Zeitpunkt ihrer Ausstrahlung in den Schulklassen wiedergeben zu dürfen.[900] Das BVerfG hat den § 47 UrhG in der Fassung von 1965 trotz Vergütungsfreiheit für verfassungsgemäß erachtet.[901] Dessen ungeachtet werden seither verfassungsrechtliche Bedenken, insbesondere gegen die durch die Urheberrechtsnovelle 1985 vorgenommene Ausdehnung der Löschungsfrist um ein ganzes volles Schuljahr sowie gegen die Erweiterung auf die Landesbildstellen, geäußert.[902] Nach § 46 UrhG ist § 47 UrhG die zweitälteste schulspezifische Schranke im UrhG. Sie stützt sich auf Art. 10 Abs. 2 RBÜ sowie Art. 5 Abs. 3 a) der europäischen Richtlinie 2001/29/EG.[903] Durch die Schranke wird zum einen das Vervielfältigungsrecht gemäß § 16 UrhG und zum anderen das Leistungsschutzrecht der Sendeunternehmer gemäß § 87 Abs. 3 UrhG eingeschränkt.[904]

§ 47 UrhG erfasst die Fälle, in denen Lehrer ohne die Einwilligung der Rechteinhaber Schulfunksendungen auf CD, Kassette oder DVD aufzeichnen, um diese dann den Schülern im Unterricht vorzuspielen. Privilegiert wird allerdings nur die „Übertragung der Werke auf Bild- oder Tonträger“, d. h. die Vervielfältigung der Schulfunksendung. Die Wiedergabe im Unterricht ist dagegen nicht von der Privilegierung erfasst und muss separat als eigenständige Verwertungshandlung betrachtet werden.[905]

---

[898] Zur Entstehung und Entwicklung von Schulfunksendungen vgl. *Haupt/Wisniewska*, UFITA 2010, 663, 665 ff.

[899] Hierzu vgl. *Neumann*, S. 79.

[900] Vgl. Begründung RegE UrhG, BT-Drucks. IV/270, S. 65; Loewenheim/*Götting*, § 31 Rn. 200.

[901] BVerfG, GRUR 1972, 487 – Schulfunksendungen.

[902] Hierzu vgl. *Leuze*, § 8 Rn. 14; *Neumann*, S. 21 f.; *Sattler*, S. 140 ff.; Schricker/Loewenheim/*Melichar*, § 47 Rn. 5.

[903] Schricker/Loewenheim/*Melichar*, § 47 Rn. 6.

[904] Schricker/Loewenheim/*Melichar*, § 47 Rn. 1.

[905] Für die Wiedergabe im Unterricht, sofern diese öffentlich ist, kommt die Schranke des § 52 UrhG in Betracht, vgl. dazu unten B. I. 5. c) aa). Erfolgt die Wiedergabe im Klassenunterricht, so ist sie regelmäßig nicht öffentlich und somit

• *Beispiel:* Ein Geschichtslehrer zeichnet die Schulfunksendung mit dem Titel „Auschwitz war auch meine Stadt", die um 7.20 Uhr im WDR ausgestrahlt wird, auf einer DVD auf, um sie dann am nächsten Tag in seinem Unterricht den Schülern vorzuspielen.[906] Schneidet er jedoch Nicht-Schulfunksendungen wie z.B. der Spielfilm „Hitler – Aufstieg des Bösen" auf RTL2 oder die ZDF-Dokumentation „Kaiser, Mörder, Heiliger" mit, so greift die Privilegierung nach § 47 UrhG nicht.

Die Aufzeichnung (Vervielfältigung) von sowohl allgemeinen Funksendungen als auch Schulfunksendungen kann unabhängig von der Schranke des § 47 UrhG auch durch § 53 Abs. 3 oder Abs. 1 UrhG privilegiert sein. Hinsichtlich etwaiger Vor- oder Nachteile der genannten Schranken wird im Anschluss der Darstellung des § 47 UrhG Stellung genommen.[907]

(2) Die Schrankenvoraussetzungen im Einzelnen

(a) Aufzeichnungsberechtigung

Gemäß § 47 Abs. 1 UrhG sind nur Schulen, Einrichtungen der Lehrerbildung und der Lehrerfortbildung, Heime der Jugendhilfe sowie staatliche Landesbildstellen oder vergleichbare Einrichtungen in öffentlicher Trägerschaft befugt, Mitschnitte von Schulfunksendungen herzustellen. Der Begriff der Schule deckt sich mit dem des § 46 UrhG.[908] Erfasst sind also alle Grund-, Haupt-, Realschulen, Gymnasien, Berufs- und berufsbildende Schulen sowie Abend- und Sonderschulen. Da die Schule als juristische Person jedoch die konkrete Aufzeichnungshandlung nicht vornehmen kann, ist davon auszugehen, dass die faktische Befugnis zur Aufzeichnung von Schulfunksendungen bei den für die Schule handelnden natürlichen Personen liegt. Dabei handelt es sich um Lehrer sowie andere Mitarbeiter der Schule.[909] Aus dem Wortlaut der Norm geht ferner nicht eindeutig hervor, an welchem Ort die Aufzeichnung der Schulfunksendung zu erfolgen hat. Da der Lehrer seinen Unterricht regelmäßig von zu Hause aus vorbereitet, stellt sich insbesondere die Frage, ob ein häusliches Aufzeichnen von Schulfunksendungen durch den Lehrer noch von der Aufzeichnungsbefugnis der Schule gedeckt ist.

---

ohnehin zulässig, vgl. bereits oben B. I. 4. a) cc); vgl. auch *Bender*, RdJB 1987, 185, 187f.; Dreier/Schulze/*Dreier*, § 47 Rn. 5.

906 Vgl. auch das Beispiel bei *Haupt*, S. 37.

907 Dazu vgl. unten B. I. 5. b) ee) (3).

908 Vgl. bereits oben B. I. 5. b) dd) (1).

909 Siehe auch Dreier/Schulze/*Dreier*, § 47 Rn. 3; *Knupfer*, RdJB 2010, 472, 478.

Nach einer Ansicht sind Aufzeichnungen des Lehrers zu Hause nicht mehr von der Privilegierung des § 47 UrhG gedeckt.[910] Privilegiert sei nur die Aufzeichnung auf schuleigenen Geräten vor Ort. Begründet wird diese Ansicht in erster Linie mit dem Wortlaut der Begründung des Gesetzgebers, dass die Aufnahme „in der Schule“ zu erfolgen hat.[911] Es wird außerdem angeführt, dass der Anwendungsbereich des § 47 UrhG dadurch zu weit geraten würde und es noch weniger kontrollierbar wäre, wie viele Exemplare eines Werkes zur Nutzung innerhalb einer Schule gelangen.[912] Auch sei der Lehrer in seinem häuslichen Bereich als Privatperson und gerade nicht als Beauftragter der Schule anzusehen.[913]

Die Gegenansicht sieht allerdings keine Notwendigkeit dafür, dass die Aufnahme in der Schule erfolgen muss, sodass der Lehrer auch zu Hause Aufzeichnung zum Unterrichtsgebrauch anfertigen darf.[914] Denn durch die sachliche Begrenzung auf Schulfunksendungen und die personelle Begrenzung auf die entsprechenden Lehrer bestehe tatsächlich kein Missbrauchspotential, wenn die Aufzeichnung am heimischen Rekorder angefertigt werde.[915]

Im Ergebnis kann der ersten Ansicht vor allem aus praktischen Gründen nicht gefolgt werden. Zum einen ist das Aufzeichnen in der Schule aufgrund der ungünstigen Sendezeiten und der regelmäßig nicht vorhandenen technischen Möglichkeiten des automatischen Aufzeichnens für die Lehrer faktisch wohl kaum umsetzbar.[916] Zum anderen ist kein erhöhtes Gefahrenpotential für die geschützte Sendung erkennbar, wenn eine ohnehin von den Sendern zur Aufzeichnung freigegebene Schulfunksendung von einem aufzeichnungsbefugten Lehrer zu Hause statt in der Schule aufgezeichnet wird.[917]

---

[910] *Leuze*, § 8 Rn. 14; *Neumann*, S. 81; *Sattler*, S. 136; Schricker/Loewenheim/*Melichar*, § 47 Rn. 11; Wandtke/Bullinger/*Lüft*, § 47 Rn. 7; wohl auch Dreyer/Kotthoff/Meckel/*Dreyer*, § 47 Rn. 3; vgl. auch *de la Durantaye*, S. 78 Fn. 599, die die Aufzeichnung durch einen schulfremden Dritten jedenfalls für unzulässig hält.

[911] Vgl. Begründung RegE UrhG, BT-Drucks. IV/270, S. 65.

[912] So *Sattler*, S. 136.

[913] *Sattler*, S. 136.

[914] So Dreier/Schulze/*Dreier*, § 47 Rn. 3; ihm zustimmend BeckOK-UrhG/*Engels*, § 47 Rn. 6; *Knupfer*, RdJB 2010, 472, 478.

[915] *Knupfer*, RdJB 2010, 472, 478.

[916] Ähnlich auch *de la Durantaye*, S. 224, die das Aufzeichnen in den Räumlichkeiten der Schule auch für praxisfern hält, da Lehrer den Unterricht regelmäßig von zu Hause aus vorbereiten und oft nicht über ein eigenes Dienstzimmer verfügen.

[917] Vgl. auch die Aussagen der Landesakademie für Fortbildung und Personalentwicklung an Schulen des Landes Baden-Württemberg, die eine häusliche Aufzeichnung von Schulfunksendungen für zulässig hält, vgl. „http://lehrerfortbildung-bw.de/sueb/recht/urh/film/schulfunk/“ (zuletzt abgerufen am 26.04.2016).

(b) Schulfunksendung

Die Schranke des § 47 UrhG erfasst nur Werke, die innerhalb einer Schulfunksendung gesendet werden. Es müsste also zunächst eine Sendung vorliegen. Gemäß § 20 UrhG ist das Senderecht das Recht, das Werk durch Funk, wie Ton- und Fernsehrundfunk, Satellitenrundfunk, Kabelfunk oder ähnliche technische Mittel, der Öffentlichkeit zugänglich zu machen. Dabei sind ähnliche technische Mitteln vor allem Rundfunkverteileranlagen, die zur Weiterübertragung von Rundfunksendung dienen.[918] Vom Begriff der Sendung erfasst sind daher in jedem Falle alle üblichen Hör- und Fernsehrundfunksendungen, die auch an Schulen empfangen werden können. Keine Sendung ist dagegen das öffentliche Zugänglichmachen von Werken i. S. v. § 19a UrhG.[919] Der Gegenansicht[920], die auch den Abruf von im Internet bereitgestellten Werken privilegieren möchte, ist insofern zu widersprechen, dass der Gesetzgeber im Jahre 2003 gerade bei § 47 UrhG von einer Erweiterung hinsichtlich des § 19a UrhG abgesehen hatte.[921] Zudem würde die Hinzufügung von öffentlich zugänglich gemachten Werken nicht dem Sinn und Zweck der Privilegierung des § 47 UrhG entsprechen, da solche Werke anders als Rundfunksendungen jederzeit abgerufen werden können und deswegen für den Unterrichtsgebrauch auch nicht aufgezeichnet werden müssen.[922]

Maßgeblich für die Privilegierung nach § 47 UrhG ist, dass es sich bei der Funksendung um eine Schulfunksendung handelt. Eine Legaldefinition dieses Begriffs ist im Gesetz nicht zu finden. Auch vertragliche Vereinbarungen zwischen den Rechteinhabern und den Schulen bestehen nicht. Als Anhaltspunkt kann die Gesetzesbegründung herangezogen werden. Danach sind Schulfunksendungen Funksendungen, die speziell für Schulzwecke ausgestrahlt werden.[923] Dementsprechend beschreibt die überwiegende Literaturmeinung Schulfunksendungen als Funksendungen, die die ausstrahlende Rundfunkanstalt erkennbar für den Unterricht an Schulen produziert hat.[924] Ein stichhaltiges Indiz dafür sei die Programmbezeichnung des Senders als

918 Vgl. BGH, NJW-RR 1994, 1328 – Verteileranlage im Krankenhaus; BGH, NJW 1993, 2871, 2872 – Verteileranlagen im Vollzugsanstalten.

919 So die ganz herrschende Meinung, vgl. nur Dreier/Schulze/*Dreier*, § 47 Rn. 4; *Sattler*, S. 131; Schricker/Loewenheim/*Melichar*, § 47 Rn. 8.

920 Dreyer/Kotthoff/Meckel/*Dreyer*, § 47 Rn. 7.

921 Vgl. Schricker/Loewenheim/*Melichar*, § 47 Rn. 8.

922 Ähnlich auch Dreier/Schulze/*Dreier*, § 47 Rn. 4, der zutreffend kein Privilegierungsbedürfnis für öffentlich zugänglich gemachte Werke sieht; vgl. auch *Poeppel*, S. 203.

923 Siehe BT-Drucks. 10/837, S. 14.

924 So BeckOK-UrhG/*Engels*, § 47 Rn. 11; Wandtke/Bullinger/*Lüft*, § 47 Rn. 5.

Schulfunksendung.[925] Außerdem müssen diese Sendungen auch tatsächlich inhaltlich und in der Länge nach für den Unterricht an Schulen bestimmt und auf ihn zugeschnitten sein.[926]

Andere Autoren stellen allerdings nur auf die Programmbezeichnung als „Schulfunk" bzw. „Schulfunksendung" ab und sehen darin die einzige und zwingende Voraussetzung für das Vorliegen einer Schulfunksendung.[927] Für diese Ansicht spricht vor allem, dass mit ihr eine gewisse Rechtsicherheit hergestellt werden kann. Denn aufgrund des vielfältigen Angebots an Rundfunksendungen steht der Lehrer im Schulalltag ständig vor der schwierigen juristischen Frage, inwiefern eine Sendung auch tatsächlich inhaltlich auf den Unterricht an Schulen zugeschnitten ist. Könnte sich der Lehrer dabei völlig auf die Bezeichnung der Sendung verlassen, so wäre eine grundlegende Rechtssicherheit für ihn gewährleistet.

Eine solche Rechtssicherheit wäre sicherlich wünschenswert, ist allerdings derzeit nur schwer vorstellbar. Denn in der heutigen Zeit werden Schulfunksendungen zwar noch produziert und gesendet, jedoch werden sie weder in den Programmzeitschriften noch in der Programmvorschau auf der Sender-Webseite ausdrücklich als solche gekennzeichnet.[928] Dementsprechend sind diese auch im Internet nur schwer zu finden.[929] Hör- und Fernsehsendungen, die von § 47 UrhG privilegiert sind, findet man heutzutage nur in den folgenden öffentlich-rechtlichen Sendern der ARD: BR, HR, RBB, SWR und WDR.[930] Unter „www.planet-schule.de" findet man eine Programmvorschau von aktuellen Schulfunkfernsehsendungen des WDR und SWR sowie alle dazugehörigen Informationen. Auf der Seite http://www.br.de/fernsehen/br-alpha/sendungen/schulfernsehen/index.html kann man die anstehenden Sendetermine sowie Beschreibungen der Schulfunkfernsehsendungen des BR einsehen. Die Schulfunkfernsehsendungen des HR sind auf der Seite „wissen.hr-online.de" unter der Rubrik „Wissen und mehr (TV)" zu finden. Die ausdrückliche Bezeichnung der Sendungen als „Schulfunksendungen" sucht man allerdings auf den genannten Seiten vergeblich.

---

925 Dreyer/Kotthoff/Meckel/*Dreyer*, § 47 Rn. 6; Fromm/Nordemann/*Dustmann*, § 47 Rn. 5; Schricker/Loewenheim/*Melichar*, § 47 Rn. 10; Wandtke/Bullinger/*Lüft*, § 47 Rn. 5.

926 Vgl. Dreyer/Kotthoff/Meckel/*Dreyer*, § 47 Rn. 6; Schricker/Loewenheim/*Melichar*, § 47 Rn. 10.

927 Dreier/Schulze/*Dreier*, § 47 Rn. 4; wohl auch *Neumann*, S. 80.

928 Vgl. *Haupt/Wisniewska*, UFITA 2010, 663, 670f., Schricker/Loewenheim/*Melichar*, § 47 Rn. 10.

929 Hierzu vgl. *Haupt/Wisniewska*, UFITA 2010, 663, 667f. Da weder die Schulbehörden noch die Landesmedienzentren eine Programmvorschau zusammenstellen, bleibt jedoch das Internet für den Lehrer die nahezu einzige Möglichkeit, um Sendetermine von Schulfunksendungen in Erfahrung zu bringen.

930 Siehe auch *Haupt/Wisniewska*, UFITA 2010, 663, 670.

Da also keine einheitliche Bezeichnung als „Schulfunksendung“ verwendet wird, kann vorliegend nicht ausschließlich auf die Programmbezeichnung abgestellt werden. Auch entspricht eine solche Auslegung nicht unbedingt der gesetzgeberischen Begründung, die lediglich auf die spezielle Ausstrahlung für den Schulzweck und nicht auf die ausdrückliche Bezeichnung als „Schulfunksendung“ abstellt. Die letztgenannte Ansicht ist somit abzulehnen.

Im Ergebnis ist einem Lehrer, der eine Schulfunksendung i. S. d. § 47 Abs. 1 Satz 1 UrhG sucht, zu empfehlen, sich an den genannten Webseiten der öffentlich-rechtlichen Senderanstalten zu orientieren. Außerdem sollte er auch bei den dort aufgelisteten Sendungen stets darauf achten, dass sie tatsächlich für den Schulgebrauch produziert worden sind. Dabei kommt es nicht entscheidend auf die didaktische Eignung, sondern vor allem auf den didaktischen Zuschnitt der jeweiligen Sendung an. Bleiben Restzweifel so kann sich der Lehrer beim Sender erkundigen. Nicht als Schulfunksendungen privilegiert sind dagegen allgemeine Sendungen wie z. B. Fernsehspielfilme, Fernsehdokumentationen, Rundfunkkommentare, wissenschaftliche Beiträge oder musikalisch-tänzerische Darbietungen, auch wenn sie wegen ihrem Bildungsgehalt ideal in die Lehrpläne und den Unterricht passen würden.[931] Die Gegenansicht[932], die auch solche passenden Sendungen als Schulfunksendungen sehen möchte, ist abzulehnen, da der Wortlaut des § 47 UrhG ja gerade von bestimmten „Schulfunksendungen“ und nicht von passenden Sendungen jeglicher Art ausgeht.[933] Keine Schulfunksendung sind ferner Sendungen, die für das Selbststudium bestimmt sind, wie z. B. das Funk- oder Telekolleg oder ein Sprachlehrgang.[934]

Da die Schranke des § 47 UrhG wie gezeigt nur die Vervielfältigung von Schulfunksendungen erfasst, ist ihre Relevanz eng an die Bedeutung von Schulfunksendungen gekoppelt. Insbesondere den 50er- und 60er Jahren kamen Schulhörfunksendungen im schulischen Alltag eine große Bedeutung zu.[935] Obwohl Schulhörfunksendungen sowie Schulfernsehsendungen wie gezeigt immer noch von den öffentlich-rechtlichen Sendern gesendet werden, spielen sie im heutigen Schulalltag regelmäßig kaum eine Rolle mehr.

---

931 Fromm/Nordemann/*Dustmann*, § 47 Rn. 5; Schricker/Loewenheim/*Melichar*, § 47 Rn. 10; Wandtke/Bullinger/*Lüft*, § 47 Rn. 5.

932 BeckOK-UrhG/*Engels*, § 47 Rn. 11.

933 Forderungen nach dem vergütungsfreien Mitschnitt von Rundfunksendungen jeglicher Art hat der Gesetzgeber bereits 1983 unter Berufung auf das Urteil des BVerfG, GRUR 1972, 487 – Schulfunksendungen ausdrücklich abgelehnt, vgl. BT-Drucks. 10/837, S. 13 f.

934 Fromm/Nordemann/*Dustmann*, § 47 Rn. 5; Wandtke/Bullinger/*Lüft*, § 47 Rn. 5.

935 Bekannt waren vor allem die NDR Schulfunkreihe „Neues aus Waldhagen“ von 1955 bis 1985 sowie die NDR Schulfunkreihe „Europa“ von 1957 bis 1969.

Als Alternative zur Aufzeichnung kann der Lehrer in der heutigen Zeit die meisten Schulfunksendungen sowie allgemeine Sendungen auch aus der Internet-Mediathek des jeweiligen Senders abrufen. Mit Hilfe eines Monitors oder eines Beamers kann der Lehrer dann die von dem Sender öffentlich zugänglich gemachten Sendungen zu jeder Zeit von einem Laptop direkt im Klassenunterricht abspielen. Dieses Abspielen stellt sowohl eine nichtöffentliche und damit auch unbedenkliche Wiedergabe als auch eine Vervielfältigung der Sendung dar. Die Vervielfältigung, die durch das Zwischenspeichern des Videos im Arbeitsspeicher entsteht, wird jedoch regelmäßig von § 44a UrhG privilegiert.[936]

(c) Privilegierte Verwertungshandlung

Nach § 47 Abs. 1 Satz 1 UrhG zulässig ist die Herstellung einzelner Vervielfältigungsstücke durch Übertragung der Sendung auf Bild- oder Tonträger. Privilegiert ist also die Vervielfältigung von Werken gemäß § 16 UrhG. Mit der Gesetzesbegründung ist davon auszugehen, dass Vervielfältigungen auf Bild- und Tonträgern wie DVDs und USB-Sticks zulässig sind.[937] Zu beachten ist jedoch, dass nur die Vervielfältigung von Werken, die innerhalb einer Schulfunksendung gesendet werden, erlaubt ist. Privilegiert sind somit nur direkte Vervielfältigungen von gesendeten Werken i.S.v. § 20 UrhG, sodass sonstige Vervielfältigungen aus anderen Quellen, wie z.B. das Überspielen von Bändern der Rundfunkanstalten nicht von der Privilegierung erfasst sind.[938] Ebenfalls nicht von § 47 UrhG privilegiert ist insofern der Download oder das Streaming der Schulfunksendung, die auf der Internetseite des Senders öffentlich zugänglich gemacht wird. Hierfür greifen die Schranken der §§ 53 und 44a UrhG.

Ferner dürfen nach dem Wortlaut der Schranke nur „einzelne Vervielfältigungsstücke" hergestellt werden. Ähnlich wie in § 46 UrhG soll mit dem Wort „einzelne" verhindert werden, dass der durch die Schranke erlaubte Eingriff in die Urheberrechte über das zur Erfüllung des Privilegierungszwecks Notwendige hinaus geht. Die erforderliche Anzahl der Vervielfältigungsstücke ergibt sich dabei aus den konkreten Bedürfnissen der Schule im Einzelfall[939], sodass eine allgemeine zahlenmäßige Begrenzung wenig sinnvoll wäre.[940] Nach allgemeiner Ansicht ist bereits ein Vervielfältigungs-

---

[936] Hierzu vgl. noch die Ausführungen zu § 44a UrhG, unten B. I. 5. c) bb).

[937] Begründung RegE UrhG, BT-Drucks. IV/270, S. 65.

[938] BGH, GRUR 1985, 874 – Schulfunksendung; *Sattler*, S. 133 f.

[939] Schricker/Loewenheim/*Melichar*, § 47 Rn. 15.

[940] So aber Dreyer/Kotthoff/Meckel/*Dreyer*, § 47 Rn. 10, der die Höchstgrenze bei sieben Vervielfältigungsstücken gewählt hat.

stück einer Sendung ausreichend, wenn die zeitgleiche Wiedergabe dieser Sendung, z.B. in Parallelklassen, dem Lehrplan nach nicht erforderlich ist.[941] Für den einzelnen Lehrer als Aufnahmeberechtigten der Schule gilt daher, dass er eine Sendung nur einmal aufnehmen darf, da er dieses Vervielfältigungsstück mehrfach für seinen Unterricht in verschiedenen Klassen nutzen kann.

(d) Verwendungsbestimmung nach Abs. 2 Satz 1

Die Aufzeichnung von Schulfunksendungen ist nur zulässig, wenn sie gemäß § 47 Abs. 2 Satz 1 UrhG „nur für den Unterricht“ verwendet wird. Da der Wortlaut hier nicht von einer Nutzung „im Unterricht“ ausgeht, ist neben der Verwertung im Unterricht selbst auch die Verwendung zu Hause zur Unterrichtsvorbereitung oder die Verwertung innerhalb eines fachspezifischen Lehrerkollegiums erlaubt.[942] Nicht mehr zum Zwecke des Unterrichts ist jedoch die Aufzeichnung für eine Darbietung bei einem Elternabend oder einem Schulfest.[943] Genauso wie bei anderen subjektiven Zweckbestimmungen ist auch hier maßgeblich, dass der Lehrer die Sendung zum Zeitpunkt der Vornahme der Aufzeichnung für den Unterricht nutzen möchte. Nutzt er die aufgezeichnete Sendung zu einem späteren Zeitpunkt nach der Darbietung im Unterricht auch für nicht privilegierte Zwecke, so ist die Aufzeichnung nicht automatisch rückwirkend unzulässig.

(e) Löschungspflicht nach Abs. 2 Satz 2

Gemäß § 47 Abs. 2 Satz 2 UrhG müssen die nach Abs. 1 privilegierten Aufzeichnungen spätestens am Ende des auf die Übertragung folgenden Schuljahres gelöscht werden, sofern dem Urheber keine angemessene Vergütung gezahlt wird, d.h. ein Mitschnitt, der z.B. im Schuljahr 2012/2013 hergestellt wird, muss innerhalb des Schuljahres 2013/2014 gelöscht werden. Abzustellen ist hierbei auf den Zeitpunkt der tatsächlichen Aufzeichnung der Sendung, sodass die Frist nicht bei jeder Wiederholung der Schulfunksendung erneut beginnt.[944] Löschen bedeutet hier die Unbrauchbarma-

---

941 Siehe Schricker/Loewenheim/*Melichar*, § 47 Rn. 15; Wandtke/Bullinger/*Lüft*, § 47 Rn. 8.

942 BeckOK-UrhG/*Engels*, § 47 Rn. 14; *Sattler*, S. 136f.; insofern unzutreffend Dreyer/Kotthoff/Meckel/*Dreyer*, § 47 Rn. 13; Schricker/Loewenheim/*Melichar*, § 47 Rn. 18, die vom Gegenteiligen ausgehen.

943 Fromm/Nordemann/*Dustmann*, § 47 Rn. 6.

944 Schricker/Loewenheim/*Melichar*, § 47 Rn. 20; Wandtke/Bullinger/*Lüft*, § 47 Rn. 9; insofern unzutreffend *Bender*, RdJB 1987, 185, 188; Dreyer/Kotthoff/Meckel/*Dreyer*, § 47 Rn. 15.

chung.[945] Ist eine technische Unbrauchbarmachung, z. B. bei einer nur einmal beschreibbaren DVD, nicht möglich, so muss der Datenträger körperlich vernichtet werden.[946]

Wird die Aufzeichnung nicht innerhalb der genannten Frist gelöscht, hat der Urheber (nicht aber die Sendeunternehmen) urheberzivilrechtlich einen Anspruch auf eine angemessene Vergütung[947] gegenüber der Schule bzw. den Schulträger, ohne dass es auf eine tatsächliche Weiterbenutzung ankommt. Urheberstrafrechtlich stellt sich jedoch die Frage, ob durch das Nicht-Löschen der Aufzeichnung die privilegierte Vervielfältigung entfällt oder darin sogar eine neue Vervielfältigung gesehen werden kann. Diesbezüglich ist zunächst festzustellen, dass das bloße Nicht-Löschen einer Aufzeichnung keine (neue) Vervielfältigungshandlung durch aktives Tun darstellt. Nach allgemeiner Ansicht[948] liegt auch kein Vervielfältigen durch Unterlassen vor. Denn mit dem Nicht-Löschen der Aufzeichnung wird ja gerade kein neues Werkexemplar hergestellt, sodass ein tatbestandlicher Vervielfältigungserfolg nicht vorliegt.[949] Ferner bleibt auch der vorausgegangene Vervielfältigungsakt von dem Verstoß gegen die Löschungspflicht unberührt. Denn anders als die Zweckbestimmung der Vervielfältigung ist die Löschungspflicht nicht an die Rechtmäßigkeit des Vervielfältigungsvorgangs gekoppelt, sondern lediglich als eine eigenständige (Neben-)Pflicht innerhalb des § 47 UrhG zu sehen. Daher ist der nach § 47 UrhG privilegierte Vervielfältigungsvorgang bereits mit dem Vorliegen der vorangegangenen Voraussetzungen rechtmäßig, sodass die davon unabhängige Nicht-Löschung den zulässigen Vervielfältigungsakt nicht rückwirkend wieder unzulässig machen kann.[950] Letztlich hat also das bloße Nicht-Löschen der Aufzeichnung an sich keine negativen Folgen für die Vervielfältigung von Schulfunksendungen als gesetzlich zugelassener Fall des § 47 UrhG im Rahmen des § 106 UrhG. Wird die nicht gelöschte Aufzeichnung jedoch anderweitig verwertet (z. B. verbreitet oder öffentlich zugänglich gemacht),

---

945 Begründung RegE UrhG, BT-Drucks. IV/270, S. 65.

946 Wandtke/Bullinger/*Lüft*, § 47 Rn. 9.

947 Hierzu vgl. Schricker/Loewenheim/*Melichar*, § 47 Rn. 22 f.

948 BeckOK-UrhG/*Sternberg-Lieben*, § 106 Rn. 31; *Hildebrandt*, S. 314; Loewenheim/*Flechsig*, § 90 Rn. 28; MüKo-StGB/*Heinrich*, § 106 Rn. 84; Schricker/Loewenheim/*Haß*, § 106 Rn. 25; Wandtke/Bullinger/*Hildebrandt/Reinbacher*, § 106 Rn. 22; *Weber*, S. 200 f.; im Ergebnis auch *Lampe*, UFITA 83 (1978), 15, 32 f. („keine Garantenpflicht“); a. A. Dreier/Schulze/*Dreier*, § 106 Rn. 6; Schricker/*Vassilaki*, 3. Auflage 2006, § 106 Rn. 25.

949 *Weber*, S. 200 f.; vgl. auch BeckOK-UrhG/*Sternberg-Lieben*, § 106 Rn. 31; *Hildebrandt*, S. 314.

950 Vgl. auch *Hildebrandt*, S. 314; MüKo-StGB/*Heinrich*, § 106 UrhG Rn. 84; *Weber*, S. 200 f.

so sind diese Verwertungshandlungen urheberstrafrechtlich eigenständig und unabhängig von dem Nicht-Löschen entsprechend § 106 UrhG zu sanktionieren.[951]

(3) Zusammenfassung

Zusammenfassend ist festzuhalten, dass die Privilegierung des § 47 UrhG immer dann relevant wird, wenn Lehrer ohne die Einwilligung der Rechteinhaber Schulfunksendungen auf Kassette oder DVD aufzeichnen, um diese für den Unterricht zu verwenden.

Die Privilegierung des § 47 UrhG betrifft nur die Aufzeichnung von Schulfunksendungen. Diese sind heutzutage nur in den folgenden Senderanstalten der ARD (BR, HR, RBB, SWR und WDR) zu finden. Auf den Internetseiten „www.planet-schule.de", http://www.br.de/fernsehen/br-alpha/sendungen/schulfernsehen/index.html und „www.wissen.hr-online.de" findet man jeweils eine Programmvorschau von aktuellen Schulfunksendungen der jeweiligen Sender sowie alle dazugehörigen Informationen. Nicht als Schulfunksendungen privilegiert sind allgemeine Funksendungen wie z. B. Fernsehspielfilme, Fernsehdokumentationen, Rundfunkkommentare oder wissenschaftliche Beiträge, auch wenn sie wegen ihres Bildungsgehalts ideal in die Lehrpläne und den Unterricht selbst passen würden.

Die Befugnis zur Aufzeichnung von Schulfunksendungen liegt bei den für die Schule handelnden natürlichen Personen. Das sind in der Regel Lehrer oder andere Mitarbeiter der Schule. Diese Aufzeichnungsbefugnis des Lehrers erstreckt sich auch auf die Aufzeichnung von Schulfunksendungen für den Unterricht im häuslichen Bereich. Aufzeichnen darf der Lehrer also sowohl in der Schule als auch zu Hause.

§ 47 UrhG privilegiert die Herstellung einzelner Vervielfältigungsstücke durch Übertragung der Sendung auf Bild- oder Tonträger, d. h. die Vervielfältigung der Schulfunksendungen nach § 16 UrhG. Dabei darf die Anzahl der Vervielfältigungsstücke nicht über das für den Unterrichtsgebrauch der jeweiligen Schule Erforderliche hinausgehen. Die Wiedergabe der aufgezeichneten Sendung betrifft dagegen das Vorführungsrecht nach § 19 Abs. 4 UrhG und ist im Klassen- oder Kursunterricht, als nicht öffentliche Schulveranstaltung, stets zulässig.

Ferner darf die Aufzeichnung von Schulfunksendungen gemäß § 47 Abs. 2 Satz 1 UrhG „nur für den Unterricht" verwendet werden. Die Aufzeichnung muss also dem Zweck des Unterrichts dienen. Dazu zählt auch

---

951 Siehe auch MüKo-StGB/*Heinrich*, § 106 UrhG Rn. 84.

die Aufzeichnung zum Zweck der häuslichen Unterrichtsvorbereitung oder zum Zweck der Verwertung innerhalb eines fachspezifischen Lehrerkollegiums. Nicht mehr i. S. d. Unterrichts ist jedoch die Darbietung der Aufzeichnung bei einem Elternabend oder einem Schulfest. Auch dient die Aufzeichnung nicht ausschließlich dem Unterricht, wenn sie zu privaten Zwecken genutzt werden soll. Maßgeblich für die Beurteilung ist dabei der Zeitpunkt der Vornahme der Aufzeichnung.

Gemäß § 47 Abs. 2 Satz 2 UrhG müssen die nach Abs. 1 privilegierten Aufzeichnungen spätestens am Ende des auf die Übertragung folgenden Schuljahres gelöscht werden, sofern dem Urheber keine angemessene Vergütung gezahlt wird. Wird die Aufzeichnung nicht innerhalb der genannten Frist gelöscht, hat der Urheber urheberzivilrechtlich einen Anspruch auf eine angemessene Vergütung gegenüber der Schule. Im Rahmen der Betrachtung des § 47 UrhG als gesetzlich zugelassener Fall nach § 106 Abs. 1 UrhG stellt das bloße Nicht-Löschen einer Aufzeichnung allerdings keine (neue) Vervielfältigungshandlung durch aktives Tun dar. Auch bleibt der vorausgegangene Vervielfältigungsakt von dem Verstoß gegen die Löschungspflicht unberührt. Durch die Nicht-Löschung der Aufzeichnung kann urheberstrafrechtlich der bereits mit dem Vorliegen der Tatbestandsmerkmale zulässige Vervielfältigungsvorgang nicht rückwirkend wieder unzulässig werden.

Abschließend ist noch darauf hinzuweisen, dass die Aufzeichnung bzw. Vervielfältigung von Schulfunksendungen auch durch § 53 Abs. 3 bzw. Abs. 1 UrhG privilegiert wird. § 47 UrhG kann als ein Spezialfall des § 53 UrhG gesehen werden, da § 47 UrhG lediglich die Aufzeichnung von Schulfunksendungen privilegiert, wohingegen § 53 UrhG alle Arten von Vervielfältigungen erfasst. Genauso wie in § 47 UrhG ist die Vervielfältigung in § 53 Abs. 1 und Abs. 3 UrhG für den Lehrer nicht kostenpflichtig, sondern es entsteht allenfalls eine Vergütungspflicht für die Schule bzw. für den Schulträger. Im Unterschied zu § 47 und § 53 Abs. 1 UrhG, welche auch die Aufzeichnung von ganzen Schulfunksendungen erlauben, darf der Lehrer nach § 53 Abs. 3 UrhG jedoch nur Werkteile oder Werke geringen Umfangs, d. h. maximal 10 % der ganzen Schulfunksendung oder eine 5-minütige Schulfunksendung aufzeichnen. Eine Löschungspflicht wie in § 47 Abs. 2 Satz 2 UrhG kennt § 53 UrhG demgegenüber jedoch nicht. Der wesentliche Vorteil des § 53 UrhG im Vergleich zu § 47 UrhG besteht jedoch darin, dass § 53 UrhG auch die Vervielfältigung von allgemeinen Funksendungen erlaubt. Durch die Privilegierung nach § 53 Abs. 1 UrhG[952] könnte der Lehrer daher auch eine komplette allgemeine Funksendung für private Zwecke vervielfältigen und diese zu einem späteren Zeitpunkt für den Unterricht in

---

[952] Hierzu vgl. bereits oben B. I. 5. b) bb) (2) (j).

der Schule nutzen. Aufgrund dieser Nutzungsmöglichkeit nach § 53 Abs. 1 UrhG sowie aufgrund der bereits oben[953] erwähnten Möglichkeit des Streamings von sowohl Schulfunksendungen als auch von allgemeinen Funksendungen erscheint die gesonderte Privilegierung von Schulfunksendungen nach § 47 UrhG weitestgehend überflüssig. Insofern ist davon auszugehen, dass die Schranke des § 47 UrhG bereits ihre Daseinsberechtigung verloren hat, sodass sie gestrichen werden kann.[954]

c) Sonstige relevante Schrankenvorschriften der §§ 44aff. UrhG für den Schulgebrauch

Neben den dargestellten schulspezifischen Schranken, die ausdrücklich die Werknutzung in Schulen bzw. den Schulgebrauch privilegieren, gibt es auch weitere Schrankenregelungen innerhalb der §§ 44a ff. UrhG, die zwar den Schulgebrauch nicht gesondert erwähnen, jedoch für die Nutzung im Schulbereich durchaus relevant sein können.

aa) Die öffentliche Wiedergabe von Werken gemäß § 52 UrhG

Die Schranke des § 52 UrhG erlaubt grundsätzlich die öffentliche Wiedergabe (§ 15 Abs. 2 UrhG)[955] von veröffentlichten Werken ohne die Einwilligung des Rechteinhabers, sofern der Veranstalter mit der Wiedergabe keinen Erwerbszweck verfolgt, die Teilnehmer keinen Eintritt bezahlen müssen und die beteiligten ausübenden Künstler keine besondere Vergütung erhalten (Abs. 1 Satz 1). Nach Abs. 1 Satz 2 muss jedoch für die Wiedergabe auf einer solchen Veranstaltung grundsätzlich auch eine angemessene Vergütung an die Urheber der wiedergegebenen Werke gezahlt werden. Diese Vergütungspflicht entfällt allerdings gemäß Satz 3 u.a. bei Schulveranstaltungen, sofern sie nach ihrer sozialen oder erzieherischen Zweckbestimmung nur einem bestimmt abgegrenzten Kreis von Personen zugänglich sind.[956] Dient eine solche Veranstaltung jedoch dem Erwerbszweck eines Dritten, so hat dieser eine Vergütung zu zahlen (Satz 4). Der Privilegie-

---

953 Vgl. oben B. I. 5. b) ee) (2) (b) a.E.

954 So auch im Ergebnis *Haupt/Wisniewska*, UFITA 2010, 663, 677.

955 Zum Verwertungsrecht der öffentlichen Wiedergabe siehe oben B. I. 4.

956 Auch wenn der Abs. 1 Satz 3 ausdrücklich von „Schulveranstaltungen" spricht, ist die Schranke des § 52 UrhG vorliegend nicht als schulspezifisch anzusehen, da diese Regelung lediglich die Vergütungspflicht unter engen Voraussetzungen entfallen lässt. Insbesondere ist die Vergütungspflicht aus urheberstrafrechtlicher Sicht ohnehin keine Voraussetzung für das Vorliegen eines gesetzlich zugelassenen Falles, sodass Werke im Schulbereich auch schon nach § 52 Abs. 1 Satz 1 UrhG straffrei öffentlich wiedergegeben werden können.

rungsbereich der Schranke des § 52 UrhG wird allerdings dadurch wieder erheblich eingeschränkt, dass nach Abs. 3 die öffentliche bühnenmäßige Darstellung gemäß § 19 Abs. 2, 2. Alt. UrhG, die öffentliche Zugänglichmachung und Funksendung von Werken gemäß § 19a und § 20 UrhG sowie die öffentliche Vorführung von Filmwerken gemäß § 19 Abs. 4 Satz 1 UrhG nur mit Einwilligung des Berechtigten vorgenommen werden dürfen. Innerhalb des § 52 UrhG ist also zwischen einwilligungsfreien, aber vergütungspflichtigen (§ 52 Abs. 1 Satz 1, 2 und 4 UrhG) und einwilligungs- und vergütungsfreien öffentlichen Wiedergaben (§ 52 Abs. 1 Satz 3 UrhG) zu unterscheiden. Ist nur eine der Voraussetzungen des § 52 Abs. 1 Satz 1 UrhG nicht gegeben oder liegt ein Fall des § 52 Abs. 3 UrhG vor, so ist jedoch das Einholen der Einwilligung des Berechtigten notwendig.[957]

Im Schulbereich ist die Schranke des § 52 UrhG bei allen Schulveranstaltungen in Betracht zu ziehen, bei denen veröffentlichte Werke öffentlich wiedergegeben werden. Nichtöffentliche Werkwiedergaben, z. B. solche innerhalb eines alltäglichen Klassen- oder Kursunterrichts, bedürfen insofern keinerlei Privilegierungen durch die Schranken, da sie urheberrechtlich belanglos sind.[958] Spielt z. B. ein Lehrer einen privat aufgezeichneten Dokumentarfilm im Klassenunterricht vor, so liegt lediglich eine nicht öffentliche Wiedergabe vor, die auch ohne die Privilegierung durch § 52 UrhG zulässig ist. Relevant ist § 52 UrhG also insbesondere für klassen- oder kursübergreifende schulinterne (öffentliche) Veranstaltungen wie z. B. das jährliche Schulsportfest, der musikalisch-künstlerischer Schulabend, die Schuleinführungsfeier, die Abiturfeier oder die Schulprojektwoche.[959] Durch die Einschränkung des Abs. 3 sind jedoch Theater- oder Musicalaufführungen sowie Aufführungen von geschützten Tanzchoreographien[960], die in den genannten öffentlichen Schulveranstaltungen bühnenmäßig aufgeführt werden sollen, nicht von § 52 UrhG privilegiert. Ebenfalls aufgrund des Abs. 3 nicht von Abs. 1 privilegiert, ist die öffentliche Wiedergabe von Filmen nach § 19 Abs. 4 Satz 1 UrhG, also z. B. das Vorführen von Filmen auf einer Videokassette oder DVD in einer öffentlichen Schulveranstaltung. Hiervon ausgenommen, ist jedoch das Recht, Filmwerke, die innerhalb einer Funksendung ausgestrahlt werden, zeitgleich oder durch Abspielen einer Aufzeichnung öffentlich wahrnehmbar zu machen, vgl. § 19 Abs. 4 Satz 2 i. V. m. § 22 UrhG.[961] Als schulrelevante öffentliche Wiedergaben, die von § 52 Abs. 1

[957] Vgl. *Neumann*, S. 92.

[958] Zur Öffentlichkeit im Schulbereich vgl. oben B. I. 4. a) cc).

[959] Vgl. auch die Beispielsfälle bei *von Bernuth*, Urheber- und Medienrecht in der Schule, S. 104, 109; Dreyer/Kotthoff/Meckel/*Dreyer*, § 52 Rn. 57; *Haupt*, S. 34.

[960] Ausführlich zu den bühnenmäßigen Aufführungen gemäß § 19 Abs. 2, 2. Alt. UrhG vgl. bereits oben B. I. 4. b) bb).

[961] Zu § 22 UrhG vgl. oben B. I. 4. e).

UrhG privilegiert werden, bleiben somit vor allem die persönliche Darbietung von Sprachwerken gemäß § 19 Abs. 1 UrhG[962], z.B. ein Gedichtvortrag eines Schülers; die persönliche Darbietung eines Werkes der Musik gemäß § 19 Abs. 2, 1. Alt. UrhG[963], etwa der Auftritt der Schulband mit Coversongs; das Vorführen von Werken der bildenden Künste oder Lichtbildwerken gemäß § 19 Abs. 4 Satz 1 UrhG[964], wie z.B. das Wahrnehmbarmachen von urheberrechtlich geschützten Collagen, Zeichnungen oder Fotografien mittels eines Overheadprojektors oder eines Beamers; das Abspielen von Musik durch die Wiedergabe von Tonträgern gemäß § 21 UrhG[965], wie z.B. das Vorspielen von Musik-CDs auf einer Schulfeier; sowie das bereits angesprochene Recht nach § 22 UrhG, Filme aus Fernsehsendungen in öffentlichen Schulveranstaltungen wiederzugeben.

Die öffentliche Wiedergabe in den genannten Fällen ist gemäß § 52 Abs. 1 Satz 1 UrhG auch ohne die Genehmigung der Rechteinhaber zulässig, wenn die Wiedergabe keinem Erwerbszweck des Veranstalters dient, die Teilnehmer ohne Entgelt zugelassen werden und keiner der ausübenden Künstler eine besondere Vergütung erhält. Eine Veranstaltung dient dann keinem Erwerbszweck des Veranstalters, wenn sie weder unmittelbar noch mittelbar die betrieblichen oder gewerblichen Interessen des Veranstalters fördert.[966] Übliche Schulveranstaltungen dienen keinem Erwerbszweck der Schule, sofern dort Speisen und Getränke, Programmhefte oder ähnliches lediglich zum Unkostenpreis verkauft werden.[967] Gehen die Verkaufspreise jedoch über die Deckung der reinen Unkosten hinaus, um mit dem Gewinn z.B. die Turnhalle eines freien Trägers zu finanzieren oder um ein Videogerät anzuschaffen, so liegt (auch) ein Erwerbszweck vor.[968] Für die Einwilligungsfreiheit nach § 52 Abs. 1 Satz 1 UrhG wird zudem vorausgesetzt, dass die Teilnehmer ohne Entgelt zugelassen werden. Das bedeutet, dass eine Schulveranstaltung nicht unter der Privilegierung von § 52 Abs. 1 Satz 1 UrhG fällt, wenn ein Eintrittsgeld oder Unkostenbeitrag erhoben wird. Gleichgültig ist dabei die Form der Erhebung bzw. die Bezeichnung des Eintrittsgeldes. Als Eintrittsgeld anzusehen ist somit der Erwerb von Verzehrbons oder Programmheften als Einlassbedingung, auch wenn diese Einnahmen lediglich die Unkosten decken.[969] Die bloße Aufforderung zu

---

962 Hierzu vgl. bereits oben B. I. 4. b) aa).

963 Hierzu vgl. bereits oben B. I. 4. b) bb).

964 Hierzu vgl. bereits oben B. I. 4. b) cc).

965 Hierzu vgl. bereits oben B. I. 4. d).

966 Dreier/Schulze/*Dreier*, § 52 Rn. 6; Loewenheim/*Götting*, § 31 Rn. 220.

967 *Bender*, RdJB 1985, 486, 492f.

968 *Bender*, RdJB 1985, 486, 492; *Neumann*, S. 96.

969 Vgl. *Bender*, RdJB 1985, 486, 492f.; *Neumann*, S. 96.

Spenden stellt hingegen kein Entgelt dar, es sei denn, es besteht ein faktischer Spendenzwang für die Teilnehmer der Veranstaltung.[970] Als letzte Voraussetzung wird verlangt, dass die ausübenden Künstler keine besondere Vergütung erhalten dürfen. Dabei kann die „besondere Vergütung" auch in Form von Sachleistungen oder Geschenken geleistet werden.[971] Allerdings muss die „besondere Vergütung" über die bloße Erstattung von Unkosten oder Verpflegung des ausübenden Künstlers hinausgehen.[972] Bei Schulveranstaltungen, wo in der Regel nur Schüler, Lehrer oder Eltern als ausübende Künstler auftreten, wird dementsprechend auch keine besondere Vergütung gezahlt.

Liegen diese Voraussetzungen des § 52 Abs. 1 Satz 1 UrhG vor, so ist die öffentliche Wiedergabe von Werken auf der Schulveranstaltung zwar einwilligungsfrei, allerdings ist die Schule nach § 52 Abs. 1 Satz 2 UrhG vergütungspflichtig. Diese Vergütungspflicht entfällt jedoch dann, wenn neben den Voraussetzungen nach § 52 Abs. 1 Satz 1 UrhG auch die Voraussetzungen des § 52 Abs. 1 Satz 3 UrhG gegeben sind. Bedingung dafür ist, dass Schulveranstaltungen nach ihrer erzieherischen Zweckbestimmung nur einem bestimmt abgegrenzten Kreis von Personen zugänglich sind. Der Begriff der Schule in Satz 3 deckt sich mit dem in § 47 UrhG.[973] Erfasst sind damit alle Grund-, Haupt-, Realschulen, Gymnasien, Berufs- und berufsbildende Schulen sowie Abend- und Sonderschulen. Nach allgemeiner Ansicht muss die jeweilige Schulveranstaltung unmittelbar einem erzieherischen Zweck dienen, sodass z. B. Schulfeste oder Wohltätigkeitsveranstaltungen in Schulen, die primär zur Unterhaltung oder der Selbstdarstellung der Schule veranstaltet werden, nicht erfasst sind.[974] Eine unmittelbare erzieherische Zweckbestimmung ist hingegen in jedem Fall bei öffentlichen Unterrichtsveranstaltungen, wie z. B. bei dem gemeinsamen Unterricht von Parallelklassen oder dem Unterricht in den Projektwochen, gegeben. Auch musikalisch-literarische Abendveranstaltungen, in denen die Schüler ihre tänzerischen, musikalischen oder literarischen Arbeitsergebnisse aus dem Unterricht oder aus Arbeitsgemeinschaften aufführen, können eine unmittelbare erzieherische Zweckbestimmung haben. Des Weiteren darf die Schulveranstaltung mit unmittelbarer erzieherischer Zweckbestimmung nur einem bestimmt abgegrenzten Kreis von Personen zugänglich sein. Die Veranstaltung sollte derart im überschaubaren Rahmen gehalten werden, dass „ihre Abgegrenzt-

---

970 Dreyer/Kotthoff/Meckel/*Dreyer*, § 52 Rn. 20.

971 Dreier/Schulze/*Dreier*, § 52 Rn. 8; *Neumann*, S. 97.

972 Schricker/Loewenheim/*Melichar*, § 52 Rn. 19.

973 Schricker/Loewenheim/*Melichar*, § 52 Rn. 23.

974 *Neumann*, S. 99; Schricker/Loewenheim/*Melichar*, § 52 Rn. 34; Wandtke/Bullinger/*Lüft*, § 52 Rn. 14; zum Teil differenzierend Dreyer/Kotthoff/Meckel/*Dreyer*, § 52 Rn. 53.

heit in die Nähe einer nichtöffentlichen Wiedergabe kommt".[975] Im Schulbereich ist ein abgegrenzter Bereich in der Regel dann zu bejahen, wenn nur Lehrer und Schüler der Schule sowie die Eltern und u.U. auch die Geschwister der Schüler die Schulveranstaltung besuchen dürfen. Sind jedoch auch andere Verwandte, Freunde und Nachbarn der Schüler sowie ehemalige Schüler der Schule unter den eingeladenen Besuchern, so fehlt es an der Abgegrenztheit.[976] Außerdem hat die Schule dafür Sorge zu tragen, dass Eingangskontrollen eingerichtet werden, um den abgegrenzten Personenkreis auch faktisch so gut wie möglich zu gewährleisten.[977]

Sind diese beiden Voraussetzungen des § 52 Abs. 1 Satz 3 UrhG gegeben, entfällt die Vergütungspflicht für die Schule. Nach Satz 4 lebt die Vergütungspflicht jedoch wieder auf, wenn die nach Satz 3 vergütungsfreie Veranstaltung dem Erwerbszweck eines Dritten dient. In diesen Fällen hat der Dritte die Vergütung zu zahlen. Hierbei handelt es sich z.B. um Schulveranstaltungen, die in einem gegen Entgelt gemieteten Saal stattfinden oder bei denen ein Gastwirt mit Genehmigung der Schule Speisen und Getränke verkauft.[978] Ferner ist hier erneut darauf hinzuweisen, dass die Ausführungen zu § 52 Abs. 1 Satz 3 bzw. Satz 4 UrhG für die urheberstrafrechtlichen Bewertungen keine Rolle spielen, da es in diesen Regelungen nur um die zivilrechtliche Vergütungspflicht geht. Für die strafrechtliche Privilegierung durch den gesetzlich zugelassenen Fall des § 52 UrhG sind lediglich die Voraussetzungen nach Abs. 1 Satz 1 sowie die Ausnahme nach Abs. 3 zu berücksichtigen.

Schließlich ist hinsichtlich der öffentlichen Wiedergabe von Musikwerken im Schulbereich zu berücksichtigen, dass zwischen der GEMA und der Bundesvereinigung der kommunalen Spitzenverbände ein Pauschalvertrag (PV/ST Nr. 1) besteht.[979] Anders als bei den Gesamtverträgen zu § 53 und § 52a UrhG handelt es sich hierbei lediglich um einen Rahmenvertrag, der erst durch Betritt der einzelnen kommunalen Schulaufwandsträger für die jeweiligen Schulen gültig wird.[980] Der Vertrag erlaubt die Wiedergabe von geschützter Musik aus dem Repertoire der GEMA bei nicht gemäß § 52 Abs. 1 Satz 3 UrhG privilegierten Schulveranstaltungen, bei denen kein

---

975 *Bender*, RdJB 1985, 486, 494; Schricker/Loewenheim/*Melichar*, § 52 Rn. 31.

976 Vgl. *Neumann*, S. 100.

977 *Neumann*, S. 100; Schricker/Loewenheim/*Melichar*, § 52 Rn. 32; Wandtke/Bullinger/*Lüft*, § 52 Rn. 13; das Erfordernis der Zugangskontrolle ablehnend jedoch *Dietz*, Schulverwaltung 1988, 228, 232.

978 *Neumann*, S. 103.

979 Der vollständige Text des Vertrags findet sich auf der Internetseite: „http://dozenten.alp.dillingen.de/mp/material/pauschvertrag_gema-kommunen.PDF" (zuletzt abgerufen am 26.04.2016). Zum Vertrag vgl. auch *Neumann*, S. 108f.

980 Es ist also stets zu prüfen, ob der Vertrag für die jeweilige Schule Anwendung findet.

Eintrittsgeld oder sonstiger Kostenbeitrag von mehr als 2,60 Euro erhoben wird. Schulveranstaltungen im Sinne dieses Vertrages sind Veranstaltungen einer Schule, mehrerer Schulen gemeinsam oder eines Fördervereins oder den Schülervertretungen außerhalb des planmäßigen Unterrichts in der Schule, auf Plätzen und Straßen oder in Räumlichkeiten, die der Schule kostenfrei zur Verfügung gestellt werden, bei denen lediglich Erlöse aus Eigenbewirtung erzielt werden und sofern die Voraussetzungen des § 52 Abs. 1 Satz 4 UrhG nicht vorliegen. Grundsätzlich erlaubt ist die Musikwiedergabe durch ausübende Künstler, mittels Tonträgern (Schallplatten, CD, Kassetten) sowie die Wiedergabe von Funksendungen (Fernsehen und Radio)[981] oder Filmen[982]. Die Vergütung die Einräumung dieser Rechte beträgt 10 Cent pro Schüler und Schuljahr.

- *Beispiel:* Eine Schule, für die der Pauschalvertrag anwendbar ist, veranstaltet in ihrer eigenen Turnhalle einen Schulkarneval, bei dem jeder für ein Eintrittsgeld in Höhe von 1,50 Euro teilnehmen kann. Spielt ein Lehrer auf dieser Schulveranstaltung aktuelle Musik-CDs vor, so ist diese öffentliche Wiedergabe nicht durch § 52 Abs. 1 Satz 1 UrhG privilegiert, da die Teilnehmer nur gegen ein Entgelt von 1,50 Euro zur Veranstaltung zugelassen werden. In diesem Fall greift jedoch die Rechteeinräumung und Vergütung des Pauschalvertrags, sodass die Schule keine Sonderlizenz bei der GEMA einholen muss. Urheberstrafrechtlich liegt in diesem Fall kein gesetzlich zugelassener Fall, sondern lediglich eine Einwilligung durch den Pauschalvertrag vor, sodass die tatbestandliche Verwertungshandlung des Lehrers gerechtfertigt ist. Wird der Schulkarneval jedoch durch einen ortsansässigen Kioskbetreiber bewirtet, so liegt ein Fall des § 52 Abs. 1 Satz 4 UrhG vor, mit der Folge dass der Pauschalvertrag nicht mehr anwendbar ist und der Kioskbetreiber gegenüber der GEMA vergütungspflichtig ist. Urheberstrafrechtlich hat dies zur Folge, dass die tatbestandliche öffentliche Wiedergabe des Lehrers nun nicht mehr durch den Pauschalvertrag gerechtfertigt ist, sodass er sich nach § 106 Abs. 1 UrhG strafbar macht.

bb) Vorübergehende Vervielfältigungshandlungen nach § 44a UrhG

§ 44a UrhG privilegiert vorübergehende Vervielfältigungshandlungen, die flüchtig oder begleitend sind und einen integralen und wesentlichen Teil ei-

---

[981] Nach Nr. 9 des Vertrags nimmt die GEMA auch die Rechte der Verwertungsgesellschaften VG WORT und GVL, welche die Rechte der ausübenden Künstler und der Tonträgerhersteller betreuen, wahr.

[982] Hinsichtlich der Wiedergabe von Filmen ist zu beachten, dass der Vertrag nur die Wiedergabe der Filmmusik erlauben kann. Über das Vorführungsrecht des gesamten Filmwerkes müssen dagegen die Rechteinhaber des Films entscheiden.

nes technischen Verfahrens darstellen und deren alleiniger Zweck es ist, eine Übertragung in einem Netz zwischen Dritten durch einen Vermittler (Nr. 1) oder eine rechtmäßige Nutzung (Nr. 2) eines Werks zu ermöglichen und die keine eigenständige wirtschaftliche Bedeutung haben. Von Bedeutung für den Schulgebrauch ist diese Schranke insbesondere in den Fällen, in denen ein Lehrer seinen Schülern urheberrechtlich geschützte Film- oder Musikwerke per „Streaming" vorspielt.

Unter dem Begriff „Stream" versteht man das gleichzeitige Empfangen und Abspielen von Audio- und/oder Videodaten basierend auf einer kontinuierlichen Datenübertragung zwischen einem sendenden Server und einem Empfangsgerät.[983] Erfasst ist sowohl der „Live-Stream", bei dem der Zeitpunkt und die Dauer der Übertragung durch den Stream-Anbieter bestimmt werden, als auch der „On-Demand-Stream", bei dem der Empfänger selbst entscheiden kann, wann er mit der Übertragung der bereit gestellten Inhalte startet.[984] Um den Schülern ein Film oder ein Musikstück vorzuspielen, braucht der Lehrer also die entsprechenden Werke nicht durch „Download" auf einen Datenträger zu vervielfältigen, sondern er kann die Werke auch auf den entsprechenden Internet-Plattformen wie z. B. „YouTube" per Streaming abrufen. Allerdings liegt auch beim Streaming eine Vervielfältigung der abgerufenen Werke nach § 16 UrhG vor[985], da ankommende Datenpakete im Streamvorgang notwendigerweise in einem Puffer des Computers, in der Regel im Arbeitsspeicher, zwischengespeichert werden, um einer bessere Abspielbarkeit zu gewährleisten.[986] Diese Zwischenspeicherungen werden anschließend, spätestens beim Ausschalten des Rechners, wieder gelöscht.[987] Insofern handelt es sich bei diesen notwendigen Zwischenspeicherungen im Arbeitsspeicher um vorübergehende, flüchtige und technisch bedingte Vervielfältigungen i. S. d. § 44a UrhG, die in dem Übertragungsvorgang automatisch erstellt werden und später wieder verschwinden.[988]

Für das Streaming einschlägig ist die Nr. 2 des § 44a UrhG. Eine weit verbreitete Ansicht[989] geht zutreffend davon aus, dass der alleinige Zweck

---

983 Vgl. *Busch*, GRUR 2011, 496, 497; *Oğlakcıoğlu*, ZIS 2012, 431, 433.

984 *Reinbacher*, HFR 2012, 179, 180; *Stieper*, MMR 2012, 12 f.

985 Vgl. oben B. I. 2. b) aa).

986 *Reinbacher*, HFR 2012, 179, 180; vgl. auch *Oğlakcıoğlu*, ZIS 2012, 431, 435.

987 MüKo-StGB/*Heinrich*, § 106 UrhG Rn. 80.

988 *Reinbacher*, NStZ 2014, 57, 62; *Wandtke/von Gerlach*, GRUR 2013, 676, 678 f.

989 Vgl. u. a. EuGH, ZUM 2011, 803, 818 – Premier League; LG Köln, GRUR-RR 2014, 114, 115 – The Archive; *Brackmann/Oehme*, NZWiSt 2013, 170, 174 f.; Dreyer/Kotthoff/Meckel/*Dreyer*, § 44a Rn. 15; *Eisele*, § 50 Rn. 25; *Fangerow/Schulz*, GRUR 2010, 677, 680 f.; Fromm/Nordemann/*Dustmann*, § 44a Rn. 17; *Gercke*,

des Streamings darin liegt, eine rechtmäßige Nutzung nach § 44a Nr. 2 UrhG, nämlich das bloße Anschauen eines Films oder Anhören eines Musikstücks, zu ermöglichen. Da der reine Werkgenuss am Empfängergerät, wie z.B. das Anschauen des Streams durch die Schüler der Schule, keine urheberrechtlich relevante Verwertungshandlung gemäß der §§ 15 ff. UrhG darstellt, kann es sich hierbei nur um eine rechtmäßige Nutzung handeln.[990] Insofern ist die gegenteilige Ansicht[991] abzulehnen, dass eine rechtmäßige Nutzung nur dann vorliegt, wenn das Streaming vom Rechtsinhaber zugelassen oder durch Schranken gedeckt ist. Denn würde man dieser Ansicht folgen, so wäre eine Privilegierung nach § 44a Nr. 2 UrhG überflüssig, da jeweils bereits ein Gestattungstatbestand in Form einer Einwilligung oder einer andere Schranken vorliegen müssen.[992] Ebenso nicht zu folgen ist einer weiteren Ansicht[993], die eine Parallele zu § 53 Abs. 1 UrhG ziehen möchte und daher auch für die vorübergehende Vervielfältigung nach § 44a Nr. 2 UrhG verlangt, dass die Vervielfältigungsvorlage nicht offensichtlich rechtswidrig hergestellt oder öffentlich zugänglich gemacht wurde. Gegen diese Ansicht spricht vor allem, dass der Wortlaut des § 44a Nr. 2 UrhG nicht auf die Rechtmäßigkeit der verwendeten Quelle des Streams abstellt, sondern lediglich eine rechtmäßige Nutzung verlangt.[994] Schließlich hat die vorübergehende Vervielfältigung beim Streaming auch keine eigenständige wirtschaftliche Bedeutung, da das kurzzeitige Zwischenspeichern im Arbeitsspeicher nur dem kurzzeitigen Werkgenuss dient und die Daten im Anschluss automatisch wieder gelöscht werden.[995] Eine über die rechtmäßige Nutzung hinausgehende Verwertung des Übertragungsinhalts ist somit nicht möglich. Im Ergebnis sind somit die vorübergehenden Vervielfältigungshandlungen, die beim Streaming automatisch vorgenommen werden, durch § 44a Nr. 2 UrhG privilegiert.

Für den Schulgebrauch bedeutet das, dass Lehrer und Schüler, die das Streaming durch einen Mausklick veranlassen, zumindest hinsichtlich der dadurch vorgenommenen kurzzeitigen Vervielfältigungen durch § 44a Nr. 2 UrhG privilegiert sind. Allerdings ist zu beachten, dass die Übertragung von

---

ZUM 2012, 625, 634; *Reinbacher*, NStZ 2014, 57, 62; *Stieper*, MMR 2012, 12, 15 f.; *Stolz*, MMR 2013, 353, 356.

990 Siehe *Fangerow/Schulz*, GRUR 2010, 677, 681; *Mitsdörffer/Gutfleisch*, MMR 2009, 731, 733.

991 Dreier/Schulze/*Dreier*, § 44a Rn. 8; Fromm/Nordemann/*W. Nordemann*, 10. Aufl., § 44a Rn. 5; *Radmann*, ZUM 2010, 387, 391.

992 *Busch*, GRUR 2011, 496, 502; MüKo-StGB/*Heinrich*, § 106 UrhG Rn. 80; *Stolz*, MMR 2013, 353, 356.

993 *Wandtke/von Gerlach*, GRUR 2013, 676, 680 ff.

994 Vgl. *Stieper*, MMR 2012, 12, 15 f.; *Stolz*, MMR 2013, 353, 356.

995 *Reinbacher*, NStZ 2014, 57, 62.

Werken durch Streaming auch stets eine Wiedergabe des Übertragungsinhalts darstellt, da hier einem Kreis von Zuschauern oder Zuhörern ein Werk in unkörperlicher Form wahrnehmbar gemacht wird. Derjenige, der das Streaming veranlasst, gibt demzufolge auch gleichzeitig ein Werk wieder. Der Lehrer sollte daher stets beachten, ob ein Werk für einen öffentlichen oder nicht öffentlichen Kreis von Schülern per Streaming übertragen wird. Bei Ersterem liegt nämlich eine öffentliche Wiedergabe des jeweiligen Werkes nach § 15 Abs. 2 UrhG vor, die nicht ohne weiteres vorgenommen werden darf.[996] Hingegen unproblematisch ist das Streaming für einen nicht öffentlich Kreis von Schülern, wie z. B. die Schulklasse, der Leistungs- oder Grundkurs oder die Arbeitsgemeinschaft, da in diesen Fällen mangels Öffentlichkeit keine urheberrechtlich relevante Verwertung vorliegt. Lehrer oder Schüler dürfen also in diesen Unterrichtsveranstaltungen mit Hilfe eines Laptops und Beamers sowohl Schulfunksendungen als auch allgemeine Funksendungen sowie sonstige Film- und Musikwerke, die auf den Internetseiten der Rundfunkanstalten oder auf sonstigen Internetplattformen als Stream angeboten werden, abspielen. Mit der Schranke bzw. dem gesetzlich zugelassenen Fall des § 44a Nr. 2 UrhG besteht somit im alltäglichen Klassen- oder Kursunterricht stets die rechtlich zulässige Möglichkeit, den Unterricht durch Streaming von ganzen Werken audio-visuell zu bereichern. Im Vergleich zur dauerhaften Vervielfältigung (Aufzeichnung) von audio-visuellen Werken für den Unterrichtsgebrauch nach § 53 Abs. 3 UrhG, bei dem nur beschränkt Werkteile oder Werke geringen Umfangs vervielfältigt werden dürfen, stellt das Streaming für den Lehrer eine bessere Alternative dar, sofern ihm die dafür erforderlichen technischen Möglichkeiten zur Verfügung stehen.

cc) Öffentliche Reden § 48 Abs. 1 Nr. 2 UrhG und vermischte Nachrichten § 49 Abs. 2 UrhG

Nach § 48 Abs. 1 Nr. 2 UrhG darf jedermann zustimmungs- und vergütungsfrei Reden, die bei öffentlichen Verhandlungen vor staatlichen, kommunalen oder kirchlichen Organen gehalten worden sind, vervielfältigen, verbreiten oder öffentlich wiedergeben. Dabei sind Reden gemäß § 2 Abs. 1 Nr. 1 UrhG Sprachwerke. Voraussetzung für eine Verhandlung ist, dass im Anschluss an die Rede eine Diskussion oder Aussprache vorgesehen ist, auch wenn sie im Einzelfall unterbleibt.[997] Die Schranke des § 48 Abs. 1

---

[996] U. U. kann hier die Schranke des § 52 UrhG weiterhelfen, hierzu vgl. oben B. I. 5. c) aa).

[997] Dreier/Schulze/*Dreier*, § 48 Rn. 8; Schricker/Loewenheim/*Melichar*, § 48 Rn. 10.

Nr. 2 UrhG erfasst typischerweise Reden vor Gerichten und Parlamenten aller Art, d.h. insbesondere Bundestag, Landtag, Bundesrat, Kreis- und Gemeinderäte, einschließlich der jeweiligen Kommissionen und Ausschüsse.[998] Ferner sind alle Formen der Verwertung privilegiert. So darf ein Lehrer z.B. die Rede der Bundeskanzlerin in einer Bundestagssitzung in Textform aus dem Internet herunterladen, ausdrucken und kopieren, um es an den Schülern seiner Projektgruppe zu verteilen. Wird die Rede im Fernsehen ausgestrahlt, so kann der Lehrer sie vollumfänglich aufzeichnen und seiner Projektgruppe vorspielen. Geht es insoweit um Reden bei öffentlichen Verhandlungen ist die Schranke des § 48 Abs. 1 Nr. 2 UrhG im Vergleich zu den §§ 53 Abs. 3, 52a, 46, 47 UrhG spezieller und für den Lehrer günstiger, da § 48 Abs. 1 Nr. 2 UrhG jegliche Verwertung der ganzen Rede privilegiert. Zu beachten ist lediglich die Einschränkung nach § 48 Abs. 2 UrhG, wonach die Vervielfältigung und Verbreitung der Reden in Form einer Sammlung, die überwiegend Reden desselben Urhebers enthält, unzulässig ist.

Gemäß § 49 Abs. 2 UrhG darf jedermann zustimmungs- und vergütungsfrei vermischte Nachrichten tatsächlichen Inhalts und Tagesneuigkeiten, die durch die Presse oder Funk veröffentlicht worden sind, vervielfältigen, verbreiten und öffentlich zugänglich machen. Zwischen den „vermischten Nachrichten tatsächlichen Inhalts“ und den „Tagesneuigkeiten“ bestehen dabei keinerlei Unterschiede.[999] Erfasst sind alle Tatsachenberichte gleich welchen Inhalts, sodass keine Beschränkung auf politische, wirtschaftliche oder religiöse Nachrichten erfolgt.[1000] In den meisten Fällen stellen solche reine Nachrichten jedoch schon keine urheberrechtlich schutzfähigen Werke i.S.d. § 2 UrhG dar[1001], sodass die Schranke des § 49 Abs. 2 UrhG nur in den wenigen Ausnahmefällen zur Anwendung kommt, in denen die Wiedergabe der Nachrichten in einer individuellen schöpferischen Darstellungsform, etwa durch eine geistreiche Formulierung, erfolgt.[1002] Sind die Nachrichten jedoch mit erläuternden oder belehrenden Kommentierungen, Betrachtungen oder Ergänzungen verknüpft, scheidet die Privilegierung nach § 49 Abs. 2 UrhG aus.[1003] Insofern dürfen auch Lehrer die reine Wiedergabe von Nachrichten, gleich ob sie urheberrechtlich geschützt sind oder nicht, vervielfältigen, verbreiten und öffentlich wiedergeben. Z.B. darf der Politiklehrer die Tagesschau aufzeichnen und am nächsten Tag in der Pro-

---

998 Schricker/Loewenheim/*Melichar*, § 48 Rn. 11.

999 *Rehbinder/Peukert*, Rn. 625.

1000 Schricker/Loewenheim/*Melichar*, § 49 Rn. 32.

1001 Vgl. oben B. I. 1. c) aa).

1002 Dreyer/Kotthoff/Meckel/*Dreyer*, § 49 Rn. 29; Schricker/Loewenheim/*Melichar*, § 49 Rn. 29.

1003 Schricker/Loewenheim/*Melichar*, § 49 Rn. 30.

jektgruppe vorspielen. Ebenso darf der Deutschlehrer für seine Projektgruppe verschiedene Zeitungs- und Zeitschriftenbeiträge mit Nachrichten tatsächlichen Inhalts kopieren und an die Schüler verteilen. Allerdings ist bei den wenigen Ausnahmefällen, in denen die Wiedergabe der Nachrichten tatsächlichen Inhalts urheberrechtlich geschützt ist, zu beachten, dass die oben[1004] dargestellten Beschränkungen der §§ 53 Abs. 3 Satz 1, 52a Abs. 1 Nr. 1 UrhG nicht umgangen werden. In diesen Fällen darf der Lehrer somit lediglich maximal 3 Beiträge pro Zeitung oder Zeitschrift vervielfältigen oder öffentlich zugänglich machen.

dd) Zitate § 51 UrhG

Weiterhin kommt für den Schulgebrauch auch die Schranke des § 51 UrhG in Betracht. Die Zitierfreiheit nach § 51 UrhG erlaubt die vergütungsfreie Vervielfältigung, Verbreitung und öffentliche Wiedergabe von einzelnen veröffentlichten Werken oder Werkteilen zur Erläuterung oder zum Nachweis der eigenen Ausführungen in einem eigenständigen Werk. Voraussetzung des § 51 UrhG ist also stets, dass ein eigenes Werk nach den Voraussetzungen des § 2 Abs. 2 UrhG geschaffen wird. Nicht ausreichend sind bloße Aneinanderreihungen von Fremdwerken, Bearbeitungen oder sonstige Umgestaltungen des Originalwerkes.[1005] Daher können sich nur diejenigen Lehrer oder Schüler auf das Zitatrecht berufen, die auch tatsächlich eine eigene persönliche geistige Schöpfung erschaffen haben. Erstellt ein Lehrer z. B. ein urheberrechtlich schutzfähiges Arbeitsblatt mit eigenen Texten und Darstellungen, so kann er Teile aus einem Schulbuch als Zitat mit in das Arbeitsblatt aufnehmen.

Hinsichtlich des Entnahmeumfangs unterscheidet das Zitatrecht zwischen dem Großzitat (§ 51 Satz 2 Nr. 1 UrhG), Kleinzitat (Nr. 2) und dem Musikzitat (Nr. 3). Für den Schulgebrauch relevant ist nur das Kleinzitat nach Nr. 2, da im Schulbereich in der Regel keine wissenschaftlichen Werke (Nr. 1) oder Musikwerke (Nr. 3) geschaffen werden. Nach Nr. 2 dürfen „Stellen eines Werkes", d. h. Abschnitte, Auszüge und sonstige Teile, in einem eigenständigen Werk angeführt werden. Zwischen den Stellen des fremden Werkes und dem eigenem Werk ist dabei eine innere Verbindung erforderlich.[1006] Der Ausschnitt aus dem fremden Werk muss stets den Zitatzwecken als Beleg für die eigene Ausführung, als beispielhafte Erläuterung des eigenen Gedankenganges oder als kritische Auseinandersetzung mit dem fremden Werk dienen, sodass die Aufnahme eines fremden Werkes

1004 Siehe oben B. I. 5. b) bb) (2) (d) und B. I. 5. b) cc) (3) (a).

1005 *von Bernuth*, Grundkurs Schulrecht XI, S. 15.

1006 Wandtke/Bullinger/*Lüft*, § 51 Rn. 6.

zur Ausschmückung des eigenen Werkes den erlaubten Zitatzweck überschreitet.[1007] Fertigt z. B. der Deutschlehrer eine eigene Musterlösung für eine Interpretation einer Kurzgeschichte an, so darf er die relevanten Stellen, die für die Erläuterung oder Auseinandersetzung mit der Kurzgeschichte erforderlich sind, in seine Musterlösung zitieren. Ebenso kann z. B. der Geographielehrer, der ein Arbeitsblatt über Vegetationszonen erstellt, neben seinen eigenen Texten auch fremde urheberrechtlich geschützte Abbildungen oder Darstellungen von Vegetationszonen als Beleg oder zur Veranschaulichung in seinem Arbeitsblatt hinzufügen. Nicht erlaubt ist jedoch das Einfügen von Bildern zur Belustigung oder Unterhaltung von Schülern, ohne dabei die Zitatzwecke zu verfolgen. Kein Zitat ist schließlich auch die Übernahme von fremden Werkausschnitten, um die eigene schöpferische Leistung zu ersetzen. Schreibt der Deutschlehrer also eine eigene Inhaltszusammenfassung der Kurzgeschichte und übernimmt dabei Textabschnitte aus einer fremden Inhaltszusammenfassung, so kann nicht von einem Zitat gesprochen werden, da die Übernahme der Textstellen weder Beleg- noch Erläuterungsfunktion hat, sondern dem Lehrer lediglich die eigene schöpferische Arbeit erspart.[1008]

Neben den beispielhaft aufgezählten Zitaten in § 51 Satz 2 Nr. 1–3 UrhG können auch unbenannte Zitate von der Generalklausel des § 51 Satz 1 UrhG erfasst sein. Für jede Annahme eines nicht benannten Zitats müssen dabei jedoch auch die Voraussetzungen des Zitatrechts vorliegen, also Zitatzweck, Zulässigkeit nur im gebotenen Umfang, Selbstständigkeit des übernehmenden Werkes sowie Veröffentlichung bzw. Erscheinen des zitierten Werkes.[1009] Als unbenannte Zitate anerkannt sind insbesondere Filmzitate sowie Zitate von Multimediawerken.[1010] Diese spielen im Schulbereich jedoch regelmäßig keine Rolle.

Das Zitatrecht ist im Ergebnis nur in den Fällen für den Lehrer nützlich, in denen er ein eigenes Werk, z. B. ein Arbeitsblatt, eine Klausurlösung oder ein Skript, erstellen möchte und dabei Teile von fremden Werken zur Erläuterung des Inhalts aufnimmt. Er muss jedoch stets darauf achten, dass der Umfang des aufgenommenen Werkes nicht den erlaubten Zitatzweck überschreitet. Berücksichtigt er dies, so kann er zustimmungsfrei fremde Werkteile für die Aufnahme in das eigene Werk vervielfältigen und anschließend sein eigenes Werk, einschließlich der fremden Werkteile, verbreiten, z. B. durch Verteilen

---

[1007] *Lutz*, Rn. 393.

[1008] Vgl. auch weitere Beispiele zum Zitatrecht im Schulbereich bei *von Bernuth*, Grundkurs Schulrecht XI, S. 16.

[1009] Dreier/Schulze/*Dreier*, § 51 Rn. 22.

[1010] Vgl. BT-Drucks. 16/1828, S. 25; Dreier/Schulze/*Dreier*, § 51 Rn. 23 f.; Wandtke/Bullinger/*Lüft*, § 51 Rn. 17.

in der ganzen Schule, oder öffentlich wiedergeben, z.B. durch das öffentliche Zugänglichmachen im Internet. Anders als bei der Schranke des § 46 UrhG ist der Lehrer vorliegend nicht persönlich vergütungspflichtig. Bezüglich der Vervielfältigung zur Erstellung des eigenen Werkes kann § 53 Abs. 3 UrhG für den Lehrer günstiger sein, da diese Schranke auch die Vervielfältigung von ganzen Werken geringen Umfangs erlaubt.[1011] Überschreitet der Umfang des aufgenommenen fremden Werkes den erlaubten Zitatzweck, so kann sich der Lehrer allerdings bei der anschließenden Verbreitung seines Werkes nicht auf § 51 UrhG berufen. Er kann das eigene Werk jedoch u.U. öffentlich Zugänglichmachen, sofern die Voraussetzungen des § 52a UrhG hinsichtlich der fremden Werkteile vorliegen.

ee) Änderungsverbot § 62 UrhG und Quellenangabe § 63 UrhG

Abschließend ist noch auf das Änderungsverbot nach § 62 UrhG sowie auf die Pflicht der Quellenangabe nach § 63 UrhG hinzuweisen. Nach § 62 Abs. 1 UrhG darf im Rahmen der zulässigen bzw. privilegierten Benutzung von Werken im Sinne der §§ 44a ff. UrhG grundsätzlich keine Änderungen an dem Werk vorgenommen werden. Nach § 62 Abs. 2 und Abs. 3 UrhG erlaubt sind allerdings Auszüge aus einem Werk, Übertragungen von Werken der Musik in eine andere Tonart oder Stimmlage, Übertragungen von Werken der bildenden Künste und Lichtbildwerken in eine andere Größe sowie Änderungen, die das für die Vervielfältigung angewendete Verfahren mit sich bringt, so z.B. die Änderung von einem Werk in Papierform in ein digitales Werk durch das Scannen.

Gemäß § 63 Abs. 1 Satz 1 UrhG ist bei der Vervielfältigung von Werken oder Werkteilen u.a. in den Fällen des § 53 Abs. 3 Nr. 1 UrhG stets die Quelle deutlich anzugeben. Bei der Vervielfältigung ganzer Sprachwerke oder ganzer Musikwerke ist neben dem Urheber auch der Verlag anzugeben, in dem das Werk erschienen ist, und außerdem kenntlich zu machen, ob an dem Werk Kürzungen oder andere Änderungen vorgenommen worden sind (Satz 2). Nach Satz 3 entfällt die Pflicht zu Quellenangabe jedoch dann, wenn die Quelle weder auf dem benutzten Werkstück oder bei der benutzten Werkwiedergabe genannt noch dem zur Vervielfältigung Befugten anderweit bekannt ist. Hinsichtlich der öffentlichen Wiedergabe ist gemäß § 63 Abs. 2 Satz 2 UrhG in den Fällen der §§ 46, 51 und 52a UrhG die Quelle einschließlich des Namens des Urhebers stets anzugeben, es sei denn, dass dies nicht möglich ist.

[1011] Bezüglich der Aufnahme fremder Werke in das eigene Werk ist zivilrechtlich jedoch auf die Einhaltung der urheberpersönlichkeitsrechtlichen Vorschrift des § 14 UrhG zu achten, vgl. hierzu bereits oben B. I. 5. b) dd) (3).

Wird gegen das Änderungsverbot nach § 62 UrhG verstoßen, so wird nicht allein deswegen die nach den §§ 44a ff. UrhG privilegierte Nutzungshandlung unzulässig.[1012] Die nicht erlaubte Werkänderung ist jedoch eine eigenständige Urheberrechtsverletzung, gegen die der Urheber entsprechend der § 97 Abs. 1 i. V. m. § 62 UrhG vorgehen kann.[1013] Lässt sich dabei die konkrete Änderung nicht losgelöst von der gesamten Nutzung beseitigen, kann die Nutzung insgesamt untersagt werden.[1014] Ähnliches gilt auch für die Pflicht der Quellenangabe des § 63 UrhG. Auch hier führt die unzureichende oder unterbliebene Quellenangabe nicht zu einer gesamten Unzulässigkeit der nach den §§ 44a ff. UrhG privilegierten Nutzungshandlungen.[1015] Der Verstoß gegen die Pflicht zur Quellenangabe stellt jedoch eine Urheberrechtsverletzung dar, sodass der Urheber nach § 97 Abs. 1, § 63 UrhG verlangen kann, dass keine weiteren Vervielfältigungsstücke, die keine Quellenangaben enthalten, hergestellt werden.[1016] Die Urheberrechtsverletzung kann z. B. durch das nachträgliche Anbringen der Quellenangabe beseitigt werden.[1017] Darüber hinaus können dem Urheber auch Schadensersatzansprüche zustehen.[1018]

Urheberstrafrechtlich bleibt der Verstoß gegen das Änderungsverbot nach § 62 UrhG oder gegen die Pflicht zur Quellenangabe nach § 63 UrhG jedoch folgenlos. Nach einhelliger Auffassung[1019] führt die Nichteinhaltung dieser Vorschriften nicht zum Wegfall der Privilegierung durch die gesetzlich zugelassenen Fälle der § 44a ff. UrhG und somit nicht zur Strafbarkeit nach § 106 Abs. 1 UrhG.

[1012] Dreier/Schulze/*Schulze*, § 62 Rn. 24; Wandtke/Bullinger/*Bullinger*, § 62 Rn. 30.

[1013] OLG Hamburg, GRUR 1970, 38, 39 – Heintje; Dreier/Schulze/*Schulze*, § 62 Rn. 24.

[1014] Dreier/Schulze/*Schulze*, § 62 Rn. 24; Dreyer/Kotthoff/Meckel/*Dreyer*, § 62 Rn. 23.

[1015] Dreier/Schulze/*Schulze*, § 63 Rn. 30; Wandtke/Bullinger/*Bullinger*, § 63 Rn. 31; a. A. Dreyer/Kotthoff/Meckel/*Dreyer*, § 63 Rn. 21; Schricker/Loewenheim/*Dietz/Spindler*, § 63 Rn. 20.

[1016] Wandtke/Bullinger/*Bullinger*, § 63 Rn. 31.

[1017] Dreier/Schulze/*Schulze*, § 63 Rn. 30.

[1018] Hierzu ausführlich vgl. Dreier/Schulze/*Schulze*, § 63 Rn. 31.

[1019] Vgl. BeckOK-UrhG/*Sternberg-Lieben*, § 106 Rn. 31; *Heinrich*, Standardsoftware, S. 249 Fn. 393; *Hildebrandt*, S. 137 f.; Loewenheim/*Flechsig*, § 90 Rn. 27; Schricker/Loewenheim/*Haß*, § 106 Rn. 26; Wandtke/Bullinger/*Hildebrandt/Reinbacher*, § 106 Rn. 22; *Weber*, S. 248 f.

d) Die „Dauer des Urheberrechts" als gesetzlich zugelassener Fall

In den §§ 64 ff. UrhG wird die Schutzdauer von urheberrechtlich geschützten Werken geregelt. Im Mittelpunkt steht dabei die Regelung des § 64 UrhG, wonach das Urheberrecht siebzig Jahre nach dem Tode des Urhebers (post mortem auctoris) erlischt. Nach Ablauf dieser Schutzfrist wird ein zuvor geschütztes Werk gemeinfrei, sodass es von jedermann ohne Zustimmung, d. h. auch straffrei, genutzt werden kann.[1020] Mit dem Ende der Schutzdauer erlöschen auch die vom Werk abgeleiteten Nutzungsrechte der Werkvermittler, insbesondere das Verlagsrecht.[1021] Beispielsweise können Lehrer unproblematisch literarische Druckwerke von Goethe, Schiller oder Fontane verwerten, da sowohl die Urheber- als auch die damit verknüpften Verlagsrechte bereits erlöschen sind. Handelt es sich aber um ein fremdsprachiges literarisches Werk (z. B. „Romeo und Julia" von William Shakespeare), das ins Deutsche übersetzt wurde, so liegt eine selbstständig geschützte Übersetzung (Bearbeitung) gemäß § 3 UrhG[1022] vor mit der Folge, dass der Todeszeitpunkt des Übersetzers maßgeblich ist. Bei Musikwerken von Mozart, Chopin oder Debussy sind zwar die Urheberrechte auch bereits erloschen, jedoch muss der Lehrer u. U. die verwandten Schutzrechte des ausübenden Künstlers gemäß §§ 73 ff. UrhG und des Herstellers von Tonträgern gemäß § 85 f. UrhG beachten. Hinsichtlich der Werke mit mehreren Urhebern (Miturheber § 8 UrhG) gilt die Sonderregelung des § 65 UrhG. Nach § 65 Abs. 1 UrhG ist der Tod des längstlebenden Miturhebers für die Schutzfristberechnung maßgeblich. Dies ist insbesondere bei Filmwerken (§ 65 Abs. 2 UrhG) und Musikkompositionen mit Text (§ 65 Abs. 3 UrhG) zu beachten. § 66 regelt die Schutzdauer von anonymen und pseudonymen Werken. Schließlich bestimmt § 69 UrhG, dass die Fristen für die Regelungen der §§ 64 ff. UrhG mit dem Ablauf des Kalenderjahres beginnen, in dem das für den Beginn der Frist maßgebende Ereignis eingetreten ist.

Urheberstrafrechtlich ist die Schutzfrist von Werken als „gesetzlich zugelassener Fall" einzuordnen.[1023] Für andere Autoren[1024] liegt mit dem Ablauf

---

[1020] MüKo-StGB/*Heinrich*, § 106 UrhG Rn. 114; Wandtke/Bullinger/*Lüft*, § 64 Rn. 1. Nach dem Ablauf der Schutzfrist sind jedoch u. U. die mit dem Urheberrecht verwandten Schutzrechte der §§ 70 ff. UrhG zu beachten; hierzu vgl. noch unten C.

[1021] *Rehbinder/Peukert*, Rn. 747.

[1022] Vgl. hierzu bereits oben B. I. 1. d) bb).

[1023] BeckOK-UrhG/*Sternberg-Lieben*, § 106 Rn. 31; *Hildebrandt*, S. 136 f.; MüKo-StGB/*Heinrich*, § 106 UrhG Rn. 114; Wandtke/Bullinger/*Hildebrandt*, 3. Aufl., § 106 Rn. 22.

[1024] Dreier/Schulze/*Dreier*, § 106 Rn. 4; *Reinbacher*, Privatgebrauch, S. 69 f., 136; Wandtke/Bullinger/*Hildebrandt/Reinbacher*, § 106 Rn. 22.

der Schutzfrist jedoch schon kein taugliches Tatobjekt („geschütztes Werk“) vor. Es erscheint allerdings nicht unbedingt erforderlich, die Frage nach der Schutzdauer schon auf der Ebene des Tatobjektes zu behandeln, da dort nur auf das Vorliegen der Voraussetzungen einer persönlichen geistigen Schöpfung gemäß § 2 Abs. 2 UrhG abzustellen ist. Letzten Endes kommen beide Ansichten aber ohnehin zum selben Ergebnis, nämlich dass mit dem Ablauf der Schutzdauer der Tatbestand des § 106 Abs. 1 UrhG jedenfalls nicht erfüllt ist. Wurde die strafbare Handlung noch vor dem Ablauf des Urheberrechtsschutzes, also tatbestandsmäßig, vorgenommen, so kann der Täter unabhängig davon bestraft werden, ob der Strafantrag (§ 109 UrhG) noch innerhalb oder nach dem Ablauf der Schutzfrist gestellt wird und wann das Strafverfahren durchgeführt wird.[1025] Unabhängig von den urheberrechtlichen Schutzfristen sind ferner die strafprozessualen Verjährungsfristen, die sowohl während aber auch nach Ende der Schutzdauer beginnen und ablaufen können.[1026]

II. Der subjektive Tatbestand

1. Die subjektiven Elemente der Schrankenvorschriften

Neben den objektiven enthalten die Schrankenbestimmungen häufig auch subjektive Merkmale (z.B. § 53 Abs. 3 Satz 1 Nr. 1 und § 52a Abs. 1 Nr. 1 UrhG „zur Veranschaulichung des Unterrichts in Schulen“; § 46 Abs. 1 Satz 1 UrhG „für den Unterrichtsgebrauch an Schulen“ oder § 53 Abs. 1 Satz 1 UrhG „zum privaten Gebrauch“). Wie beim Tatbestandsvorsatz müssen auch diese subjektiven Merkmale entsprechend dem Simultaneitätsprinzip zum Zeitpunkt der Tat vorliegen.[1027] Beabsichtigt also ein Lehrer zum Zeitpunkt der Vornahme der Vervielfältigung die Vervielfältigungsstücke für seinen privaten Literaturclub zu verwenden und nutzt er die Kopien später dann doch (auch) für seine Schulklasse, so kann er sich nicht auf § 53 Abs. 3 Satz 1 Nr. 1 UrhG berufen, da die Voraussetzungen der genannten Schranke zum maßgeblichen Zeitpunkt der Kopieanfertigung nicht vorgelegen haben.[1028] Vervielfältigt der Lehrer jedoch zu privaten Zwecken und nutzt er das Vervielfältigungsstück dann (auch) zur Veranschaulichung des

---

1025 *Hildebrandt*, S. 137; *Weber*, S. 184.

1026 *Hildebrandt*, S. 137; *Weber*, S. 184 f.

1027 BeckOK-UrhG/*Sternberg-Lieben*, § 106 Rn. 32; Wandtke/Bullinger/*Hildebrandt/Reinbacher*, § 106 Rn. 23.

1028 In diesen Fällen wird eine Straffreistellung des Täters durch die analoge Anwendung der Vorschriften über tätige Reue (vgl. *Lampe*, UFITA 83 [1978], 15, 31; *Sternberg-Lieben*, Musikdiebstahl, S. 66) bzw. durch verfahrensmäßige Erledigung nach §§ 153, 153a StPO (vgl. *Hildebrandt*, S. 135) vorgeschlagen.

Unterrichts in der Schule, so beseitigt die Änderung der Nutzungsabsicht nicht die Privilegierung der ursprünglichen Vervielfältigung gemäß § 53 Abs. 1 UrhG. Solche Fälle des nachträglichen Vorsatzwechsels sind unbeachtlich.[1029] Allerdings stellen die späteren (erneuten) Nutzungen der Werkkopien jeweils eigene Verwertungshandlungen (z. B. Verbreitung) dar, die eigenständig zu betrachten und gegebenenfalls zu bestrafen sind.

2. Der Tatbestandsvorsatz

Auch wenn der Wortlaut des § 106 UrhG keine subjektiven Tatbestandsvoraussetzungen verlangt, findet der Allgemeine Teil des Strafgesetzbuches gemäß Art. 1 EGStGB auch im Nebenstrafrecht Anwendung, sodass im Urheberstrafrecht entsprechend § 15 StGB stets ein vorsätzliches Handeln des Täters erforderlich ist.[1030] Eine über den allgemeinen Vorsatz hinausgehende Schädigungs- oder Gewinnerzielungsabsicht wird im Rahmen des § 106 UrhG allerdings nicht verlangt.[1031] Anders als im Zivilrecht, wo sowohl vorsätzliches als auch fahrlässiges Handeln Ansprüche nach § 97 UrhG begründen können, werden fahrlässige Urheberrechtsverletzungen im Urheberstrafrecht jedoch mangels gesetzlicher Strafandrohung nicht geahndet.[1032]

Auch im Urheberstrafrecht gilt der allgemeine strafrechtliche Vorsatzbegriff[1033], sodass ein „Wissen und Wollen der Tatbestandsverwirklichung“[1034] vorliegen muss. Da § 106 UrhG keine besondere Vorsatzform vorschreibt, ist dabei ein Eventualvorsatz (bedingter Vorsatz) ausreichend.[1035] Ein solcher ist gegeben, wenn der Täter den Erfolg zumindest für möglich hält

---

1029 BeckOK-UrhG/*Sternberg-Lieben*, § 106 Rn. 32; Erbs/Kohlhaas/*Kaiser*, § 106 UrhG Rn. 24b; *Hildebrandt*, S. 136.

1030 So die allgemeine Ansicht, vgl. nur Achenbach/Ransiek/Rönnau/*A. Nordemann*, 11. Teil, Rn. 134; BeckOK-UrhG/*Sternberg-Lieben*, § 106 Rn. 36; Berger/Wündisch/*Kudlich*, § 9 Rn. 32; Dreier/Schulze/*Dreier*, § 106 Rn. 7; *Heinrich* in: Bosch/Bung/Klippel, S. 59, 61 f.; *Hildebrandt*, S. 236; Loewenheim/*Flechsig*, § 90 Rn. 31; MüKo-StGB/*Heinrich*, § 106 UrhG Rn. 119; *Reinbacher*, Privatgebrauch, S. 261; Schricker/Loewenheim/*Haß*, § 106 Rn. 30; *Weber*, S. 281 f.

1031 MüKo-StGB/*Heinrich*, § 106 UrhG Rn. 119.

1032 Dreier/Schulze/*Dreier*, § 106 Rn. 7; *Mitsch*, § 8 Rn. 24; MüKo-StGB/*Heinrich*, § 106 UrhG Rn. 119; *Reinbacher*, Privatgebrauch, S. 261; Wandtke/Bullinger/*Hildebrandt/Reinbacher*, § 106 Rn. 29.

1033 *Heinrich*, Standardsoftware, S. 261; Wandtke/Bullinger/*Hildebrandt/Reinbacher*, § 106 Rn. 29.

1034 Vgl. *Heinrich*, AT, Rn. 264; *Rengier*, AT, § 14 Rn. 5.

1035 Erbs/Kohlhaas/*Kaiser*, § 106 UrhG Rn. 28; Loewenheim/*Flechsig*, § 90 Rn. 31; MüKo-StGB/*Heinrich*, § 106 UrhG Rn. 119; *Reinbacher*, Privatgebrauch, S. 261; Schricker/Loewenheim/*Haß*, § 106 Rn. 30.

(Wissenselement) und ihn billigend in Kauf nimmt (Wollenselement).[1036] Der Werknutzer hat jedoch keine generelle proaktive Kontroll- oder Erkundigungspflichten, deren Nichtbeachtung ohne Weiteres zur Annahme des Eventualvorsatzes führt.[1037] Da eine Verwertungshandlung im Normalfall bewusst und wissentlich vorgenommen wird, ist der Vorsatz des Werknutzers in aller Regel zu bejahen. Nicht vorsätzlich handelt aber derjenige, der eine unbewusste Vervielfältigung, z.B. das versehentliche Kopieren von Werken am Computer durch Betätigen einer falschen Taste, vornimmt.[1038]

Der Vorsatz muss außerdem nach dem Simultaneitätsprinzip zum Zeitpunkt der Tat, d.h. bei Vornahme der Ausführungshandlung, vorliegen, sodass eine nachträgliche Billigung der Tat (dolus subsequens) oder ein der Tat vorhergehender, jedoch zum Tatzeitpunkt nicht mehr bestehender Vorsatz (dolus antecedens) nicht ausreichen.[1039] Tätigt z.B. ein Lehrer am Computer unbewusst einen Download, den er aber im Nachhinein aufgrund der unterrichtsspezifischen Nützlichkeit des heruntergeladenen Werkes begrüßt, so handelt es sich trotzdem nicht um ein vorsätzliches Handeln hinsichtlich der Vervielfältigung, da ein solcher dolus subsequens für den Vorsatz bedeutungslos ist.

Es ist ferner notwendig, dass der Täter hinsichtlich aller Merkmale des objektiven Tatbestands vorsätzlich handelt.[1040] Im Bereich des § 106 UrhG muss sich der Vorsatz des Täters also auf das Vorliegen eines urheberrechtlich geschützten Werkes, auf die Vornahme einer Vervielfältigung, Verbreitung oder öffentlichen Wiedergabe sowie auf das Nicht-Vorliegen eines gesetzlich zugelassenen Falles beziehen. So muss beispielsweise ein Lehrer, der ein fremdes Arbeitsblatt kopiert, zumindest damit rechnen und billigend in Kauf nehmen, dass es sich bei diesem Arbeitsblatt um ein urheberrechtlich geschütztes Werk handelt, dass das Kopieren eine urheberrechtlich relevante Verwertungshandlung darstellt und dass er nicht aufgrund eines gesetzlich zugelassenen Falles zu dieser Handlung befugt ist.

3. Irrtümer auf Tatbestandsebene

Eine Bestrafung nach § 106 UrhG kann also nur dann erfolgen, wenn der Täter zum Zeitpunkt der Tat zumindest die Erfüllung aller objektiven Tatbestandsmerkmale des § 106 Abs. 1 UrhG für möglich hält und sie billigend

1036 *Fischer*, § 15 Rn. 9f.; *Rengier*, AT, § 14 Rn. 10.

1037 Berger/Wündisch/*Kudlich*, § 9 Rn. 33; *Hildebrandt*, S. 239f.

1038 *Heinrich*, Standardsoftware, S. 262; *Hildebrandt*, S. 236.

1039 *Heinrich*, AT, Rn. 289f.; Schönke/Schröder/*Sternberg-Lieben*/*Schuster*, § 15 Rn. 48f.

1040 *Heinrich*, AT, Rn. 258.

in Kauf nimmt. Glaubt der Täter aber zu seinen Gunsten, dass er sich regelkonform verhält, obwohl er in Wirklichkeit Tatbestandsmerkmale des objektiven Tatbestands erfüllt, so befindet er sich in einen Irrtum. Hierbei ist strafrechtlich zwischen einem Tatbestandsirrtum nach § 16 StGB[1041] und einem Verbotsirrtum nach § 17 StGB[1042] zu unterscheiden. Gemäß § 16 Abs. 1 Satz 1 StGB handelt der Täter nicht vorsätzlich, wenn er bei Begehung der Tat einen Umstand nicht kennt, der zum gesetzlichen Tatbestand gehört.

- *Beispiel:* Aufgrund von Nachfragen einiger Schüler möchte der Mathematiklehrer seiner Projektgruppe eine Folie mit urheberrechtlich nicht geschützten Formeln, die er im Unterricht am Overheadprojektor aufgezeichnet hatte, im schulinternen Netzwerk öffentlich zugänglich machen. Dazu scannt er die Folie ein und speichert sie unter der Bezeichnung „Projektgruppe-2014(2)“ ab. Am nächsten Tag lädt der Lehrer allerdings die Datei „Projektgruppe-2014(1)“ auf dem Schulserver, da er fälschlicherweise davon ausgeht, dass er die eingescannte Folie unter dieser abgespeichert hatte. In Wirklichkeit beinhaltet diese Datei jedoch neben Formeln auch urheberrechtlich geschützte Erklärungstexte und Anwendungsbeispiele, die der Lehrer zur Vorbereitung auf den Unterricht in der Projektwoche aus verschiedenen Schulbüchern zusammengetragen hatte.

In diesem Beispiel irrt der Lehrer über das Handlungsobjekt (error in persona vel obiecto). Es liegt eine Objektsverwechslung vor.[1043] Der Lehrer wollte hier ursprünglich nicht das urheberrechtlich geschützte Dokument, sondern die urheberrechtlich nicht geschützte Folie öffentlich zugänglichmachen. Hinsichtlich der urheberrechtlich geschützten Datei „Projektgruppe-2014(1)“ handelt der Lehrer somit gemäß § 16 StGB ohne Vorsatz, da er die tatsächlichen Umstände bezüglich des Tatobjekts verwechselt hatte. Anders ist es jedoch, wenn beide Dateien urheberrechtlich geschütztes Material enthielten. Zwar liegt auch hier ein error in persona vel obiecto vor, jedoch handelt es sich um zwei tatbestandlich gleichwertige Tatobjekte (zwei urheberrechtlich geschützte Werke), sodass die Verwechslung der Dateien als bloßer Motivirrtum unbeachtlich ist.

Fehlt beim Täter hingegen bei der Tat die Einsicht, Unrecht zu tun, obwohl er zutreffend alle tatsächlichen Umstände des Sachverhaltes erkennt, so kommt für ihn ein Verbotsirrtum nach § 17 StGB in Betracht, welcher allerdings nicht den Vorsatz, sondern nur bei Vermeidbarkeit des Irrtums die Schuld ausschließen kann.[1044] Der Täter irrt also lediglich über die recht-

---

1041 Hierzu vgl. *Heinrich*, AT, Rn. 1073 ff.

1042 Hierzu vgl. *Heinrich*, AT, Rn. 1114 ff.

1043 Allgemein hierzu vgl. *Heinrich*, AT, Rn. 1099 ff.

1044 Zum Verbotsirrtum vgl. noch unten B. IV. 2.

liche Bewertung eines richtig erkannten Sachverhaltes. Im genannten Beispiel würde ein Verbotsirrtum z.B. dann vorliegen, wenn der Mathematiklehrer zwar beide Dateien zutreffend auseinander hält, aber dennoch die Datei „Projektgruppe-2014(1)" öffentlich zugänglich macht, da er irrtümlicherweise davon ausgeht, dass man, ähnlich wie bei der Vervielfältigung, auch Teile aus Schulbüchern öffentlich zugänglich machen darf. Dem Lehrer unterläuft hier letztlich ein Fehler bei der rechtlichen Einordnung des Sachverhaltes. Ein solcher Subsumtionsirrtum[1045] ist für den Tatbestandsvorsatz jedoch unbeachtlich und als Verbotsirrtum auf der Schuldebene zu erörtern.

Trotz dieser grundlegenden Unterscheidung zwischen einem Tatbestandsirrtum nach § 16 StGB und einem Verbotsirrtum nach § 17 StGB möchte die h.M.[1046] u.U. auch bei Irrtümern über die rechtliche Beurteilung bereits den Tatbestandsvorsatz verneinen. Denn anderenfalls könne es aufgrund von schwierigen rechtlichen Bewertungen zum Teil zu unbilligen Ergebnissen kommen. Dabei wird zwischen deskriptiven und normativen Tatbestandsmerkmalen differenziert. Bei deskriptiven Tatbestandsmerkmalen, also solchen, die sich vorrangig auf die Beschreibung von tatsächlichen Lebensabläufen und sinnlich wahrnehmbaren Gegebenheiten beschränken, genügt für die Annahme des Vorsatzes die Kenntnis der zum jeweiligen Tatbestand gehörenden Fakten und Tatsachen. Ein darüber hinausgehender Irrtum über die rechtliche Bewertung des Sachverhaltes ist (wie bereits dargestellt) lediglich als unbeachtlicher Subsumtionsirrtum bzw. Verbotsirrtum nach § 17 StGB anzusehen. Bei normativen Tatbestandsmerkmalen, d.h. solchen, die in erster Linie eine juristische Wertung erfordern und nicht lediglich sachlich-beschreibend sind, ist hingegen für die Annahme des Vorsatzes erforderlich, dass der Täter neben den faktischen Umständen der Tat auch den Begriffskern sowie die generelle rechtlich-soziale Bedeutung des normativen Tatbestandsmerkmals laienhaft zutreffend erkennt. Der Täter muss also, gemessen an dem Maßstab der sog. „Parallelwertung in der Laiensphäre", zumindest den Bedeutungsinhalt des jeweiligen Tatbestandsmerkmals bzw. die soziale Bedeutung seiner Handlung erfasst haben.[1047] Im Bereich des Urheberstrafrechts ist dabei jedoch nicht erforderlich, dass der Täter präzise Vorstellungen bezüglich des urheberstrafrechtlichen Schutzes hat, sondern es ist ausreichend, wenn er in vorjuristischer Weise erkennt, dass sein Handeln ein unerlaubtes Ausnutzen fremder Leistungen bedeutet und dies von

---

[1045] Hierzu vgl. *Heinrich*, AT, Rn. 270, 1078 ff.

[1046] Vgl. u.a. BGHSt 48, 322, 328 f.; *Baumann/Weber/Mitsch*, § 21 Rn. 4; *Fischer*, § 16 Rn. 4; *Kühl*, § 13 Rn. 11.

[1047] Siehe nur BGHSt 4, 347, 352; *Krey/Esser*, Rn. 415; *Rengier*, AT, § 15 Rn. 4; *Roxin*, AT I, § 12 Rn. 101; Schönke/Schröder/*Sternberg-Lieben/Schuster*, § 15 Rn. 43a.

der Rechtsordnung missbilligt wird.[1048] Fehlt ihm jedoch diese laienhafte Bedeutungskenntnis, so scheidet nach dieser Ansicht der Tatbestandsvorsatz nach § 16 Abs. 1 Satz 1 StGB aus. In diesen Fällen kann sich der Beschuldigte also vorsatzausschließend darauf berufen, eine höchst komplizierte juristische Subsumtion nicht nachvollzogen zu haben.[1049]

Im Tatbestand des § 106 Abs. 1 UrhG kann sich der Werknutzer insbesondere über den Schutzumfang bzw. die Reichweite der Tatbestandsmerkmale irren. Nachfolgend werden schulspezifische Irrtumskonstellationen bezüglich des Tatobjekts, der Verwertungshandlungen und der gesetzlich zugelassenen Fälle dargestellt.

a) Irrtum über das Tatobjekt

Tatobjekte des § 106 Abs. 1 UrhG sind neben dem Werk auch Bearbeitungen und Umgestaltungen eines Werkes. Ob ein urheberrechtlich geschütztes Werk (oder eine Bearbeitung oder Umgestaltung eines solchen) vorliegt, kann nicht allein anhand von faktischen Umständen festgestellt werden. Erforderlich sind vielmehr rechtliche Wertungen unter Berücksichtigung der zivilrechtlich akzessorischen Vorschriften der §§ 2 ff. UrhG. Insbesondere ist stets die rechtlich komplexe Einschätzung vorzunehmen, ob die erforderliche Gestaltungshöhe erreicht ist. Insofern handelt es sich bei den Tatobjekten des § 106 Abs. 1 UrhG um normative Tatbestandsmerkmale.[1050]

Voraussetzung für ein vorsätzliches Handeln des Täters ist also zunächst, dass er alle tatsächlichen Umstände bezüglich der Schöpfung erkennt. Insbesondere muss er wahrnehmen, dass das jeweilige Erzeugnis von einem Menschen erschaffen und nicht durch selbstständige maschinelle Produktion hergestellt[1051] oder lediglich in der Natur vorgefunden wurde[1052]. Glaubt z. B. ein Englischlehrer bei einer sehr unstimmigen Übersetzung eines Schü-

1048 BeckOK-UrhG/*Sternberg-Lieben*, § 106 Rn. 37; *Hildebrandt*, S. 281; *Weber*, S. 289; vgl. auch Berger/Wündisch/*Kudlich*, § 9 Rn. 34; Schricker/Loewenheim/*Haß*, § 106 Rn. 30.

1049 A.A. jedoch *Heinrich* in: Bosch/Bung/Klippel, S. 59, 72 ff., der die Unterscheidung zwischen deskriptiven und normativen Tatbestandsmerkmalen aufgrund von Unklarheiten und Willkür bei der Abgrenzung ablehnt und § 16 StGB nur beim Irrtum über tatsächliche Umstände (und § 17 StGB beim Irrtum über die rechtliche Wertungen) anwenden möchte.

1050 Zur Einordnung des Begriffs des Werkes als normatives Tatbestandsmerkmal vgl. *Heinrich* in: Bosch/Bung/Klippel, S. 59, 68; *Hildebrandt*, S. 257; *Reinbacher*, Privatgebrauch, S. 263; *Weber*, S. 288.

1051 *Reinbacher*, Privatgebrauch, S. 263.

1052 Hierzu vgl. das Beispiel 1 von *Heinrich* in: Bosch/Bung/Klippel, S. 59, 68 f.

lers, dieser habe den als Hausaufgabe zu übersetzenden Text ohne eigene Überlegungen komplett in den Computerübersetzer kopiert und übersetzen lassen, obwohl der Schüler in Wirklichkeit den Computerübersetzer nur teilweise als Hilfsmittel benutzt hat, so verkennt der Lehrer bereits die Fakten hinsichtlich des Vorliegens einer geschützten Bearbeitung. Ebenso liegt ein vorsatzausschließender Tatbestandsirrtum aufgrund mangelnder Faktenkenntnis vor, wenn der Lehrer eine E-Mail von einem Kollegen abruft und dabei nicht damit rechnen kann, dass sich im Anhang der E-Mail eine digitale Version eines Arbeitsheftes befindet. Auch in diesem Fall verkennt der Lehrer die tatsächlichen Umstände hinsichtlich des Vorliegens eines Werkes.

Neben der Faktenkenntnis muss der Täter bei dem vorliegenden normativen Tatbestandsmerkmal zusätzlich noch laienhaft erkennen, dass es sich bei dem jeweiligen Erzeugnis um eine rechtlich geschützte Leistung handelt. Hierbei soll es entscheidend darauf ankommen, ob ein juristischer Laie erkennen kann, dass ein grundsätzlich schützenswertes Erzeugnis vorliegt.[1053] Denn irrt der Täter lediglich über die Reichweite des urheberrechtlichen Schutzes, z. B. über die Schutzfähigkeit von einfachen Werken im Sinne der „kleinen Münze“, obwohl er den grundsätzlichen Urheberrechtsschutz des Erzeugnisses erkennt, so handelt es sich um einen Verbotsirrtum nach § 17 StGB.[1054] Dabei kann der Vorsatz schon dann bejaht werden, wenn er aus Laiensicht zumindest damit rechnet und es billigend in Kauf nimmt, dass die jeweilige Schöpfung schützenswert ist. Sieht der Täter aber das Produkt aufgrund seiner „Geringwertigkeit“ überhaupt nicht als geschützt an, so kann dies als Tatbestandsirrtum gewertet werden.[1055]

Nimmt beispielsweise ein Kunstlehrer irrig an, dass ein im Rahmen des Unterrichts angefertigtes Bild eines Schülers, welches er grundsätzlich für künstlerisch gelungen und daher auch urheberrechtlich schutzfähig hält, erst mit der Zustimmung der Eltern zur Urheberschaft urheberrechtlich geschützt ist, unterliegt er einem Verbotsirrtum nach § 17 StGB. Ein vorsatzausschließender Tatbestandsirrtum liegt hingegen z. B. dann vor, wenn ein Lehrer fälschlicherweise glaubt, er könne eine Übersetzung eines englischen Textes oder ein Auszug aus einem Schulbuch unproblematisch verwerten, obwohl diese in Wirklichkeit als Bearbeitung gemäß § 3 Abs. 1 UrhG bzw. als Werkteil geschützt sind.

Geht ein Täter, der zwar die Wertigkeit von fremden künstlerischen Erzeugnissen erkennt, jedoch irrtümlicherweise davon aus, dass eine geistige

---

[1053] Vgl. *Hildebrandt*, S. 281; *Reinbacher*, Privatgebrauch, S. 264; vgl. auch *Weber*, S. 288 f.

[1054] *Reinbacher*, Privatgebrauch, S. 264.

[1055] *Reinbacher*, Privatgebrauch, S. 264.

Schöpfung bzw. das geistige Eigentum im Allgemeinen grundsätzlich nicht rechtlich geschützt ist, so unterliegt er einem Verbotsirrtum gemäß § 17 StGB, da ihm in diesem Fall lediglich das Unrechtsbewusstsein fehlt.[1056] Für Lehrer dürfte es allerdings kaum möglich sein, sich auf eine solche gänzliche Unkenntnis zu berufen, da sie in der Regel sowohl in ihrer Ausbildung als auch in ihrer Berufspraxis wiederholt auf mögliche Urheberrechtsverletzungen hingewiesen[1057] und sensibilisiert wurden.

b) Irrtum über die Vornahme einer Verwertungshandlung

Zum Tatbestand des § 106 Abs. 1 UrhG gehören weiterhin die Tathandlungen der Vervielfältigung, Verbreitung und der öffentlichen Wiedergabe. Überwiegend[1058] wird angenommen, dass es sich bei den genannten Tathandlungen nicht um normative, sondern eher um deskriptive Tatbestandsmerkmale handelt, sodass hier rechtliche Fehlvorstellungen bei gegebener Tatsachenkenntnis als Verbotsirrtümer nach § 17 StGB einzustufen sind. Für ein vorsätzliches Handeln ist somit die Kenntnis aller tatsächlichen Umstände hinsichtlich der Verwertungshandlungen ausreichend.

aa) Beispiele von Irrtümern bezüglich der Vervielfältigung

Kopiert ein Lehrer versehentlich, z. B. durch das Betätigen von falschen Tasten oder das Nichtüberprüfen von Voreinstellungen des Kopierers, 45 Exemplare einer Darstellung aus einem Schulbuch, obwohl er ursprünglich nur 27 Kopien für ihre Klassen anfertigen möchte, so befindet er sich bezüglich der unerwünschten 18 Kopien in einem Tatbestandsirrtum, da er die tatsächlichen Umstände hinsichtlich der Vervielfältigung der 18 Kopien verkennt. Ebenso ist ein Fall des § 16 Abs. 1 Satz 1 StGB gegeben, wenn der Lehrer am Computer durch einen falschen Klick ein ganzes Arbeitsheft

---

[1056] Siehe *Hildebrandt*, S. 258, 281; *Reinbacher*, Privatgebrauch, S. 264; *Weber*, S. 293 f.

[1057] Z. B. sind die Länder gemäß § 6 des Gesamtvertrags zu § 53 UrhG verpflichtet, die Schulleitung und die Lehrkräfte auf die urheberrechtliche Rechtslage hinzuweisen. Außerdem wird auch eine Aufklärungsbroschüre des Verbandes der Bildungsmedien, abrufbar unter: „http://www.schulbuchkopie.de/VBM_Schulbuch kopie_Ansicht.pdf" (zuletzt abgerufen am 26.04.2016), in den Schulen verteilt.

[1058] BeckOK-UrhG/*Sternberg-Lieben*, § 106 Rn. 37; Berger/Wündisch/*Kudlich*, § 9 Rn. 39; Erbs/Kohlhaas/*Kaiser*, § 106 UrhG Rn. 33; *Hildebrandt*, S. 259 ff.; Loewenheim/*Flechsig*, § 90 Rn. 35; *Reinbacher*, Privatgebrauch, S. 265; Schricker/Loewenheim/*Haß*, § 106 Rn. 30; anders wohl *Weber*, S. 290. Von diesem Grundsatz wollen *Hildebrandt*, S. 262 ff.; ihm folgend BeckOK-UrhG/*Sternberg-Lieben*, § 106 Rn. 37; Berger/Wündisch/*Kudlich*, § 9 Rn. 39; Erbs/Kohlhaas/*Kaiser*, § 106 UrhG Rn. 33 allerdings drei Ausnahmen machen.

herunterlädt. Dagegen liegt ein Verbotsirrtum vor, wenn der Lehrer das rechtswidrig öffentlich zugänglich gemachte Arbeitsheft bewusst herunterladen möchte und dabei irrtümlicherweise glaubt, dass das Herunterladen oder Kopieren von Werken innerhalb des Computers mangels Entstehen eines neuen körperlich wahrnehmbaren Werkexemplars keine Vervielfältigung darstellt.

bb) Beispiele von Irrtümern bezüglich der Verbreitung

Eine Verbreitung gemäß § 17 Abs. 1 UrhG liegt z. B. vor, wenn ein Musiklehrer eine 10-seitige urheberrechtlich geschützte Partitur für seine Musikprojektgruppe kopiert und die 50 Vervielfältigungsstücke an alle Projektteilnehmer unentgeltlich verteilt.[1059] Geht der Lehrer hierbei aber davon aus, dass nur die entgeltliche Weitergabe von geschützten Werken eine urheberrechtlich relevante Verbreitung darstellt, unterliegt er einem Verbotsirrtum, da er bei zutreffender Faktenkenntnis eine falsche rechtliche Subsumtion vornimmt. Dasselbe gilt, wenn der Lehrer irrig glaubt, dass eine Gruppe von 50 Schülern einer Schule, die nur für die Zeit der 5-tätigen Projektwoche zusammenkommt, nicht als öffentlich einzustufen ist und somit das Verteilen von Werken innerhalb dieser Gruppe auch keine urheberrechtliche relevante Verbreitung sein kann.

cc) Beispiele von Irrtümern bezüglich der öffentlichen Wiedergabe

Der Deutschlehrer möchte den Schülern seiner Unterrichtsklasse einige urheberrechtlich geschützte Aufgaben aus einem Lehrbuch als freiwillige Hausaufgabe auf dem Schulserver zur Verfügung stellen. Dazu erstellt er auf dem Schulserver einen Ordner und lädt anschließend die eingescannten Dateien hoch. Um den Zugriff auf die Aufgaben nur auf seiner Schüler zu begrenzen, richtet dann einen Passwortschutz für den angelegten Ordner ein. Hierbei vergisst er jedoch zum Abschluss des Vorgangs auf „OK" zu klicken, sodass der Ordner nun ohne sein Wissen für alle zugänglich ist. In diesem Fall verkennt der Lehrer die tatsächlichen Umstände hinsichtlich der Öffentlichkeit seiner Zugänglichmachung. Durch seine Nachlässigkeit geht der Lehrer fälschlicherweise davon aus, dass aufgrund des vermeintlich wirksam eingerichteten Passwortschutzes keine öffentliche Zugänglichmachung gemäß § 15 Abs. 2 Nr. 2 UrhG i. V. m. § 19a UrhG vorliegt. Er befindet sich hier in einem vorsatzausschließenden Tatbestandsirrtum. Anders ist es jedoch zu beurteilen, wenn ein Lehrer alle tatsächlichen Umstände hinsichtlich einer öffentlichen Wiedergabe erkennt, aber eine falsche juristische

[1059] Zum Verbreitungsrecht vgl. oben B. I. 3.

Einordnung vornimmt. Geht der Lehrer z.B. fälschlicherweise davon aus, dass das Vorlesen oder Vortragen von urheberrechtlich geschützten Gedichten im Gegensatz zum Abspielen von CDs oder DVDs keine urheberrechtlich relevante Wiedergabe darstellt, liegt lediglich ein Subsumtionsirrtum vor, der als Verbotsirrtum zu behandeln ist. Ebenso liegt lediglich eine rechtliche Fehleinschätzung vor, wenn der Lehrer glaubt, dass die Wiedergabe einer Musik-CD vor allen Schülern einer Schule nicht als öffentlich anzusehen ist.

c) Irrtum über das Vorliegen eines gesetzlich zugelassenen Falles

Zum Tatbestand des § 106 Abs. 1 UrhG gehören schließlich auch die gesetzlich zugelassenen Fälle als negativ gefasste Tatbestandsmerkmale. Umstritten ist, wie die Irrtümer über das Vorliegen eines gesetzlich zugelassenen Falles zu behandeln sind. Zum Teil[1060] wird vertreten, dass es sich bei allen gesetzlich zugelassenen Fällen aufgrund ihrer Einordnung als Blanketttatbestände um normative Tatbestandsmerkmale handelt. Die überwiegende Ansicht[1061] lehnt jedoch zutreffend eine solche pauschale Einordnung ab und bevorzugt, wie auch bei den sonstigen Tatbestandsmerkmalen des § 106 Abs. 1 UrhG, eine Differenzierung danach, ob das jeweilige Tatbestandsmerkmal eher deskriptiv oder normativ geprägt ist. Bei normativen Tatbestandsmerkmalen muss der Täter neben der Faktenkenntnis auch in vorjuristischer Weise zumindest eventualvorsätzlich für möglich halten und billigend in Kauf nehmen, dass sein Handeln nicht von einem gesetzlich zugelassenen Fall privilegiert wird.

- *Beispiel 1:* Ein Deutschlehrer möchte einen kleinen Teil eines Fachbuches für seine Projektgruppe öffentlich zugänglich machen. Dabei weiß er, dass er nur maximal 12% des gesamten Buches zur Verfügung stellen darf. Beim Ausrechnen der genauen Seitenanzahl unterläuft ihm jedoch ein Rechenfehler, sodass er schließlich mehr als 12% des Buches öffentlich zugänglich macht. Der Deutschlehrer befindet sich hier in einem Tatbestandsirrtum, da der Irrtum basiert also nicht auf eine falsche rechtliche Einordnung des Sachverhalts, sondern auf die fehlerhafte Faktenkenntnis.[1062]
- *Beispiel 2:* Ein Lehrer kopiert für seine Unterrichtsklasse 35 von den insgesamt 400 Seiten aus einem Roman, da er annimmt, dass Lehrer für den

---

1060 *Hildebrandt*, S. 270; *Lauer*, S. 86.

1061 BeckOK-UrhG/*Sternberg-Lieben*, § 106 Rn. 39; Erbs/Kohlhaas/*Kaiser*, § 106 UrhG Rn. 33; *Reinbacher*, Privatgebrauch, S. 266; Schricker/Loewenheim/*Haß*, § 106 Rn. 30; Wandtke/Bullinger/*Hildebrandt/Reinbacher*, § 106 Rn. 35.

1062 Vgl. auch *Heinrich* in: Bosch/Bung/Klippel, S. 59, 78, der das Verrechnen bei der Berechnung von Schutzfristen als Beispiel nennt.

Unterrichtsgebrauch an Schulen beliebig viele Seiten aus Büchern kopieren dürfen. Dies ist aufgrund der Maximalbeschränkung auf 20 Seiten jedoch unzulässig. In diesem Fall liegt ein Verbotsirrtum beim Lehrer vor, da er das Kopieren in beliebigen Mengen als grundsätzlich zulässig ansieht. Anders wäre es jedoch, wenn er grundsätzlich weiß, dass er nur einen kleineren Teil aus dem Roman kopieren darf, jedoch 35 Seiten noch für erlaubt hält. Denn hier erkennt der Lehrer grundsätzlich die Bedeutung des normativen Tatbestandmerkmals des „kleinen Teils eines Werkes" in § 53 Abs. 3 Satz 1 UrhG. Ihm ist lediglich die komplizierte Auslegung dieses Merkmals nicht gelungen, in dem er die maximale Seitenbeschränkung auf 20 Seiten nicht berücksichtigt hat.

• *Beispiel 3:* Für den Unterricht im Grundkurs der 12. Klasse kopiert der Lehrer für politische Bildung 8 verschiedene Artikel und Aufsätze aus einer Zeitschrift. Er nimmt dabei an, dass man kurze Werke wie Aufsätze und Artikel unbedenklich kopieren darf. Hier irrt sich der Lehrer ausschließlich rechtlich über die Reichweite des zulässigen Vervielfältigungsumfangs, da er die Einschränkung des Merkmals „Werke geringen Umfangs" durch das Merkmal „einzelne Beiträge in Zeitungen und Zeitschriften" nicht kennt. Es liegt somit ein Verbotsirrtum vor. Weiß der Lehrer hingegen, dass er nur einzelne Beiträge einer Zeitschrift kopieren darf, nimmt er aber fälschlicherweise an, dass auch 8 Beiträge noch erfasst sind, so liegt ein Irrtum über das normative Tatbestandsmerkmal der „einzelnen Beiträge in Zeitungen und Zeitschriften" vor, welcher als Tatbestandsirrtum zu behandeln ist.[1063]

III. Die Einwilligung des Berechtigten als Rechtfertigungsgrund

Gemäß § 106 Abs. 1 UrhG macht sich nur derjenige strafbar, der ein Werk oder eine Bearbeitung oder Umgestaltung eines Werkes „ohne Einwilligung des Berechtigten" verwertet. Die h. M.[1064] ordnet die Einwilligung zu Recht als Rechtfertigungsgrund auf der Rechtswidrigkeitsebene ein, sodass der Tatbestand auch beim Vorliegen der Einwilligung nicht

---

1063 Vgl. aber *Reinbacher*, Privatgebrauch, S. 268, der beim Irrtum hinsichtlich des Merkmals „einzelne Vervielfältigungsstücke" einen Tatbestandsirrtum annimmt.

1064 *Bosbach/Wiege*, ZUM 2012, 293, 296; Dreier/Schulze/*Dreier*, § 106 Rn. 8; Fromm/Nordemann/*Ruttke/Scharringhausen*, § 106 Rn. 25; *Heinrich*, Standardsoftware, S. 260; *Hilgendorf/Valerius*, Rn. 693; *Mitsch*, § 8 Rn. 25; Möhring/Nicolini/*Spautz*, § 106 Rn. 5; MüKo-StGB/*Heinrich*, § 106 UrhG Rn. 115; *Schack*, UrhR, Rn. 855; Spindler/Schuster/*Gercke*, § 106 UrhG Rn. 15; *Tiedemann*, BT, Rn. 648; *Weber*, S. 266; differenzierend BeckOK-UrhG/*Sternberg-Lieben*, § 106 Rn. 33; Berger/Wündisch/*Kudlich*, § 9 Rn. 20; *Hildebrandt*, S. 149 ff.; *Reinbacher*, Privatgebrauch, S. 269 f., die in dem Merkmal der Einwilligung eine „Doppelfunktion" sehen.

ausgeschlossen ist.[1065] Insofern hat die ausdrückliche Erwähnung der Einwilligung in § 106 Abs. 1 UrhG nur deklaratorische Bedeutung.[1066] Genauso wie bei anderen strafrechtlichen Vorschriften richtet sich die Wirksamkeit der Einwilligung auch vorliegend nach den allgemeinen Grundsätzen des Strafrechts.[1067] Es gelten somit die Voraussetzungen und Folgen des ungeschriebenen, jedoch gewohnheitsrechtlich anerkannten Rechtfertigungsgrundes der Einwilligung.[1068]

Im Schulbereich spielen Einwilligungen insbesondere bei der Rechteeinräumung in den bereits dargestellten Gesamt- bzw. Pauschalverträgen eine Rolle. Durch den Gesamtvertrag zu § 53 UrhG sowie die dazugehörige Ergänzungsvereinbarung werden den Schulen die Rechte nach § 53 Abs. 3 Satz 2 UrhG (Vervielfältigung von für den Unterrichtsgebrauch an Schulen bestimmten Werken) und nach § 53 Abs. 4 a) UrhG (Vervielfältigung von graphischen Aufzeichnungen der Musik) eingeräumt. Im Pauschalvertrag (PV/ST 1) erlaubt die GEMA den Schulträgern, geschützte Musik aus dem Repertoire der GEMA bei nicht gemäß § 52 Abs. 1 Satz 3 UrhG privilegierten Schulveranstaltungen oder gemeinsamen Veranstaltungen mehrerer Schulen öffentlich wiederzugeben oder zu vervielfältigen.[1069]

1. Einwilligungen für die Ausnahmen nach §§ 53 Abs. 3 Satz 2 und Abs. 4 a) UrhG

a) Die Einwilligung in die Vervielfältigung von „für den Unterrichtsgebrauch an Schulen bestimmten Werken"

Als Ausnahme zu § 53 Abs. 3 Satz 1 UrhG wird in § 53 Abs. 3 Satz 2 UrhG geregelt, dass Vervielfältigungen von für den Unterrichtsgebrauch an Schulen bestimmten Werken stets nur mit Einwilligung des Berechtigten zulässig sind. Mit dieser Bereichsausnahme wollte der Gesetzgeber den Primärmarkt der Schulbuchverlage schützen, da sie, anders als sonstige

---

1065 So aber Erbs/Kohlhaas/*Kaiser*, § 106 UrhG Rn. 25; Graf/Jäger/Wittig/*Ernst*, § 106 Rn. 85; *Hellmann/Beckemper*, Rn. 612; Loewenheim/*Flechsig*, § 90 Rn. 36; Schricker/Loewenheim/*Haß*, § 106 Rn. 28.

1066 *Reinbacher*, Privatgebrauch, S. 269.

1067 BeckOK-UrhG/*Sternberg-Lieben*, § 106 Rn. 35; Dreier/Schulze/*Dreier*, § 106 Rn. 8; *Hilgendorf/Valerius*, Rn. 693; *Mitsch*, § 8 Rn. 25; MüKo-StGB/*Heinrich*, § 106 UrhG Rn. 115; *Reinbacher*, Privatgebrauch, S. 270; anders wohl Schricker/Loewenheim/*Haß*, § 106 Rn. 28, der sowohl zivilrechtliche als auch strafrechtliche Elemente heranziehen möchte.

1068 Ausführlich zur Einwilligung vgl. *Heinrich*, AT, Rn. 453 ff.; *Wessels/Beulke/Satzger*, Rn. 550 ff.

1069 Hierzu vgl. oben B. I. 5. c) aa).

Verlage, keine anderen Absatzmöglichkeiten als den eng umgrenzten und stark fragmentierten Schulbuchmarkt haben.[1070] Anders als sonstige Werke, wie z.B. Zeitschriften oder Romane, die verschiedene Absatzmärkte haben können, sind Vervielfältigungen aus Schulbüchern oder Arbeitsheften somit nicht von der Privilegierung des Abs. 3 Satz 1 erfasst. Die Vervielfältigung dieser Werke ist deshalb nur dann möglich, wenn Nutzungsvereinbarungen mit den Rechteinhabern abgeschlossen werden. Eine solche Nutzungsvereinbarung mit den berechtigten Schulbuchverlagen ist im Gesamtvertrag zu § 53 UrhG enthalten. Nach § 1 Nr. 1 und § 2 Nr. 1 des Gesamtvertrags zu § 53 UrhG gewähren die Rechteinhaber (Schulbuchverlage) den Ländern (Schulen) das Recht, Werke, die für den Unterrichtsgebrauch an Schulen bestimmt sind, im gleichen Umfang zu vervielfältigen, wie die kraft Gesetzes zulässigen Vervielfältigungen nach § 53 Abs. 3 Satz 1 UrhG i.V.m. § 3 des Gesamtvertrags. Allerdings wird der Vervielfältigungsumfang durch § 3 Nr. 1 b) Satz 2 und Satz 3 des Gesamtvertrags wieder eingegrenzt. Danach dürfen für den Unterrichtsgebrauch bestimmte Werke niemals vollständig kopiert werden, sondern nur in dem Umfang nach § 3 Nr. 1 a) des Gesamtvertrags zu § 53 UrhG. Die Einwilligung der Rechteinhaber umfasst somit lediglich die Vervielfältigung eines kleinen Teils eines Werkes. Insofern dürfen zu Unterrichts- oder Prüfungszwecken in Schulen bis zu 10%, jedoch nicht mehr als 20 Seiten aus einem Schulbuch, Arbeitsheft oder aus sonstigen Werken der Schulbuchverlage kopiert werden. Weitergehende Vervielfältigungen sind durch die Rechteeinräumung im Gesamtvertrag zu § 53 UrhG nicht erfasst und müssen gesondert angefragt werden.[1071]

b) Die Einwilligung in die Vervielfältigung graphischer Aufzeichnungen von Werken der Musik

Nach § 53 Abs. 4 a) UrhG ist die Vervielfältigung graphischer Aufzeichnungen von Werken der Musik (Noten), soweit sie nicht durch Abschreiben vorgenommen wird, stets nur mit Einwilligung des Berechtigten zulässig. Ausgenommen sind jedoch die Fälle, in denen Noten zur Aufnahme in ein eigenes Archiv nach den Voraussetzungen des Abs. 2 Satz 1 Nr. 1 kopiert werden oder seit mindestens zwei Jahren vergriffen sind. Hintergrund der Regelung war das Missverhältnis zwischen den erheblichen Herstellungskosten und den durch die Kopierfreiheit geförderten Rückgang des Absatzes von Notensätzen, sodass eine Gefahr bestand, dass die auch im Interesse der

---

[1070] Vgl. BT-Drucks. 16/5939, S. 44f.; Schricker/Loewenheim/*Loewenheim*, § 53 Rn. 65.

[1071] Grundsätzlich gilt dies auch für im Ausland erschienene Schulbücher und Unterrichtsmaterialien, da keine generelle Nutzungslizenz der ausländischen Schulbuchverlage vorliegt.

Öffentlichkeit liegende Herstellung von Noten durch Musikverlage nicht nachhaltig gewährleistet war.[1072] Hinsichtlich des Schulgebrauchs haben sich die Rechteinhaber und die Länder (Schulen) im Rahmen des Gesamtvertrags zu § 53 UrhG auf ein Nutzungsrecht bezüglich der Musiknoten geeinigt. Entsprechend § 3 Nr. 1 b) 1. Spiegelstrich des Gesamtvertrags darf eine Musikedition als Werk geringen Umfangs nur dann komplett vervielfältigt werden, wenn sie maximal 6 Seiten umfasst. Dieser Umfang der Einwilligung der Berechtigten ist als absolut zu verstehen, sodass auch ein kleiner Teil eines Notensatzes nicht die Maximalgrenze von 6 Seiten übersteigen darf. Im Schulbereich dürfen somit Notensätze mit einem Umfang von maximal 6 Seiten sowohl handschriftlich abgeschrieben oder auf andere Weise, insbesondere durch Fotokopieren, vervielfältigt werden.

c) Besonderheiten hinsichtlich digitaler Vervielfältigungen

Hinsichtlich der Einwilligung in die Vervielfältigung von „für den Unterrichtsgebrauch an Schulen bestimmten Werken“ gemäß § 53 Abs. 3 Satz 2 UrhG sowie von Musiknoten gemäß § 53 Abs. 4 a) UrhG sind allerdings Besonderheiten zu beachten. Gemäß § 3 Nr. 3 des Gesamtvertrags zu § 53 UrhG sind digitale Vervielfältigungen nicht von der Rechteeinräumung durch den Gesamtvertrag erfasst. Erst durch die seit dem 01.01.2013 geltende Ergänzungsvereinbarung zum Gesamtvertrag zu § 53 UrhG werden nun zum Teil auch digitale Vervielfältigungen von „für den Unterrichtsgebrauch an Schulen bestimmten Werken“ und Musiknoten erlaubt. Nach § 1 der Ergänzungsvereinbarung gewähren die Rechteinhaber den Lehrkräften an Schulen, kleine Teile von gedruckten schulspezifischen Werken oder gedruckten Musiknoten („Printmedien“), die ab 2005 erschienen sind, für ihren eigenen Unterrichtsgebrauch einzuscannen. Die dadurch hergestellten Digitalisate dürfen die Lehrer für ihren eigenen Unterrichtsgebrauch vervielfältigen. Der Begriff des „eigenen Unterrichtsgebrauchs“ meint hier den Gebrauch für den Unterricht der jeweiligen Lehrkraft mit ihren zu unterrichtenden Klassen, Kursen oder Lerngruppen sowie auch den Vertretungsunterricht. Ausdrücklich genannt ist das Abspeichern auf mehreren Speichermedien (PC, Whiteboard, iPad, Laptop, usw.) sowie das Ausdrucken der hergestellten Digitalisate. Dabei müssen die abgespeicherten Digitalisate jedoch durch effektive Schutzmaßnahmen (z.B. Passwortschutz) vor Zugriffen Dritter gesichert werden. Hiervon nicht erfasst sind allerdings digitale Werke, die bereits vom Schulbuchverlag digitalisiert zur Verfügung gestellt werden. Veröffentlicht also ein Schulbuchverlag Arbeitsblätter oder Schul-

---

1072 Vgl. AmtlBegr. zur Novelle 1985 BT-Drucks. 10/837, S. 17; *Däubler-Gmelin*, ZUM 1999, 769, 772f.; Schricker/Loewenheim/*Loewenheim*, § 53 Rn. 69.

bücher auch in digitaler Form, z. B. als „E-Book", so ist die Vervielfältigung dieser digitalen Werke nach § 53 Abs. 3 Satz 2 UrhG nur stets mit der Einwilligung des Verlages zulässig.

Ferner ist auch bei für den Schulgebrauch bestimmte Werken und Musiknoten darauf hinzuweisen, dass Lehrer nur eine erforderliche Anzahl von Vervielfältigungsstücken herstellen dürfen.[1073] Klarzustellen ist schließlich noch, dass ein Werk gemäß § 3 Nr. 3 des Gesamtvertrags zu § 53 UrhG und § 1 Nr. 4 der Ergänzungsvereinbarung pro Schuljahr und Schulklasse nur maximal in dem nach § 53 Abs. 3 Satz 1 UrhG i. V. m. dem Gesamtvertrag sowie der Ergänzungsvereinbarung zulässigen Umfang vervielfältigt werden darf. Dies gilt insbesondere für den zulässigen Kopierumfang eines „kleinen Teils eines Werkes". Hat also ein Lehrer z. B. für die Klasse 8b bereits am Anfang des Schuljahres 20 Seiten aus einem Schulbuch kopiert oder eingescannt und ausgedruckt, so darf er im gleichen Schuljahr nicht noch einmal aus dem gleichen Schulbuch für die gleiche Klasse kopieren.[1074]

2. Allgemeine Voraussetzungen für eine wirksame Einwilligung

Neben den im Gesamt- bzw. Pauschalverträgen vereinbarten Nutzungsmöglichkeiten besteht für den Lehrer oder Schulleiter jedoch auch die Möglichkeit beim Urheber oder bei den jeweiligen Verwertungsgesellschaften hinsichtlich einer Einwilligung in gesonderte Werknutzungen, die über den in den Verträgen vereinbarten Nutzungsrahmen hinausgehen, anzufragen. Es ist aber jeweils erforderlich, dass die Voraussetzungen einer wirksamen Einwilligung gegeben sind.

Es muss zunächst ein disponibles Rechtsgut vorliegen. Primär geschützt sind im Urheberrecht die vermögenswerten Verwertungsrechte des Urhebers. Ihre Übertragbarkeit auf Dritte ist bereits gesetzlich vorgesehen (vgl. §§ 29 Abs. 2, §§ 31 ff. UrhG, § 106 Abs. 1 UrhG), sodass vorliegend die Disponibilität des Rechtsgut zu bejahen ist.[1075]

Weiterhin muss die Einwilligung durch den Inhaber des betroffenen Rechtsguts ausdrücklich oder zumindest konkludent erklärt werden. Zur Einwilligung Berechtigte sind der Urheber (§ 7 UrhG) selbst, seine Rechtsnachfolger (§§ 28 ff. UrhG) und die Inhaber eines ausschließlichen Nutzungs-

---

1073 Hierzu vgl. bereits oben B. I. 5. b) bb) (2) (h).

1074 Siehe auch die Auskunft auf der Internetseite des Verbands für Bildungsmedien „http://www.schulbuchkopie.de/index.php/digitale-kopie-was-geht-was-geht-nicht" (zuletzt abgerufen am 26.04.2016).

1075 Vgl. auch *Hildebrandt*, S. 242; *Reinbacher*, Privatgebrauch, S. 270; *Weber*, S. 264.

rechts (§ 31 Abs. 1 und 3 UrhG).[1076] Bei Bearbeitungen (§ 3 UrhG) ist zu beachten, dass sowohl der Urheber des Originalwerkes als auch der Urheber der geschützten Bearbeitung zur Einwilligung berechtigt sind, sodass es, genauso wie bei der Miturheberschaft (§ 8 UrhG), auf die Einwilligung beider Urheber ankommt.[1077] Nach § 31 Abs. 3 Satz 1 UrhG darf der Inhaber des ausschließlichen Nutzungsrechts im Rahmen seiner Nutzungserlaubnis auch Dritten Nutzungsrechte einräumen. Dies ist hier im Schulbereich der Fall. Denn in den jeweiligen Gesamt- bzw. Pauschalverträgen erfolgt die ausdrückliche Einräumung der Nutzungsrechte (z. B. die Einräumung der Rechte hinsichtlich Schulbüchern oder Musiknoten, vgl. § 1 Nr. 1, § 2 des Gesamtvertrages zu § 53 UrhG) nicht durch die Urheber selbst, sondern durch die Verwertungsgesellschaften und Verlage. Die Berechtigung zur Einwilligung in die gesetzlich nicht privilegierten Werknutzungen leitet sich hier aus den entsprechenden ausschließlichen Nutzungsrechten ab, die die jeweiligen Urhebern an die Verwertungsgesellschaften und Verlage übertragen haben. Als Inhaber des ausschließlichen Nutzungsrechtes sind sie daher auch berechtigt, den Schulen einfache Nutzungsrechte (§ 31 Abs. 2 UrhG) erteilen.

Der Berechtigte muss außerdem auch einwilligungsfähig sein. Diese Voraussetzung ist bereits dann gegeben, wenn der Berechtigte infolge seiner geistigen und sittlichen Reife imstande ist, die Bedeutung und Tragweite des Eingriffs in das jeweilige Rechtsgut zu erkennen.[1078] Somit können grundsätzlich auch Minderjährige bei entsprechender natürlicher Einsichtsfähigkeit ohne Zustimmung des gesetzlichen Vertreters einwilligen.[1079] Bei den Verwertungsgesellschaften bzw. Verlage ist vorliegend auf die Einwilligungsfähigkeit der natürlichen Personen, die im Namen der jeweiligen Organisation handeln, abzustellen. Bei den Gesamt- bzw. Pauschalverträgen ist davon auszugehen, dass die Vertreter der Rechteinhaber bei der Unterzeichnung der Verträge einwilligungsfähig waren. Die erteilte Einwilligung muss zudem auch frei von Willensmängeln sein, sodass eine durch Drohung, Täuschung oder Irrtum bedingte Einwilligung unwirksam ist.[1080] Beachtlich ist allerdings nur ein Irrtum darüber, dass das Rechtsgut zur Disposition gestellt wird, sodass motivationsbildende Irrtümer weitgehend unbeachtlich sind.[1081]

1076 Dreier/Schulze/*Dreier*, § 106 Rn. 9; MüKo-StGB/*Heinrich*, § 106 UrhG Rn. 116; Schricker/Loewenheim/*Haß*, § 106 Rn. 29; Wandtke/Bullinger/*Hildebrandt/Reinbacher*, § 106 Rn. 26.

1077 Vgl. Dreier/Schulze/*Dreier*, § 106 Rn. 9; MüKo-StGB/*Heinrich*, § 106 UrhG Rn. 116.

1078 *Heinrich*, AT, Rn. 456; *Wessels/Beulke/Satzger*, Rn. 555.

1079 Siehe auch *Zabel*, JA 2010, 401, 404.

1080 Vgl. *Heinrich*, AT, Rn. 461; *Kühl*, § 9 Rn. 35 ff.

1081 *Heinrich*, AT, Rn. 461.

Ferner muss die Einwilligung vor der Tatbegehung und zum Tatzeitpunkt noch vorliegen. Eine nachträgliche Genehmigung (z. B. durch die nachträgliche Einräumung eines Nutzungsrechts) mag zwar zivilrechtlich dazu führen, dass der Betreffende rückwirkend als Berechtigter anzusehen ist, sie entfaltet jedoch strafrechtlich keine rechtfertigende Wirkung, sodass darin keine Einwilligung gesehen werden kann.[1082] Eine rückwirkende Beseitigung eines bereits entstandenen Strafanspruchs ist dem Strafrecht fremd, da über die einmal begründete staatliche Strafberechtigung grundsätzlich nur der Staat, nicht aber der Verletzte, verfügen kann.[1083] Allerdings kann der Berechtigte in diesen Fällen eine Strafverfolgung dadurch verhindern, dass er den nach § 109 UrhG erforderlichen Strafantrag nicht stellt.[1084]

Schließlich setzt eine wirksame Einwilligung auch ein subjektives Rechtfertigungselement voraus. Danach ist erforderlich, dass der Täter in Kenntnis der Einwilligung und gerade aufgrund der vorliegenden Einwilligung handelt.[1085] So ist z. B. das Kopieren des Lehrers aus einem Schulbuch nur dann durch Einwilligung gerechtfertigt, wenn der Lehrer (z. B. durch Lehrerrichtlinien oder durch die Unterrichtung bei Lehrerfortbildungen) weiß, dass er rechtlich solche Kopien anfertigen darf, sodass er aufgrund dieses Wissens die entsprechenden Vervielfältigungen vornimmt. Die Kenntnis der Einwilligung bezieht sich hierbei nur auf das allgemeine Wissen des rechtlichen Dürfens. Auf die juristisch exakte Kenntnis, dass das Kopieren aus Schulbüchern nicht schon gesetzlich privilegiert wird, sondern erst durch die Rechteeinräumung im Gesamtvertrag zu § 53 UrhG zulässig ist, kann es jedoch nicht ankommen. Fehlt dem Lehrer die allgemeine Kenntnis hinsichtlich der rechtlichen Zulässigkeit, d. h. der Lehrer kennt die generelle Rechtslage gar nicht und macht sich auch grundsätzlich keine Gedanken über die rechtliche Zulässigkeit seiner Werknutzungen, so scheidet die rechtfertigende Einwilligung jedenfalls aus. Umstritten ist jedoch, in welchem Umfang er sich in diesen Fällen strafbar macht.

Nach einer Ansicht[1086] soll bei fehlender Kenntnis über das objektive Vorliegen eines Rechtfertigungsgrundes wegen eines vollendeten Delikts

---

[1082] So die h. M., vgl. BeckOK-UrhG/*Sternberg-Lieben*, § 106 Rn. 34; Dreier/Schulze/*Dreier*, § 106 Rn. 8; Erbs/Kohlhaas/*Kaiser*, § 106 UrhG Rn. 26; Fromm/Nordemann/*Ruttke/Scharringhausen*, § 106 Rn. 27; *Mitsch*, § 8 Rn. 25; MüKo-StGB/*Heinrich*, § 106 UrhG Rn. 117; *Schack*, UrhR, Rn. 856; Wandtke/Bullinger/*Hildebrandt/Reinbacher*, § 106 Rn. 25; a. A. *Hildebrandt*, S. 152 ff.; Schricker/Loewenheim/*Haß*, § 106 Rn. 28.

[1083] BeckOK-UrhG/*Sternberg-Lieben*, § 106 Rn. 34; MüKo-StGB/*Heinrich*, § 106 UrhG Rn. 117; Wandtke/Bullinger/*Hildebrandt/Reinbacher*, § 106 Rn. 25.

[1084] Fromm/Nordemann/*Ruttke/Scharringhausen*, § 106 Rn. 28.

[1085] Vgl. *Heinrich*, AT, Rn. 462; *Rengier*, AT, § 23 Rn. 38; *Wessels/Beulke/Satzger*, Rn. 567.

bestraft werden. Denn genauso wie im Tatbestand müssen auch auf der Ebene der Rechtfertigung sowohl die objektiven als auch subjektiven Voraussetzungen erfüllt sein. Dem Täter könne nicht zu Gute kommen, dass er zufällig rechtlich zulässig gehandelt hat.

Eine andere Ansicht[1087] geht hingegen zutreffend davon aus, dass nur wegen eines Versuchs zu bestrafen ist. Denn in diesen Fällen ist grundsätzlich zu beachten, dass sich eine Tat aus Erfolgs- und Handlungsunwert zusammensetzt. Liegen die objektiven Voraussetzungen eines Rechtfertigungsgrundes vor, so ist die Tat gerechtfertigt, sodass kein Erfolgsunwert vorhanden ist und daher auch nicht wegen Vollendung bestraft werden kann. Da die subjektiven Voraussetzungen jedoch nicht erfüllt sind, bleibt der Handlungsunwert bestehen. Ist lediglich der Handlungsunwert zu bestrafen, da der Erfolgsunwert nicht vorliegt oder tatsächlich nicht vorliegen kann, so handelt es sich um einen klassischen Fall des Versuchs bzw. untauglichen Versuchs. Fehlt dem Lehrer also die Kenntnis hinsichtlich der Einwilligung, so ist er wegen Versuchs gemäß §§ 106 Abs. 2 UrhG i.V.m. § 22 StGB zu bestrafen.

Schließlich ist noch anzumerken, dass der Irrtum über das Vorliegen einer rechtfertigenden[1088] Einwilligung des Berechtigten nicht zu einem Tatbestands- sondern einem Erlaubnistatbestandsirrtum (§ 16 Abs. 1 StGB analog)[1089] führt. Nach der eingeschränkten Schuldtheorie entfällt dadurch die Vorsatzschuld auf der Schuldebene.[1090] Irrt der Täter zu seinen Gunsten über die Existenz eines Rechtfertigungsgrundes oder über die rechtlichen Grenzen eines anerkannten Rechtfertigungsgrundes, so liegt ein sog. Erlaubnisirrtum vor, der wie ein Verbotsirrtum (§ 17 StGB), ebenfalls auf der Schuldebene, zu behandeln ist.[1091]

1086 *Heinrich*, AT, Rn. 392; NK-StGB/*Zaczyk*, § 22 Rn. 57.

1087 *Fischer*, § 32 Rn. 27; *Krey/Esser*, Rn. 469; *Rengier*, AT, § 17 Rn. 18; *Roxin*, AT I, § 14 Rn. 104.

1088 Zur Einordnung des Merkmals „ohne Einwilligung des Berechtigten" als Rechtfertigungsgrund vgl. oben B. III.

1089 Zum Erlaubnistatbestandsirrtum vgl. *Heinrich*, AT, Rn. 1123 ff.; *Rengier*, AT, § 30 Rn. 1 ff.

1090 *Heinrich* in: Bosch/Bung/Klippel, S. 59, 80; Schricker/Loewenheim/*Haß*, § 106 Rn. 30; Wandtke/Bullinger/*Hildebrandt/Reinbacher*, § 106 Rn. 36; vgl. hierzu auch *Heinrich*, AT, Rn. 1128 ff.; zum Erlaubnistatbestandsirrtum vgl. noch unten B. IV. 1.

1091 *Heinrich* in: Bosch/Bung/Klippel, S. 59, 63; allgemein zum Erlaubnisirrtum vgl. *Heinrich*, AT, Rn. 1142 ff.; zum Verbotsirrtum vgl. unten V. IV. 2.

3. Sonstige Rechtfertigungsgründe

Neben der Einwilligung gelten im Urheberstrafrecht grundsätzlich auch alle sonstigen Rechtfertigungsgründe des allgemeinen Strafrechts.[1092] Allerdings spielen sie regelmäßig keine Rolle.[1093] Dies trifft auch auf den Schulbereich zu. Insbesondere sind keine schlüssigen Fallkonstellationen vorstellbar, in denen Lehrer durch unzulässige Werkverwertungen einen Angriff oder eine Gefahr abwehren. Theoretisch denkbar sind allenfalls Fälle, in denen Lehrer oder Schüler durch Gewalt oder Drohung zu einer unerlaubten Werkverwertung gezwungen werden.[1094]

IV. Die Schuld

Auf der Ebene der Schuld sind auch im Urheberstrafrecht grundsätzlich die Vorschriften des Allgemeinen Teils des Strafgesetzbuches zu beachten. Im Schulbereich kann insbesondere die Schuldunfähigkeit von Schülern eine Rolle spielen. So sind Personen unter 14 Jahren als Kinder anzusehen und gemäß § 19 StGB stets schuldunfähig. Schüler zwischen 14 und 17 Jahren sind hingegen Jugendliche und bedingt schuldfähig. Ihre Schuldfähigkeit richtet sich nach ihrer sittlichen und geistigen Entwicklung (vgl. § 3 Satz 1 JGG). Bei Heranwachsenden, also Personen zwischen 18 und 20 Jahren, ist grundsätzlich von einer vollumfänglichen Schuldfähigkeit auszugehen. Die Ausnahme bildet hier § 105 Abs. 1 JGG, wonach es zur Anwendung des Jugendstrafrechts kommt.

Ähnlich wie die Rechtfertigungsgründe spielen auch die Entschuldigungsgründe (z.B. § 35 StGB) im Urheberstrafrecht regelmäßig keine Rolle.[1095] Relevant sind dagegen die auf der Schuldebene zu behandelnden Erlaubnistatbestands- und Verbotsirrtümer.

1. Erlaubnistatbestandsirrtum

Stellt sich der Täter tatsächliche Umstände vor, bei deren Vorliegen er gerechtfertigt wäre, so befindet er sich in einem Erlaubnistatbestandsirrtum.[1096]

[1092] BeckOK-UrhG/*Sternberg-Lieben*, § 106 Rn. 44; *Hildebrandt*, S. 244.

[1093] Vgl. MüKo-StGB/*Heinrich*, § 106 UrhG Rn. 126; Wandtke/Bullinger/*Hildebrandt/Reinbacher*, § 106 Rn. 31; *Zabel*, JA 2010, 401, 404; zu einigen theorethischen Konstellationen vgl. *Weber*, S. 261.

[1094] Vgl. hierzu *Reinbacher*, Privatgebrauch, S. 269, 273.

[1095] Dreier/Schulze/*Dreier*, § 106 Rn. 11; Wandtke/Bullinger/*Hildebrandt/Reinbacher*, § 106 Rn. 31.

[1096] *Heinrich*, AT, Rn. 1120.

- *Beispiel:* Ein Lehrer möchte seiner Unterrichtsklasse Vertiefungsmaterialen zur Verfügung stellen. Deshalb scannt er 3 urheberrechtlich geschützte Darstellungen aus einem älteren Schulbuch ein und schickt diese Digitalisate anschließend per E-Mail an seine Schüler. Der Lehrer geht hierbei davon aus, dass das Schulbuch im Jahr 2005 erschienen ist. In Wirklichkeit erschien es jedoch bereits 2004. – Hier hat der Lehrer zunächst den Tatbestand des § 106 Abs. 1 UrhG erfüllt, da er eine Vervielfältigung von urheberrechtlich geschützten Darstellungen vorgenommen hat, die aufgrund der Bereichsausnahme des § 53 Abs. 3 Satz 2 UrhG nicht gesetzlich privilegiert ist. Nach seinen Vorstellungen wäre diese Tat jedoch gerechtfertigt, da durch die Rechteeinräumung der Berechtigten in der Ergänzungsvereinbarung zum Gesamtvertrag zu § 53 UrhG auch kleine Teile aus Schulbüchern, die ab 2005 erschienen sind, eingescannt und an Schüler per E-Mail versendet werden dürfen. Da das Schulbuch jedoch tatsächlich bereits 2004 erschienen ist, irrt der Lehrer hier über eine Tatsache, bei dessen Vorliegen er gerechtfertigt wäre. Er befindet sich also in einem Erlaubnistatbestandsirrtum gemäß § 16 StGB analog, der zum Ausschluss der Vorsatzschuld führt. In diesem Fällen liegt aber dennoch eine vorsätzliche rechtswidrige Haupttat vor, sodass eine Teilnahme grundsätzlich möglich ist.[1097]

2. Verbotsirrtum

a) Das Fehlen des Unrechtsbewusstseins

Ein Verbotsirrtum gemäß § 17 StGB liegt vor, wenn der Täter bei vollständiger Tatsachenkenntnis die Einsicht fehlt, Unrecht zu tun. Das Fehlen des Unrechtsbewusstseins des Täters muss sich dabei auf „rechtliche" Verstöße beziehen, sodass das bloße Bewusstsein der Sozialschädlichkeit oder Sittenwidrigkeit nicht zu berücksichtigen ist.[1098] Im Tatbestand des § 106 Abs. 1 UrhG ist der Anwendungsbereich von Verbotsirrtümern aufgrund der zahlreichen normativen Tatbestandsmerkmale jedoch eingeschränkt.[1099]

Als Verbotsirrtum zu behandeln ist ferner auch der Erlaubnisirrtum. Wie bereits angesprochen irrt der Täter in diesen Fällen zu seinen Gunsten über die Existenz eines Rechtfertigungsgrundes oder über die rechtlichen Grenzen eines anerkannten Rechtfertigungsgrundes. In dem zuvor genannten Beispielsfall liegt ein Erlaubnisirrtum z.B. dann vor, wenn der Lehrer zwar

---

1097 Vgl. *Rengier*, AT, § 30 Rn. 20.

1098 BeckOK-UrhG/*Sternberg-Lieben*, § 106 Rn. 41; *Rengier*, AT, § 31 Rn. 4.

1099 BeckOK-UrhG/*Sternberg-Lieben*, § 106 Rn. 40; *Reinbacher*, Privatgebrauch, S. 273. Zu den verschiedenen Beispielen von Verbotsirrtümern und zur Abgrenzung zwischen Tatbestands- und Verbotsirrtümern vgl. oben B. II. 3.

beim Einscannen richtig erkennt, dass das Schulbuch im Jahr 2004 erschienen ist, jedoch fälschlicherweise glaubt, dass die Rechteeinräumung der Berechtigten in der Ergänzungsvereinbarung zum Gesamtvertrag zu § 53 UrhG für alle Schulbücher ohne Jahresbeschränkung gilt. Der Lehrer irrt hier nämlich lediglich über die Reichweite der Einwilligung der Berechtigten. Ein Verbotsirrtum ist schließlich auch dann anzunehmen, wenn der Lehrer zum einen irrig annimmt, dass das Schulbuch 2005 erschienen ist, zum anderen aber ohnehin davon ausgeht, dass die Ergänzungsvereinbarung zum Gesamtvertrag zu § 53 UrhG alle Schulbücher ohne Jahresbeschränkung erfasst. Ein solcher sog. „Doppelirrtum" stellt nach allgemeiner Auffassung[1100] lediglich ein Erlaubnisirrtum dar, der wie ein Verbotsirrtum nach § 17 StGB zu behandeln ist.

b) Vermeidbarkeit

Gemäß § 17 Satz 1 StGB handelt der Täter bei fehlender Unrechtseinsicht nur dann ohne Schuld, wenn er diesen Irrtum nicht vermeiden konnte. Ein Verbotsirrtum wirkt somit nur dann schuldausschließend, wenn er nicht vermeidbar war. Ist die Vermeidbarkeit (wie in den meisten urheberstrafrechtlichen Fällen)[1101] im Ergebnis zu bejahen, so kommt gemäß § 17 Satz 2 StGB lediglich fakultativ eine Strafmilderung nach § 49 StGB in Betracht.

Nach allgemeiner Ansicht[1102] liegt die Vermeidbarkeit vor, wenn der Handelnde unter Berücksichtigung seiner Fähigkeiten und Kenntnisse bei gehöriger Anspannung seines Gewissens durch Einsatz seiner geistigen Erkenntniskräfte oder durch Einholung von Auskunft das Unrecht hätte einsehen können. Hat der Täter also Zweifel an der Rechtmäßigkeit seiner Handlung, so muss er sich erkundigen und rechtlichen Rat einholen.[1103] Allerdings führt nur die Auskunft einer „verlässlichen" Person zur Unvermeidbarkeit des Irrtums. Als verlässlich gilt eine zuständige, sachkundige, unvoreingenommene Person, die mit der Erteilung der Auskunft kein Eigeninteresse verfolgt und die Gewähr für eine objektive, sorgfältige, pflichtgemäße und verantwortungsbewusste Auskunftserteilung bietet.[1104] Hiervon ausgehend

---

[1100] Vgl. nur *Heinrich*, AT, Rn. 1148; *Rengier*, AT, § 31 Rn. 15.

[1101] Vgl. BeckOK-UrhG/*Sternberg-Lieben*, § 106 Rn. 42; *Hildebrandt*, S. 285; *Schack*, UrhR, Rn. 857.

[1102] Siehe nur BGHSt 4, 1, 5; 40, 257, 264; Achenbach/Ransiek/Rönnau/*A. Nordemann*, 11. Teil, Rn. 138; *Heinrich*, Standardsoftware, S. 264; *Hildebrandt*, S. 283; *Rengier*, AT, § 31 Rn. 19; Schricker/Loewenheim/*Haß*, § 106 Rn. 31.

[1103] *Reinbacher*, Privatgebrauch, S. 274; vgl. auch *Heinrich*, AT, Rn. 1118 m. w. N.

[1104] BGHSt 40, 257, 264.

wird man die Vermeidbarkeit bei einer unzutreffenden Auskunft eines Lehrers bezüglich einer urheberrechtlichen Frage bejahen müssen, da er regelmäßig kein Sachkundiger ist.[1105] Dasselbe gilt auch für den Schulleiter, dem im Normalfall ebenfalls die erforderliche Sachkunde im Bereich des Urheberrechts fehlt. Lehrer und Schüler können sich daher nicht auf eine falsche Auskunft des Schulleiters berufen. Sogar Auskünfte von Rechtsanwälten sind nicht ohne Weiteres vertrauenswürdig, wenn der Rechtsrat, aus der Sicht des Anfragenden, nicht nach eingehender sorgfältiger Prüfung erfolgt und von der notwendigen Sachkenntnis getragen ist.[1106] Deshalb sollen Gefälligkeitsgutachten, die eher zur Absicherung der eigenen Ansicht als zur Klärung der Rechtfrage dienen, als Grundlage unvermeidbarer Verbotsirrtümer ausscheiden.[1107] Auf die Auskunft eines Anwalts aus dem persönlichen Bekanntenkreis kann sich der Lehrer somit ebenfalls nicht verlassen, insbesondere wenn der Anwalt keine spezifische Fachkompetenz im Bereich des Urheberrechts besitzt. Als „verlässliche Personen“ kommen jedoch vor allem Anwälte oder andere juristisch gebildete Ausbilder in Betracht, die bei lehrerspezifischen Weiterbildungsseminaren oder Konferenzen zum Thema Schulurheberrecht referieren. Denn diese Personen haben in der Regel die erforderlichen Fachkenntnisse und zudem auch eine vertragliche Pflicht und Verantwortung, Lehrern über schulrelevante Urheberrechtsprobleme zu informieren und aufzuklären. Als verlässlich gilt auch die Auskunft von der zuständigen Schulbehörde.[1108] Insoweit können sich Lehrer auch auf Informations- oder Merkblätter von den zuständigen Schulbehörden verlassen.[1109] Andere Schriften, wie z.B. Merkblätter von privatrechtlichen Verbänden oder Organisationen, Beiträge aus der juristischen Literatur oder Dissertationen, gelten hingegen nicht als „verlässlich“.

Hat der Täter keine Zweifel an der Rechtmäßigkeit seines Verhaltens, so ist zu prüfen, ob der Täter Unrechtseinsicht hätte haben können (sog. potentielles Unrechtsbewusstsein).[1110] Behauptet z.B. ein Täter glaubhaft, er kenne die Existenz des Schutzes geistiger Werke nicht, so fehlt ihm das Unrechtsbewusstsein. Auf eine solche gänzliche Unkenntnis hinsichtlich des Urheberrechtsschutzes können sich Lehrer allerdings im Normalfall nicht

---

1105 So auch *Reinbacher*, Privatgebrauch, S. 275; a.A. jedoch *Hildebrandt*, S. 285, der von einem unvermeidbaren Irrtum ausgeht, wenn ein sechzehnjähriger Schüler eine falsche Auskunft seines Lehrers erhält.

1106 BGHSt 58, 15, 30f.; BGH, NStZ 2013, 461; BGH, NStZ 2000, 307, 309.

1107 BGHSt 58, 15, 30f.; *Fischer*, § 17 Rn. 9a.

1108 Vgl. auch *Krey/Esser*, Rn. 727; *Roxin*, AT I, § 21 Rn. 64.

1109 Für die Schulen des Landes Baden-Württemberg siehe z.B. die Internetauskunft der Landesakademie für Fortbildung und Personal Entwicklung an Schulen: „http://lehrerfortbildung-bw.de/sueb/recht/urh/“ (zuletzt abgerufen am 26.04.2016).

1110 *Heinrich*, AT, Rn. 1115, 1118.

berufen. Denn sowohl in der Ausbildung als auch in der Berufspraxis[1111] werden Lehrer im Hinblick auf mögliche Urheberrechtsverletzungen aufgeklärt und sensibilisiert. Auch Schülern wird man im Normalfall nicht mehr ihre behauptete gänzliche Unkenntnis glauben können.[1112]

V. Die Versuchsstrafbarkeit

Gemäß § 106 Abs. 2 UrhG ist auch der Versuch einer unzulässigen Werkverwertung strafbar.[1113] Hierbei gelten die Regeln des Allgemeinen Teils gemäß §§ 22ff. StGB, wonach der Täter einen Tatentschluss, d.h. Vorsatz bezüglich aller objektiven Tatbestandsmerkmale, gefasst und zudem bereits unmittelbar zur Tat angesetzt haben muss. Nach allgemeiner Ansicht liegt ein unmittelbares Ansetzen vor, wenn der Täter subjektiv die Schwelle zum „jetzt geht's los" überschritten hat und objektiv Handlungen vornimmt, die unmittelbar in den tatbestandlichen Geschehensablauf einmünden, sodass nach seiner Vorstellung von der Tat keine wesentlichen Zwischenschritte mehr erforderlich sind und das geschützte Rechtsgut bereits konkret gefährdet ist.[1114] Ein unmittelbares Ansetzten ist bei der Vervielfältigung eines Werkes z.B. dann zu bejahen, wenn der Täter ein Werk kopieren will und auf die „Start"-Taste drückt, der Kopiervorgang jedoch aufgrund einer Kopiersperre oder eines technischen Defekts nicht erfolgreich verläuft.[1115] Hat also ein Musiklehrer, der eine 8-seitige Partitur für die Teilnehmer seiner Musik-Arbeitsgemeinschaft ausdrucken möchte, am Computer einen Druckauftrag aufgegeben, so liegt bereits zu diesem Zeitpunkt ein unmittelbares Ansetzen vor.[1116] Auch bei einer öffentlichen Wiedergabe, die wegen technischen Defekts nicht ordnungsgemäß abläuft, ist schon dann ein unmittelbares Ansetzen gegeben, wenn der Täter eine Werkwiedergabe in Gang setzt. Ein Lehrer, der zum Abschluss der Projektwoche den Projektteilneh-

---

[1111] So sind z.B. die Länder gemäß § 6 des Gesamtvertrags zu § 53 UrhG verpflichtet, die Schulleitung und Lehrkräfte auf die urheberrechtliche Rechtslage hinzuweisen.

[1112] Vgl. LG Hannover, Urteil vom 17. April 1991 – 18 O 226/90 (unveröffentlicht), wo die gänzliche Unkenntnis eines Jugendlichen von 15 Jahren als vermeidbar angesehen wird; vgl. hierzu auch *Heinrich*, Standardsoftware, S. 265f.

[1113] Allgemein wird der Versuchsstrafbarkeit im Urheberstrafrecht jedoch nur eine sehr geringe Bedeutung zugeschrieben, da die Vollendungsstrafbarkeit hier schon früh eingreift, vgl. *Heinrich*, Standardsoftware, S. 266f.; *Hildebrandt*, S. 287; *Reinbacher*, Privatgebrauch, S. 275.

[1114] BGHSt 48, 34, 35f.; *Rengier*, AT, § 34 Rn. 22.

[1115] *Heinrich*, Standardsoftware, S. 267; *Hildebrandt*, S. 288.

[1116] Vgl. *Hildebrandt*, S. 288.

mern einen Unterhaltungsfilm mit einer Laufzeit von 90 Minuten zeigen möchte, befindet sich insofern im Bereich der Versuchsstrafbarkeit, wenn er eine DVD in den DVD-Player einlegt und auf „Play“ drückt. Ein unmittelbares Ansetzen ist jedoch nicht bereits dann anzunehmen, wenn der Werknutzer das Kopiergerät, den Drucker oder den DVD-Player einschaltet.[1117]

Ferner kann die Versuchsstrafbarkeit gemäß § 106 Abs. 2 UrhG in Form eines untauglichen Versuchs vorliegen. Hierbei handelt es sich um einen Versuch, der unter den gegebenen Umständen entgegen den Vorstellungen des Täters entweder aus tatsächlichen oder aus rechtlichen Gründen nicht zur Verwirklichung des objektiven Tatbestands führen kann.[1118] Die Strafbarkeit des untauglichen Versuchs ergibt sich dabei insbesondere aus der Vorschrift des § 23 Abs. 3 StGB. Denn danach kann das Gericht die Strafe nach seinem Ermessen mildern oder ganz von der Strafe absehen, wenn der Täter aus grobem Unverstand verkennt, dass sein Handeln völlig ungeeignet ist, eine Tatvollendung herbeizuführen. Daraus folgt, dass der Gesetzgeber von der grundsätzlichen Strafbarkeit des untauglichen Versuchs ausgeht.[1119] Ein Fall des untauglichen Versuchs liegt beispielsweise vor, wenn der Lehrer die Film-DVD in den DVD-Player einlegt und auf „Play“ drückt, obwohl das Verbindungskabel zwischen Fernseher und DVD-Player nicht vorhanden war. Die Wiedergabe der DVD war also schon von Anfang an unmöglich, ohne dass der Lehrer dies bemerkt hatte. Vielmehr nahm er irrig an, dass Fernseher und DVD-Player ordnungsgemäß angeschlossen sind, sodass die DVD nach dem Betätigen der „Play“-Taste unproblematisch wiedergegeben wird. Insofern kann der untaugliche Versuch auch als „umgekehrter Tatbestandsirrtum“[1120] bezeichnet werden, da der Täter hier nicht irrig von Umständen ausgeht, die den Tatbestand ausschließen würden, sondern zu seinen Ungunsten Umstände annimmt, bei deren Vorliegen der Tatbestand des § 106 Abs. 1 UrhG erfüllt wäre.

Abzugrenzen ist der untaugliche Versuch von einem straflosen Wahndelikt. Darunter versteht man die irrige Annahme des Täters, sein in tatsächlicher Hinsicht vollständig und richtig erkanntes Verhalten würde einen Straftatbestand erfüllen, obwohl ein solcher Straftatbestand in Wirklichkeit nicht existiert oder der Täter aufgrund seiner falschen rechtlichen Wertung einen existierenden Straftatbestand überdehnt.[1121] Zwar irrt der Täter hier, wie beim untauglichen Versuch, auch zu seinen Ungunsten über das Vorlie-

---

1117 Siehe auch *Hildebrandt*, S. 288; a.A. *Hentschel*, ZUM 1985, 498, 499.

1118 *Heinrich*, AT, Rn. 668; *Rengier*, AT, § 35 Rn. 1.

1119 Vgl. nur *Baumann/Weber/Mitsch*, § 29 Rn. 26; *Heinrich*, AT, Rn. 673; *Krey/Esser*, Rn. 1246f.

1120 *Rengier*, AT, § 35 Rn. 1; Schönke/Schröder/*Eser/Bosch*, § 22 Rn. 69.

1121 *Heinrich*, AT, Rn. 681; *Rengier*, AT, § 35 Rn. 15.

gen eines Straftatbestands, jedoch basiert sein Irrtum nicht auf der irrigen Annahme von tatsächlichen Umständen, sondern auf unzutreffenden rechtliche Wertungen. Glaubt z.B. ein Lehrer, der einen urheberrechtlich geschützten Film in seinem Klassenunterricht abspielt, dass eine Wiedergabe von Filmwerken im Klassenunterricht strafbar ist, so irrt er lediglich über die rechtliche Bewertung des Öffentlichkeitsbegriffs. Er überdehnt somit das Tatbestandsmerkmal der öffentlichen Wiedergabe, sodass ein „umgekehrter Subsumtionsirrtum“ als strafloses Wahndelikt gegeben ist.

In den genannten „umgekehrten“ Irrtumsfällen stellt sich jedoch die Frage, wie normative Tatbestandsmerkmale zu berücksichtigen sind. Denn würde man den Umkehrschluss des Tatbestandsirrtums konsequent anwenden, so müsste man auch bei normativen Tatbestandsmerkmalen immer auf die Parallelwertung in der Laiensphäre abstellen und bei einem Täter, dem die Bedeutungskenntnis fehlt und der dadurch irrtümlicherweise den Tatbestand für verwirklicht hält, stets einen untauglichen Versuch annehmen, obwohl der er alle faktischen Umstände richtig erkannt hat. Geht z.B. der Lehrer beim Kopieren von einem 5-seitigen Aufsatz fälschlicherweise davon aus, dass man zur Veranschaulichung des Unterrichts in Schulen nur kleine Teile eines Werkes kopieren dürfe und die von ihm vorgenommene Vervielfältigung eines ganzen Werkes daher nicht erlaubt sei, so verkennt er bei vollständiger und richtiger Faktenkenntnis die grundlegende Bedeutung des normativen Tatbestandsmerkmals „Werke geringen Umfangs“ gemäß § 53 Abs. 3 Satz 1 UrhG. Würde man die Lehre von den normativen Tatbestandsmerkmalen auch hier anwenden, so müsste man statt einem straflosen Wahndelikt, einen strafbaren untauglichen Versuch annehmen. Nach zutreffender Ansicht[1122] ist dies allerdings abzulehnen. Denn durch die Lehre von den normativen Tatbestandsmerkmalen soll der Täter gerade bei der Vornahme von schwierigen rechtlichen Wertungen entlastet werden, sodass es unzweckmäßig wäre, den Täter bei fehlerhaften Bewertungen bezüglich eines normativen Tatbestandsmerkmals wegen eines untauglichen Versuchs zu bestrafen. Folglich ist bei den „umgekehrten“ Irrtumsfällen auf die Unterscheidung zwischen deskriptiven und normativen Merkmalen zu verzichten und lediglich zwischen einem Irrtum über Tatsachen (untauglicher Versuch) und einem Rechtsirrtum (strafloses Wahndelikt) zu unterscheiden.

Schließlich ist noch darauf hinzuweisen, dass auch im Urheberstrafrecht ein Rücktritt entsprechend den allgemeinen Regeln nach § 24 StGB möglich ist.

1122 *Lauer*, S. 128ff.; *Reinbacher*, Privatgebrauch, S. 276f.; siehe auch *Hildebrandt*, S. 291, der allerdings den untauglichen Versuch im Urheberrecht insgesamt ablehnen und stets ein straflos Wahndelikt annehmen will; a.A. wohl Erbs/Kohlhaas/*Kaiser*, § 106 UrhG Rn. 38; hierzu kritisch *Heinrich* in: Bosch/Bung/Klippel, S. 59, 72, der die Lehre von den normativen Tatbestandsmerkmalen generell ablehnt.

• *Beispiel:* Der Lehrer möchte zum Ausklang der Projektwoche den Projektteilnehmern einen Unterhaltungsfilm zeigen. Dazu besorgt er sich einen Beamer der Schule, um den Film auf seinem Laptop an die Wand zu projizieren. Nachdem er die Wiedergabe des Films auf dem Laptop gestartet hat, erscheint der rechtliche Hinweis, dass der Film nur im privaten Bereich vorgeführt werden darf. Daraufhin bekommt der Lehrer ein schlechtes Gewissen und bricht die Wiedergabe sofort ab. – Durch das Starten der Wiedergabe am Laptop hat der Lehrer hier bereits unmittelbar angesetzt, sodass eine versuchte öffentliche Wiedergabe eines Werkes vorliegt. Von diesem Versuch könnte er jedoch strafbefreiend gemäß § 24 Abs. 1 Satz 1, 2. Alt. StGB zurückgetreten sein. Dazu dürfte es sich zunächst nicht um einen bereits fehlgeschlagenen Versuch handeln. Nach der herrschenden Gesamtbetrachtungslehre ist ein fehlgeschlagener Versuch gegeben, wenn der Täter nach Abschluss der letzten Ausführungshandlung davon ausgeht, mit den ihm zur Verfügung stehenden Mitteln den tatbestandsmäßigen Erfolg nicht mehr in einem unmittelbaren zeitlichen oder räumlichen Zusammenhang erreichen zu können.[1123] Vorliegend ist dies jedoch nicht der Fall, da der Lehrer die Wiedergabe des Films problemlos hätte weiterlaufen lassen können. Hierbei handelt es sich um einen beendeten Versuch[1124], da der Lehrer nach seiner Vorstellung bereits alles Erforderliche für die Filmvorführung getan hat. Als erforderliche Rücktrittshandlung muss er daher freiwillig die Vollendung verhindert haben (vgl. § 24 Abs. 1 Satz 1, 2. Alt. StGB). Da er hier die Wiedergabe wegen Gewissensbissen abbricht, handelt er insofern freiwillig, d. h. aus autonomen Motiven. Im Ergebnis ist er damit strafbefreiend zurückgetreten.

VI. Täterschaft und Teilnahme

Bei der Verletzung von Urheberrechten können verschiedene Personen beteiligt sein. Daher sind im Urheberstrafrecht verschiedene Konstellationen von Täterschaft und Teilnahme möglich, sodass die allgemeinen strafrechtlichen Regelungen der §§ 25 ff. StGB Anwendung finden.[1125] Im Schulbereich kommen als beteiligte Personen vor allem Lehrer, aber auch Schüler und der Schulleiter in Betracht.

Gemäß § 106 Abs. 1 UrhG wird derjenige bestraft, der Werke, Bearbeitungen oder Umgestaltungen unerlaubt vervielfältigt, verbreitet oder öffentlich wiedergibt. Nehmen Lehrer, Schüler oder Schulleiter also unerlaubte

1123 Hierzu vgl. ausführlich *Heinrich*, AT, Rn. 818 ff.

1124 Vgl. hierzu *Heinrich*, AT, Rn. 782 ff.

1125 BeckOK-UrhG/*Sternberg-Lieben*, § 106 Rn. 46; MüKo-StGB/*Heinrich*, § 106 UrhG Rn. 127.

Werkverwertungen selbst vor, sind sie als Täter strafbar.[1126] Erfolgen die Werkverwertungen dabei ohne jegliche Beteiligung anderer Personen, so handeln sie jeweils als Alleintäter gemäß § 25 Abs. 1, 1. Alt. StGB. In den meisten Fällen von Urheberrechtsverstößen im Unterrichtsalltag wird man wohl von einer Alleintäterschaft ausgehen können, da der Lehrer im Normalfall seinen Unterricht eigenständig und ohne Hilfspersonen vorbereitet und abhält, sodass die entsprechenden urheberrechtlich relevanten Handlungen, z. B. das Kopieren, Einscannen, Weitergeben bzw. Austeilen von Vervielfältigungsstücken oder Abspielen von Film- oder Musikwerken, auch von ihm selbst vorgenommen werden.

Neben der Grundform der Alleintäterschaft sind jedoch auch die Fälle der Mittäterschaft gemäß § 25 Abs. 2 StGB, der mittelbaren Täterschaft gemäß § 25 Abs. 1, 2. Alt. StGB sowie der Anstiftung gemäß § 26 StGB und der Beihilfe gemäß § 27 StGB denkbar.

a) Mittäterschaft gemäß § 25 Abs. 2 StGB

Begehen mindestens zwei Personen im Wege des bewussten und gewollten Zusammenwirkens auf Grundlage eines gemeinsamen Tatplans eine Straftat, so liegt eine Mittäterschaft gemäß § 25 Abs. 2 StGB vor.[1127] Erfüllen die einzelnen Täter durch ihre jeweiligen Handlungen nicht bereits den Straftatbestand, so können die jeweiligen objektiven Tatbeiträge der einzelnen Personen wechselseitig jedem Mittäter zugerechnet werden.[1128] Voraussetzung für eine solche mittäterschaftliche Zurechnung ist zum einen ein gemeinsamer Tatplan, d. h. ein Einvernehmen zwischen den Beteiligten, gemeinsam eine Tat begehen zu wollen.[1129] Zum anderen muss der jeweilige Beteiligte einen objektiven Tatbeitrag geleistet haben. Nach der herrschenden gemäßigten Tatherrschaftslehre[1130] muss dieser nicht unbedingt in der Tatausführung selbst liegen, sondern es reicht die Mitwirkung im Vorbereitungsstadium der Tat aus, sofern der jeweilige Tatbeitrag von einigem Gewicht ist und während des gemeinsamen Tatgeschehens noch fortwirkt.

[1126] Im Übrigen ist eine strafrechtliche Haftung der Anstellungskörperschaft ausgeschlossen, da das deutsche Strafrecht keine Bestrafung von juristischen Personen kennt, vgl. *Heinrich*, AT, Rn. 198.

[1127] *Heinrich*, AT, Rn. 1218.

[1128] *Heinrich*, AT, Rn. 1218 f.

[1129] *Fischer*, § 25 Rn. 33; *Heinrich*, AT, Rn. 1223.

[1130] Vgl. nur *Baumann/Weber/Mitsch*, § 29 Rn. 83; *Heinrich*, AT, Rn. 1228; *Rengier*, AT, § 41 Rn. 19; SSW-StGB/*Murmann*, § 25 Rn. 42; *Wessels/Beulke/Satzger*, Rn. 745.

• *Beispiel 1:* Lehrer „A“ und Lehrer „B“ sind gemeinsam für eine „Musik-Projektgruppe“ verantwortlich. Vor dem Beginn der Projektwoche erstellen sie gemeinsam einen Unterrichtsplan für die ganze Woche. Dieser beinhaltet u. a. das Kopieren von 20 Seiten Notenblättern für jeden Schüler und das Zeigen eines Films über die jüngere Musikgeschichte. Wie abgesprochen besorgt der Lehrer A die entsprechenden Notenblätter zum Kopieren sowie den Film auf DVD und bewahrt diese im Lehrerzimmer auf. An den jeweiligen Projekttagen, als die Notenblätter und der Film im Unterricht zum Einsatz kommen, fehlt der Lehrer A allerdings krankheitsbedingt, sodass der Lehrer B allein die Notenblätter kopiert und verteilt sowie die DVD abspielt. – Hier hat sich der Lehrer B gemäß § 106 Abs. 1 UrhG strafbar gemacht, da er mehr als die zulässige Seitenanzahl an Musiknoten vervielfältigt und diese Vervielfältigungsstücke (öffentlich) verbreitet sowie ein Filmwerk vorgeführt, d. h. öffentlich wiedergegeben, hat. Der Lehrer A hat hingegen eigenhändig keine Verwertungshandlung vorgenommen, sodass er selbst nicht tatbestandsmäßig gehandelt hat. Allerdings besorgte er entsprechend dem gemeinsamen Plan die Musiknoten sowie den Film zum Zeitpunkt der Vorbereitung der Projektwoche. Dieser Tatbeitrag des Lehrers A ist von gewichtiger Bedeutung, da der gemeinsame Unterrichtsplan ohne die richtigen Notenblätter bzw. ohne die Film-DVD nicht hätte umgesetzt werden können. Insofern kann dem Lehrer A hier das tatbestandsmäßige Handeln des Lehrers B mittäterschaftlich zugerechnet werden, sodass er als Mittäter gemäß § 106 Abs. 1 UrhG i. V. m. § 25 Abs. 2 StGB zu bestrafen ist. Die Schüler, die vorliegend lediglich die Vervielfältigungsstücke (im Rahmen der Verbreitung) entgegennehmen bzw. den öffentlich wiedergegebenen Film rezipieren, sind als notwendige Teilnehmer straflos.[1131]

• *Beispiel 2:* An einem Gymnasium in X findet jährlich ein Schulkarneval statt, zu dem alle Eltern, Verwandte, Freunde sowie ehemalige Schüler eingeladen sind. Für die Organisation und Erstellung des Programms sind in diesem Jahr 3 Schüler und 2 Lehrer verantwortlich. Gemeinsam mit dem Schulleiter beschließen sie, dass der Schulkarneval wieder in der Schulturnhalle stattfinden soll, jedoch der Eintrittspreis pro Person wegen den wirtschaftlichen Verlusten aus dem letzten Jahr auf 4 Euro zu erhöhen ist. Das Unterhaltungsprogramm sieht u. a. vor, dass aktuelle Hits per Laptop und auch durch die Schulband gespielt werden. Für die schuleigene Technik sowie für das Abspielen der Musik ist der Schüler S zuständig. Um Kosten zu sparen, soll dieser die Veranstaltung jedoch nicht bei der GEMA melden.[1132] – Strafbar machen sich hier sowohl die Mitglieder der Band als

1131 Vgl. hierzu auch *Heinrich*, Standardsoftware, S. 270 f.; allgmein zur notwendigen Teilnahme vgl. *Heinrich*, AT, Rn. 1375; *Rengier*, AT, § 45 Rn. 7 ff.

1132 Hierzu vgl. die Ausführungen zu § 52 UrhG, oben B. I. 5. c) aa).

auch der S wegen der eigenhändigen unerlaubten öffentlichen Wiedergabe geschützter Musik- und Sprachwerke gemäß § 106 Abs. 1 UrhG. Zwar haben die Mitglieder des Organisationskomitees, d.h. die 3 Schüler, die 2 Lehrer und der Schulleiter, selbst keine Verwertungshandlungen vorgenommen, allerdings sind auch sie als Mittäter zu bestrafen. Denn als Programmverantwortliche kommt ihnen eine gewichtige Rolle zu. Sie können stets den Programmplan ändern oder über konkrete Ausführung bestimmen. Insofern sind ihnen die tatbestandsmäßigen Handlungen der Schulband und des S gemäß § 25 Abs. 2 StGB zuzurechnen.

Ferner ist die Täterschaft auch bei einem abhängigen Arbeitnehmer zu bejahen.[1133] Ein Lehrer, der auf Weisung des Schulleiters eine unerlaubte Werkverwertung eigenhändig vornimmt, ist daher als Täter und nicht lediglich als Gehilfe zu bestrafen. Der Schulleiter ist in diesen Fällen regelmäßig Mittäter. Handelt der Lehrer jedoch, etwa irrtumsbedingt, ohne Vorsatz, so kommt eine mittelbare Täterschaft in Betracht.

b) Mittelbare Täterschaft gemäß § 25 Abs. 1, 2. Alt. StGB

Gemäß § 25 Abs. 1, 2. Alt. StGB wird als mittelbarer Täter bestraft, wer die Straftat durch einen anderen begeht. Diese Form der Täterschaft ist auch im Bereich des Urheberrechts möglich, da es sich bei der Vervielfältigung, Verbreitung und öffentlichen Wiedergabe von Werken nicht um eigenhändige Delikte handelt.[1134] Kennzeichnend für eine mittelbare Täterschaft ist, dass der Täter ohne eigenhändig den Straftatbestand zu erfüllen das Gesamtgeschehen kraft seines planvoll lenkenden Willens vollständig in der Hand hält und sich eines von ihm beherrschten „Tatmittlers" als „menschliches Werkzeug" bedient.[1135] In der Regel kann die unmittelbar handelnde Person aufgrund eines tatsächlichen oder rechtlichen Defizits für das jeweilige Verhalten nicht bestraft werden. Die Willensherrschaft des überlegenen Hintermannes besteht darin, dass er dieses Defizit kennt und für die Begehung der Tat ausnutzt.[1136] So kann z.B. ein Lehrer einen Kollegen, der sich bei der Werkverwertung in einem vorsatzausschließenden Tatbestandsirrtum befindet, oder einen 13-jährigen Schüler, der schuldlos handelt, für eine von ihm gewollte Urheberrechtsverletzung ausnutzen.

[1133] Erbs/Kohlhaas/*Kaiser*, § 106 UrhG Rn. 40; *Hildebrandt*, S. 300 f.; MüKo-StGB/*Heinrich*, § 106 UrhG Rn. 127; Wandtke/Bullinger/*Hildebrandt/Reinbacher*, § 106 Rn. 40; a.A. *Lampe*, UFITA 83 (1978), 15, 37; *Weber*, S. 325 ff.

[1134] Siehe auch *Hildebrandt*, S. 300; *Reinbacher*, Privatgebrauch, S. 281.

[1135] *Heinrich*, AT, Rn. 1243; *Wessels/Beulke/Satzger*, Rn. 773.

[1136] Zur Abgrenzung zur bloßen Anstiftung vgl. *Wessels/Beulke/Satzger*, Rn. 776 f.

• *Beispiel:* Der Deutschlehrer ist sich unsicher, ob er 30 Seiten aus einem Schulbuch für den Unterricht in der 7. Klasse kopieren darf. Aus den Medien hat er mal gehört, dass Kinder unter 14 Jahren nicht bestraft werden könne. Er schickt daher einen 13-jährigen Schüler zum Kopierer, um diese unerlaubte Vervielfältigung des Schulbuchabschnittes vorzunehmen. Hier handelt der 13-jährige Schüler gemäß § 19 StGB ohne Schuld und somit straflos. Diesen Umstand hat der Lehrer vorliegend gekannt und gezielt ausgenutzt, um selbst einer möglichen Rechtsverletzung aus dem Weg zu gehen. Insofern hat er sich als überlegener Hintermann eines straflosen Tatmittlers als menschliches Werkzeug bedient, sodass er hier als mittelbarer Täter zu bestrafen ist.

In Ausnahmefällen ist eine mittelbare Täterschaft jedoch auch dann möglich, wenn der Tatmittler strafrechtlich zur Verantwortung gezogen werden kann.[1137] In diesen Fällen des „Täters hinter dem Täter" wird angenommen, dass der steuernde Einfluss des Hintermanns für die Tatbegehung derart ausschlaggebend ist, sodass man trotz der eigenen Strafbarkeit der unmittelbar handelnden Person nicht eine bloße Anstiftung annehmen kann.[1138] Im Schulbereich ist u. U. der Fall vorstellbar, dass der Schulleiter oder Lehrer einen starken steuernden Einfluss auf hörige Referendare oder (schuldfähige) Schüler haben und sie bewusst zu Urheberrechtsverletzungen verleiten, indem sie ihnen versichern, dass die vorzunehmenden Werkverwertungen rechtlich unbedenklich sind. Die jeweiligen Referendare oder Schüler befinden hier sich lediglich in einem vermeidbaren Verbotsirrtum und können daher nach § 106 Abs. 1 UrhG bestraft werden. Da die Lehrer oder der Schulleiter jedoch einen steuernden Einfluss auf die unmittelbar handelnden Personen haben, sind auch sie als Täter hinter dem Täter nach § 106 Abs. 1 UrhG i. V. m. § 25 Abs. 1, 2. Alt. StGB strafbar.

c) Anstiftung gemäß § 26 StGB

Gemäß § 26 StGB gilt derjenige als Anstifter, der vorsätzlich einen anderen zu dessen vorsätzlich begangener rechtswidriger Tat bestimmt hat. Bestimmen bedeutet dabei, dass der Anstifter beim Täter einen Tatentschluss im Hinblick auf eine konkrete rechtswidrige Tat hervorgerufen haben muss.[1139] Im Schulbereich ist immer dann an eine Anstiftung zu denken, wenn Lehrer, Schulleiter oder Schüler eine andere Person zu einer Vervielfältigung, Verbreitung oder öffentlichen Wiedergabe auffordern.

1137 Zu den Ausnahmen siehe *Heinrich*, AT, Rn. 1254 ff.

1138 *Heinrich*, AT, Rn. 1254.

1139 *Heinrich*, AT, Rn. 1287; *Rengier*, AT, § 45 Rn. 24.

• *Beispiele:* Ein Lehrer A bittet den befreundeten Lehrer B, der an einer anderen Schule unterrichtet, ein ganzes Arbeitsheft vom „Schulbuchverlag X“ für seinen Kollegen zu kopieren, da seine Schule grundsätzlich nur Arbeitshefte vom „Schulbuchverlag Y“ beziehe. Kommt der Lehrer B der Bitte des Lehrer A nach, so macht er sich wegen der unerlaubten Vervielfältigung des ganzen schulspezifischen Werkes nach § 106 Abs. 1 UrhG strafbar. Durch seine Bitte hat der Lehrer A bei dem Lehrer B den Tatentschluss zu dieser Tat hervorgerufen, er ist somit Anstifter. – Drei Schüler einer Klasse, die sich wegen finanziellen Schwierigkeiten ihrer Familien die von den Lehrern vorgegebenen Arbeitshefte nicht kaufen können, bitten gemeinsam ihren Klassenlehrer für sie ein ganzes Arbeitsheft zu kopieren. Da der Klassenlehrer den für solche Fälle gegründeten Förderverein der Schule für „zu bürokratisch und daher uneffektiv“ hält, kopiert er aus Mitleid mit den Schülern das ganze Arbeitsheft dreifach und verteilt die Vervielfältigungsstücke an die Schüler. Er macht sich insofern wegen der Vervielfältigung des ganzen Arbeitsheftes nach § 106 Abs. 1 UrhG strafbar. Da die Schüler den Lehrer dazu aufgefordert haben, sind sie Anstifter.

Ferner ist in subjektiver Hinsicht erforderlich, dass der Anstifter vorsätzlich bezüglich des Vorliegens der vorsätzlich rechtswidrigen Haupttat, d. h. mit Wissen und Wollen der Vollendung der Haupttat, sowie vorsätzlich bezüglich des Bestimmens (sog. doppelter Anstiftervorsatz) handelt.[1140] Denkbar sind hier insbesondere Irrtümer hinsichtlich des Vorliegens der vorsätzlichen rechtswidrigen Haupttat nach § 106 Abs. 1 UrhG, die zu einem Vorsatzausschluss oder einem Entfallen der Vorsatzschuld führen können.[1141]

d) Beihilfe gemäß § 27 StGB

Gemäß § 27 Abs. 1 StGB wird als Gehilfe bestraft, wer vorsätzlich einem anderen zu dessen vorsätzlich begangener rechtswidriger Tat Hilfe geleistet hat. In Abgrenzung[1142] zum Täter ist Gehilfe derjenige, der die Tat nicht als eigene will, sondern lediglich eine fremde Tat fördern möchte (subjektive Theorie)[1143]. Anders als der Täter, welcher als Zentralgestalt das Tatgeschehen nach seinem Willen hemmen, lenken oder mitgestalten kann, ist der Gehilfe lediglich eine Randfigur, die die Begehung der Tat in irgendeiner Weise fördert (Tatherrschaftslehre)[1144]. Im Schulbereich ist insbesondere

---

[1140] *Heinrich*, AT, Rn. 1303 ff.

[1141] Es gelten die Ausführungen zu den Irrtümern, vgl. dazu oben B. II. 3.

[1142] Zur Abgrenzung von Täterschaft und Teilnahme vgl. *Heinrich*, AT, Rn. 1203 ff.

[1143] Vgl. z. B. BGHSt 2, 150, 151; 16, 12, 13; 18, 87, 89 f.

[1144] Statt vieler *Heinrich*, AT, Rn. 1206; *Rengier*, AT, § 41 Rn. 10.

dann an eine Beihilfe zu denken, wenn Lehrer, Schulleiter oder Schüler, als Randfiguren des Geschehens, einer anderen Person, die die Werkverwertung eigenhändig vornimmt, das zu verwertende Werk oder die zur Verwertung erforderlichen (technischen) Mittel besorgen, zur Verfügung stellen oder funktionsfähig machen.

• *Beispiel:* Für die guten Leistungen möchte der Lehrer seine Projektgruppe am letzten Tag der Projektwoche mit einem „Filmtag" belohnen. Dazu fordert er die Schüler auf, an diesem Tag verschiedene Filme auf DVDs, die sie gerne schauen möchten, mitzubringen. Er werde sich dann einen Film aussuchen, den man sich gemeinsam anschauen werde. Vorsichtshalber werde aber auch er zwei DVDs mitbringen, falls er alle Filmvorschläge ablehnen müsse. An dem letzten Projekttag bringt der Schüler S eine Film-DVD mit, die der Lehrer für die Wiedergabe aussucht. Er legt die DVD in den DVD-Player ein und spielt sie ordnungsgemäß ab. – Hier macht sich der Lehrer durch die öffentliche Wiedergabe der Film-DVD gemäß § 106 Abs. 1 UrhG strafbar. Fraglich ist aber, wie der Schüler S zu bestrafen ist. Durch das Mitbringen und Vorschlagen der DVD hat der S einen objektiven Tatbeitrag geleistet, der die Tat des Lehrers fördert. Allerdings hielt er zu keinem Zeitpunkt das Tatgeschehen in der Hand, da nur der Lehrer aussuchen durfte, welche DVD angeschaut wird. Insofern war allein der Lehrer die Zentralgestalt des Geschehens, da er bereits im Vorhinein über das „Ob" der Filmwiedergabe entschied und auch die Auswahl der konkreten DVD nach seinem Willen ablief. Der S war hingegen bloß eine Randfigur des Tatgeschehens, da er seine mitgebrachte DVD zur Verfügung stellte. Für den S kommt somit nur eine Strafbarkeit wegen Beihilfe zur unerlaubter Verwertung urheberrechtlich geschützter Werke gemäß § 106 Abs. 1 UrhG, § 27 StGB in Betracht.[1145]

Ähnlich ist zu beurteilen, wenn Schüler auf Anweisung des Lehrers den DVD-Player oder Fernseher aus einem anderen Raum zum Zwecke der öffentlichen Filmwiedergabe holen. In diesen Fällen liegt ebenfalls eine objektive Hilfeleistung der jeweiligen helfenden Schüler vor, wodurch sie die Haupttat des Lehrers fördern. Ferner kommt eine Strafbarkeit wegen Beihilfe immer dann in Betracht, wenn Lehrer, der Schulleiter oder Schüler einem Lehrer urheberrechtlich geschützte Materialien zur unerlaubten Vervielfältigung überlassen.[1146]

In subjektiver Hinsicht ist wie schon bei der Anstiftung stets erforderlich, dass der Gehilfe vorsätzlich bezüglich des Vorliegens der vorsätzlich rechts-

---

1145 Die anderen mitbringenden Schüler haben lediglich eine straflose versuchte Beihilfe geleistet.

1146 Siehe hierzu auch *Heinrich*, Standardsoftware, S. 276; *Reinbacher*, Privatgebrauch, S. 280.

widrigen Haupttat, d.h. das Wissen und Wollen der Vollendung der Haupttat, sowie vorsätzlich bezüglich des Hilfeleistens (sog. doppelter Gehilfenvorsatz) handelt.[1147] Im oben genannten Beispiel muss die S also neben dem gewollten Mitbringen und Vorschlagen der DVD auch zumindest für möglich gehalten und billigend in Kauf genommen haben, dass der Lehrer durch die Filmvorführung eine vorsätzliche rechtswidrige Straftat begeht. Irrt sie über das Vorliegen der Tatbestandsmerkmale des § 106 Abs. 1 UrhG oder über das Vorliegen eines Rechtfertigungsgrundes, so kann u.U. der Vorsatz oder die Vorsatzschuld entfallen.[1148] Beruft sie sich aber z.B. darauf, sich keine Gedanken gemacht zu haben, „da der Lehrer schon wisse, was er tut", so befindet sie sich lediglich in einem unbeachtlichen vermeidbaren Verbotsirrtum.

e) Beteiligung durch Unterlassen

Neben der Beteilung durch aktives Tun ist auch im Urheberstrafrecht eine Beteiligung durch Unterlassen möglich. Wie im Kernstrafrecht müssen dazu die Voraussetzungen des § 13 StGB gegeben sein.[1149] Insbesondere muss der Täter oder Teilnehmer beim Unterlassungsdelikt eine Garantenstellung haben, aus der eine Garantenpflicht folgt. Im Schulbereich stellt sich vor allem die Frage, ob der Schulleiter bei Urheberrechtsverletzungen von Lehrern oder Schülern Garant ist.

In Abgrenzung zum Begehungsdelikt ist beim Unterlassungsdelikt zunächst erforderlich, dass ein Untätigbleiben zur Tatbestandserfüllung führt. Der strafrechtliche Vorwurf besteht also in der Nichtvornahme einer möglichen und gebotenen Handlung zur Abwendung des tatbestandsmäßigen Erfolges. Wirkt daher der Schulleiter bei einer Urheberrechtsverletzung indirekt mit, indem er Werkverwertungen zustimmt oder selbst Verwertungshandlungen vorschlägt oder anweist, so ist er wegen eines Begehungsdelikts zu bestrafen. Eine Strafbarkeit wegen Unterlassens kommt somit in der Regel nur dann in Betracht, wenn er weder bei der Planung noch bei der Ausführung von Schulaktivitäten mit Urheberrechtsbezug einbezogen wird.

Dem Schulleiter kommt in der Schule eine überragende Stellung zu. Nach § 69 Abs. 1 SchulG Berlin trägt er u.a. die Gesamtverantwortung für die Arbeit der Schule, sorgt für die Einhaltung der Rechts- und Verwaltungsvorschriften, entscheidet über die Verteilung und Verwendung der der Schule zur eigenen Bewirtschaftung zugewiesenen Personal- und Sachmittel und vertritt die Schule im Rahmen der Beschlüsse der schulischen Gremien nach

---

[1147] *Heinrich*, AT, Rn. 1335 ff.

[1148] Es gelten die Ausführungen zu den Irrtümern, vgl. dazu oben B. II. 3.

[1149] Hierzu vgl. *Heinrich*, AT, Rn. 881 ff.

außen. Vor allem ist er aber nach § 69 Abs. 4 SchulG Berlin u.a. dazu verpflichtet, sich über den ordnungsgemäßen Ablauf der Unterrichts- und Erziehungsarbeit zu informieren und bei Verstoß gegen Rechts- oder Verwaltungsvorschriften in die Unterrichts- oder Erziehungsarbeit einzugreifen. Aufgrund dieser gesetzlich normierten Dienstpflichten kann dem Schulleiter eine Garantenpflicht auferlegt werden, als Überwachungsgarant Verstöße gegen das Urheberstrafrecht auf dem Schulgelände zu verhindern.

Fraglich ist jedoch, was genau unter einer solchen Garantenpflicht zu verstehen ist. Zwar wird der Schulleiter hier gesetzlich dazu verpflichtet, sich über den Ablauf der Unterrichts- und Erziehungsarbeit zu informieren, jedoch kann daraus keine generelle und kenntnisunabhängige Garantenpflicht für alle schulinternen Rechtsverletzungen abgeleitet werden. Denn auch wenn der Schulleiter gegenüber den Lehrkräften weisungsbefugt ist, arbeiten diese, wie gesetzlich[1150] vorgesehen, in eigener pädagogischer Verantwortung und in der Regel auch ohne Rücksprache mit dem Schulleiter, sodass dieser selbst bei regelmäßigen Kontrollmaßnahmen nicht alle Handlungen der Lehrer überblicken kann. Dies gilt erst Recht für Handlungen von Schülern. Insofern kann sich die Haftung des Schulleiters nicht auf Handlungen erstrecken, die er weder kontrollieren noch überblicken und somit auch nicht verhindern kann.

Ferner ist stets zu berücksichtigen, dass die Verhinderungsmaßnahmen für den Schulleiter auch möglich und zumutbar sein müssen. Deshalb ist es erforderlich, dass er von der konkreten Urheberrechtsverletzung Kenntnis hat, bevor die jeweilige unerlaubte Werkverwertung abgeschlossen ist, da er anderenfalls keine Möglichkeiten mehr hat, gebotene Verhinderungsmaßnahmen einzuleiten. Erfährt der Schulleiter z.B. zufällig, dass ein Lehrer gerade in der Projektgruppe einen Film vorführt oder dass ein Lehrer gerade ein ganzes Arbeitsheft am Schulkopierer kopiert, so ist die unerlaubte öffentliche Wiedergabe des Films oder das Kopieren des ganzen Arbeitsheftes noch nicht beendet, sodass es für den Schulleiter noch möglich und zumutbar ist, zumindest von seinem Weisungsrecht gegenüber den Lehrkräften Gebrauch zu machen und ihnen das weitere Abspielen des Films bzw. das weitere Kopieren des ganzen Arbeitsheftes zu untersagen. Unterlässt er ein solches Einschreiten, verletzt er seine Garantenpflicht. Dasselbe gilt, wenn er im Vorfeld von einer drohenden Urheberrechtsverletzung Kenntnis erlangt. Weiß er z.B., dass ein Lehrer einen Film in der Schule öffentlich wiedergeben möchte, so hat er dieses Vorhaben zu untersagen. Sollte ein Werkverwerter die Anweisungen des Schulleiters im Einzelfall nicht befolgen, so kann vom Schulleiter als Garant erwartet werden, dass er z.B. dem jeweiligen Werkverwerter mit schulrechtlichen oder arbeitsrechtlichen Maß-

---

1150 Vgl. z.B. § 67 Abs. 2 SchulG Berlin.

regelungen droht, die Polizei einschaltet oder die Werkverwertung durch die Wegnahme des Werkes oder das Abschalten der technischen Geräte verhindert. Er muss sich jedoch zu keiner Zeit auf Verhinderungsmaßnahmen, z. B. auf eine körperliche Auseinandersetzung, einlassen, die eine ernsthafte Gefahr seine eigene Gesundheit darstellen würden. Solche Rettungsmaßnahmen sind für ihn nicht zumutbar.[1151]

Ob der Schulleiter dabei als Unterlassungstäter oder lediglich Unterlassungsteilnehmer handelt, ist im Einzelfall nach den allgemeinen strafrechtlichen Regeln zu beurteilen.[1152] Entsprechend der herrschenden Tatherrschaftstheorie[1153] wird man beim Schulleiter in den meisten Fällen wohl von einer Täterschaft ausgehen müssen, da er aufgrund seiner überragenden Stellung weisungsbefugt ist und die maßgebliche Entscheidung über die (weitere) Tatausführung, d. h. die „potentielle" Tatherrschaft, daher bei ihm liegt. Denn schreitet der Schulleiter ein, so ist im Normalfall davon auszugehen, dass er durch seine Anweisungen die konkret bevorstehende oder bereits angefangene unerlaubte Werkverwertung verhindern bzw. beenden kann.

1151 *Heinrich*, AT, Rn. 903.

1152 Hierzu siehe *Heinrich*, AT, Rn. 1212 ff.

1153 Siehe nur *Heinrich*, AT, Rn. 1214; *Rengier*, AT, § 51 Rn. 18 ff.

C. Die Strafbarkeit des unerlaubten Eingriffs in verwandte Schutzrechte gemäß § 108 UrhG

Neben dem urheberrechtlichen Schutz von Werken gewährt das UrhG im 2. Teil unter der Überschrift „Verwandte Schutzrechte" in den §§ 70 ff. UrhG auch einen sog. Leistungsschutz. Anders als das Urheberrecht schützen die Leistungsschutzrechte keine neuen individuellen Werkschöpfungen, sondern künstlerische, unternehmerische, wissenschaftliche und sonstige Leistungen, die vor allem darin liegen, bereits vorhandene geistige Güter zu entdecken, wiederzugeben oder zu realisieren. Parallel zur strafrechtlichen Sanktionierung von Urheberrechtsverletzungen nach § 106 UrhG werden in § 108 UrhG ebenso Verletzungen der verwandten Leistungsschutzrechte unter Strafe gestellt. Gemäß § 108 Abs. 1 UrhG wird derjenige, der in anderen als den gesetzlich zugelassenen Fällen ohne Einwilligung des Berechtigten die in den Nr. 1 bis 8 genannten Schutzrechten verwertet, mit Freiheitsstrafe bis zu drei Jahren oder mit Geldstrafe bestraft. Das geschützte Rechtsgut des § 108 UrhG ist insofern das in den Nr. 1 bis 8 jeweils angeführte Leistungsschutzrecht des jeweils Berechtigten.[1] Ähnlich wie § 106 UrhG ist auch der Straftatbestand des § 108 UrhG zivilrechtsakzessorisch ausgestaltet.[2] Somit sind insbesondere die Vorschriften der §§ 70 bis 87e und 94 f. UrhG hinsichtlich der jeweiligen verwandten Schutzrechte anzuwenden.

Im Schulbereich sind neben Urheberrechtsverletzungen grundsätzlich auch Verletzungen von Leistungsschutzrechten möglich. Druckt z.B. ein Lehrer ein Lichtbild, welches er aus dem Internet heruntergeladen hat, vielfach aus, um die Vervielfältigungsstücke an die Schüler seiner Projektgruppe zu verteilen, so liegt ein Eingriff des Lehrers in die ausschließlichen Vervielfältigungs- und Verbreitungsrechte des jeweiligen Fotografen gemäß §§ 72 Abs. 1, 2 i.V.m. 16, 17 UrhG vor. Ferner kann es bei der Verwertung von urheberrechtlich geschützten Werken auch gleichzeitig zur Verwertung von Leistungsschutzrechten kommen. Der Lehrer, der z.B. eine von einem Schulverlag herausgegebene Englisch-CD für den Unterrichtsgebrauch brennt, beeinträchtigt zum einen das Vervielfältigungsrecht der Urheber der Hörbeispiele und zum anderen auch das Vervielfältigungsrecht der Tonträgerhersteller gemäß §§ 85 Abs. 1 i.V.m. 108 Abs. 1 Nr. 5 UrhG.

---

1 BeckOK-UrhG/*Sternberg-Lieben*, § 108 Rn. 1; MüKo-StGB/*Heinrich*, § 108 UrhG Rn. 1; Wandtke/Bullinger/*Hildebrandt*/*Reinbacher*, § 108 Rn. 2.

2 MüKo-StGB/*Heinrich*, § 108 UrhG Rn. 1.

I. Der objektive Tatbestand des § 108 UrhG

Tatobjekte des § 108 Abs. 1 UrhG sind die einzelnen Leistungsschutzrechte, die jeweils in den Nummern 1 bis 8 aufgezählt werden. Auffällig ist, dass Nr. 1 bis 3 auch die Bearbeitung erfassen. Eine solche setzt jedoch stets voraus, dass ein urheberrechtlich geschütztes Werk gemäß § 2 Abs. 2 UrhG geschaffen wird, welches bereits durch § 106 Abs. 1 UrhG geschützt wird.[3] In diesen Fällen kann der Täter also sowohl nach § 106 UrhG als auch nach § 108 UrhG bestraft werden. Da jeweils verschiedene Rechtsgüter betroffen sind, liegt zwischen § 106 UrhG und § 108 UrhG Idealkonkurrenz (§ 52 StGB) vor.[4]

Als *Tathandlungen* werden zum einen in Nr. 1 und Nr. 3 die Vervielfältigung, Verbreitung und öffentliche Wiedergabe und zum anderen in Nr. 2, Nr. 4 bis Nr. 8 allgemein die „Verwertung" genannt. Da der Begriff der „Verwertung" lediglich in § 15 Abs. 1 UrhG enthalten ist und in § 15 Abs. 2 UrhG hingegen nur von der öffentlichen Wiedergabe gesprochen wird, könnte die Formulierung des § 108 Abs. 1 UrhG dahingehend missverständlich sein, dass für die Nummern 2 und 4 bis 8 nur die Verwertungshandlungen des § 15 Abs. 1 UrhG als Tathandlungen in Betracht kommen können. Dies ist allerdings nicht der Fall, da die in den Nummern 2 und 4 bis 8 erwähnten Vorschriften der jeweiligen Leistungsschutzrechte auch die öffentliche Wiedergabe als Verwertungshandlung vorsehen (vgl. z.B. Nr. 4 i.V.m. § 78 Abs. 1 UrhG). Vielmehr bedeutet vorliegend der allgemeine Begriff des „Verwertens", dass sich die Tathandlungen auf die in der jeweils zitierten Norm enthaltenen Verwertungsarten beschränken.[5]

Ähnlich wie bei § 106 Abs. 1 UrhG scheidet der Tatbestand des § 108 Abs. 1 UrhG bereits dann aus, wenn die unerlaubte Verwertung eines Leistungsschutzrechts durch einen *gesetzlich zugelassenen Fall* privilegiert wird.[6] Mit den gesetzlich zugelassenen Fällen sind auch hier insbesondere die Schrankenbestimmungen der §§ 44a ff. UrhG gemeint[7], sodass diesbe-

---

[3] MüKo-StGB/*Heinrich*, § 108 UrhG Rn. 3; zur Bearbeitung vgl. oben B. I. d).

[4] Dreier/Schulze/*Dreier*, § 108 Rn. 6; MüKo-StGB/*Heinrich*, § 108 UrhG Rn. 3.

[5] Dreyer/Kotthoff/Meckel/*Kotthoff*, § 108 Rn. 2.

[6] BeckOK-UrhG/*Sternberg-Lieben*, § 108 Rn. 5; Dreier/Schulze/*Dreier*, § 108 Rn. 3; Erbs/Kohlhaas/*Kaiser*, § 108 UrhG Rn. 5; *Hildebrandt*, S. 224; Loewenheim/*Flechsig*, § 90 Rn. 104; MüKo-StGB/*Heinrich*, § 108 UrhG Rn. 5; Schricker/Loewenheim/*Haß*, § 108 Rn. 12; *Weber*, S. 255 f.

[7] BeckOK-UrhG/*Sternberg-Lieben*, § 108 Rn. 5; Dreier/Schulze/*Dreier*, § 108 Rn. 3; Dreyer/Kotthoff/Meckel/*Kotthoff*, § 108 Rn. 4; Loewenheim/*Flechsig*, § 90 Rn. 104; MüKo-StGB/*Heinrich*, § 108 UrhG Rn. 5; *Reinbacher*, Privatgebrauch, S. 297; Schricker/Loewenheim/*Haß*, § 108 Rn. 12.

züglich auf die obigen[8] Ausführungen zu § 106 UrhG verwiesen werden kann. Allerdings sind im Rahmen des § 108 UrhG jeweils Besonderheiten zu berücksichtigen.[9] Insbesondere können die Vorschriften der einzelnen Leistungsschutzrechte auch besondere Schrankenregelungen enthalten (vgl. z.B. § 87c UrhG).[10] Zu den gesetzlich zugelassenen Fällen gehört auch die Schutzfrist der Leistungsschutzrechte,[11] die in den jeweiligen Vorschriften geregelt und in der Regel kürzer als die Dauer des Urheberrechts ist (vgl. z.B. § 70 Abs. 3, § 72 Abs. 3). Schließlich ist, wie schon bei § 106 UrhG, noch darauf hinzuweisen, dass Regelungen, die den Leistungsschutzberechtigten lediglich Vergütungsansprüche zusprechen, keine gesetzlich zugelassene Fälle darstellen, da die Prüfung der Strafbarkeit nach § 108 UrhG unabhängig von schuldrechtlichen Vergütungsansprüchen erfolgt.[12]

Nachfolgend wird ein Überblick über die einzelnen Straftatbestände der Nummern 1 bis 8 des § 108 Abs. 1 UrhG gegeben und jeweils die Relevanz für den Schulbereich begutachtet.

1. Unerlaubte Verwertung wissenschaftlicher Ausgaben (Nr. 1)

Gemäß § 108 Abs. 1 Nr. 1 UrhG macht sich derjenige strafbar, der eine wissenschaftliche Ausgabe (§ 70 UrhG) oder eine Bearbeitung oder Umgestaltung einer solchen Ausgabe vervielfältigt, verbreitet oder öffentlich wiedergibt. Nach § 70 Abs. 1 UrhG werden Ausgaben urheberrechtlich nicht geschützter Werke oder Texte geschützt, wenn sie das Ergebnis wissenschaftlich sichtender Tätigkeit darstellen und sich wesentlich von den bisher bekannten Ausgaben unterscheiden. Hierbei handelt es sich in der Regel um urheberrechtlich nicht mehr geschützte, verschollene oder schwer zugängliche Werke oder Texte, wie Manuskripte, Inschriften, Musiknoten, Briefe sowie Gerichtsprotokolle oder andere amtliche Werke, die nach einer sichtenden, ordnenden und abwägenden wissenschaftlichen Methode, z.B. durch text- und quellenkritische Arbeit zur Rekonstruktion einer verloren gegangenen Originalfassung oder durch Modernisierung der Orthografie und

---

8 Siehe oben B. I. 5.

9 Siehe auch BeckOK-UrhG/*Sternberg-Lieben*, § 108 Rn. 5; Dreier/Schulze/*Dreier*, § 108 Rn. 3; MüKo-StGB/*Heinrich*, § 108 UrhG Rn. 5; Wandtke/Bullinger/*Hildebrandt/Reinbacher*, § 108 Rn. 6.

10 Zu § 78c UrhG vgl. unten C. I. 8.

11 BeckOK-UrhG/*Sternberg-Lieben*, § 108 Rn. 5; MüKo-StGB/*Heinrich*, § 108 UrhG Rn. 5.

12 Vgl. auch Dreier/Schulze/*Dreier*, § 108 Rn. 3; MüKo-StGB/*Heinrich*, § 108 UrhG Rn. 5.

Interpunktion, herausgegeben werden.[13] Diese Arbeiten sind häufig keine schöpferischen Leistungen, jedoch regelmäßig bedeutende, wissenschaftliche Arbeiten, die mit großen Mühen und hohen Kosten verbunden sind.[14] Dem Verfasser der wissenschaftlichen Ausgabe steht das Leistungsschutzrecht zu (Abs. 2), welches den Rechten des Urhebers entspricht (Abs. 1), sodass insbesondere alle Verwertungsrechte der §§ 15 ff. UrhG und auch die Schrankenbestimmungen der §§ 44a ff. UrhG anzuwenden sind. Als Tathandlungen erfasst sind damit Vervielfältigung, Verbreitung und öffentliche Wiedergabe. Eine Besonderheit ist lediglich hinsichtlich der Schutzdauer gegeben, die gemäß Abs. 3 grundsätzlich fünfundzwanzig Jahre nach dem Erscheinen der Ausgabe endet, jedoch bereits fünfundzwanzig Jahre nach der Herstellung ablaufen kann, sofern die Ausgabe innerhalb dieser Frist nicht erschienen ist.

Die Relevanz von wissenschaftlichen Ausgaben in der Schule dürfte allerdings sehr gering sein. Vorstellbar sind allenfalls Abbildungen[15] von bearbeiteten Originalquellen, etwa Originaldokumente aus dem 2. Weltkrieg, oder von restaurierten Bauwerken, die der Lehrer aus dem Internet oder aus der Fachliteratur zur Veranschaulichung des Geschichts- oder Kunstunterrichts vervielfältigt, verbreitet oder öffentlich zugänglich macht. Wie bereits erwähnt, sind in diesen Fällen die §§ 44a ff. UrhG und insbesondere auch die schulspezifischen Schranken anwendbar, sodass hinsichtlich der Vervielfältigung und öffentlichen Zugänglichmachung im Normalfall die gesetzlich zugelassenen Fälle der §§ 53 Abs. 3, 52a Abs. 1 UrhG (Verwertung eines Werkes geringen Umfangs) greifen. Allerdings ist zu beachten, dass aufgrund der kurzen Schutzdauer von 25 Jahren ohnehin lediglich neuere Entdeckungen bzw. Wiederherstellungen von Originalquellen relevant sein können.

2. Unerlaubte Verwertung nachgelassener Werke (Nr. 2)

Nach § 108 Abs. 1 Nr. 2 UrhG macht sich derjenige strafbar, der ein nachgelassenes Werk oder eine Bearbeitung oder Umgestaltung eines solchen Werkes entgegen § 71 UrhG vervielfältigt, verbreitet oder öffentlich wiedergibt. Die Vorschrift des § 71 Abs. 1 UrhG gewährt demjenigen ein Leistungsschutzrecht, der ein nicht erschienenes Werk nach Erlöschen des Urheberrechts (Satz 1) oder nicht erschienene Werke, die im Geltungsbereich dieses Gesetzes niemals geschützt waren, deren Urheber aber schon länger als sieb-

[13] *Lutz*, Rn. 559 f.

[14] *Lutz*, Rn. 559.

[15] Für diese Abbildungen kommt jedoch gleichzeitig auch das Leistungsschutzrecht aus § 72 UrhG in Betracht, vgl. dazu sogleich C. I. 3.

zig Jahre tot ist (Satz 2), erlaubterweise, d.h. ohne Verletzung von Rechten Dritter wie z.B. des Eigentumsrecht am Original[16], erscheinen lässt oder erstmals öffentlich wiedergibt. Hierdurch soll die „verlegerische und wettbewerbliche Leistung“ belohnt werden.[17] Das Recht steht dabei dem Herausgeber oder dem die öffentliche Wiedergabe (z.B. Lesung oder Sendung) Veranlassenden zu, nicht jedoch dem Verleger, Veranstalter oder Sender.[18] Handelt es sich bei der Erstausgabe zugleich um eine wissenschaftliche Ausgabe, so greift neben dem Leistungsschutz nach § 71 UrhG auch der nach § 70 UrhG.[19] Nach § 71 Abs. 1 Satz 3 UrhG sind u.a. die §§ 15 bis 24 und die §§ 44a bis 63 UrhG sinngemäß anzuwenden. Somit gelten vor allem die schulspezifischen Schranken ohne zusätzliche Besonderheiten.

§ 71 UrhG dürfte allerdings für den Schulbereich kaum relevant sein. Denn es müsste sich um bislang noch unbekannte Werke handeln, die erst im Nachhinein entdeckt und herausgegeben bzw. öffentlich wiedergegeben werden. Zudem endet die Schutzdauer dieses Leistungsschutzrechtes bereits 25 Jahre nach dem Erscheinen des nachgelassenen Werkes oder, wenn seine erste öffentliche Wiedergabe früher erfolgt, nach dieser (Abs. 3 Satz 1).

3. Unerlaubte Verwertung eines Lichtbildes (Nr. 3)

Gemäß § 108 Abs. 1 Nr. 3 UrhG macht sich derjenige strafbar, der ein Lichtbild (§ 72) oder eine Bearbeitung oder Umgestaltung eines Lichtbildes vervielfältigt, verbreitet oder öffentlich wiedergibt. Nach § 72 Abs. 1 UrhG sind neben Lichtbildern jedoch auch Erzeugnisse, die ähnlich wie Lichtbilder hergestellt werden, entsprechend der Vorschriften für Lichtbildwerke geschützt. Vom Wortlaut des Abs. 1 Nr. 3 erfasst sind allerdings nur die „Lichtbilder“ sowie deren Bearbeitung und Umgestaltung, sodass „Erzeugnisse, die ähnlich wie Lichtbilder hergestellt werden“, keine tauglichen Tatobjekte des § 108 Abs. 1 Nr. 3 UrhG darstellen.[20] Bei den Lichtbildern handelt es sich um nicht künstlerische Fotografien oder Einzelbilder eines Films, wie z.B. durchschnittliche Amateuraufnahmen aus dem Urlaub oder aus dem alltäglichen Leben, die im Gegensatz zu den Lichtbildwerken die Voraussetzungen der persönlich geistigen Schöpfung gemäß § 2 Abs. 2 UrhG nicht erreichen.[21] Ob ein Lichtbild oder ein Lichtbildwerk vorliegt, kann jedoch nur anhand der

---

16 *Rehbinder*, Rn. 783.

17 BGHZ 64, 164, 169 – Te Deum.

18 *Rehbinder*, Rn. 784.

19 Wandtke/Bullinger/*Thum*, § 71 Rn. 40f.

20 *Hildebrandt*, S. 207; MüKo-StGB/*Heinrich*, § 108 UrhG Rn. 13; *Schack*, JZ 1998, 753, 754.

21 *Lutz*, Rn. 565.

Umstände des Einzelfalls beurteilt werden.[22] Das Leistungsschutzrecht steht gemäß § 72 Abs. 2 UrhG dem „Lichtbildner“, d. h. dem Hersteller des Lichtbildes zu.[23] Das sind insbesondere der Fotograf, der Kameramann und bei automatischen Lichtbildaufnahmen derjenige, der den Automaten bei der konkreten Aufnahme bedient hat.[24] Möglich ist jedoch auch eine spätere Übertragung des Schutzrechts nach den §§ 31 ff. UrhG auf eine juristische Person. Die Schutzfrist von Lichtbildern beträgt nach § 72 Abs. 3 Satz 1 UrhG 50 Jahre ab Erscheinen oder ab der ersten erlaubten öffentlichen Wiedergabe, sofern diese früher erfolgt ist, jedoch bereits ab der Herstellung, wenn das Lichtbild innerhalb der 50 Jahre nicht erschienen oder erlaubterweise öffentlich wiedergegeben worden ist.

Ähnlich wie Lichtbildwerke können auch Lichtbilder in der Schule vielfältig genutzt werden.[25] So werden Lichtbilder z. B. zur Anfertigung von Arbeitsblättern aus dem Internet heruntergeladen und im Anschluss kopiert oder öffentlich auf dem Schulnetzwerk zum Download zur Verfügung gestellt. Da allerdings die §§ 44a ff. UrhG als gesetzlich zugelassene Fälle auch für Lichtbilder gelten, sind solche Vervielfältigungen bzw. öffentliche Zugänglichmachungen zum Zwecke des Unterrichts regelmäßig bereits nicht tatbestandsmäßig, da Lichtbilder im Normalfall durch die schulspezifischen Schranken der §§ 53 Abs. 3 Satz 1, 52a Abs. 1 UrhG als „Leistungsschutzrechte geringen Umfangs“ privilegiert sind. Ferner stellt die bloße Herstellung einer Bearbeitung oder Umgestaltung eines Lichtbildes weder eine zivilrechtlich unzulässige noch eine strafbare Handlung dar, weil dadurch keine Verwertung vorgenommen wird.[26] Trotz der großen Relevanz von Lichtbildern im Schulbereich wird somit im Ergebnis eine Strafbarkeit nach § 108 Abs. 1 Nr. 3 UrhG nur sehr selten anzunehmen sein, da Verwertungen von Lichtbildern in den meisten Fällen bereits nicht tatbestandsmäßig sind.

4. Unerlaubte Verwertung einer künstlerischen Darstellung (Nr. 4)

Gemäß § 108 Abs. 1 Nr. 4 UrhG macht sich derjenige strafbar, der die Darbietung eines ausübenden Künstlers entgegen § 77 Abs. 1 oder Abs. 2 Satz 1, § 78 Abs. 1 verwertet. Der Leistungsschutz der ausübenden Künstler

---

[22] Zu den Voraussetzungen von Lichtbildwerken vgl. oben B. I. 1. c) ee); zu dieser Abgrenzung und zu Einzelfällen des Lichtbildschutzes vgl. Wandtke/Bullinger/*Thum*, § 72 Rn. 5 ff. und Rn. 14 ff.

[23] MüKo-StGB/*Heinrich*, § 108 UrhG Rn. 14.

[24] *Lutz*, Rn. 568; Wandtke/Bullinger/*Thum*, § 72 Rn. 34 ff.

[25] Zu den Nutzungsmöglichkeiten vgl. oben B. I. 1. c) ee).

[26] Dreier/Schulze/*Dreier*, § 108 Rn. 6; Schricker/Loewenheim/*Haß*, § 108 Rn. 3, 5.

ist in den §§ 73 ff. UrhG geregelt. Geschützt wird hier die künstlerische Leistung des ausübenden Künstlers, der durch seine Darbietung dem Publikum erst den Genuss eines Werkes ermöglicht.[27] Nach § 73 UrhG sind ausübende Künstler diejenigen, die ein Werk oder eine Ausdrucksform der Volkskunst aufführen, singen, spielen oder auf eine andere Weise darbieten oder an einer solchen Darbietung künstlerisch mitwirken. Erfasst ist somit neben der Darbietung von geschützten Werken aller Art auch die Darbietung von urheberrechtsschutzfähigen, jedoch gemeinfrei gewordenen Werken wie z.B. Folklore.[28] Der geschützte Personenkreis umfasst zum einen alle Personen, die unmittelbar das Werk vortragen oder aufführen, wie Musiker, Sänger, Schauspieler oder Tänzer, und zum anderen Personen, die an der Darbietung künstlerisch mitwirken, gleichgültig ob die Mitwirkung zeitgleich mit der Darbietung erfolgt (z.B. Dirigent oder Tonregisseur), der Darbietung vorausgeht (z.B. Bühnenregisseur oder Masken-, Kostüm- und Bühnenbildner) oder der Darbietung nachfolgt (z.B. Tonmeister).[29]

Strafrechtlich relevant sind lediglich die Verwertungen entsprechend §§ 77 Abs. 1 und Abs. 2 Satz 1 sowie 78 Abs. 1 UrhG. Tathandlungen des § 108 Abs. 1 Nr. 4 UrhG sind somit ausschließlich die Aufnahme (Vervielfältigung) der Darbietung des ausübenden Künstlers auf Bild- oder Tonträger (§ 77 Abs. 1 UrhG), die Vervielfältigung oder Verbreitung eines Bild- oder Tonträgers, auf dem die Darbietung aufgenommen wurde (§ 77 Abs. 2 Satz 1 UrhG) sowie die öffentliche Zugänglichmachung, Sendung oder öffentliche Wahrnehmbarmachung der Darbietung. Werden also im Schulbereich Darbietungen von Werken oder gemeinfrei gewordenen Werken zum Zwecke des Unterrichts, für Schulveranstaltungen oder für sonstige Schulzwecke vervielfältigt, verbreitet oder öffentlich wiedergegeben, so ist neben dem urheberstrafrechtlichen Schutz des § 106 UrhG gleichzeitig auch stets das Leistungsschutzrecht der ausübenden Künstler nach § 108 Abs. 1 Nr. 4 UrhG zu beachten. Die größte praktische Relevanz haben dabei wohl Vervielfältigungen und öffentliche Wiedergaben von Film- oder Musikwerken, die auf Bild- oder Tonträgern fixiert sind. Gemäß § 83 UrhG sind allerdings die Vorschriften des Abschnitts 6 des Teils 1 entsprechend auf die Verwertungsrechte der §§ 77, 78 UrhG anzuwenden, sodass hier die §§ 44a ff. UrhG als gesetzlich zugelassene Fälle gelten. Insoweit kann hier auf die obigen[30] Ausführungen zu den gesetzlich zugelassenen Fällen des § 106 Abs. 1 UrhG verwiesen werden. Lediglich hinsichtlich der Schutzdauer besteht eine Abweichung. Gemäß § 82 UrhG erlöschen die Verwertungs-

---

[27] *Lutz*, Rn. 572.

[28] Dreier/Schulze/*Dreier*, § 73 Rn. 9; *Lutz*, Rn. 572.

[29] *Rehbinder*, Rn. 787.

[30] Siehe oben B. I. 5.

rechte der ausübenden Künstler 50 Jahre nach der Aufzeichnung der Darbietung auf Bild- und Tonträger und bei Erscheinen oder erlaubter öffentlicher Wiedergabe der Aufzeichnung dann 50 Jahre nach dem Erscheinen oder der öffentlichen Wiedergabe.

5. Unerlaubte Verwertung eines Tonträgers (Nr. 5)

Nach § 108 Abs. 1 Nr. 5 UrhG macht sich derjenige strafbar, der einen Tonträger entgegen § 85 UrhG verwertet. Nach § 85 UrhG steht dem Hersteller eines Tonträgers ein Leistungsschutzrecht zu. Dieser erbringt zwar keine künstlerische Leistung, jedoch übernimmt er regelmäßig die Organisation und trägt vor allem das wirtschaftliche Risiko, wodurch dem Künstler erst ermöglicht wird, das Werk in großer Zahl zu verbreiten.[31] Tonträgerhersteller ist diejenige natürliche oder juristische Person, die die Erstfixierung einer Tonaufnahme auf einem Tonträger veranlasst.[32] Tatobjekt ist vorliegend also der Tonträger. Ein solcher ist gemäß § 16 Abs. 2 UrhG eine Vorrichtung zur wiederholbaren Wiedergabe von Tonfolgen. Erfasst sind vor allem CDs, DVDs, Kassetten und Schallplatten.[33] Als Tathandlungen werden in § 108 Abs. 1 Nr. 5 UrhG zwar allgemein die Vervielfältigung, die Verbreitung als auch die öffentliche Zugänglichmachung genannt, jedoch ist die Vorschrift des § 86 UrhG zu beachten, wonach dem Tonträgerhersteller bei der öffentlichen Wiedergabe von erschienenen oder erlaubterweise öffentlich zugänglich gemachten Tonträgern lediglich ein Vergütungsanspruch zusteht.[34]

Im Schulbereich ist somit insbesondere bei der Vervielfältigung von Tonträgern wie CDs, DVDs oder Kassetten zu beachten, dass neben den Urheberrechten, den Leistungsschutzrechten des ausübenden Künstlers (Abs. 1 Nr. 4) gleichzeitig auch die Leistungsschutzrechte der Tonträgerhersteller (Abs. 1 Nr. 5) beeinträchtigt sind. Hingegen stellt die öffentliche Wiedergabe (Abspielen) eines Tonträgers keine Beeinträchtigung der Leistungsschutzrechte des Tonträgerherstellers dar, weil die öffentliche Wiedergabe des Tonträgers nicht als Tathandlung des § 108 Abs. 1 Nr. 5 UrhG erfasst ist. Ferner gelten auch hier die Schrankenvorschriften der §§ 44a ff. UrhG als gesetzlich zugelassene Fälle.[35] Eine Besonderheit besteht lediglich hinsichtlich der Schutzdauer. Sie beträgt gemäß § 85 Abs. 3 Satz 1 UrhG 50 Jahre ab dem Erscheinen. Ist der Tonträger nicht erschienen, läuft die Frist

---

[31] MüKo-StGB/*Heinrich*, § 108 UrhG Rn. 21.

[32] BGHZ 140, 94, 97.

[33] *Lutz*, Rn. 618; *Reinbacher*, Privatgebrauch, S. 296.

[34] MüKo-StGB/*Heinrich*, § 108 UrhG Rn. 21.

[35] Erbs/Kohlhaas/*Kaiser*, § 108 UrhG Rn. 8.

ab der erlaubten öffentlichen Wiedergabe (Satz 2). Ist der Tonträger weder erschienen noch erlaubterweise öffentlich wiedergegeben worden, so läuft die Frist ab der Herstellung (Satz 3).

6. Unerlaubte Verwertung einer Funksendung (Nr. 6)

Gemäß § 108 Abs. 1 Nr. 6 UrhG macht sich derjenige strafbar, der eine Funksendung entgegen § 87 UrhG verwertet. Geschützt werden die in § 87 Abs. 1 Nr. 1 bis Nr. 3 UrhG geregelten ausschließlichen Verwertungsrechte der Sendeunternehmen. Diesen soll ein Leistungsschutzrecht gewährt werden, da ihre Radio- und Fernsehsendungen, deren Produktion bzw. Veranstaltung einen erheblichen technischen und organisatorischen sowie auch finanziellen Aufwand erfordern und zur Unterhaltung sowie Fortbildung der allgemeinen Bevölkerung beitragen.[36] Tatobjekt ist vorliegend die Funksendung. Eine solche ist die „Ausstrahlung von Tönen oder von Bildern und Tönen mittels radioelektrischer Wellen zum Zwecke des Empfangs durch die Öffentlichkeit".[37] Gemeint sind hier Radio- und Fernsehsendungen unabhängig vom urheberrechtlichen Schutz des Sendeinhalts. Der Schutz umfasst das Sendegut im Zusammenhang mit einer bestimmten Ausstrahlung.[38] Tathandlungen sind die in § 87 Abs. 1 Nr. 1 bis Nr. 3 UrhG aufgezählten Verwertungen. Erfasst sind somit das Weitersenden und öffentliche Zugänglichmachen (Nr. 1), das Aufzeichnen (Nr. 2) sowie die öffentliche Ausstrahlung, wenn sie an einem Ort stattfindet, der nur gegen Zahlung eines Entgelts betreten werden kann (Nr. 3).

Für den Schulbereich relevant ist lediglich das unerlaubte Aufzeichnen von Radio- oder Fernsehsendungen nach Nr. 2. Es handelt sich hierbei um eine Vervielfältigung der Sendung. Zeichnet z.B. ein Lehrer für seinen Klassenunterricht eine Dokumentation oder einen Spielfilm aus dem Fernsehen auf, so liegt neben der Beeinträchtigung der Urheberrechte gleichzeitig auch eine Beeinträchtigung der Leistungsschutzrechte des Sendeunternehmens vor. Die öffentliche Wiedergabe der aufgezeichneten Sendung ist dagegen nicht nach § 108 Abs. 1 Nr. 6 UrhG strafbar. Als gesetzlich zugelassene Fälle sind auch hier die Schranken des Urheberrechts §§ 44a ff. UrhG heranzuziehen (§ 87 Abs. 4 UrhG). So ist § 47 UrhG bei der Aufzeichnung von Schulfunksendungen einschlägig, mit der Ausnahme, dass der Sendeunternehmer keine Vergütungsansprüche nach § 47 Abs. 2 Satz 2 UrhG geltend machen kann (vgl. § 87 Abs. 4 UrhG). Für alle anderen allgemeinen Funksendungen gelten vor allem die Schranken der §§ 48 Abs. 1

---

[36] *Lutz*, Rn. 625.

[37] Siehe *Hildebrandt*, S. 217; *Schack*, UrhR, Rn. 705.

[38] *Lutz*, Rn. 626.

Nr. 2, 49 Abs. 2 und 53 Abs. 3 UrhG.[39] Der Schutz des Senderechts erlischt 50 Jahre nach der ersten Funksendung (§ 87 Abs. 3 Satz 1 UrhG). Dabei beginnt der Schutz mit der ersten Ausstrahlung, eine wiederholte Ausstrahlung lässt jedoch kein neues Leistungsschutzrecht entstehen.[40]

7. Unerlaubte Verwertung eines Bild- oder Tonträgers (Nr. 7)

Gemäß § 108 Abs. 1 Nr. 7 UrhG macht sich derjenige strafbar, der einen Bildträger oder Bild- und Tonträger entgegen §§ 94 oder 95 i.V.m. § 94 UrhG verwertet. Ähnlich wie das Sendeunternehmen oder der Tonträgerhersteller muss auch der Film- bzw. Laufbildhersteller bei der Herstellung eines Films bzw. von Laufbildern eine beachtliche organisatorische und wirtschaftliche Leistung erbringen, die dementsprechend mit einem Leistungsschutzrecht belohnt wird.[41] Geschützt ist die unerlaubte Verwertung sowohl von Bildträgern bzw. Bild- und Tonträgern, auf denen ein urheberrechtlich geschütztes Filmwerk abgespeichert ist, als auch von Laufbildern, d.h. Bildfolgen bzw. Bild- und Tonfolgen, die mangels einer persönlichen geistigen Schöpfung gemäß § 2 Abs. 2 UrhG nicht als Filmwerke geschützt sind.[42] Da Filmwerke bereits nach § 106 UrhG geschützt sind, liegt diesbezüglich ein doppelter strafrechtlicher Schutz vor, wobei § 106 UrhG den Urheber und § 108 UrhG den Hersteller schützt, sodass beide Vorschriften nebeneinander anwendbar sind.[43] Erfasste Tathandlungen sind entsprechend § 94 Abs. 1 UrhG die Vervielfältigung, Verbreitung, öffentliche Vorführung, Funksendung und das öffentliche Zugänglichmachen.

Führt z.B. ein Lehrer den Schülern seiner Projektgruppe eine Film-DVD vor, so liegen neben der Beeinträchtigung der Urheberrechte an dem Filmwerk auch Eingriffe in das Leistungsschutzrecht nach § 108 Abs. 1 Nr. 7 UrhG vor. Handelt es sich bei der Film-DVD um ein Vervielfältigungsstück, welches er zuvor durch das Brennen der Original-DVD angefertigt hat, so sind strafrechtlich neben § 106 UrhG auch die Nr. 4 und Nr. 7 des § 108 Abs. 1 UrhG relevant. Als gesetzlich zugelassene Fälle sind auch hier die Schrankenbestimmung der §§ 44a ff. UrhG anwendbar (vgl. § 94 Abs. 4 UrhG). Für die öffentliche Filmvorführung ist vor allem die Schranke des § 52 UrhG einschlägig.[44] Im Unterschied zum Filmwerkschutz in § 106

---

[39] Zu den §§ 48 Abs. 1 Nr. 2 und 49 Abs. 2 UrhG vgl. oben B. I. 5. c) cc); zu § 53 Abs. 3 UrhG siehe oben B. I. 5. b) bb); zu berücksichtigen ist auch die Schranke des § 53 Abs. 1, dazuzu vgl. oben B. I. 5. b) bb) (2) (j).

[40] Wandtke/Bullinger/*Ehrhardt*, § 87 Rn. 24.

[41] *Lutz*, Rn. 651.

[42] MüKo-StGB/*Heinrich*, § 108 UrhG Rn. 29.

[43] *Hildebrandt*, S. 219; MüKo-StGB/*Heinrich*, § 108 UrhG Rn. 29.

[44] Zu § 52 UrhG vgl. oben B. I. 5. c) aa).

UrhG beträgt die Schutzdauer des Filmherstellungsrechts jedoch nicht 70 Jahre post mortem auctoris, sondern lediglich 50 Jahre ab dem erstmaligen Erscheinen oder der erstmaligen öffentlichen Wiedergabe, es sei denn, dass die Erstfixierung bereits 50 Jahre zurückliegt (§ 94 Abs. 3 UrhG).

8. Unerlaubte Verwertung einer Datenbank (Nr. 8)

Nach § 108 Abs. 1 Nr. 8 UrhG macht sich derjenige strafbar, der eine Datenbank entgegen § 87b Abs. 1 UrhG verwertet. Tatobjekt ist hier die Datenbank. Gemäß § 87a Abs. 1 Satz 1 UrhG sind Datenbanken Sammlungen von Werken, Daten oder anderen unabhängigen Elementen, die systematisch oder methodisch angeordnet und einzeln, mit Hilfe elektronischer Mittel oder auf andere Weise zugänglich sind und deren Beschaffung, Überprüfung oder Darstellung eine nach Art oder Umfang wesentliche Investition erfordert. Der Begriff der Datenbank entspricht insofern weitestgehend dem Begriff des Datenbankwerkes in § 4 Abs. 2 UrhG[45], jedoch mit einem entscheidenden Unterschied, dass es bei Datenbanken nicht auf das Vorliegen der Voraussetzungen nach § 2 Abs. 2 UrhG, sondern auf das Vorliegen einer nach Art und Umfang wesentlichen Investition ankommt.[46] Wann eine solche „wesentliche Investition" vorliegt, muss jedoch im Einzelfall geklärt werden.[47] Grundsätzlich kann sie sowohl finanzieller Art sein, als auch in dem Einsatz von Zeit, Arbeit und Energie liegen.[48] Für den Schulgebrauch relevante Datenbanken können z.B. Formel- und Datensammlungen, Sammlungen von Bildern, Zeichen- oder Symbolsammlungen oder sonstige Tabellen und Listen mit ausgewählten Informationen sein, sofern diese nicht bereits die Voraussetzungen des § 2 Abs. 2 UrhG erfüllen.[49] Tathandlungen sind die Verwertungshandlungen des § 87b Abs. 1 UrhG, d.h. die Vervielfältigung, die Verbreitung und die öffentliche Wiedergabe. Zu beachten ist jedoch, dass das Leistungsschutzrecht ausnahmsweise nicht die Verwertung unwesentlicher Teile von Datenbanken (vgl. § 87b Abs. 1 Satz 1 UrhG) erfasst, sofern die Verwertungen gemäß § 87b Abs. 1 Satz 2 UrhG nicht wiederholt und systematisch vorgenommen werden und einer normalen Auswertung der Datenbank nicht zuwiderlaufen oder die berechtigten Interessen des Datenbankherstellers nicht unzumutbar beeinträchtigen.[50]

---

45 Hierzu vgl. oben B. I. 1. e).

46 *Lutz*, Rn. 635; Schricker/Loewenheim/*Vogel*, § 87a Rn. 26.

47 *Rehbinder*, Rn. 825.

48 *Lutz*, Rn. 639.

49 Vgl. auch andere Beispiele von Datenbanken bei Schricker/Loewenheim/*Vogel*, § 87a Rn. 16ff.

50 Zu den wesentlichen sowie unwesentlichen Teilen vgl. Wandtke/Bullinger/*Thum/Hermes*, § 87b Rn. 11ff.

Hinsichtlich der gesetzlich zugelassenen Fälle enthalten die §§ 87a ff. UrhG allerdings, anders als die anderen Leistungsschutzrechte, keinen Pauschalverweis auf die Schrankenbestimmungen der §§ 44a ff. UrhG. Vielmehr sind hier die „Schranken des Rechts des Datenbankherstellers" in § 87c UrhG anzuwenden, sodass für eine Heranziehung der §§ 44a ff. UrhG kein Raum besteht.[51] Für den Schulgebrauch von Bedeutung ist hierbei vor allem die Schranke des § 87c Abs. 1 Satz 1 Nr. 3 UrhG, wonach die Vervielfältigung eines nach Art und Umfang wesentlichen Teils einer Datenbank für die Benutzung zur Veranschaulichung des Unterrichts, sofern sie nicht zu gewerblichen Zwecken erfolgt, zulässig ist. Gemeint ist hier der Unterricht an Schulen, da die Vorschrift ursprünglich ausdrücklich nur den „Gebrauch im Schulunterricht" vorgesehen hatte.[52] Privilegiert sind also jedenfalls alle Grund-, Haupt-, Realschulen, Gymnasien, Berufs- und berufsbildende Schulen sowie Abend- und Sonderschulen. Ebenso erfasst ist der Unterricht an Privatschulen, da dieser den öffentlich-rechtlichen Unterricht „lediglich substituiert".[53] Nicht erfasst ist hingegen der entgeltliche Privatunterricht, wie z. B. der Nachhilfeunterricht in Nachhilfeschulen bzw. Nachhilfezentren, da ein solcher Unterricht gewerblichen Zwecken dient.[54] Unter dem Merkmal „zur Veranschaulichung des Unterrichts" versteht man hier, wie schon in § 53 Abs. 3 Satz 1 Nr. 1 UrhG, neben der direkten Stoffvermittlung im Unterricht auch die dazugehörige Vor- und Nachbereitung des Unterrichts, z. B. in Form von Hausaufgaben.[55] Vervielfältigungen zu Prüfungszwecken sind hingegen nicht erfasst.[56] Ferner wird lediglich die Vervielfältigung privilegiert, nicht aber die Verbreitung oder öffentliche Wiedergabe. Dabei ist die Anzahl der erlaubten Vervielfältigungsstücke auf die Zahl der Schüler und Lehrer einer Klasse beschränkt.[57]

Die Schranke des § 87c Abs. 1 Satz 1 Nr. 3 UrhG entspricht insoweit der Schranke des § 53 Abs. 3 Satz 1 Nr. 1 UrhG, sodass die Vervielfältigung von Datenbanken in Klassenstärke zur Veranschaulichung des Unterrichts

---

[51] Dreier/Schulze/*Dreier*, § 87c Rn. 1; Schricker/Loewenheim/*Vogel*, § 87c Rn. 1.

[52] Vgl. Dreier/Schulze/*Dreier*, § 87c Rn. 12. Im Übrigen sind Hochschulen nach h. M. nicht privilegiert; dazu vgl. Dreier/Schulze/*Dreier*, § 87c Rn. 12; Schricker/Loewenheim/*Vogel*, § 87c Rn. 19.

[53] Fromm/Nordemann/*Czychowski*, § 87c Rn. 11; siehe auch Schricker/Loewenheim/*Vogel*, § 87c Rn. 19 i. V. m. Schricker/Loewenheim/*Loewenheim*, § 53 Rn. 59.

[54] Schricker/Loewenheim/*Vogel*, § 87c Rn. 19 i. V. m. Schricker/Loewenheim/*Loewenheim*, § 53 Rn. 59; vgl. auch Dreier/Schulze/*Dreier*, § 87c Rn. 15.

[55] Dreier/Schulze/*Dreier*, § 87c Rn. 14; Schricker/Loewenheim/*Vogel*, § 87c Rn. 20; hierzu vgl. auch oben B. I. 5. b) bb) (2) (e).

[56] Schricker/Loewenheim/*Vogel*, § 87c Rn. 18; Wandtke/Bullinger/*Thum*/*Hermes*, § 87c Rn. 28.

[57] Schricker/Loewenheim/*Vogel*, § 87c Rn. 20.

an Schulen regelmäßig unproblematisch möglich ist. So kann z. B. ein Physiklehrer ohne weiteres für die Schüler seiner Klasse eine ausgewählte Auflistung von relevanten Formeln aus dem Internet kopieren. Er muss dabei lediglich auf jeder Kopie die Quelle deutlich angeben (§ 87c Abs. 1 Satz 2 UrhG). Aufpassen müssen Lehrer aber bei der Verbreitung und öffentlichen Wiedergabe, z. B. bei der öffentlichen Zugänglichmachung im Schulnetzwerk, da § 87c UrhG ausschließlich die Vervielfältigung privilegiert. Bezüglich der Verbreitung und öffentlichen Wiedergabe von Datenbanken kann deshalb einzig der gesetzlich zugelassene Fall des § 87d UrhG nützlich sein, der die Schutzdauer von Datenbanken regelt. Danach erlöschen die Rechte des Datenbankherstellers 15 Jahre nach Veröffentlichung der Datenbank, jedoch bereits 15 Jahre nach ihrer Herstellung, wenn die Datenbank nicht innerhalb dieser Frist veröffentlicht wurde. Ist die Schutzfrist abgelaufen, so können Lehrer Datenbanken problemlos verwerten.

II. Der subjektive Tatbestand des § 108 UrhG

Ebenso wie § 106 UrhG ist auch bei § 108 UrhG ein vorsätzliches Handeln erforderlich.[58] Dabei genügt auch hier bedingter Vorsatz.[59] Hinsichtlich mangelnder Faktenkenntnis, Fehlvorstellungen oder irrige Annahmen gelten die Ausführungen zu den Irrtümern in § 106 UrhG[60] entsprechend.[61] Ähnlich wie in § 106 UrhG enthält der Tatbestand des § 108 Abs. 1 UrhG zahlreiche normative Tatbestandsmerkmale, z. B. die „wesentliche" Unterscheidung i. S. v. § 70 Abs. 1 UrhG i. V. m. § 108 Abs. 1 Nr. 1 UrhG oder der „wesentliche Teil" einer Datenbank gemäß § 87b Abs. 1 Satz 1 UrhG i. V. m. § 108 Abs. 1 Nr. 8 UrhG.[62] Ein vorsatzausschließender Tatbestandsirrtum kann z. B. dann angenommen werden, wenn der Handelnde irrig annimmt, dass ein ausübender „Künstler" gemäß § 73 UrhG nur derjenige sein kann, der kulturell hochstehende Werke und nicht einen Schlager vorträgt.[63] Im Übrigen sind jedoch im Rahmen des § 108 UrhG, anders als bei § 106 UrhG, Irrtümer hinsichtlich des Vorliegens der Tatobjekte, insbesondere bei Lichtbildern (Nr. 3), Tonträgern (Nr. 5), Funksendungen (Nr. 6) oder Filmstreifen auf Bild- und Tonträgern (Nr. 7) kaum denkbar.[64]

---

58 Erbs/Kohlhaas/*Kaiser*, § 108 UrhG Rn. 15; Schricker/Loewenheim/*Haß*, § 108 Rn. 14.

59 BeckOK-UrhG/*Sternberg-Lieben*, § 108 Rn. 7. Es gelten die selben Grundsätze wie beim Vorsatz in § 106 UrhG, vgl. dazu oben B. II. 2.

60 Vgl. hierzu oben B. II. 3.

61 Ausführlich zu den Irrtümern bei § 108 UrhG vgl. *Hildebrandt*, S. 277 ff.

62 BeckOK-UrhG/*Sternberg-Lieben*, § 108 Rn. 7.

63 *Weber*, S. 290.

64 Vgl. *Weber*, S. 290.

III. „Ohne Einwilligung des Berechtigten"

Das Merkmal „ohne Einwilligung des Berechtigten" ist hier genauso wie in § 106 UrhG zu verstehen.[65] Liegt eine Einwilligung des Berechtigten vor, so scheidet nicht bereits der Tatbestand, sondern erst die Rechtswidrigkeit aus.[66] Anders als bei § 106 UrhG kann der Berechtigte auch eine juristische Person oder eine Personenmehrheit sein.[67] Wer im Einzelnen als Berechtigter anzusehen ist, ergibt sich aus den jeweiligen Vorschriften zu den Leistungsschutzrechten.[68] Bei § 108 Abs. 1 Nr. 1 UrhG ist der Verfasser der wissenschaftlichen Ausgabe berechtigt (§ 70 Abs. 2 UrhG). Berechtigter bei § 108 Abs. 1 Nr. 2 UrhG ist der Herausgeber des nachgelassenen Werkes (§ 71 UrhG). Nach § 72 Abs. 2 UrhG ist der Lichtbildner, also insbesondere der Fotograf oder Kameramann, Berechtigter. Bezüglich § 108 Abs. 1 Nr. 4 UrhG ist grundsätzlich der ausübende Künstler berechtigt. Bei Künstlergruppen ist § 80 Abs. 1 UrhG zu beachten, wonach hinsichtlich der Rechte aus §§ 74, 75, 76 Abs. 1 UrhG nur der Vorstand oder Leiter, nicht aber der einzelne Künstler einer Gruppe einwilligen kann.[69] Berechtigter bei § 108 Abs. 1 Nr. 5 UrhG ist der Tonträgerhersteller (§ 85 UrhG). Bei § 108 Abs. 1 Nr. 6 UrhG ist das Sendeunternehmen berechtigt (§ 87 UrhG). In den Fällen des § 108 Abs. 1 Nr. 7 UrhG ist der Filmhersteller der Berechtigte (§ 94 UrhG). Und schließlich ist der Datenbankhersteller in den Fällen des § 108 Abs. 1 Nr. 7 UrhG Berechtigter. Nach § 87a Abs. 2 UrhG ist es derjenige, der die erforderliche Investition hinsichtlich der Datenbank vorgenommen hat. Ferner ist noch beachten, dass bei der Verwertung einer Bearbeitung sowohl die Einwilligung des Bearbeiters als auch die Einwilligung des Berechtigten am bearbeiteten Gegenstand vorliegen müssen.[70]

---

[65] *Hildebrandt*, S. 226; MüKo-StGB/*Heinrich*, § 108 UrhG Rn. 6; *Reinbacher*, Privatgebrauch, S. 298. Vgl. dementsprechend die Ausführungen zu § 106 UrhG, oben B. III.

[66] Erbs/Kohlhaas/*Kaiser*, § 108 UrhG Rn. 16; *Gercke/Brunst*, Rn. 479; *Mitsch*, § 8 Rn. 32; MüKo-StGB/*Heinrich*, § 108 UrhG Rn. 6; Wandtke/Bullinger/*Hildebrandt/Reinbacher*, § 108 Rn. 7; a.A. Loewenheim/*Flechsig*, § 90 Rn. 107; Schricker/Loewenheim/*Haß*, § 108 Rn. 13; differenzierend BeckOK-UrhG/*Sternberg-Lieben*, § 108 Rn. 6; *Hildebrandt*, S. 226.

[67] *Hildebrandt*, S. 227; MüKo-StGB/*Heinrich*, § 108 UrhG Rn. 6.

[68] Schricker/Loewenheim/*Haß*, § 108 Rn. 13; Wandtke/Bullinger/*Hildebrandt/Reinbacher*, § 108 Rn. 7.

[69] *Hildebrandt*, S. 228.

[70] MüKo-StGB/*Heinrich*, § 108 UrhG Rn. 6; Schricker/Loewenheim/*Haß*, § 108 Rn. 13.

IV. Sonstiges

Hinsichtlich der „Schuld" gelten hier die Ausführungen zu § 106 UrhG entsprechend.[71] Ferner ist nach § 108 Abs. 2 UrhG auch der Versuch strafbar. Auch diesbezüglich gilt Entsprechendes wie bei § 106 UrhG[72], genauso wie für Fragen hinsichtlich der Täterschaft und Teilnahme[73]. Verwirklicht der Täter durch dieselbe Tat sowohl § 106 UrhG als auch § 108 UrhG, so stehen beide Vorschriften in Idealkonkurrenz, da jeweils ein unterschiedliches Schutzgut betroffen ist.[74]

[71] Vgl. oben B. IV.

[72] Zum Versuch siehe oben B. V.

[73] Siehe oben B. VI.

[74] *Reinbacher*, Privatgebrauch, S. 298; Schricker/Loewenheim/*Haß*, § 108 Rn. 15; *Weber*, JZ 1993, 106, 107.

D. Die gewerbsmäßige unerlaubte Verwertung gemäß § 108a UrhG

Gemäß § 108a Abs. 1 UrhG ist der Täter in den Fällen der §§ 106 bis 108 UrhG mit einer Freiheitsstrafe bis zu fünf Jahren oder mit Geldstrafe zu bestrafen, wenn er gewerbsmäßig handelt. Diese Regelung stellt insofern eine Qualifikation zu den §§ 106–108 UrhG dar.[1] Mit der Schaffung des § 108a UrhG wollte der Gesetzgeber in erster Linie der organisierten Kriminalität sowie der Bandenkriminalität in den Bereichen der Videopiraterie und des Raubdrucks entgegenwirken.[2]

Der Tatbestand des § 108a Abs. 1 UrhG enthält lediglich zwei Voraussetzungen. Zum einen müssen die Grundtatbestände der §§ 106 bis 108 UrhG rechtswidrig und schuldhaft verwirklicht sein und zum anderen muss diesbezüglich ein gewerbsmäßiges Handeln vorliegen.[3] Hierbei ist der Begriff der Gewerbsmäßigkeit so wie in anderen Strafvorschriften zu verstehen.[4] Der Täter muss also die Urheberrechtsverletzung mit der Absicht vornehmen, sich durch wiederholte Tatbegehung eine nicht nur vorübergehende Einnahmequelle von einiger Dauer und einigem Umfang zu verschaffen, ohne dass er daraus ein „kriminelles Gewerbe" zu machen braucht.[5]

Hiervon ausgehend ist die Gewerbsmäßigkeit von Urheberrechtsverletzungen im Schulbereich in aller Regel zu verneinen, da unerlaubte Verwertungen in der Schule im Normalfall lediglich zum Zwecke des schulspezifischen Unterrichtsgebrauchs vorgenommen werden, ohne dass dabei ein gewerblicher Zweck verfolgt wird. Vor allem begehen Lehrer, die unerlaubte Verwertungen im Rahmen ihrer Erwerbstätigkeit als Arbeitnehmer vor-

---

[1] Dreyer/Kotthoff/Meckel/*Kotthoff*, § 108a Rn. 1; *Hildebrandt*, S. 232; Schricker/Loewenheim/*Haß*, § 108a Rn. 1; Wandtke/Bullinger/*Hildebrandt/Reinbacher*, § 108a Rn. 1.

[2] BT-Drucks. 10/3360, S. 20.

[3] Dreyer/Kotthoff/Meckel/*Kotthoff*, § 108a Rn. 1; MüKo-StGB/*Heinrich*, § 108a UrhG Rn. 1.

[4] BeckOK-UrhG/*Sternberg-Lieben*, § 108a Rn. 2; *Heinrich*, Standardsoftware, S. 287; *Hildebrandt*, S. 232; Wandtke/Bullinger/*Hildebrandt/Reinbacher*, § 108a Rn. 1.

[5] BGHSt 1, 383; 49, 93, 110; BT-Drucks. 11/4792, S. 17, 24; Achenbach/Ransiek/Rönnau/*A. Nordemann*, 11. Teil, Rn. 133; BeckOK-UrhG/*Sternberg-Lieben*, § 108a Rn. 2; Dreier/Schulze/*Dreier*, § 108a Rn. 5; Erbs/Kohlhaas/*Kaiser*, § 108a UrhG Rn. 2; *Heinrich*, Standardsoftware, S. 287; *Hildebrandt*, S. 232 f.

nehmen, keine gewerbsmäßige Urheberrechtsverletzung. Denn jedem Lehrer ist es bewusst, dass ihnen das Lehrergehalt auch unabhängig von der Vornahme der unerlaubten Verwertungen zusteht, sodass es ihnen nicht darauf ankommt, unerlaubte Verwertungen vorzunehmen, um das Gehalt zu bekommen. Insofern liegt bei ihnen auch in den Fällen wiederholter Vornahme von unerlaubten Werkverwertungen für den Unterricht keine Absicht vor, sich dadurch eine Einnahmequelle von einiger Dauer und einigem Umfang zu verschaffen. Eine solche Absicht des Lehrers ist allenfalls denkbar, wenn er wiederholt unerlaubte Werkkopien herstellt, um diese an Schüler gewinnbringend zu verkaufen oder wenn er Schüler neben der regulären Schulunterrichtszeit gebührenpflichtig unterrichtet und zu diesem Zweck wiederholt gezielt unerlaubte Werkverwertungen vornimmt. Im Ergebnis ist der Qualifikationstatbestand des § 108a UrhG im Schulbereich jedoch nahezu irrelevant.

E. Das Urheberstrafverfahrensrecht

Zum Abschluss dieser Arbeit wird im Folgenden kurz auf das Urheberstrafverfahrensrecht eingegangen. Es werden dabei allgemeine sowie schulspezifische Probleme der Strafverfolgung aufgegriffen.

Wie alle anderen Straftaten werden auch Verstöße gegen die §§ 106 ff. UrhG durch die Staatsanwaltschaften verfolgt. Gemäß § 109 UrhG werden allerdings Taten in den Fällen der §§ 106 bis 108 UrhG nur auf Antrag verfolgt, es sei denn, dass die Strafverfolgungsbehörde wegen des besonderen Interesses an der Strafverfolgung ein Einschreiten von Amts wegen für geboten hält. Bei §§ 106 und 108 UrhG handelt es sich insofern um „relative Antragsdelikte“[1], wohingegen die Fälle gewerbsmäßiger Urheberrechtsverletzungen gemäß § 108a UrhG als „Offizialdelikte“ von Amts wegen verfolgt werden.[2] Gemäß § 77 Abs. 1 StGB ist der Verletzte strafantragsberechtigt. Das sind vor allem der Urheber oder Leistungsschutzberechtigte bzw. deren Erben sowie der Inhaber eines ausschließlichen Nutzungsrechts an dem betreffenden Werk oder Werkteil.[3] Nach § 77 Abs. 4 StGB können diese unterschiedlichen Antragsberechtigten den Antrag jeweils selbstständig und unabhängig voneinander stellen. Die Frist für die Antragsstellung beträgt gemäß § 77b StGB drei Monate nach Bekanntwerden von Tat und Täter. Der Antrag muss das Begehren der Strafverfolgung beinhalten und nach § 158 Abs. 2 StPO bei einem Gericht oder der Staatsanwaltschaft schriftlich oder zu Protokoll oder bei einer anderen Polizeibehörde schriftlich gestellt werden.[4] Die Rücknahme des Strafantrags ist gemäß § 77d StGB möglich. Allerdings kann ein zurückgenommener Strafantrag nicht nochmals gestellt werden.

Liegt ein Strafantrag hinsichtlich der Taten nach §§ 106 und 108 UrhG vor, so kann die Staatsanwaltschaft Vorermittlungen nach §§ 160 ff. StPO anstellen, um festzustellen, ob ein zur Erhebung der öffentlichen Klage erforderliches öffentliches Interesse gemäß § 376 StPO vorliegt.[5] Verneint die Staatsanwaltschaft diese Frage, so wird sie das Ermittlungsverfahren

---

1 MüKo-StGB/*Heinrich*, § 109 UrhG Rn. 1; Wandtke-UrhR/*Dietz*, 11. Kap. Rn. 27.

2 Dreier/Schulze/*Dreier*, § 109 Rn. 3.

3 Ausführlich zur Antragsberechtigung vgl. *Hildebrandt*, S. 341 ff.

4 Dreier/Schulze/*Dreier*, § 109 Rn. 4.

5 Meyer-Goßner/Schmitt/*Meyer-Goßner*, § 376 Rn. 5.

einstellen und den Antragsteller auf den Privatklageweg verweisen, da es sich bei den §§ 106 und 108 UrhG um Privatklagedelikte handelt (vgl. § 374 Abs. 1 Nr. 8 StPO).[6] Anders als bei den Offizialdelikten besteht für den Verletzten in diesen Fällen keine Möglichkeit, ein Klageerzwingungsverfahren gemäß § 172 StPO einzuleiten.[7] Handelt es sich allerdings bei dem Beschuldigten um einen Jugendlichen, z. B. einen Schüler, so kann gemäß § 80 Abs. 1 Satz 1 JGG keine Privatklage erhoben werden. Vielmehr muss die Staatsanwaltschaft hier gemäß § 80 Abs. 1 Satz 2 JGG auch bei Privatklagedelikten ermitteln, sofern Gründe der Erziehung oder ein berechtigtes Interesse des Verletzten, welches dem Erziehungszweck nicht entgegensteht, es erfordern.

Trotz des Vorliegens eines Strafantrags muss die Staatsanwaltschaft jedoch u. U. auf die Verjährungsfristen achten. Die Verjährung für die Einzeltat tritt gemäß § 78 Abs. 3 Nr. 4 StGB mit Beendigung der Tat nach fünf Jahren ein. Bei Einzeltaten, die durch einen subjektiv verklammernden Vorsatz oder einen räumlich-zeitlichen Zusammenhang eine rechtliche Handlungseinheit bilden, z. B. die sukzessive Verbreitung einer größeren Menge unerlaubt hergestellter Werkstücke[8], beginnt die Verjährung nach Abschluss der Gesamttätigkeit des Angeklagten.

Bei der Beurteilung ob ein „öffentliches Interesse“ an der Erhebung einer öffentlichen Klage gegeben ist, sind die Richtlinien für das Strafverfahren und das Bußgeldverfahren (RiStBV) heranzuziehen.[9] Die letztliche Entscheidung bleibt jedoch grundsätzlich dem pflichtgemäßen Ermessen der Staatsanwaltschaft überlassen.[10] Nach Nr. 86 Abs. 2 Satz 1 RiStBV soll das (einfache) öffentliche Interesse in der Regel dann vorliegen, wenn der Rechtsfrieden über den Lebenskreis des Verletzten hinaus gestört und die Strafverfolgung ein gegenwärtiges Anliegen der Allgemeinheit ist, z. B. wegen des Ausmaßes der Rechtsverletzung, wegen der Rohheit oder Gefährlichkeit der Tat, der niedrigen Beweggründe des Täters oder der Stellung des Verletzten im öffentlichen Leben. Nach allgemeiner Ansicht[11] kann bei den §§ 106 ff. UrhG eine Störung des Rechtsfriedens über den Lebenskreis des Verletzten hinaus nur in den wenigsten Fällen angenommen werden, da die Öffentlichkeit von der konkreten Urheberrechtsverletzung in der Regel nichts erfährt.

---

6 MüKo-StGB/*Heinrich*, § 109 UrhG Rn. 1.

7 Hier bleibt lediglich das Mittel der Dienstaufsichtsbeschwerde, vgl. *Heinrich*, Standardsoftware, S. 323.

8 BeckOK-UrhG/*Sternberg-Lieben*, § 106 Rn. 48.

9 *Heinrich*, Standardsoftware, S. 325; *Hildebrandt*, S. 363.

10 MüKo-StGB/*Heinrich*, § 109 UrhG Rn. 9.

11 Berger/Wündisch/*Kudlich*, § 9 Rn. 5; *Heghmanns*, NStZ 1991, 112, 115; *Heinrich*, Standardsoftware, S. 325; *Hildebrandt*, S. 364.

Dies gilt auch für Urheberrechtsverletzungen im Schulbereich, da etwaige unerlaubte Verwertungen regelmäßig zu Hause, in Klassen- und Lehrerzimmern oder Kopierräumen der Schule vorgenommen werden. Für die Öffentlichkeit wahrnehmbar können allenfalls Urheberrechtsverletzungen im Rahmen von großen öffentlichen Schulveranstaltungen sein, bei denen z. B. Film- oder Musikwerke unerlaubt wiedergegeben werden. Ferner regelt Nr. 261 RiStBV speziell für die §§ 106–108 UrhG, dass das öffentliche Interesse in der Regel zu bejahen sein wird, „wenn eine nicht nur geringfügige Schutzrechtsverletzung vorliegt. Zu berücksichtigen sind dabei insbesondere das Ausmaß der Schutzrechtsverletzung, der eingetretene oder drohende wirtschaftliche Schaden und die vom Täter erstrebte Bereicherung.“ Demgemäß wird das öffentliche Interesse im Schulbereich, ähnlich wie im Privatbereich[12], in den meisten Fällen zu verneinen sein, da es sich regelmäßig um lediglich geringfügige Urheberrechtsverletzungen handelt. Denn von Urheberrechtsverletzungen größeren Ausmaßes mit nennenswerten Schäden für die Urheber bzw. Verlage kann wohl nicht gesprochen werden, wenn Lehrer z. B. lediglich den zulässigen Kopierumfang um einige Seiten überschreiten oder vereinzelt ganze Werke unerlaubt verwerten. Ein öffentliches Interesse kann allenfalls bei größeren Mengen in Betracht kommen.[13] So wird z. B. das öffentliche Interesse im Softwarebereich bejaht, wenn der Beschuldigte ca. 50 Raubkopien von nicht hochwertigen Programmen herstellt.[14] Im Schulbereich kann eine „größere Menge“ u. U. bei etwa 100 Kopien eines ganzen Schulbuchs oder 150 Kopien eines ganzen Arbeitsheftes angenommen werden. Allerdings stellen Lehrer in aller Regel nicht solche große Mengen an Kopien her, da dies für den einzelnen Lehrer viel zu aufwendig wäre und sein jährliches Kopierkontingent am Schulkopierer auch nicht ausreichen würde. Vorstellbar ist allenfalls das Kopieren von einigen Seiten aus Büchern für alle Teilnehmer einer größeren Schulveranstaltung, etwa einer Big Band mit 40 Schülern, einer großen Projektgruppe von 50 Schülern, oder für alle 120 Schüler ein eines Jahrgangs. In diesen Fällen kann allerdings nicht von einer „größeren Mengen“ die Rede sein.

Allerdings können Urheberrechtsverletzungen auch ohne Strafantrag von Amts wegen verfolgt werden, sofern ein „besonderes öffentliches Interesse“ an der Strafverfolgung gemäß § 109 UrhG vorliegt. Das „besondere öffent-

---

[12] *Heghmanns*, NStZ 1991, 112, 114 f.; *Heinrich*, Standardsoftware, S. 326; *Reinbacher*, Privatgebrauch, S. 312.

[13] Die Staatsanwaltschaft Göttingen bejahte allerdings das öffentliche Interesse an der Strafverfolgung auch bei einem Plagiatsvorwurf bezüglich einer Doktorarbeit, da der Beschuldigte ein hohes politisches Amt bekleidete, vgl. hierzu „http://www.lz.de/lz/home/nachrichten_aus_lippe/kreis_lippe/kreis_lippe/?em_cnt=4254336“ (zuletzt abgerufen am 26.04.2016).

[14] *Heghmanns*, NStZ 1991, 112, 115.

liche Interesse“ des § 109 UrhG geht dabei über das (einfache) „öffentliche Interesse“ des § 376 StPO hinaus.[15] Nach Nr. 261a RiStBV wird ein „besonderes öffentliches Interesse“ gemäß § 109 UrhG insbesondere dann anzunehmen sein, wenn der Täter einschlägig vorbestraft ist, ein erheblicher Schaden droht oder eingetreten ist, die Tat den Verletzten in seiner wirtschaftlichen Existenz bedroht oder die öffentliche Sicherheit oder die Gesundheit der Verbraucher gefährdet. Auch hierbei bleibt jedoch die letztendliche Entscheidung über das Vorliegen des besonderen öffentlichen Interesses grundsätzlich dem pflichtgemäßen Ermessen der Staatsanwaltschaft überlassen.[16] Generell kann ein besonderes öffentliches Interesse dann in Betracht gezogen werden, wenn die Urheberrechtsverletzung ein besonderes großes Ausmaß angenommen hat.[17] Außerdem kann ein besonderes öffentliches Interesse vor allem bei Wiederholungstätern bejaht werden.[18] Nach der allgemeinen staatsanwaltschaftlichen Praxis wird ein besonderes öffentliches Interesse dann angenommen, wenn ein Verfahren gegen denselben Beschuldigten wegen desselben Delikts schon einmal gemäß den §§ 153 ff. StPO eingestellt wurde. So kann gegen einen Lehrer, der (lediglich) eine geringfügige Urheberrechtsverletzung im Schulbereich begangen hat, die öffentliche Anklage erhoben werden, wenn bereits zuvor ein Urheberrechtsverletzungsverfahren gegen ihn wegen geringer Schuld und fehlendem öffentlichen Interesse an der Strafverfolgung eingestellt wurde.

Im Rahmen der Ermittlung des Sachverhalts können die Ermittler auf die allgemeinen Ermittlungsmaßnahmen der StPO, vor allem die Durchsuchung und Beschlagnahme (§§ 94 Abs. 1, 111b StPO)[19], zurückgreifen. Jedoch wird eine Durchsuchung von Wohn- oder Schulräumen wegen Urheberrechtsverletzungen im Schulbereich wohl kaum einmal als verhältnismäßig i. S. v. Art. 13 GG angesehen werden können. Außerdem besteht nach § 110 UrhG die Möglichkeit der Einziehung von Gegenständen, auf die sich eine Straftat nach den §§ 106 und 108 UrhG bezieht.[20] Ferner können Ermittler bei Urheberrechtsverletzungen im Internet den jeweiligen Täter mit Hilfe des Providers über die IP-Adresse zurückverfolgen und die entsprechenden Nutzerdaten nach § 113 TKG erfragen.[21]

---

15 Meyer-Goßner/Schmitt/*Meyer-Goßner*, § 376 Rn. 3; MüKo-StGB/*Heinrich*, § 109 UrhG Rn. 9.

16 Wandtke/Bullinger/*Hildebrandt/Reinbacher*, § 109 Rn. 2.

17 *Heghmanns*, NStZ 1991, 112, 116; *Reinbacher*, Privatgebrauch, S. 313.

18 Vgl. die verschiedenen Kriterien für die Annahme eines besonderen öffentlichen Interesses bei *Heghmanns*, NStZ 1991, 112, 116.

19 Hierzu vgl. *Heinrich*, Standardsoftware, S. 338 ff.; *Hildebrandt*, S. 371 ff.

20 Hierzu vgl. MüKo-StGB/*Heinrich*, § 110 UrhG Rn. 1 ff.

21 Vgl. hierzu *Reinbacher*, Privatgebrauch, S. 318 ff.; siehe auch Wandtke/Ohst/*Heinrich*, Rn. 330.

Unabhängig von diesen verschiedenen Ermittlungsmöglichkeiten, die jedoch erst nach der Entdeckung von möglichen Urheberrechtsverletzungen zur Geltung kommen können, besteht allerdings bei der Strafverfolgung von Urheberrechtsverletzungen im Schulbereich, ebenso wie im Privatbereich[22], ein grundlegendes praktisches Problem. Es besteht darin, dass die Strafverfolgungsbehörden in den meisten Fällen überhaupt keine Kenntnis von den strafbaren Urheberrechtsverstößen erlangen. Vor allem strafbare Vervielfältigungen zum Zwecke des Schulgebrauchs, die entweder bei dem jeweiligen Lehrer zu Hause oder auch in der Schule vorgenommen werden, bleiben oftmals mangels Kontrollierbarkeit unentdeckt. Theoretisch denkbar wäre in diesen Fällen eine Überwachung der jeweiligen technischen Geräte, z. B. Kopierer oder Computer, an denen in der Schule Verwertungshandlungen vorgenommen werden. Jedoch wäre ein solches Kontrollsystem mit den Grundrechten, insbesondere dem Grundrecht auf informationelle Selbstbestimmung gemäß Art. 2 Abs. 1 i. V. m. Art. 1 Abs. 1 GG, der jeweiligen Verwerter wohl kaum vereinbar.[23] Ferner bereitet aber auch die Kenntniserlangung von strafbaren Verbreitungen oder öffentlichen Wiedergaben an Schulen, z. B. in Projektgruppen oder anderen öffentlichen Schulveranstaltungen, den Ermittlungsbehörden oder auch Rechteinhabern große Schwierigkeiten. Denn bei der Vielzahl von täglichen Verwertungen an Schulen in ganz Deutschland ist es unmöglich, die unzähligen Schulveranstaltungen oder Unterrichtsstunden zu überwachen. So werden die meisten strafbaren Urheberrechtsverstöße im Schulbereich wohl weiterhin im Dunkeln bleiben. Einzig im Online-Bereich, also bei strafbaren Urheberrechtsverletzungen, die im Internet oder im Schulnetzwerk begangen werden, sind sowohl die Entdeckung der Tat als auch die Rückverfolgung zum Täter grundsätzlich einfacher zu realisieren. Problematisch können hierbei aber u. U., wie aber bei allen Straftatbeständen, die Beweisbarkeit des Vorliegens subjektiver Tatbestandsmerkmale bzw. das Nicht-Vorliegen von subjektiven Schrankenmerkmalen, z. B. das Vervielfältigen für den Privatgebrauch, sein. Solche Beweisprobleme sind jedoch Tatfragen, die das Gericht im Einzelfall zu klären hat.

---

[22] Siehe *Reinbacher*, Privatgebrauch, S. 310.

[23] Vor ihrer Einigung über die Ergänzungsvereinbarung zum Gesamtvertrag zu § 53 UrhG hatten sich die Kultusministerkonferenz und die Schulbuchverlage zunächst im Jahr 2010 darauf verständigt, dass ab dem Frühjahr 2012 an Schulen ein Computerprogramm stichprobenartig eingesetzt wird, welches in den Schulnetzwerken nach digitalen Kopien urheberrechtlich geschützter Texte sucht. Aufgrund heftiger Proteste seitens der Lehrer, Datenschützer und Politiker gegen diese geplante „Spähsoftware" wurde das bereits beschlossene Vorhaben dann letztlich aufgehoben und stattdessen die Ergänzungsvereinbarung zum Gesamtvertrag zu § 53 UrhG auf den Weg gebracht, vgl. hierzu den Spiegel-Bericht unter „http://www.spiegel.de/schulspiegel/aus-fuer-schultrojaner-laender-vereinbaren-neuen-urheberrechtsvertrag-a-871467.html" (zuletzt abgerufen am 26.04.2016).

Abschließend ist noch zu anzumerken, dass die Strafverfolgungspraxis bei Urheberrechtsverletzungen grundsätzlich eine sehr großzügige Handhabung pflegt.[24] Denn bislang wurden die meisten Fälle aufgrund der Annahme der geringen Schuld des Täters nach §§ 153, 153a StPO, § 45 JGG bzw. 383 Abs. 2 StPO (im Falle der Privatklage) oder auch nach § 170 Abs. 2[25] eingestellt.[26] Nicht gewerbsmäßige Urheberrechtsverletzungen werden in der Regel lediglich als Bagatellkriminalität oder „leichte Vergehen" gesehen.[27] Folglich sind bisher auch keine strafrechtlichen Urteile hinsichtlich Urheberrechtsverletzungen im Schulbereich bekannt.[28] Dies sollte jedoch nicht als eine Art „Freifahrtschein" verstanden werden, da insbesondere in den Fällen, in denen ein „besonderes öffentliches Interesse" gemäß 109 UrhG bejaht wird, durchaus mit strafrechtlichen Sanktionen gerechnet werden kann. Insbesondere kann es bei bereits bekannten Wiederholungstätern zur Erhebung der öffentlichen Anklage kommen. Im Übrigen sollten sich Lehrer und Schulleiter jedoch auch unabhängig von möglichen strafrechtlichen Sanktionen an die urheberrechtlichen Vorschriften halten, da Urheberrechtsverstöße regelmäßig auch dienstrechtliche Disziplinarstrafen zur Folge haben.[29]

---

[24] Nach den Richtlinien der Generalstaatsanwaltschaft zum Umgang mit Urheberrechtsdelikten sollen die Ermittlungen erst bei der unerlaubten Verwertung von mindestens 3000 Musikwerken bzw. Musikwerke im Wert von 300,00 Euro aufgenommen werden, vgl. *Gercke*, ZUM 2009, 526, 537.

[25] Vgl. z.B. VerwG Hannover, ZUM 2013, 989, 992; siehe auch *Gercke*, ZUM 2009, 526, 537; Wandtke-UrhR/*Dietz*, 11. Kap. Rn. 37.

[26] Vgl. *Heinrich*, Standardsoftware, S. 337 m.w.N.; zu den verschiedenen Möglichkeiten der Einstellung vgl. *Hildebrandt*, S. 381 ff.

[27] Achenbach/Ransiek/Rönnau/*A. Nordemann*, 11. Teil, Rn. 151; kritisch Wandtke-UrhR/*Dietz*, 11. Kap. Rn. 37; siehe auch *Heinrich*, FS-Wandtke, 2013, S. 413, 417.

[28] Lediglich das Verwaltungsgericht Hannover führte in der jüngeren Vergangenheit im Rahmen der Beurteilung der Zulässigkeit einer Fortsetzungsfeststellungsklage bezüglich einer schulrechtlichen Ordnungsmaßnahme gegen einen Schüler aus, dass das Herunterladen von sog. ROMs für Spielekonsolen ohne die Zustimmung der Rechteinhaber eine widerrechtliche Verletzung der Urheberrechte gemäß § 97 Abs. 1 UrhG i.V.m. §§ 2 Abs. 1 Nr. 1, 69a Abs. 1 und 3, 69c Nr. 1 UrhG darstelle, vgl. VerwG Hannover, ZUM 2013, 989, 992 f.

[29] In § 6 Nr. 7 des Gesamtvertrags zu § 53 UrhG sind die Länder dazu verpflichtet, bei Bekanntwerden von Verstößen gegen die Regelungen des Gesamtvertrages gegen die betreffenden Schulleiter oder Lehrer disziplinarische Maßnahmen einzuleiten.

F. Zusammenfassung und Fazit

I. Zusammenfassung der wesentlichen Ergebnisse der Arbeit

Nach dem geltenden Recht sind urheberzivilrechtlich unzulässige Nutzungen von geschützten Werken oder unerlaubte Eingriffe in verwandte Schutzrechte zum Zwecke des Schulgebrauchs nach § 106 UrhG bzw. § 108 UrhG strafbar. Dabei ist das Urheberstrafrecht grundsätzlich zivilrechtsakzessorisch auszulegen, jedoch nicht um jeden Preis. Denn aufgrund des fragmentarischen Charakters des Strafrechts und der grundlegend unterschiedlichen Schutzrichtungen der beiden Rechtsgebiete kann der zivilrechtliche Schutz des Urhebers auch über den strafrechtlichen Schutz hinausgehen, sodass das (Urheber-)Strafrecht als „schärfstes Schwert" des Staates lediglich die Mindestgrenzen der urheberzivilrechtlichen Haftung abstecken.

1. Strafbarkeit nach § 106 UrhG

a) Tatobjekte

Nach § 106 Abs. 1 UrhG ist es strafbar, ein urheberrechtlich geschütztes Werk zu vervielfältigen, zu verbreiten oder öffentlich wiederzugeben, sofern kein gesetzlich zugelassener Fall oder keine Einwilligung der Rechteinhaber vorliegt. Tatobjekte des § 106 Abs. 1 UrhG sind das Werk sowie die Bearbeitung oder Umgestaltung eines Werkes. Hinsichtlich des Werkbegriffs gelten die Vorschriften der §§ 1, 2 Abs. 2 UrhG. Typische Werke im Schulgebrauch sind vor allem Sprachwerke wie Zeitschriftenartikel, Kurzgeschichten, Gedichte, Novellen, Aufsätze, Romane, Dramen, journalistische Kommentare, Liedtexte, Reden und Computerprogramme. Im Schulalltag relevant sind ferner Musikwerke wie Opern, Operetten, Sinfonien, Klavierkonzerte, Jazzsongs, Popsongs, Schlager und Filmmusik; Werke der bildenden Künste wie Zeichnungen, Collagen, Karikaturen, Grafiken und Illustrationen; Lichtbildwerke, also künstlerische Fotografien; Filmwerke wie Dokumentations- oder Unterhaltungsfilme; Darstellungen wissenschaftlicher oder technischer Art wie Zeichnungen, Pläne, Karten, Skizzen, Tabellen; Sammelwerke (§ 4 Abs. 1 UrhG) wie Schulbücher, Tafelwerke, Lexika, Aufgabensammlungen, Gedichtsammlungen, Wörterbücher und Arbeitshefte; ferner Datenbankwerke (§ 4 Abs. 2 UrhG) wie Lexika und Enzyklopädien oder Wörterbücher auf CD-ROM oder im Internet. Tatobjekte des § 106 Abs. 1 UrhG sind zudem auch Bearbeitungen und Umgestaltungen. Typische Bearbeitungen im Schulbereich sind z.B. Übersetzungen oder Textzusammenfassungen. Geschützte schulspezifische Umgestaltungen sind etwa Texte, die eine Fortführung, Anpassung oder sonstige Umänderung von bereits vorhandenen Sprachwerken wie Kurzgeschichten oder Novellen darstellen. Alle genannten Werke, Bearbeitungen oder Umgestaltungen sind allerdings nur dann geschützt, wenn die jeweiligen Schöpfungen im Einzelfall auch tatsächlich die Voraussetzungen des § 2 Abs. 2 UrhG erfüllen. Auch bereits ein Teil eines Werkes kann geschützt sein, wenn das jeweilige Werkteil die Voraussetzungen des § 2 Abs. 2 UrhG erfüllt.

b) Tathandlungen

Tathandlungen des § 106 UrhG sind die Vervielfältigung, Verbreitung und öffentliche Wiedergabe. Typische Vervielfältigungen (§§ 15 Abs. 1 Nr. 1, 16 UrhG) zum Schulgebrauch, die am Computer vorgenommen werden, sind u.a. das Herunterladen, Hochladen, Einscannen, Abspeichern auf der Festplatte, Brennen von CDs oder DVDs, Ausdrucken sowie Versenden und Abrufen von E-Mails mit urheberrechtlich geschütztem Inhalt. Sonstige schulrelevante Vervielfältigungen sind z.B. das Fotokopieren, Aufzeichnen von Sendungen auf DVDs, Abschreiben, Abzeichnen, Abtippen sowie Fotografieren bzw. Filmen von geschützten Werken.

Gemäß §§ 15 Abs. 1 Nr. 2, 17 UrhG ist das Verbreitungsrecht das Recht, das Original oder Vervielfältigungsstücke des Werkes der Öffentlichkeit anzubieten oder in Verkehr zu bringen. Unter Berücksichtigung des Europarechts kann das öffentliche Anbieten jedoch nicht als Tathandlung des Verbreitens qualifiziert werden, da sonst ein Verstoß gegen das strafrechtliche Analogieverbot vorliegen würde. Bieten z.B. Lehrer ihre umgestalteten Werke oder ihre selbst hergestellten Sammelwerke wie etwa eine Gedichtsammlung oder eine Sammlung von verschiedenen urheberrechtlich geschützten Abituraufgaben öffentlich zum Verkauf oder zum Verschenken an, so liegen keine strafbare Verbreitungen nach § 106 Abs. 1 UrhG vor. Als strafbare Verbreitungshandlung bleibt lediglich das öffentliche Inverkehrbringen. Ein solches ist z.B. gegeben, wenn Lehrer Werkkopien oder Arbeitsblätter durch Übernahme fremder Werke anfertigen und diese an einen öffentlichen Kreis von Schülern verteilen. Werden jedoch gekaufte Originalwerke verteilt, so ist das Verbreitungsrecht des Urhebers durch den Kauf bereits gemäß § 17 Abs. 2 UrhG erschöpft. Die Verbreitungshandlung wird in diesen Fällen durch den gesetzlich zugelassenen Fall des § 17 Abs. 2 UrhG privilegiert.

Das Recht der öffentlichen Wiedergabe bestimmt sich nach § 15 Abs. 2 UrhG und umfasst insbesondere die Rechte der §§ 19 ff. UrhG. Typische Beispiele im Schulbereich sind das Vortragen von Sprachwerken wie Gedichten, Kurzgeschichten oder sonstigen Texten; das Aufführen von Musikwerken, Choreographien, Theaterstücken oder Musicals; das Vorführen von Bildern, Fotografien oder Zeichnungen am Overheadprojektor oder als Präsentation am Computer; das Vorführen von Filmen am Fernseher; das öffentliche Zugänglichmachen, d. h. das digitale Bereitstellen, von Werken; das Abspielen von Musik-CDs oder DVDs; sowie das Wahrnehmbarmachen oder öffentliche Zugänglichmachen von Fernseh- oder Radiosendungen.

Entscheidend bei der Verbreitung sowie bei den Wiedergaberechten ist allerdings das Vorliegen des Merkmals der Öffentlichkeit nach § 15 Abs. 3 UrhG. Gemäß § 15 Abs. 3 Satz 2 UrhG gehört „jeder zur Öffentlichkeit, der nicht mit demjenigen, der das Werk verwertet, oder mit den anderen Personen, denen das Werk in unkörperlicher Form wahrnehmbar oder zugänglich gemacht wird, durch persönliche Beziehungen verbunden ist". Im Schulbereich öffentlich sind vor allem der Unterricht in einer größeren Projektgruppe, welche lediglich für die Zeit der jährlich stattfindenden Projektwoche zusammengestellt wird; der gemeinsame Unterricht von Parallelklassen oder der gesamten Oberstufe; der Schulkarneval; der Elternabend; das Unterhaltungsprogramm anlässlich des letzten Schultages der Abschlussklasse vor der ganzen Schule; sowie der Abiball. Verbreitungen und Wiedergaben innerhalb der genannten Schulveranstaltungen sind urheberstrafrechtlich relevant, sodass Lehrer und Schulleiter, in diesen Fällen darauf achten müssen, ob im Einzelfall ein gesetzlich zugelassener Fall greift oder eine Einwilligung der Rechteinhaber vorliegt. Dagegen nicht öffentlich sind insbesondere der Klassenunterricht, der Unterricht in Leistungs- und Grundkursen in der Oberstufe, Arbeitsgemeinschaften, das Klassenfest sowie Veranstaltungen nur mit Schülern des Abschlussjahrgangs. Das Verteilen und Vorspielen von Werken innerhalb dieser Schulveranstaltungen stellen insofern keine urheberrechtlich relevanten Werkverwertungen dar. Urheber(straf-)rechtlich relevant bleiben jedoch Werkvervielfältigungen für die Schulklasse oder für andere nicht öffentliche Schulveranstaltungen.

c) Schulspezifische Schranken

Eine urheberrechtlich relevante Werkverwertung wird allerdings dann nicht strafrechtlich sanktioniert, wenn ein „gesetzlich zugelassener Fall" vorliegt. Bei den gesetzlich zugelassenen Fällen handelt es sich hauptsächlich um die „Schranken des Urheberrechts" gemäß den §§ 44a ff. UrhG sowie die Vorschriften über die „Dauer des Urheberrechts" in den §§ 64 ff. UrhG. Der urheberrechtliche Schutz erlischt gemäß § 64 UrhG siebzig Jahre nach dem Tode des Urhebers. Neben den schulspezifischen Schranken der §§ 46, 47, 52a und 53 Abs. 3 UrhG sind insbesondere § 44a Nr. 2 UrhG (Streaming), § 48 Abs. 1 Nr. 2 UrhG (Öffentliche Reden), § 49 Abs. 2 UrhG (vermischte Nachrichten), § 51 UrhG (Zitate), § 52 UrhG (öffentliche Wiedergabe insbesondere von Musik- und Sprachwerken) nützlich für Werknutzungen im Schulbereich. Hinsichtlich der schulspezifischen Schranken der §§ 53 Abs. 3 und 52a UrhG haben die Bundesländer mit den Verwertungsgesellschaften sog. „Gesamtverträge" abgeschlossen. In diesen Verträgen werden gesetzlich nicht privilegierte Nutzungsrechte für Schulen eingeräumt, einige unbestimmte Schrankenmerkmale präzisiert und Vergütungsmodalitäten vereinbart. Bei der Auslegung der §§ 53 Abs. 3 und 52a UrhG können die Gesamtverträge als Auslegungshilfe herangezogen werden.

aa) § 53 Abs. 3 UrhG

Im Rahmen des § 53 Abs. 3 UrhG dürfen grundsätzlich erschienene oder öffentlich zugänglich gemachte kleine Teile eines Werkes, Werke von geringem Umfang oder einzelne Beiträge in Zeitungen oder Zeitschriften vervielfältigt werden. Ein „kleiner Teil eines Werkes" darf bis zu 10% des Werkes, jedoch maximal 20 Seiten betragen. Für die Berechnung der zulässigen Seitenanzahl ist dabei der Gesamtumfang des Werkes maßgeblich. Als Werke geringen Umfangs erfasst sind Druckwerke bis zu 25 Seiten, vollständige Bilder, Fotos und sonstige Abbildungen sowie Film- oder Musikwerke bis zu 5 Spielminuten. Aus einer Zeitung oder Zeitschrift dürfen allerdings maximal 3 Werke geringen Umfangs vervielfältigt werden. Im Hinblick auf die für den Unterrichtsgebrauch an Schulen bestimmten Werke (Schulbücher) gilt die Sonderregelung des § 53 Abs. 3 Satz 2 UrhG, sodass die Vervielfältigung dieser Werke nur mit Einwilligung der Rechteinhaber erfolgen kann.

Privilegiert werden lediglich Vervielfältigungen, die ausschließlich dem Unterrichts- und Prüfungsgebrauchs in Schulen dienen sollen. Unter dem Begriff „Schulen" fallen alle öffentlichen (staatlichen oder kommunalen) und privaten Schulen i. S. d. Schulgesetze der Länder sowie die Schulen des Gesundheitswesens. Erfasst sind jedenfalls alle Grund-, Haupt-, Realschulen, Gymnasien, Berufs- und berufsbildende Schulen sowie Abend- und Sonderschulen. Zum Unterricht gehört auch die häusliche Vor- und Nachbereitung des Unterrichts, sodass auch zur Erstellung von Hausaufgaben vervielfältigt werden darf. Unter Prüfungen versteht man neben den Abschlussprüfungen, wie z. B. Abiturprüfungen, auch Klassenarbeiten, Klausuren oder kleinere Tests und Leistungskontrollen.

Zulässig ist nach § 53 Abs. 3 Satz 1 UrhG das Herstellen und Herstellenlassen von Vervielfältigungsstücken in erforderlicher Anzahl. Zur Vornahme der Vervielfältigung befugt sind grundsätzlich Lehrer und Schüler, aber auch schulexterne Dritte, wie z. B. die Mitarbeiter eines gewerblichen Copyshops. Privilegiert sind grundsätzlich alle Arten von Vervielfältigungen, d. h. sowohl analog als auch digital. Erforderlich ist die Anzahl der Vervielfältigungsstücke, wenn jedem Schüler ein Exemplar zur Verfügung gestellt werden kann, d. h. also in der Regel Klassen- bzw. Kursstärke.

Ferner kann ein Lehrer nach § 53 Abs. 1 UrhG auch ganze Werke für den privaten Gebrauch vervielfältigen und diese rechtmäßig hergestellten Vervielfältigungsstücke dann zu einem späteren Zeitpunkt für den Unterricht oder für die Prüfung nutzen, sofern er die spätere schulspezifische Nutzungsabsicht nicht schon von vornherein hatte. Da nur einige wenige Vervielfältigungsstücke für den persönlichen Gebrauch hergestellt werden dürfen, ist die Privilegierung in Abs. 1 für den Lehrer insbesondere bei Filmwerken nützlich, weil er bei diesen nur ein Exemplar benötigt, um das Werk in der Klasse wiederzugeben.

bb) § 52a UrhG

Der Anwendungsbereich des § 52a Abs. 1 Nr. 1 UrhG gilt nur für öffentliche Zugänglichmachungen innerhalb einer öffentlichen Unterrichtsveranstaltung in Schulen, wie z. B. der gemeinsame Unterricht von Parallelklassen oder der Unterricht bei der Projektwoche. Ähnlich wie in § 53 Abs. 3 Satz 1 UrhG umfasst der Schulbegriff alle öffentlichen (staatlichen oder kommunalen) und privaten Schulen i. S. d. Schulgesetze der Länder sowie die Schulen des Gesundheitswesens, wobei die privaten Schulen des Landes Bremen nach dem § 1 Abs. 2 des Gesamtvertrags zu § 52a UrhG ausgenommen sind.

Ein kleiner Teil eines Werkes beträgt 12 % des Werkes, jedoch nicht mehr als 100 Seiten. Für die Berechnung der zulässigen Seitenanzahl ist dabei der Gesamtumfang des Werkes maßgeblich. Als Werke geringen Umfangs gelten: ein Druckwerk mit maximal 25 Seiten, bei Musikeditionen (Musiknoten) maximal 6 Seiten; ein Film von maximal fünf Minuten Länge; maximal 5 Minuten eines Musikstücks sowie alle vollständigen Bilder, Fotos und sonstigen Abbildungen. Dabei handelt es sich regelmäßig um Gedichte, kleine Erzählungen und Novellen, kurze Artikel und Aufsätze, Liedtexte, Lieder und Tonfolgen, kurze Filmausschnitte sowie Bilder und Fotografien. Hinsichtlich der einzelnen Beiträge in Zeitungen und Zeitschriften gilt dasselbe wie bei § 53 Abs. 3 Satz 1 UrhG.

Die öffentliche Zugänglichmachung zur Veranschaulichung im Unterricht umfasst auch die Vor- und Nachbereitung des Unterrichts. Die öffentliche Zugänglichmachung ist zudem auf den Personenkreis der jeweiligen öffentlichen Unterrichtseinheit beschränkt (z.B. alle Schüler einer Projektgruppe oder alle Schüler einer klassen- oder kursübergreifenden Unterrichtsveranstaltung), sodass z.B. die öffentliche Zugänglichmachung für die ganze Oberstufe oder für alle Schüler der Schule nicht privilegiert ist.

Die öffentliche Zugänglichmachung ist dann nicht geboten, wenn vertragliche Online-Angebote der Rechteinhaber vorliegen, welche die Werk und Werkteile zu angemessenen Bedingungen zur Verfügung stellen. Ob angemessene Bedingungen vorliegen, kann jedoch nur im Einzelfall unter Abwägung der gesamten Umstände beurteilt werden, sodass das Kriterium der Gebotenheit stets eine Rechtsunsicherheit bei der Anwendung des § 52a Abs. 1 UrhG mit sich bringt.

§ 52a Abs. 2 Satz 1 UrhG privilegiert die öffentliche Zugänglichmachung nach § 19a UrhG. Zudem sind nach § 52a Abs. 3 auch „die zur öffentlichen Zugänglichmachung erforderlichen Vervielfältigungen", wie das Einscannen, Zwischenspeichern und Abspeichern auf dem Server, privilegiert. Nach § 52a Abs. 2 Satz 1 UrhG können „für den Unterrichtsgebrauch an Schulen bestimmte Werke" nur mit Einwilligung des Berechtigten öffentlich zugänglich gemacht werden. Anders als der Gesamtvertrag zu § 53 Abs. 3 UrhG enthält der Gesamtvertrag zu § 52a UrhG diesbezüglich keine Rechteeinräumung für die Schulen, sodass hinsichtlich der Schulbücher, Arbeitshefte oder sonstigen schulspezifischen Werke stets eine gesonderte Lizenz bei den Schulbuchverlagen einzuholen ist. Nach der in dieser Arbeit vertretenen Auffassung dürfen Lehrer bei nicht öffentlichen Unterrichtsveranstaltungen, z.B. für den Unterricht in Klassen, Kursen oder Arbeitsgemeinschaften, auch ganze Schulbücher oder Arbeitshefte zugänglich machen. Allerdings muss der Lehrer dabei stets die für die Zugänglichmachung erforderlichen Vervielfältigungen vornehmen, die im Gesamtvertrag zu § 53 UrhG ausdrücklich untersagt sind. Insofern sind die Schulbuchverlage somit hinsichtlich der nicht öffentlichen Zugänglichmachung von Schulbüchern nicht gänzlich schutzlos, sondern sie sind indirekt durch ihr ausschließliches Vervielfältigungsrecht geschützt.

cc) § 46 UrhG

Die Schranke des § 46 UrhG ist immer dann in Betracht zu ziehen, wenn Lehrer veröffentlichte Werke oder Werkteile zum Zwecke des Unterrichtsgebrauchs zu einer Sammlung zusammenfügen. Zur Erstellung und Verwendung der Sammlung dürfen gemäß § 46 Abs. 1 Satz 1 UrhG Vervielfältigungen, Verbreitungen und öffentliche Zugänglichmachungen vorgenommen werden. Dabei ist allerdings stets zu beachten, dass der Lehrer gemäß Abs. 4 gegenüber dem Urheber vergütungspflichtig ist.

In die Sammlung dürfen veröffentlichte Teile eines Werkes, Sprach- und Musikwerke geringen Umfangs sowie einzelne Werke der bildenden Künste oder einzelne Lichtbildwerke aufgenommen werden. Dabei darf ein Teil eines Werkes, zumindest bei Sprachwerken, den Umfang von 10 DIN A 5 Seiten nicht überschreiten. Teil eines Musikwerks können einige Takte aus einem Musikstück sein. Als Teil eines Filmwerkes kommt ein Filmausschnitt mit der Länge von wenigen Minuten in Betracht. Sprachwerke geringen Umfangs sind vor allem Kurzgeschichten und Novellen, jedoch auch Gedichte, kleine Erzählungen und kleine wissenschaftliche Arbeiten, kurze Aufsätze und Artikel sowie Liedtexte. Unter Musikwerke geringen Umfangs fallen regelmäßig einzelne Tonfolgen und auch Lieder, unabhängig von ihrer Erscheinungsform als Musiknoten oder als Audio-Wiedergabe. Für die Sammlung können außerdem auch ganze Werke der bildenden Künste und ganze Lichtbildwerke entnommen werden. Hierbei ist jedoch darauf zu achten, dass das entlehnte Werk auch den privilegierten pädagogischen Zwecken dient, z. B. zur Veranschaulichung des textlichen Inhalts und nicht lediglich zur Dekoration der Sammlung verwendet wird.

Eine Sammlung gemäß § 46 Abs. 1 Satz 1 UrhG liegt dann vor, wenn sich Einzelbeiträge von mindestens sieben verschiedenen Autoren vereinigen. Das Vereinigen bedeutet hier, dass die einzelnen Werke oder Werkteile physisch miteinander verbunden sind, z. B. durch das Zusammenheften, Zusammenbinden oder Zusammentackern. Ferner darf die Sammlung nur für den Unterrichtsgebrauch in Schulen bestimmt sein. Abzustellen ist dabei auf dem Zeitpunkt der Vornahme der Erstellungshandlung. Die Nutzung der Sammlung zur Erledigung von Hausaufgaben als verlängerter Teil des Unterrichtsprogramms schadet der Zweckbestimmung nicht.

Von § 46 UrhG privilegiert ist die Erstellung einer Sammlung für den Unterrichtsgebrauch an allgemeinbildenden Schulen, Berufsschulen, Sonder- und Blindenschulen und staatlich anerkannte Privatschulen. Nicht dazu gehören ausdrücklich gemäß Abs. 2 Musikschulen.

Als formelle Voraussetzungen verlangt § 46 Abs. 1 Satz 3 UrhG, dass die Sammlung auf der Titelseite klar erkennbar als Sammlung für den Schulgebrauch gekennzeichnet sein muss, wobei ein Hinweis z. B. im Copyrightvermerk oder in einem kleinen Schriftgrad nicht ausreicht. Außerdem darf gemäß § 46 Abs. 3 Satz 1 UrhG erst mit der Vervielfältigung oder der öffentlichen Zugänglichmachung begonnen werden, wenn dem Urheber oder, sofern dessen Wohn- und Aufenthaltsort unbekannt ist, dem Inhaber des ausschließlichen Nutzungsrechts durch eingeschriebenen Brief die Absicht der Aufnahme nach Abs. 1 mitgeteilt worden ist und seit Absendung des Briefes zwei Wochen verstrichen sind. Verstößt ein Lehrer gegen diese Kennzeichnungs- und Mitteilungspflichten, so scheidet die Privilegierung des § 46 UrhG aus.

Im Ergebnis scheint § 46 UrhG dem Lehrer lediglich bei der Verbreitung der erstellten Sammlung weiterzuhelfen. Denn hinsichtlich des Vervielfältigens sowie des öffentlichen Zugänglichmachens einer Sammlung sind die Schranken der § 53 Abs. 3 und § 52a UrhG deutlich vorteilhafter. Denn zum einen erfassen die genannten Schranken einen größeren Privilegierungsumfang und zum anderen setzen sie keine Kennzeichnung-, Mitteilungs- oder Vergütungspflichten voraus, die der Lehrer persönlich zu erfüllen hat.

dd) § 47 UrhG

Die Schranke des § 47 UrhG ist in Betracht zu ziehen, wenn Lehrer ohne die Einwilligung der Rechteinhaber Schulfunksendungen auf Kassette oder DVD aufzeichnen, um diese für den Unterricht zu verwenden. Dabei erstreckt sich die Aufzeichnungsbefugnis des Lehrers auch auf die Aufzeichnung von Schulfunksendungen für den Unterricht im häuslichen Bereich. Allerdings findet man Schulfunksendungen in der heutigen Zeit nur noch in den Senderanstalten der ARD (BR, HR, RBB, SWR und WDR). Nicht als Schulfunksendungen privilegiert sind allgemeine Funksendungen wie z.B. Fernsehspielfilme, Fernsehdokumentationen, Rundfunkkommentare oder wissenschaftliche Beiträge, auch wenn sie wegen ihres Bildungsgehalts ideal in die Lehrpläne und den Unterricht selbst passen würden.

Gemäß § 47 Abs. 2 Satz 2 UrhG müssen die nach Abs. 1 privilegierten Aufzeichnungen spätestens am Ende des auf die Übertragung folgenden Schuljahres gelöscht werden, sofern dem Urheber keine angemessene Vergütung gezahlt wird. Wird die Aufzeichnung nicht innerhalb der genannten Frist gelöscht, hat der Urheber urheberzivilrechtlich einen Anspruch auf eine angemessene Vergütung gegenüber der Schule. Im Rahmen der Betrachtung des § 47 UrhG als gesetzlich zugelassener Fall nach § 106 Abs. 1 UrhG stellt das bloße Nicht-Löschen einer Aufzeichnung allerdings keine (neue) Vervielfältigungshandlung durch aktives Tun dar. Auch bleibt der vorausgegangene Vervielfältigungsakt von dem Verstoß gegen die Löschungspflicht unberührt. Durch die Nicht-Löschung der Aufzeichnung kann urheberstrafrechtlich der bereits mit dem Vorliegen der Tatbestandsmerkmale zulässige Vervielfältigungsvorgang nicht rückwirkend wieder unzulässig werden.

Die Aufzeichnung bzw. Vervielfältigung von Schulfunksendungen ist allerdings auch von § 53 Abs. 3 bzw. Abs. 1 UrhG erfasst. Der wesentliche Vorteil des § 53 UrhG im Vergleich zu § 47 UrhG besteht jedoch darin, dass § 53 UrhG nicht nur die Vervielfältigung von Schulfunksendungen, sondern auch von allgemeinen Funksendungen erlaubt. Nach § 53 Abs. 1 UrhG könnte der Lehrer eine komplette allgemeine Funksendung für private Zwecke vervielfältigen und diese zu einem späteren Zeitpunkt aufgrund eines gewandelten Entschlusses für den Unterricht in der Schule nutzen. Aufgrund dieser Nutzungsmöglichkeit nach § 53 Abs. 1 UrhG sowie aufgrund der Möglichkeit des Streamings (§ 44a UrhG) sowohl von Schulfunksendungen als auch von allgemeinen Funksendungen erscheint die gesonderte Privilegierung von Schulfunksendungen nach § 47 UrhG weitestgehend überflüssig. Insofern ist davon auszugehen, dass die Schranke des § 47 UrhG bereits ihre Daseinsberechtigung verloren hat, sodass sie gestrichen werden kann.

d) Allgemeine strafrechtliche Fragen

Der subjektive Tatbestand des § 106 UrhG erfordert Eventualvorsatz. Ohne Vorsatz handelt ein Täter, wenn er tatsächliche Umstände hinsichtlich der objektiven Tatbestandsmerkmale (d. h. das Vorliegen eines Werkes oder die Bearbeitung oder Umgestaltung eines solchen; die Vervielfältigung, Verbreitung oder öffentliche Wiedergabe sowie das Nicht-Vorliegen eines gesetzlich zugelassenen Falles) verkennt. Nicht vorsätzlich handelt er allerdings auch, wenn er bei den zahlreichen normativen Tatbestandsmerkmalen im objektiven Tatbestand des § 106 Abs. 1 UrhG (z. B. „kleiner Teil eines Werkes" oder „Werke geringen Umfangs" i. S. v. § 53 Abs. 3 Satz 1 bzw. § 52a Abs. 1 Nr. 1 UrhG) zwar alle tatsächlichen Umstände kennt, jedoch gemessen an dem Maßstab der sog. „Parallelwertung in der Laiensphäre" nicht zumindest den Bedeutungsinhalt des jeweiligen Tatbestandsmerkmals bzw. die soziale Bedeutung seiner Handlung erfasst. In diesen Fällen liegt ebenfalls ein vorsatzausschließender Tatbestandsirrtum gemäß § 16 StGB vor. Fehlt beim Täter hingegen bei der Begehung des § 106 Abs. 1 UrhG die Einsicht, Unrecht zu tun, obwohl er zutreffend alle tatsächlichen Umstände des Sachverhaltes erkennt (z. B. beim Subsumtionsirrtum), so kann lediglich bei Unvermeidbarkeit des Irrtums ein schuldausschließender Verbotsirrtum gemäß § 17 StGB gegeben sein. In den meisten urheberstrafrechtlichen Fällen ist die Vermeidbarkeit allerdings zu bejahen, sodass in der Regel nur eine fakultative Strafmilderung nach § 49 StGB in Betracht kommt. Auf die gänzliche Unkenntnis hinsichtlich des Urheberrechtsschutzes können sich insbesondere Lehrer kaum berufen, da sie sowohl in ihrer Aus- und Weiterbildung als auch in der Berufspraxis im Hinblick auf mögliche Urheberrechtsverletzungen aufgeklärt und sensibilisiert werden.

Die Einwilligung des Berechtigten ist ein Rechtfertigungsgrund und lässt daher nicht bereits den Tatbestand entfallen. Einwilligungen der Rechteinhaber liegen im Schulbereich insbesondere durch die Rechteeinräumungen im Gesamtvertrag zu § 53 UrhG vor. Darin werden den Schulen die Rechte nach § 53 Abs. 3 Satz 2 UrhG (Vervielfältigung von für den Unterrichtsgebrauch an Schulen bestimmten Werken) und nach § 53 Abs. 4 a) UrhG

(Vervielfältigung von graphischen Aufzeichnungen der Musik) eingeräumt. Aus einem Schulbuch, Arbeitsheft oder aus sonstigen Werken der Schulbuchverlage darf ohne eine gesonderte Einwilligung der Rechteinhaber lediglich ein kleiner Teil des Werkes, d.h. bis zu 10%, jedoch nicht mehr als 20 Seiten, vervielfältigt werden. Vollständige Kopien von diesen Werken dürfen niemals angefertigt werden. Für Musiknoten gilt ungeachtet der Regelung des Abs. 3 eine Vervielfältigungshöchstgrenze von 6 Seiten. Vervielfältigungsberechtigt sind lediglich Lehrer bzw. Dritte in ihrem Auftrag, sodass Schüler nicht eigenständig Vervielfältigungen vornehmen können. Digitale Vervielfältigungen sind dahingehend eingeschränkt, dass Lehrer nur Werke, die ab 2005 erschienen sind, für ihren eigenen Unterrichtsgebrauch einscannen, abspeichern und ausdrucken dürfen. Nicht erfasst ist die (Weiter-)Vervielfältigung von digitalen Werken wie z.B. E-Books, die bereits vom Schulbuchverlag digitalisiert zur Verfügung gestellt werden. Aus einem Werk darf pro Schuljahr und Schulklasse nur einmal in dem erlaubten Umfang vervielfältigt werden.

Strafbar ist weiterhin gemäß § 106 Abs. 2 UrhG auch schon der Versuch einer unerlaubten Verwertung urheberrechtlich geschützter Werke. Dazu muss der Versuchstäter lediglich eventualvorsätzlich die Verwertungshandlung gestartet haben, z.B. durch das Drücken der Kopier- oder Wiedergabetaste. Möglich ist in diesem Zusammenhang allerdings auch ein strafbefreiender Rücktritt vom Versuch, wenn z.B. ein Lehrer davon ausgeht, dass er die zunächst nicht gelungene Werkkopie oder Werkwiedergabe ohne größere zeitliche oder räumliche Zäsur an einem anderen Kopierer oder Wiedergabegerät vornehmen könne, jedoch freiwillig, d.h. aus autonomen Motiven, von der Vollendung der Werkverwertung absieht.

Täter einer Tat nach § 106 UrhG ist grundsätzlich derjenige, der die unzulässige Verwertungshandlung selbst vornimmt. Teilnehmer ist, wer vorsätzlich dem Täter zu dessen vorsätzlich begangener rechtswidriger Tat bestimmt (also das Hervorrufen des Tatentschlusses hinsichtlich einer unerlaubten Werkverwertung) oder ihm Hilfe leistet (z.B. durch das Besorgen des Werkes, welches dann unerlaubt verwertet wird), ohne dabei als Zentralfigur des Geschehens die Tatherrschaft in den Händen zu halten. Als Mittäter kann z.B. derjenige Lehrer bestraft werden, der zwar das unzulässige Abspielen einer Spielfilm-DVD in einer öffentlichen Schulveranstaltung nicht selbst vornimmt, jedoch entsprechend der vorherigen Absprache mit seinem Kollegen, mit dem er die Veranstaltung gemeinsam leitet, den Laptop für das Abspielen der Spielfilm-DVD besorgt und mitbringt. Eine mittelbare Täterschaft ist dann anzunehmen, wenn sich ein Lehrer für die Ausführung seiner unerlaubten Werkverwertung eines „menschlichen Werkzeugs" (z.B. eines schuldunfähigen Schülers) bedient. Schließlich können unzulässige Werkverwertungen auch durch Unterlassen begangen werden. Aufgrund seiner überragenden Stellung in der Schule, seiner Dienstpflicht, bei Verstößen gegen Rechts- oder Verwaltungsvorschriften im Schulbereich einzugreifen, und seines Weisungsrechts gegenüber Lehrern und Schülern ist der Schulleiter auch hinsichtlich Urheberrechtsverletzungen im Schulbereich Garant. Eine Unterlassungsstrafbarkeit kommt für ihn jedoch nur dann in Betracht, wenn er von der konkreten bevorstehenden oder noch nicht abgeschlossenen Urheberrechtsverletzung Kenntnis erlangt und ihm die Verhinderung des Rechtsverstoßes auch tatsächlich möglich und zumutbar ist. Unterlässt er die ihm möglichen und zumutbaren Verhinderungsmaßnahmen, z. B. das Gebrauchmachen seiner Weisungsbefugnis, so ist er aufgrund seiner überragenden Stellung in der Schule regelmäßig als Täter zu bestrafen.

2. Strafbarkeit nach § 108 und § 108a UrhG

Neben der Strafbarkeit nach § 106 UrhG kommt auch im Schulbereich eine Strafbarkeit wegen Verletzung verwandter Schutzrechte gemäß § 108 UrhG in Betracht. Der unerlaubte Eingriff in verwandte Schutzrechte kann dabei gleichzeitig mit der Verwertung von Werken erfolgen, insbesondere bei den Schutzrechten der ausübenden Künstler oder der Tonträgerhersteller. Bis auf einige Ausnahmen und Anpassungen gelten die Ausführungen zu den die „gesetzlich zugelassenen Fälle“ des § 106 UrhG im Wesentlichen auch im Rahmen des § 108 UrhG. Als besondere schulspezifische Schranke bzw. besonderer schulspezifischer gesetzlich zugelassener Fall hinsichtlich Datenbanken (§ 108 Abs. 1 Nr. 8 i. V. m. § 87b Abs. 1 UrhG) ist lediglich § 87c Abs. 1 Satz 1 Nr. 3 UrhG zu nennen. Diese Schranke entspricht jedoch weitestgehend der Schranke des § 53 Abs. 3 Satz 1 Nr. 1 UrhG.

Im Schulbereich liegen im Normalfall keine gewerbsmäßigen unerlaubten Verwertungen i. S. v. § 108a UrhG vor. Insbesondere begehen Lehrer, die unerlaubte Verwertungen im Rahmen ihrer Erwerbstätigkeit als Arbeitnehmer vornehmen, keine gewerbsmäßige Urheberrechtsverletzung. Denn bei ihnen besteht keine Absicht, sich eine Einnahmequelle von einiger Dauer und einigem Umfang zu verschaffen, da ihnen das Lehrergehalt auch unabhängig von der Vornahme von unerlaubten Verwertungen zusteht.

3. Das Urheberstrafverfahrensrecht

Gemäß § 109 UrhG werden die Straftaten nach § 106 und § 108 UrhG nur auf Strafantrag des Verletzten verfolgt. Zugleich handelt es sich bei den §§ 106 und 108 UrhG um Privatklagedelikte, sodass die Staatsanwaltschaft auch bei Vorliegen eines Strafantrags nur dann ermittelt, wenn sie ein „öffentliches Interesse“ an der Strafverfolgung gemäß § 376 StPO bejaht. Anhaltspunkte dafür, ob ein öffentliches Interesse vorliegt, können aus Nr. 86 Abs. 2 Satz 1 RiStBV entnommen werden. Von Amts wegen muss die Staatsanwaltschaft aber dann ermitteln, wenn ein besonderes öffentliches Interesse i.S.v. § 109 UrhG vorliegt. Zur Bestimmung des „besonderen öffentlichen Interesses“ ist Nr. 261 RiStBV heranzuziehen. In der Praxis verneint die Staatsanwaltschaft bei nicht gewerbsmäßigen Urheberrechtsverletzungen regelmäßig das Vorliegen eines öffentlichen Interesses und somit erst Recht auch das Vorliegen eines besonderen öffentlichen Interesses. In den aller meisten Fällen der §§ 106 und 108 UrhG wird daher gemäß den §§ 170 Abs. 2, 153, 153a StPO, § 45 JGG bzw. 383 Abs. 2 StPO (im Falle der Privatklage) eingestellt. Eine Anklage durch die Staatsanwaltschaft ist jedoch bei Wiederholungstätern vorstellbar. Darüber hinaus können Urheberrechtsverstöße durch Lehrer und Schulleiter auch dienstrechtliche Disziplinarmaßnahmen zur Folge haben.

II. Fazit und rechtspolitische Würdigung

Durch die vorliegende Arbeit ist deutlich geworden, dass die Frage nach der Unzulässigkeit bzw. Strafbarkeit von typischen Werknutzungen im Schulbereich häufig nur anhand von umfassenden juristischen Bewertungen und einzelfallbezogenen Gesetzesauslegungen beantwortet werden kann. Insbesondere wurde ersichtlich, dass die Auslegung der komplexen Schrankenbestimmungen von zentraler Bedeutung für die Beurteilung der urheberrechtlichen Zulässigkeit ist. Ein wichtiger Prüfungspunkt ist außerdem das Merkmal der Öffentlichkeit gemäß § 15 Abs. 3 UrhG. Denn handelt es sich nicht um einen öffentlichen Personenkreis, so scheidet eine Urheberrechtsverletzung durch Verbreitung oder öffentliche Wiedergabe von Werken aus. Da alltägliche Schulveranstaltungen wie der Klassenunterricht, Leistungs- oder Grundkurse oder Arbeitsgemeinschaften nach der ganz überwiegenden Meinung nicht öffentlich sind, können Verbreitungen und öffentliche Wiedergaben von Werken grundsätzlich nur bei größeren Schulveranstaltungen in Betracht kommen.[1] Ob in den streitigen Fällen eine öffentliche Schulveranstaltung vorliegt, kann nur anhand der tatsächlichen Umstände des Einzelfalls beurteilt werden. Für die gängigen Unterrichtsveranstaltungen an Schulen ist jedoch festzuhalten, dass das Verteilen, Wiedergeben oder digitale Zugänglichmachen von Werken im Rahmen des jeweiligen Unterrichts unabhängig vom Vorliegen einer Privilegierung durch die Schrankenvorschriften zulässig und nicht strafbar ist.

---

[1] Zu den öffentlichen und nicht öffentlichen Veranstaltungen in der Schule vgl. B. I. 4. a) cc).

1. Der Änderungsbedarf des § 52a Abs. 1 Nr. 1 UrhG

Insofern ist die geltende Fassung des § 52a Abs. 1 Nr. 1 UrhG, die lediglich von der „Veranschaulichung im Unterricht an Schulen“ spricht, missverständlich und reformbedürftig. Zur Klarstellung sollte der Gesetzestext um das Wort „öffentlich“ erweitert werden, da sich die Schranke des § 52a UrhG, die das *öffentliche* Zugänglichmachen von Werken gemäß § 19a UrhG privilegieren soll, nur auf den „öffentlichen Unterricht an Schulen“ beziehen kann. Eine Auslegung dahingehend, dass auch der nicht öffentliche Schulunterricht unter dem Anwendungsbereich des § 52a Abs. 1 Nr. 1 UrhG fällt, ist daher inkonsequent und systematisch nicht haltbar. Hinsichtlich der nicht öffentlichen Unterrichtsveranstaltungen ist die Rechteeinräumung durch die Rechteinhaber somit auch nicht erforderlich. So ist z. B. das passwortgeschützte digitale Zugänglichmachen von Schulbüchern für eine Schulklasse auch ohne den Gesamtvertrag zu § 52a UrhG zulässig. Urheberrechtlich relevant sind dabei lediglich die notwendigen Vervielfältigungen wie das Einscannen und Hochladen.

Aufgrund des Gesagten war § 52a UrhG zu Recht gemäß § 137k UrhG nur bis zum 31. Dezember 2014 befristet. Nicht nachvollziehbar ist daher, dass der Gesetzgeber durch das „Zehnte Gesetz zur Änderung des Urheberrechtsgesetzes“ vom 5. Dezember 2014[2] den § 137k UrhG aufhob und § 52a UrhG nunmehr endgültig ohne Befristung Anwendung findet. Begründet wird die Entfristung insbesondere damit, dass sich diese Regelung des § 52a UrhG, nicht zuletzt durch die klarstellenden BGH-Urteile, bewährt habe.[3] Dem ist nicht zuzustimmen. Zwar wurden einige Voraussetzungen des § 52a UrhG durch den BGH konkretisiert, jedoch wurde der oben[4] dargestellte grundlegende systematische Widerspruch nach wie vor nicht geklärt. So darf es innerhalb des Klassen- oder Kursunterrichts erst gar nicht auf die Schranke des § 52a UrhG ankommen, da in solchen *nicht öffentlichen* Unterrichtsveranstaltungen gar keine *öffentliche* Zugänglichmachungen gemäß § 19a UrhG vorgenommen werden können. Diesbezüglich helfen auch Konkretisierungen hinsichtlich der Voraussetzungen des § 52a UrhG nicht weiter.

2. Anwendungs- und Auslegungsschwierigkeiten von schulspezifischen Schranken

Ferner geht aus der vorliegenden Darstellung hervor, dass die Anwendung der schulspezifischen Schranken häufig mit einer intensiven und umfangrei-

---

[2] BGBl. I, S. 1974.

[3] Vgl. BT-Drucks. 18/2602, S. 8 f.

[4] Vgl. oben B. I. 5. b) cc) (2).

chen juristischen Prüfung verbunden ist. Juristische Laien wie Lehrer und Schulleiter dürften daher in konkreten Fällen der Werknutzung regelmäßig vor Anwendungs- und Subsumtionsschwierigkeiten stehen. So kann bereits das Auffinden der einschlägigen Regelungen sehr schwierig sein, da die schulrelevanten Schranken in verschiedenen Vorschriften der §§ 44a ff. UrhG verteilt sind. Auch inhaltlich sind die jeweiligen Vorschriften zum Teil äußerst komplex und unübersichtlich ausgestaltet (vgl. z.B. § 53 UrhG).[5] Die größte Herausforderung liegt insbesondere in der Auslegung und Subsumtion der einzelnen schulspezifischen Schranken, da diese eine Reihe von unbestimmten Rechtsbegriffen, strittige Voraussetzungen sowie Ausnahmen und Gegenausnahmen enthalten. Insofern wird teilweise zu Recht von einem „Wildwuchs" gesprochen, „den selbst Fachleute und erst recht Laien kaum durchschauen können".[6]

Im Schulbereich können sich Lehrer und Schulleiter bei der Anwendung der §§ 52a und 53 Abs. 3 UrhG zwar grundsätzlich an die Gesamtverträge zu §§ 52a und 53 UrhG orientieren. Allerdings hat die vorliegende Arbeit gezeigt, dass die Auslegung von bestimmten Schrankenvoraussetzungen, wie etwa die Gebotenheit oder das Merkmal „einzelne Beiträge aus Zeitungen oder Zeitschriften" nach § 52a bzw. § 53 Abs. 3 UrhG, trotz der Konkretisierungen durch die Gesamtverträge sowie durch die neuere Rechtsprechung nach wie vor umstritten und nicht eindeutig geklärt ist. In solchen Fällen dürfte es für juristische Laien wie Lehrer oder Schulleiter kaum möglich sein, die Rechtmäßigkeit ihrer geplanten Werknutzungen im konkreten Fall abzuschätzen, selbst wenn sie sich zuvor in praktischen Ratgebern bzw. Informationsbroschüren informiert oder juristischen Rat eingeholt haben.[7] Insofern haben zwar die Gesamtverträge zur Verbesserung der Rechtsklarheit beigetragen, jedoch bestehen weiterhin einige Rechtsunsicherheiten gerade bezüglich der Bildungsschranken.[8] Es ist daher grundsätzlich zu begrüßen, dass die Bundesregierung hinsichtlich des Bildungs- und Wissenschaftsurheberrechts Reformen anstrebt. So hat die große Koalition in ihrem Koalitionsvertrag von 2013 festgehalten, dass sie eine neue Bildungs- und Wissenschaftsschranke einführen möchte.[9]

---

[5] Siehe auch *de la Durantaye*, S. 191; *Sandberger*, ZUM 2006, 818, 825; *Schack*, ZUM 2016, 266, 268; *Sieber*, MMR 2004, 715, 716; vgl. ferner *Kuhlen*, ZEG 2015, 77, 99, der den § 53 UrhG als „ein Musterbeispiel für Intransparenz und Unverständlichkeit" bezeichnet.

[6] *Schack*, ZUM 2016, 266, 268.

[7] Vgl. auch *de la Durantaye*, S. 192.

[8] Schon im Rahmen der Urheberrechtsreform von 2003 wurde auf die mangelnde Rechtsklarheit und die fehlende Praktikabilität der Bildungsschranken hingewiesen, vgl. *Sieber*, MMR 2004, 715, 716.

[9] Vgl. den Koalitionsvertrag von CDU, CSU und SPD, Deutschland Zukunft gestalten, S. 134, abrufbar unter „http://www.bundesregierung.de/Content/DE/_Anla

3. Die Lockerung der Zivilrechtsakzessorietät zugunsten von Werknutzern

Aufgrund der genannten Anwendungs- und Auslegungsschwierigkeiten ist aus urheberstrafrechtlicher Sicht eine Lockerung der Zivilrechtsakzessorietät im Bereich der schulspezifischen Schranken zugunsten der Werknutzer, insbesondere der Lehrer und Schulleiter, in Betracht zu ziehen.

a) Die Legitimation zur Lockerung der Zivilrechtsakzessorietät

Es ist zunächst festzustellen, dass eine Lockerung der Zivilrechtsakzessorietät im Strafrecht grundsätzlich anerkannt ist. Insbesondere im Bereich des Neben- bzw. Wirtschaftsstrafrechts wird häufig angestrebt, abweichend von den zivilrechtlichen Bezugsvorschriften eine eigenständige strafrechtliche Auslegung vorzunehmen, wodurch sich Unterschiede zwischen der wirtschaftsrechtlichen und der strafrechtlichen Auslegung ergeben können.[10] Zum Teil wird die Akzessorietät des Strafrechts sogar als „eine sekundäre Rechtsordnung" bezeichnet.[11] Im Einzelnen kann es also vorkommen, dass bestimmte Begriffe zivilrechtlich und strafrechtlich unterschiedlich ausgelegt werden. Diese uneinheitliche Auslegung der Begriffe innerhalb des UrhG ist jedoch im Hinblick auf die grundlegend verschiedenen Schutzrichtungen des Straf- und Zivilrechts und insbesondere unter Berücksichtigung des Wesens des Strafrechts als „schärfstes Schwert" des Staates[12] unumgänglich und hinzunehmen.[13] Vor diesem Hintergrund ist bei der Auslegung der schulspezifischen gesetzlich zugelassenen Fälle des § 106 Abs. 1 UrhG zu hinterfragen, ob die urheberzivilrechtlichen Zulässigkeitsgrenzen, gerade

gen/2013/2013-12-17-koalitionsvertrag.pdf" (zuletzt abgerufen am 26.04.2016); hierzu siehe den umfassenden Normvorschlag einer „allgemeinen Bildungs- und Wissenschaftsschranke" bei *de la Durantaye*, S. 214 ff.; vgl. auch den Regelungsvorschlag in *Schack*, ZUM 2016, 266, 282 ff.

[10] Siehe *Tiedemann*, AT, Rn. 209, 222, der hierfür die Begriffe „Normambivalenz" oder „Normspaltung" verwendet; vgl. auch *Oğlakcıoğlu*, ZIS 2012, 431, 435, der von einer „asymmetrischen Akzessorietät" und einer „unvermeidbaren Normspaltung" innerhalb des UrhG spricht; vgl. ferner *Golla*, S. 239, der für den Bereich des Datenschutzstrafrechts eine gelockerte Akzessorietät befürwortet.

[11] LK-StGB/*Walter*, Vor § 13 Rn. 4; MüKo-StGB/*Freund*, Vor §§ 13 ff. Rn. 46 m. w. N.

[12] Zum fragmentarischen Charakter des Strafrechts vgl. *Heinrich*, AT, Rn. 11; *Rengier*, AT, § 3 Rn. 7.

[13] Vgl. auch *Oğlakcıoğlu*, ZIS 2012, 431, 435, der von einer „asymmetrischen" Akzessorietät und einer unvermeidbaren „Normspaltung" innerhalb des UrhG spricht. Zur allgemeinen Normambivalenz bzw. Normspaltung im Wirtschaftsstrafrecht vgl. *Tiedemann*, AT, Rn. 209 ff., 222 ff.

unter Berücksichtigung des fragmentarischen Charakters des Strafrechts, immer exakt auf das Urheberstrafrecht zu übertragen sind.[14]

Diesbezüglich ist zu berücksichtigen, dass der Gesetzgeber den Schwerpunkt der Ahndung von unerlaubten Verwertungen urheberrechtlich geschützter Werke nicht auf der strafrechtlichen, sondern auf der zivilrechtlichen Seite sieht. Ein Indiz dafür ist, dass die §§ 106 bis 108 UrhG nicht als Offizialdelikte, sondern gemäß § 109 UrhG lediglich als Antragsdelikte eingestuft werden. Vielmehr ist die Aufgabe der urheberstrafrechtlichen Vorschriften darin zu sehen, den bereits privatrechtlich weitreichenden Schutz der Urheberrechte nochmals durch die Androhung einer staatlichen Strafverfolgung abzusichern.[15] Es ist deshalb grundsätzlich davon auszugehen, dass das Urheberstrafrecht lediglich die „Mindestgrenzen"[16] der urheberzivilrechtlichen Haftung absteckt bzw. dass der strafrechtliche Schutz der Urheberrechte insgesamt geringer ausfällt, als der zivilrechtliche[17]. Da der Straftatbestand des § 106 Abs. 1 UrhG generell weit gefasst und zivilrechtlich geprägt ist, es an einer milderen Sanktionierung, z. B. als Ordnungswidrigkeit, mangelt und das Strafrecht als „schärfstes Schwert" des Staates nur als letztes Mittel eingesetzt werden soll, sollte im Urheberstrafrecht darauf geachtet werden, dass der Werknutzer nicht voreilig in die Strafbarkeit gedrängt wird. Auch speziell in der urheberstrafrechtlichen Literatur[18] wird vermehrt dazu angehalten, bei der Anwendung des Urheberstrafrechts die Ultima-Ratio-Funktion des Strafrechts sowie das bei staatlichen Sanktionen stets zu beachtende Verhältnismäßigkeitsprinzip zu berücksichtigen. Denn die Funktion des (Urheber-)Strafrechts liege nicht darin, jede zivilrechtliche (Urheber-)Rechtsverletzung an sich zu sanktionieren, sondern nur diejenigen Verhaltensweisen unter Strafe zu stellen, bei denen in besonders sozialschädlicher Weise die Rechte anderer verletzt werden.[19]

---

14 Vgl. auch *Weber*, GS-Wolf, 2011, S. 755, 756 f., 758 f., der Bedenken hinsichtlich der strafrechtlichen Sanktionierung von geringfügiger Überschreitung der Schranken nach §§ 44a ff. UrhG äußert und dementsprechend eine Lockerung der Akzessorietät in Betracht zieht.

15 Vgl. auch BeckOK-UrhG/*Sternberg-Lieben*, § 106 Rn. 2, 3, der von „positiver Generalprävention" als allgemeine Aufgabe spricht.

16 So *Oğlakcıoğlu*, ZIS 2012, 431, 435.

17 *Heinrich*, Standardsoftware, S. 176; MüKo-StGB/*Heinrich*, § 106 UrhG Rn. 29; vgl. auch *Tiedemann*, AT, Rn. 172, 222, der grundlegend der Meinung ist, „dass die strafrechtliche Auslegung nicht über den Anwendungsbereich der wirtschaftsrechtlichen (oder zivilrechtlichen) Regelung hinausgehen darf".

18 Siehe u. a. BeckOK-UrhG/*Sternberg-Lieben*, § 106 Rn. 3; *Brackmann/Oehme*, NZWiSt 2013, 170, 175; *Franzheim*, CR 1993, 101, 102; *Hildebrandt*, S. 509; *Spautz*, ZUM 1990, 164, 167; *Sternberg-Lieben*, Musikdiebstahl, S. 125, 140; *Weber*, FS-Sarstedt, 1981, S. 379, 384.

19 *Heinrich*, Standardsoftware, S. 176.

Dass urheberzivilrechtliche Rechtsverletzungen nicht immer besonders sozialschädlich und strafbedürftig sind, wird gerade hier am Beispiel von Urheberrechtsverletzungen in der Schule ersichtlich. Denn besonders im Schulbereich gehören verschiedene Werkverwertungen zur alltäglichen Tätigkeit der Lehrer, sodass sie angesichts der zum Teil unübersichtlichen oder strittigen Rechtslage ständig mit einer möglichen Strafbarkeit konfrontiert werden. Auch wenn den meisten Lehrern bereits im Studium und Referendariat, in Weiterbildungsseminaren und durch Merkblätter ein grundlegendes urheberrechtliches Verständnis vermittelt wurde, müssen sie im schnelllebigen Schulalltag immer wieder über knifflige urheberrechtliche Sachverhalte entscheiden, wie z. B. das Vorliegen von „kleinen Teilen eines Werkes" gemäß § 53 Abs. 3 Satz 1 UrhG, die zum Teil auch für fachkundige Juristen nicht immer eindeutig zu klären sind.[20] Überschreitet der Lehrer den teilweise nur schwer zu bestimmenden Rahmen zulässiger Verwertungen, befindet sich er sich bereits im Bereich von Urheberrechtsverletzungen und damit auch in der Strafbarkeit nach § 106 UrhG. Ziel des Gesetzgebers kann es jedoch nicht sein, durch das Urheberstrafrecht eine Form der „Schulhofkriminalität" zu etablieren oder eine „Pechvogelmentalität" zu fördern.[21]

b) Der Vorschlag einer „nutzerfreundlichen Auslegung"

Aufgrund der dargestellten Unübersichtlichkeit der schulspezifischen Privilegierungen erscheint es aus urheberstrafrechtlicher Sicht geboten, schulspezifische Schranken als gesetzlich zugelassene Fälle im Rahmen des § 106 Abs. 1 UrhG nutzerfreundlich auszulegen, um die Strafbarkeit von geringfügigen Urheberrechtsverletzungen im Schulbereich zu vermeiden.[22] Zwar kann die Strafbarkeit des Werknutzers grundsätzlich auch dann entfallen, wenn sie einem Irrtum unterliegen und dadurch ohne Vorsatz oder Schuld gemäß §§ 16, 17 StGB handeln oder wenn ein Strafverfahren gegen sie nach §§ 153, 153a StPO eingestellt wird. Diese Lösungsmöglichkeiten sind allerdings unbefriedigend, da sie die grundlegende Nichtstrafwürdigkeit von Bagatellfällen im Schulbereich nicht genügend berücksichtigen.[23] Vielmehr ist in solchen Konstellationen stets von den Umständen des Einzelfalls abhängig, ob tatsächlich auch ein Irrtum des Täters angenommen oder ein Strafverfahren eingestellt werden kann.

---

20 Vgl. auch *Sieber*, MMR 2004, 715, 719.

21 Vgl. *Oğlakcıoğlu*, ZIS 2012, 431, 435.

22 Siehe auch *Oğlakcıoğlu*, ZIS 2012, 431, 435, der von einer großzügigen Auslegung von tatbestandsausschließenden Grüden spricht.

23 Vgl. auch *Weber*, GS-Wolf, 2011, S. 755, 758 f., der ebenfalls eine Lösung auf Tatbestandsebene für geboten hält.

Zugunsten des Werknutzers können insofern urheberzivilrechtlich festgesetzte Obergrenzen einzelner Schrankentatbestandsmerkmale erweitert werden. So kann ein *kleiner Werkteil* i.S.d. § 53 Abs. 3 Satz 1 UrhG, welcher nach der zivilrechtlichen Auslegung 10% des Gesamtwerkes bzw. maximal 20 Seiten umfassen darf, aus urheberstrafrechtlicher Sicht auch bis zu 20% des Gesamtwerkes[24] und maximal 40 Seiten umfassen. Durch eine solche nutzerfreundliche Auslegung wird auch die Wortlautgrenze nicht überschritten, da 20% eines Werkes durchaus noch als „kleiner Teil" des Gesamtwerkes gesehen werden kann. Dementsprechend ist auch das Merkmal „kleiner Teil eines Werkes" in § 52a Abs. 1 Nr. 1 UrhG von 12% auf 20% des Gesamtwerkes zu erweitern, wobei die vom BGH bereits sehr großzügig bemessene Höchstbegrenzung der Seitenzahl auf 100 Seiten keiner Erweiterung mehr bedarf. Eine Erweiterung ist ebenso bei einem „Teil eines Werkes" i.S.d. § 46 Abs. 1 Satz 1 UrhG, welches urheberzivilrechtlich lediglich einen Umfang von 10 DIN A5 Seiten haben darf, vorzunehmen. In Anlehnung an § 2 Abs. 1 b) des Gesamtvertrags zu § 52a UrhG, wonach ein „Teil eines Werkes" 25% eines Druckwerkes, jedoch nicht mehr als 100 Seiten umfassen darf, kann eine Erweiterung des Merkmals „Teil eines Werkes" i.S.v. § 46 Abs. 1 Satz 1 UrhG auf 25% eines Werkes, maximal jedoch 100 Seiten erfolgen. Dadurch wird die Wortlautgrenze nicht überschritten, da 25% eines Werkes unproblematisch als „Teil eines Werkes" angesehen werden kann.

Bei *Werken geringen Umfangs* i.S.d. § 53 Abs. 3 Satz 1 UrhG, die zivilrechtlich einen Höchstumfang von 25 Seiten haben dürfen, kann urheberstrafrechtlich eine Erweiterung auf maximal 50 Seiten vorgenommen werden. Denn aufgrund der Erweiterung des kleinen Teils eines Werkes von 10% auf 20% eines Gesamtwerkes bzw. von 20 auf 40 Seiten soll mit der Erweiterung von 25 auf 50 Seiten das ursprüngliche Verhältnis zwischen dem Umfang von kleinen Teilen eines Werkes und von Werken geringen Umfangs beibehalten werden. Auch bei Film- und Musikwerken geringen Umfangs ist demzufolge die maximale Spieldauer eines Werkes geringen Umfangs von 5 auf 10 Minuten zu erweitern. Hinsichtlich Fotos und Abbildungen, bei denen weder eine Erweiterung noch eine Begrenzung des Umfangs sinnvoll wäre, gilt dasselbe wie im Zivilrecht, sodass diese stets als ganze Werke geringen Umfangs vervielfältigt werden dürfen. Dies gilt grundsätzlich auch für „Werke geringen Umfangs" in § 52a Abs. 1 Nr. 1 UrhG. Anders als das Vervielfältigungsrecht kennt das Recht der öffentlichen Zugänglichmachung jedoch keine Ausnahmeregelung wie § 53 Abs. 4 a) UrhG, die Musiknoten von der Pri-

---

[24] Dies entspricht im Übrigen auch einer anerkannten Literaturauffassung, vgl. Fromm/Nordemann/*W. Nordemann*, 10. Aufl., § 53 Rn. 28; Möhring/Nicolini/*Decker*, § 53 Rn. 35, 28; *Raczinkski/Rademacher*, GRUR 1989, 324, 327.

vilegierung ausnimmt. Da Musiknoten also nicht erst durch die Einwilligung der Rechteinhaber, sondern bereits durch die gesetzliche Privilegierung des § 52a Abs. 1 Nr. 1 UrhG öffentlich zugänglich gemacht werden dürfen, kann die zivilrechtlich festgesetzte Höchstgrenze von 6 Seiten (als Werk geringen Umfangs) strafrechtlich auf 12 Seiten erweitert werden. Schließlich ist eine Erweiterung auch im Rahmen des § 46 UrhG vorzunehmen, sodass Sprachwerke geringen Umfangs bis zu 50 Seiten und Musikwerke geringen Umfangs bis zu 10 Spielminuten umfassen können.

Durch das Merkmal „*einzelne Beiträge in Zeitungen und Zeitschriften*" in § 53 Abs. 3 Satz 1 UrhG wird urheberzivilrechtlich angenommen, dass maximal drei Beiträge aus einer Zeitung oder einer Zeitschrift vervielfältigt werden dürfen. Urheberstrafrechtlich kann diese Obergrenze nutzerfreundlich erweitert werden, da man unter dem Wort „einzelne" durchaus auch mehr als 3 Beiträge verstehen kann. Als Anhaltspunkt kann hier z.B. die Zahl 7 herangezogen werden, die der BGH[25] für „einzelne Vervielfältigungsstücke" aufgestellt hat. Bei mehr als 7 Beiträgen dürfte man wohl nicht mehr von „einzelnen Beiträgen" aus einer Zeitung oder einer Zeitschrift ausgehen können. Dasselbe gilt auch für das Merkmal „einzelne Beiträge aus Zeitungen oder Zeitschriften" in § 52a Abs. 1 Nr. 1 UrhG.

Eine Erweiterungsmöglichkeit kann allerdings nicht für Fälle in Betracht kommen, in denen die Zulässigkeit bzw. Straflosigkeit der Werknutzung nicht auf einer gesetzgeberischen Privilegierung basiert, sondern erst durch die Erlaubnis der Rechteinhaber zulässig ist.[26] Denn anders als bei der vertraglichen Konkretisierung von gesetzlich vorgegebenen zivilrechtsakzessorischen Tatbestandsmerkmalen liegt bei diesen Fällen ein Verhalten vor, welches nach gesetzgeberischer Wertung an sich schon strafwürdig ist und nur durch die Einwilligung der betroffenen Rechteinhaber wieder straflos wird. So sind für den Unterrichtsgebrauch an Schulen bestimmte Werke und Musiknoten wegen den Ausnahmeregelungen der §§ 53 Abs. 3 Satz 2 und Abs. 4 a) UrhG gesetzlich nicht privilegiert, sodass die Vervielfältigung dieser Werke nur durch die Rechteeinräumung im Gesamtvertrag zu § 53 UrhG zulässig ist. In diesen Fällen erscheint es daher nicht sachgerecht, die Grenzen der straffreien Werknutzung zu Lasten der Rechteinhaber zu erweitern, da hier die Straflosigkeit nur auf dem vertraglich fixierten Nutzungsrahmen basiert.

---

[25] BGH, GRUR 1987, 474, 476 – Vervielfältigungsstücke.

[26] Gemeint sind hier die Fälle der Vervielfältigung von Werken, die für den Schulunterricht bestimmt sind oder graphische Aufzeichnungen von Musikwerken. Vgl. hierzu oben B. III. 1.

4. Die Bedeutung des Urheberrechts im Schulbereich für die Gesellschaft

Trotz der vorgeschlagenen „nutzerfreundlichen Auslegung“, welche aufgrund der Komplexität der schulspezifischen Schranken als geboten erachtet wird, ist abschließend darauf hinzuweisen, dass die bewusste Nichtbeachtung des Urheberrechts im Schulbereich nicht nur straf- und disziplinarrechtliche Konsequenzen für den Einzelnen, sondern auch langfristige Folgen für die Gesellschaft haben kann. Denn die Verwertung von urheberrechtlich geschützten Werken durch Lehrer ist in den meisten Fällen für die Schüler direkt wahrnehmbar. Bei vorsätzlichen Urheberrechtsverletzungen durch Lehrer, die auch in ihrem rechtlichen Verständnis und Verhalten Vorbilder für Schüler sind, wird den Schülern somit signalisiert, dass Verstöße gegen das Urheberrecht „nichts Schlimmes“ sind und man diesbezüglich sowieso nichts zu befürchten hat. Gerade im Schulbereich, wo Kinder schon im Grundschulalter von Lehrern geprägt werden, ist eine solche Botschaft an die Kinder fatal und trägt dazu bei, dass Urheberrechtsverletzungen auch zukünftig in der breiten Gesellschaft als Kavaliersdelikt angesehen werden. Insoweit haben Lehrer aufgrund ihres täglichen Umgangs mit Schülern und mit urheberrechtlich geschützten Werken eine besondere Vorbildfunktion.

So wird kein Lehrer offen gegenüber seinen Schülern zugeben wollen, dass er beim Überqueren der Straße die rote Ampel missachtet hat oder vermeintlich „leichte“ Vergehen aus dem StGB, wie etwa Sachbeschädigung oder Diebstahl, begangen hat. Erst Recht wird der Lehrer solche Delikte nicht in Anwesenheit von Schülern vornehmen, wie dies etwa bei der unzulässigen Werkwiedergabe der Fall ist. Ein solches Unrechtsbewusstsein der Lehrer ist ebenfalls im Hinblick auf Urheberrechtsverletzungen wünschenswert, da es sich bei strafbaren Urheberrechtsdelikten um nichts anderes als um Diebstähle geistigen Eigentums handelt. Dabei ist auch zu berücksichtigen, dass eine hohe Zahl von Rechtsverstößen das Urheberstrafrecht – ebenso wenig wie die Massenhaftigkeit von Ladendiebstählen die Anwendung von § 242 StGB – nicht delegitimiert.[27] Um die nötige Aufmerksamkeit für den Urheberrechtsschutz und die Effizienz der §§ 106 ff. UrhG zu steigern, wurde daher zu Recht in Betracht gezogen, die Strafvorschriften des Urheberstrafrechts in das StGB aufzunehmen.[28]

---

[27] BeckOK-UrhG/*Sternberg-Lieben*, § 106 Rn. 2.

[28] Vgl. hierzu ausführlich *Heinrich*, FS-Wandtke, 2013, S. 413 ff.

Literaturverzeichnis

Abdallah, Tarek/*Gercke*, Björn: Strafrechtliche und strafprozessuale Probleme der Ermittlung nutzerbezogener Daten im Internet, ZUM 2005, S. 368–376

Achenbach, Hans/*Ransiek*, Andreas/*Rönnau*, Thomas (Hrsg.): Handbuch Wirtschaftsstrafrechtrecht, 11. Teil, 1. Kapitel: Urheberstrafrecht, Bearbeiter: *A. Nordemann*, 4. Auflage, Heidelberg 2015 (zitiert: Achenbach/Ransiek/Rönnau/*A. Nordemann*, 11. Teil)

Ahlberg, Hartwig/*Götting*, Horst-Peter (Hrsg.): Urheberrecht, Beck'scher Online-Kommentar, Stand: 1.1.2016 (zitiert: BeckOK-UrhG/*Bearbeiter*)

Badura, Peter: Zur Lehre von der verfassungsrechtlichen Institutsgarantie des Eigentums. Betrachtet am Beispiel „geistigen Eigentums", ZUM 1984, S. 552–560

Baumann, Jürgen/*Weber*, Ulrich/*Mitsch*, Wolfgang: Strafrecht Allgemeiner Teil, 11. Auflage, Bielefeld 2003 (zitiert: *Baumann/Weber/Mitsch*)

Bender, Reinhard: Urheberrecht und musikalische Schulveranstaltungen nach der Urheberrechtsnovelle 1985, RdJB 1985, S. 486–500

– Urheberrecht und audiovisuelle Unterrichtsmedien, RdJB 1987, S. 185–194

Berger, Christian: Urheberrechtliche Fragen der Vermietung von Schulbüchern durch öffentliche Schulen, ZUM 2005, S. 19–22

– Die Erstellung von Fotokopien für den Schulunterricht, ZUM 2006, S. 844–853

– Die öffentliche Zugänglichmachung urheberrechtlicher Werke für Zwecke der akademischen Lehre – Zur Reichweite des § 52a I Nr. 1 UrhG, GRUR 2010, S. 1058–1064

Berger, Christian/*Wündisch*, Sebastian: Urhebervertragsrecht, 2. Auflage, Baden-Baden 2015 (zitiert: Berger/Wündisch/*Bearbeiter*)

Bernuth, Wolf von: § 46 UrhG und Multimedia-Richtlinie, GRUR Int. 2002, S. 567–571

– Streitpunkt – der Regelungsgehalt des § 52 a UrhG, ZUM 2003, S. 438–444

– Leistungsschutz für Verleger von Bildungsmedien, GRUR 2005, S. 196–200

– Urheber- und Medienrecht in der Schule, Köln 2009 (zitiert: *von Bernuth*, Urheber- und Medienrecht in der Schule)

– Grundkurs Schulrecht XI, Fälle zum Urheber- und Medienrecht Grundkurs Schulrecht, Köln 2014 (zitiert: *von Bernuth*, Grundkurs Schulrecht XI)

Bosbach, Jens/*Wiege*, Stephanie: Die strafrechtliche Verantwortlichkeit des Usenet-Providers nach dem Urheberrechtsgesetz, ZUM 2012, S. 293–299

Brackmann, Susann/*Oehme*, Stefan: Der strafrechtliche Vervielfältigungsbegriff des § 106 Abs. 1 UrhG am Beispiel des Streaming-Verfahrens, NZWiSt 2013, S. 170–176

Busch, Thomas: Zur urheberrechtlichen Einordnung der Nutzung von Streamingangeboten, GRUR 2011, S. 496–503

Czychowski, Christian/*Nordemann*, Jan Bernd: Die Entwicklung der Gesetzgebung und Rechtsprechung des BGH und EuGH zum Urheberrecht in den Jahren 2008 und 2009, NJW 2010, S. 735–743

Däubler-Gmelin, Herta: Private Vervielfältigung unter dem Vorzeichen digitaler Technik, ZUM 1999, S. 769–775

de la Durantaye, Katharina: Allgemeine Bildungs- und Wissenschaftsschranke, 2014

Dietrich, Nils: Was wird aus dem urheberrechtlichen Verbreitungsrecht?, UFITA 2011, S. 478–493

Dietrich, Ralf: Rechtliche Bewältigung von netzbasiertem Datenaustausch und Verteidigungsstrategien – 20000 Verfahren gegen Filesharingnutzer, NJW 2006, S. 809–811

Dietz, Volker: Vergütungsfreiheit öffentlicher Schulveranstaltungen nach § 52 Absatz 1 Satz 3 Urheberrechtsgesetz, Schulverwaltung 1988, S. 228–235

Dreier, Thomas: Die Umsetzung der Urheberrechtsrichtlinie 2001/29/EG in deutsches Recht, ZUM 2002, S. 28–43

Dreier, Thomas/*Schulze*, Gernot: Urheberrechtsgesetz, Urheberrechtswahrnehmungsgesetz, Kunsturhebergesetz, Kommentar, 5. Auflage, München 2015 (zitiert: Dreier/Schulze/*Bearbeiter*)

Dreyer, Gunda/*Kotthoff*, Jost/*Meckel*, Astrid: Heidelberger Kommentar zum Urheberrecht, 3. Auflage, Heidelberg 2013 (zitiert: Dreyer/Kotthoff/Meckel/*Bearbeiter*)

Eisele, Jörg: Computer- und Medienstrafrecht, München 2013

Eisler, Stefanie: Die öffentliche Zugänglichmachung zugunsten von Unterricht und Forschung nach § 52a UrhG, Jena 2008

Elster, Alexander Nikolaus: Gewerblicher Rechtsschutz: umfassend Urheber- und Verlagsrecht, Patent- und Musterschutzrecht, Warenzeichen- und Wettbewerbsrecht, Berlin 1921

Erbs, Georg/*Kohlhaas*, Max (Hrsg.): Strafrechtliche Nebengesetze, Kommentierung des Urheberrechtsgesetzes, U 180, Bearbeiter: *Kaiser*, Stand: September 2010 (zitiert: Erbs/Kohlhaas/*Kaiser*)

Erdmann, Willi: Verwendung zeitgenössicher Literatur für Unterrichtszwecke am Beispiel Harry Potter, WRP 2002, S. 1329–1344

Ermer, Thomas: Die Einführung eines Büchergelds an Bayerischen Schulen unter urheberrechtlichen Gesichtspunkten, ZUM 2005, S. 356–358

Fangerow, Kathleen/*Schulz*, Daniela: Die Nutzung von Angeboten auf www.kino.to – Eine urheberrechtliche Analyse des Film-Streamings im Internet, GRUR 2010, S. 677–682

Fechner, Frank: Geistiges Eigentum und Verfassung – Schöpferische Leistungen unter dem Schutz des Grundgesetzes, Tübingen 1999

Fischer, Thomas: Strafgesetzbuch und Nebengesetze, Kommentar, 63. Auflage, München 2016

Franzheim, Horst: Überkriminalisierung durch Urheberrechtsnovelle, CR 1993, S. 101–103

Fromm, Karl/*Nordemann*, Wilhelm: Urheberrecht, Kommentar zum Urheberrechtsgesetz, Verlagsgesetz und Urheberrechtswahrnehmungsgesetz, 10. Auflage, Stuttgart 2008 (zitiert: Fromm/Nordemann/*Bearbeiter*, 10. Aufl.) und 11. Auflage, Stuttgart 2014 (zitiert: Fromm/Nordemann/*Bearbeiter*)

Geiger, Christophe: Der urheberrechtliche Interessenausgleich in der Informationsgesellschaft – Zur Rechtsnatur der Beschränkungen des Urheberrechts, GRUR Int. 2004, S. 815–821

Gercke, Marco: Sind Raubkopierer Verbrecher?, JA 2009, S. 90–95

– Die Entwicklung des Internetstrafrechts im Jahr 2008, ZUM 2009, S. 526–538

– Die Entwicklung des Internetstrafrechts 2011/2012, ZUM 2012, S. 625–636

Gercke, Marco/*Brunst*, Phillip: Praxishandbuch Internetstrafrecht, Stuttgart 2010

Gergen, Thomas: „Soziale Marktwirtschaft“: Streit um Schulbuch und Wirtschaftsmagazin, JURA 2011, S. 796–802

Golla, Sebastian J.: Die Straf- und Bußgeldtatbestände der Datenschutzgesetze, Berlin 2015

Götting, Horst-Peter: Gewerblicher Rechtsschutz und Urheberrecht, 3. Auflage, München 2015

Gounalakis, Georgios: Elektronische Kopien für Unterricht und Forschung (§ 52a UrhG) im Lichte der Verfassung, Tübingen 2003

Gräbig, Johannes: Abdingbarkeit urheberrechtlicher Schranken, GRUR 2012, S. 331–337

Graf, Jürgen Peter/*Jäger*, Markus/*Wittig*, Petra: Wirtschafts- und Steuerstrafrecht, München 2011 (zitiert: Graf/Jäger/Wittig/*Bearbeiter*)

Grzeszick, Bernd: Geistiges Eigentum und Art. 14 GG, ZUM 2007, S. 344–353

Harder, Jörn: Ist die Zugänglichmachung von Werken zur Veranschaulichung im Unterricht an Hochschulen (§ 52a Abs. 1 Nr. 1, 2. Alt. UrhG) verfassungsgemäß?, UFITA 2004, S. 643–664

Haß, Gerhard: Zur Bedeutung der §§ 45 ff. UrhG für das Urheberstrafrecht, in: Festschrift für Rainer Klaka, 1987, S. 127–138 (zitiert: *Haß*, FS-Klaka, 1987)

Hasselbring, Julia: Der urheberrechtliche Schutz im Bildungswesen, RdJB 1996, S. 84–98

Haupt, Stefan: Urheberrecht in der Informationsgesellschaft und Konsequenzen für die Nutzung von Werken im Schulunterricht gemäß § 52 a UrhG, ZUM 2004, S. 104–112

– Urheberrecht in der Schule, München 2006

Haupt, Stefan/*Wisniewska*, Agnieszka: Brauchen wir überhaupt noch § 47 UrhG?, UFITA 2010, S. 663–677

Heghmanns, Michael: Öffentliches und besonderes öffentliches Interesse an der Verfolgung von Softwarepiraterie, NStZ 1991, S. 112–117

– Musiktauschbörsen im Internet aus strafrechtlicher Sicht, MMR 2004, S. 14–18

Heinrich, Bernd: Die Strafbarkeit der unbefugten Vervielfältigung und Verbreitung von Standardsoftware, Berlin 1993 (zitiert: *Heinrich*, Standardsoftware)

– Die Entgegennahme von raubkopierter Software als Hehlerei?, JZ 1994, S. 938–945

– Irrtumskonstellationen im Urheberstrafrecht, in Geistiges Eigentum und Strafrecht, herausgegeben von Nikolaus Bosch, Jochen Bung und Diethelm Klippel, Tübingen 2011, S. 59–82 (zitiert: *Heinrich* in: Bosch/Bung/Klippel)

– Aufnahme der Strafvorschriften des Urheberstrafrechts ins StGB?, in: Festschrift für Artur-Axel Wandtke zum 70. Geburtstag, 2013, S. 413–430 (zitiert: *Heinrich*, FS-Wandtke, 2013)

– Strafrecht – Allgemeiner Teil, 4. Auflage, Stuttgart 2014 (zitiert: *Heinrich*, AT)

Hellmann, Uwe/*Beckemper*, Katharina: Wirtschaftsstrafrecht, 4. Auflage, Stuttgart 2013

Hentschel, Udo: Die Verschärfung des Urheberstrafrechts und ihre Auswirkungen in der Film- und Videopraxis, ZUM 1985, S. 498–500

Hildebrandt, Ulrich: Die Strafvorschriften des Urheberrechts, Berlin 2001

Hilgendorf, Eric/*Valerius*, Brian: Computer- und Internetstrafrecht, 2. Auflage, Berlin 2012

Hoegg, Günther: SchulRecht! für schulische Führungskräfte, Weinheim 2011

Hoeren, Thomas: Überlegungen zur urheberrechtlichen Qualifizierung des elektronischen Abrufs, CR 1996, S. 517–521

– Urheberrecht 2000 – Thesen für eine Reform des Urheberrechts, MMR 2000, S. 3–7

– Der Zweite Korb – Eine Übersicht zu den geplanten Änderungen im Urheberrechtsgesetz, MMR 2007, S. 615–620

– Kleine Werke? – Zur Reichweite von § 52 a UrhG, ZUM 2011, S. 369–375

Hoeren, Thomas/*Neubauer*, Arne: Zur Nutzung urheberrechtlich geschützter Werke in Hochschulen und Bibliotheken, ZUM 2012, S. 636–643

Hubmann, Heinrich: Die Idee vom geistigen Eigentum, die Rechtsprechung des Bundesverfassungsgerichts und die Urheberrechtsnovelle von 1985, ZUM 1988, S. 4–13

Jani, Ole: Entscheidung im Musterverfahren zu § 52a UrhG: Plädoyer für eine enge Auslegung der Norm, GRUR-Prax 2012, S. 223–226

– Anmerkung zum Urteil des BGH vom 28.11.2013 – I ZR 76/12, NJW 2014, S. 2124–2125

Jarass, Hans/*Pieroth*, Bodo: Grundgesetz für die Bundesrepublik Deutschland, Kommentar, 13. Auflage, München 2014 (zitiert: Jarass/Pieroth/*Bearbeiter*)

Junker, Markus/*Herberger*, Maximilian: Urheberrechtliche Probleme beim Einsatz von Multimedia und Internet in der Schule – ein Überblick, RdJB 2002, S. 307–326

Kianfar, Mina: Öffentliche Zugänglichmachung und dann? – Zur Frage der Anschlussnutzung im Rahmen des § 52a UrhG, GRUR 2012, S. 691–697

Kircher, Karl Heinz: Tatbestandsirrtum und Verbotsirrtum im Urheberrecht, Erlangen 1973

Kirchhof, Paul: Der verfassungsrechtliche Gehalt des geistigen Eigentums, in Festschrift für Wolfgang Zeidler, 1987, S. 1639–1661 (zitiert: *Kirchhof*, FS-Zeidler, 1987)

Köhn, Tina: Die Technisierung der Popmusikproduktion – Probleme der „kleinen Münze" in der Musik, ZUM 1994, S. 278–288

König, Michael: Urheberrechtsschutz von Computerprogrammen, CR 1991, S. 584–592

Kreile, Reinhold: Die Sozialbindung des geistigen Eigentums – Ein Beitrag zur Lehre über die Schranken des Urheberrechts, in: Festschrift für Peter Lerche, 1993, S. 251–266 (zitiert: *Kreile*, FS-Lerche, 1993)

Krey, Volker/*Esser*, Robert: Deutsches Strafrecht, Allgemeiner Teil, 5. Auflage, Stuttgart 2012

Kröger, Detlef: Enge Auslegung von Schrankenbestimmungen – wie lange noch? – Zugang zu Informationen in digitalen Netzwerken, MMR 2002, S. 18–21

Krüger-Nieland, Gerda: Der Urheberrechtsschutz im Spannungsfeld der Eigentumsgarantie der Verfassung, in Festschrift für Walter Oppenhoff, 1985, S. 173–192 (zitiert: *Krüger-Nieland*, FS-Oppenhoff, 1985)

Kühl, Kristian: Strafrecht, Allgemeiner Teil, 7. Auflage, München 2012

Kuhlen, Rainer: Wie umfassend soll/darf/muss sie sein, die allgemeine Bildungs- und Wissenschaftsschranke?, ZEG 2015, S. 77–125

Lampe, Ernst-Joachim: Der strafrechtliche Schutz der Geisteswerke (II), UFITA 83 (1978), S. 15–67

Larenz, Karl/*Canaris*, Claus-Wilhelm: Methodenlehre der Rechtswissenschaft, 3. Auflage, Berlin 1995

Lauber, Anne/*Schwipps*, Karsten: Das Gesetz zur Regelung des Urheberrechts in der Informationsgesellschaft, GRUR 2004, S. 293–300

Lauer, Eva: Der Irrtum über Blankettstrafgesetze am Beispiel des § 106 UrhG, Bonn 1997

Leipziger Kommentar zum Strafgesetzbuch, Erster Band, §§ 1 bis 31, herausgegeben von: Heinrich Wilhelm Laufhütte, Ruth Rissing-van Saan und Klaus Tiedemann, 12. Auflage, Berlin 2007 (zitiert: LK-StGB/*Bearbeiter*)

Lerche, Peter: Fragen sozialbindender Begrenzung urheberrechtlicher Positionen, in: Festschrift für Ernst Reichardt zum 70. Geburtstag, 1990, S. 101–110 (zitiert: *Lerche*, FS-Reichardt, 1990)

Leuze, Dieter: Urheberrechte der Beschäftigten im öffentlichen Dienst, 3. Auflage, Berlin 2008

Loewenheim, Ulrich: Der Schutz der kleinen Münze im Urheberrecht, GRUR 1987, S. 761–769

– Die Benutzung urheberrechtlich geschützter Schriftwerke in Sekundärliteratur für den Schulunterricht, ZUM 2004, S. 89–96

– Öffentliche Zugänglichmachung von Werken im Schulunterricht. Überlegungen zum Begriff der Öffentlichkeit in § 52a UrhG, in: Festschrift für Gerhard Schricker zum 70. Geburtstag, 2005, S. 413–423 (zitiert: *Loewenheim*, FS-Schricker, 2005)

– Handbuch des Urheberrechts, 2. Auflage, München 2010 (zitiert: Loewenheim/*Bearbeiter*)

Lorenz, Bernd: Auswirkungen des Urheberrechts in der Informationsgesellschaft auf den Bildungsbereich, RdJB 2005, S. 43–55

– Braucht das Urheberrecht eine Schranke für die öffentliche Zugänglichmachung für Unterricht und Forschung (§ 52a UrhG)?, ZRP 2008, S. 261–264

Lutz, Peter: Grundriss des Urheberrechts, 2. Auflage, Heidelberg 2013

Mangoldt, Hermann von/*Klein*, Friedrich/*Starck*, Christian: Kommentar zum Grundgesetz, Band 1, Präambel, Artikel 1 bis 19, 6. Auflage, München 2010 (zitiert: v. Mangoldt/Klein/Starck/*Bearbeiter*)

Maunz, Theodor/*Dürig*, Günter: Grundgesetz, Kommentar, Band II Art. 6–Art. 15, München, Stand: 75. Ergänzungslieferung 2015 (zitiert: Maunz/Dürig/*Bearbeiter*)

Metzger, Axel: Der Einfluss des EuGH auf die gegenwärtige Entwicklung des Urheberrechts, GRUR 2012, S. 118–126

Meyer-Goßner, Lutz/*Schmitt*, Bertram: Strafprozessordnung, Kommentar, 58. Auflage, München 2015 (zitiert: Meyer-Goßner/Schmitt/*Bearbeiter*)

Mitsch, Wolfgang: Medienstrafrecht, Berlin 2012

Mitsdörffer, Sven/*Gutfleisch*, Ulf: „Geo-Sperren" – wenn Videoportale ausländische Nutzer aussperren – Eine urheberrechtliche Betrachtung, MMR 2009, S. 731–735

Möhring, Philipp/*Nicolini*, Käthe: Urheberrechtsgesetz, Kommentar, 2. Auflage, Berlin 2000 (zitiert: Möhring/Nicolini/*Bearbeiter*)

Münch, Ingo von/*Kunig*, Philip: Grundgesetz, Kommentar, Band 1: Präambel, Art. 1 bis Art. 69, 6. Auflage, München 2012 (zitiert: von Münch/Kunig/*Bearbeiter*)

Münchener Kommentar zum Strafgesetzbuch, Band 1, §§ 1–37, 2. Auflage 2011, Band 7, Nebenstrafrecht II, 2. Auflage 2015, herausgegeben von Wolfgang Joecks und Klaus Miebach, München (zitiert: MüKo-StGB/*Bearbeiter*)

Neumann, Till: Urheberrecht und Schulgebrauch, Baden-Baden 1994

Nippe, Wolfgang: Die Sieben im Urheberrecht – Gedanken zur Anzahl zulässiger Vervielfältigungsstücke, GRUR 1994, S. 888–889

– Einzelne Vervielfältigungsstücke – Der Kampf mit den Zahlen, GRUR Int. 1995, S. 202–204

Nomos Kommentar zum Strafgesetzbuch, Band 1, herausgegeben von Urs Kindhäuser, Ulfrid Neumann und Hans-Ullrich Paeffgen, 4. Auflage, Baden-Baden 2013 (zitiert: NK-StGB/*Bearbeiter*)

Nordemann, Wilhelm: Urheberrecht an Lehrmitteln, NJW 1970, S. 881–885

– Der urheberrechtliche Schutz der Computer-Software, ZUM 1985, S. 10–15

Obergfell, Eva Inés: Abschied von der „Silberdistel“: Zum urheberrechtlichen Schutz von Werken der angewandten Kunst, GRUR 2014, S. 621–627

Oechsler, Jürgen: Das Vervielfältigungsrecht für Prüfungszwecke nach § 53 III Nr. 2 UrhG, GRUR 2006, S. 205–210

Oğlakcıoğlu, Mustafa Temmuz: Der Videostream und seine urheberstrafrechtliche Bewertung, ZIS 2012, S. 431–440

Pflüger, Thomas: Die Befristung von § 52 a UrhG – eine (un)endliche Geschichte?, ZUM 2012, S. 444–452

Pieroth, Bodo/*Schlink*, Bernhard/*Kingreen*, Thorsten/*Poscher*, Ralf: Grundrechte, Staatsrecht II, 31. Auflage, Heidelberg 2015 (zitiert: *Pieroth/Schlink*)

Poeppel, Jan: Die Neuordnung der urheberrechtlichen Schranken im digitalen Umfeld, Göttingen 2005

Raczinkski, Bernd/*Rademacher*, Ulrich: Urheberrechtliche Probleme beim Aufbau und Betrieb einer juristischen Datenbank, GRUR 1989, S. 324–331

Rademacher, Stephan: „Nur für den privaten Gebrauch!“, ZUM 2014, S. 666–672

Radmann, Friedrich: Kino.ko – Filmegucken kann Sünde sein, ZUM 2010, S. 387–392

Rauer, Nils: Entscheidung im Musterverfahren zu § 52a UrhG: Plädoyer gegen die Abschaffung der Norm durch die richterliche Hintertür, GRUR-Prax 2012, S. 226–229

Rehbinder, Manfred/*Peukert*, Alexander: Urheberrecht, 17. Auflage, München 2015 (zitiert: *Rehbinder/Peukert*)

Reinbacher, Tobias: Die Strafbarkeit der Vervielfältigung urheberrechtlich geschützter Werke zum privaten Gebrauch nach dem Urheberrechtsgesetz, Berlin 2007 (zitiert: *Reinbacher*, Privatgebrauch)

– Strafbarkeit der Privatkopie von offensichtlich rechtswidrig hergestellten oder öffentlich zugänglich gemachten Vorlagen, GRUR 2008, 394–401

– Zur Strafbarkeit des Streamings und der Umgehung von Geo-IP-Sperren durch private Nutzer, HFR 2012, S. 179–189

– Zur Strafbarkeit der Betreiber und Nutzer von Kino.to, NStZ 2014, S. 57–62

Reinbacher, Tobias/*Schreiber*, Alexander: Abdingbarkeit der Privatkopieschranke und Auswirkungen auf die Strafbarkeit nach § 106 UrhG, UFITA 2012, S. 771–799

Rengier, Rudolf: Strafrecht Allgemeiner Teil, 7. Auflage, München 2015 (zitiert: *Rengier*, AT)

Rochlitz, Burkhard: Der strafrechtliche Schutz des ausübenden Künstlers, des Tonträger- und Filmherstellers und des Sendeunternehmens, Frankfurt a. M. 1987

Roxin, Claus: Strafrecht Allgemeiner Teil, Band I, 4. Auflage, Heidelberg 2006 (zitiert: *Roxin*, AT I)

Rupp, Wolfgang: Verstößt die unbefugte Benutzung eines urheberrechtlich geschützten Computerprogramms gegen §§ 97 ff., 106 UrhG?, GRUR 1986, S. 147–150

Säcker, Franz Jürgen/*Mühlenbernd*, Claudia: Grundlagen und Grenzen des Urheber- und Leistungsschutzrechts im Offline- und Online-Bereich, JURA 2006, S. 849–855

Sandberger, Georg: Behindert das Urheberrecht den Zugang zu wissenschaftlichen Publikationen?, ZUM 2006, S. 818–828

Sattler, Susen: Der Status quo der urheberrechtlichen Schranken für Bildung und Wissenschaft, Baden-Baden 2009

Satzger, Helmut/*Schluckebier*, Wilhelm/*Widmaier*, Gunter: StGB, Strafgesetzbuch Kommentar, 2. Auflage, Köln 2015 (zitiert: SSW-StGB/*Bearbeiter*)

Schack, Haimo: Wem gebührt das Urheberrecht, dem Schöpfer oder dem Produzenten?, ZUM 1990, S. 59–62

– Neue Techniken und Geistiges Eigentum, JZ 1998, S. 753–763

– Schutz digitaler Werke vor privater Vervielfältigung – zu den Auswirkungen der Digitalisierung auf § 53 UrhG, ZUM 2002, S. 497–511

– Urheber- und Urhebervertragsrecht, 7. Auflage, Tübingen 2015 (zitiert: *Schack*, UrhR)

– Urheberrechtliche Schranken für Bildung und Wissenschaft, ZUM 2016, S. 266–284

Schmid, Matthias/*Wirth*, Thomas/*Seifert*, Fedor: Urheberrechtsgesetz, Handkommentar, 2. Auflage, Baden-Baden 2009 (zitiert: Schmid/Wirth/Seifert/*Bearbeiter*)

Schönke, Adolf/*Schröder*, Horst: Strafgesetzbuch, Kommentar, 29. Auflage, München 2014 (zitiert: Schönke/Schröder/*Bearbeiter*)

Schricker, Gerhard: Abschied von der Gestaltungshöhe im Urheberrecht?, in: Festschrift für Reinhold Kreile zum 65. Geburtstag, 1994, S. 715–721 (zitiert: *Schricker*, FS-Kreile, 1994)

– Der Urheberrechtsschutz von Werbeschöpfungen, Werbeideen, Werbekonzeptionen und Werbekampagnen, GRUR 1996, S. 815–826

– Urheberrechtsschutz für Spiele, GRUR Int. 2008, S. 200–204

Schricker, Gerhard/*Loewenheim*, Ulrich: Urheberrecht, Kommentar, 4. Auflage, München 2010 (zitiert: Schricker/Loewenheim/*Bearbeiter*)

Schulte, Hans: Die Erfindung als Eigentum, GRUR 1985, S. 772–778

Schulze, Gernot: Der Schutz der kleinen Münze im Urheberrecht, GRUR 1987, S. 769–778

– Die Gebrauchsüberlassung von Möbelimitaten – Besprechung zu BGH „Le-Corbusier-Möbel II“, GRUR 2009, S. 816–816

Sieber, Ulrich: Urheberrechtlicher Reformbedarf im Bildungsbereich, MMR 2004, S. 715–719

Spautz, Wolfgang: Urheberstrafrecht – Wohin geht die Entwicklung?, ZUM 1990, S. 164–169

Spindler, Gerald: Europäisches Urheberrecht in der Informationsgesellschaft, GRUR 2002, S. 105–120

Spindler, Gerald/*Schuster*, Fabian (Hrsg.): Recht der elektronischen Medien, Kommentar, Dreizehnter Teil, Urheberrechtsgesetz, 3. Auflage, München 2015 (zitiert: Spindler/Schuster/*Bearbeiter*)

Steinhauer, Eric: Die Reichweite der Unterrichtsschranke in der Hochschullehre, K&R 2011, S. 311–315

Sternberg-Lieben, Detlev: Musikdiebstahl, Köln 1985 (zitiert: *Sternberg-Lieben*, Musikdiebstahl)

Stieper, Malte: Rechtfertigung, Rechtsnatur und Disponibilität der Schranken des Urheberrechts, Tübingen 2009

– Rezeptiver Werkgenuss als rechtmäßige Nutzung – Urheberrechtliche Bewertung des Streaming vor dem Hintergrund des EuGH-Urteils in Sachen FAPL/Murphy, MMR 2012, S. 12–17

Stolz, Alexander: Rezipient = Rechtsverletzer …? – (Keine) Urheberrechtsverletzung durch die Nutzung illegaler Streaming-Angebote, MMR 2013, S. 353–358

Suttorp, Anke: Die öffentliche Zugänglichmachung für Unterricht und Forschung (§ 52a UrhG), Berlin 2005

Thoms, Frank: Der urheberrechtliche Schutz der kleinen Münze, München 1980

Tiedemann, Klaus: Wirtschaftsstrafrecht BT, 3. Auflage, München 2011 (zitiert: *Tiedemann*, BT)

– Wirtschaftsstrafrecht, Einführung und Allgemeiner Teil, 4. Auflage, München 2014 (zitiert: *Tiedemann*, AT)

Ungern-Sternberg, Joachim von: Die Rechtsprechung des Bundesgerichtshofs zum Urheberrecht und zu den verwandten Schutzrechten in den Jahren 2008 und 2009 (Teil I), GRUR 2010, S. 273–282

Wandtke, Artur-Axel (Hrsg.): Urheberrecht, 5. Auflage, Berlin 2016 (zitiert: Wandtke-UrhR/*Bearbeiter*)

– Schrankenlose Bildung und Wissenschaft im Lichte des Urheberrecht, GRUR 2015, S. 221–227

Wandtke, Artur-Axel/*Bullinger*, Winfried: UrhR – Praxiskommentar zum Urheberrecht, 3. Auflage, München 2009 (zitiert: Wandtke/Bullinger/Bearbeiter, 3. Aufl.) und 4. Auflage, München 2014 (zitiert: Wandtke/Bullinger/*Bearbeiter*)

Wandtke, Artur-Axel/*Gerlach*, Felix-Tessen von: Die urheberrechtliche Rechtmäßigkeit der Nutzung von Audio-Video Streaminginhalten im Internet, GRUR 2013, S. 676–683

Wandtke, Artur-Axel/*König*, Robert: Reform der urheberrechtlichen Schrankenbestimmungen zugunsten von Bildung und Wissenschaft, ZUM 2014, S. 921–930

Wandtke, Artur-Axel/*Ohst*, Claudia (Hrsg.): Praxishandbuch Medienrecht, Band 4, Kapitel 6, Medienstrafrecht, Bearbeiter: Heinrich, 3. Auflage, Berlin 2014 (zitiert: Wandtke/Ohst/*Heinrich*)

Weber, Ulrich: Der strafrechtliche Schutz des Urhebers, Tübingen 1976

– Zur strafrechtlichen Erfassung des Musikdiebstahls, in: Festschrift für Werner Sarstedt zum 70. Geburtstag, 1981, S. 379–392 (zitiert: *Weber*, FS-Sarstedt, 1981)

– Zur Anwendung des deutschen Urheberstrafrechts auf Rechtsverletzungen mit Auslandsberührung, in: Festschrift für Walter Stree und Johannes Wessels zum 70. Geburtstag, 1993, S. 613–623 (zitiert: *Weber*, FS-Stree/Wessels, 1993)

– Anmerkung zum Urteil des BayOLG vom 12.5.1992 – 4 St RR 64/92, JZ 1993, S. 106–108

– Zur Zivilrechtsabhängigkeit des Urheberstrafrechts und ihren Grenzen, in: Gedächtnisschrift für Manfred Wolf, 2011, S. 755–759 (zitiert: *Weber*, GS-Wolf, 2011)

Weisser, Niclas-Frederic: Der private Gebrauch im Urheberstrafrecht bezogen auf das Vervielfältigen von Audio-CDs, ZJS 2011, S. 315–320

Wenzel, Karl E./*Burkhardt*, Emmanuel H.: Urheberrecht für die Praxis, 5. Auflage, Köln 2008

Wessels, Johannes/*Beulke*, Werner/*Satzger*, Helmut: Strafrecht, Allgemeiner Teil, 45. Auflage, Heidelberg 2015 (zitiert: *Wessels/Beulke/Satzger*)

Zabel, Benno: Der Schutz des geistigen Eigentums: Zu Dogmatik und Praxis des Urheberstrafrechts, JA 2010, S. 401–406

Stichwortverzeichnis